普通高等教育"十一五"国家级规划教材

高等院校本科财务管理专业教材新系

U0648817

跨国公司财务管理

Multinational Financial Management

（第四版）

毛付根 林涛 主编

东北财经大学出版社
Dongbei University of Finance & Economics Press
大连

图书在版编目（CIP）数据

跨国公司财务管理 / 毛付根，林涛主编. —4版. —大连：东北财经大学出版社，2023.4（2025.7重印）

（高等院校本科财务管理专业教材新系）

ISBN 978-7-5654-4813-3

Ⅰ.跨…　Ⅱ.①毛…②林…　Ⅲ.跨国公司–财务管理–高等学校–教材　Ⅳ.F276.7

中国国家版本馆 CIP 数据核字（2023）第 051740 号

东北财经大学出版社出版

（大连市黑石礁尖山街217号　邮政编码　116025）

网　　址：http：//www.dufep.cn

读者信箱：dufep@dufe.edu.cn

大连金华光彩色印刷有限公司印刷　东北财经大学出版社发行

幅面尺寸：185mm×260mm　字数：525千字　印张：22　插页：1

2023年4月第4版　　　　　　　　　　2025年7月第3次印刷

责任编辑：王　莹　　　　　　　　　　责任校对：周　晗

封面设计：张智波　　　　　　　　　　版式设计：原　皓

定价：49.00元

教学支持　售后服务　　联系电话：（0411）84710309

版权所有　侵权必究　　举报电话：（0411）84710523

如有印装质量问题，请联系营销部：（0411）84710711

"高等院校本科财务管理专业教材新系"
编写指导委员会

第四版前言

　　本书第一版自 2002 年 8 月问世以来，一直得到广大读者的支持和垂爱。迄今为止，该书多次修订并重印。但是，随着经济全球化步伐日益加快，国际理财的社会经济环境发生了巨大的变化。此外，随着教学实践的深入，我们也发现了该书存在的一些问题和不足。

　　基于上述情况，现对本书进行修订。本次修订主要体现在：

　　1. 强化思政育人的引领作用。党的二十大报告指出，加快建设国家战略人才力量，努力培养造就更多大师、战略科学家、一流科技领军人才和创新团队、青年科技人才、卓越工程师、大国工匠、高技能人才。加强人才国际交流，用好用活各类人才。为落实立德树人这一高等教育的根本任务，本教材在写作过程中强调价值塑造、能力培养与知识传授的紧密结合，注重培养学生的文化素养、家国情怀和道德修养。

　　2. 突出"兼顾职业知识学习、职业技能训练和职业能力培养"的编写特色，强化本课程教学的应用性。

　　3. 根据国内、国际理财环境的变化和企业的优秀实践增删相关案例，以反映本领域的发展历程和最新进展。

　　4. 针对教学实践过程中问题出现较为集中的章节进行了修改，以增加可读性。

　　《跨国公司财务管理》第四版由毛付根总纂、定稿并总体负责，全书由毛付根、林涛担任主编。修订工作的具体分工为：第 1、2、4 篇由毛付根负责，第 3 篇由林涛负责，第 5、6 篇由张金良负责。

　　我们力图使本教材更好地适应本课程教学特点的要求，但由于水平和时间有限，第四版中难免仍会存在不少缺点、问题，衷心欢迎广大读者给予批评指正，以便必要时进行修正。

毛付根

2023 年 1 月

第一版前言

世界经济一体化进程的加快，使各国市场之间的相互依赖性日渐提高。我国已经加入WTO，今后，无论是我国绝大多数中小企业还是少数跨国经营的大公司都将面临更多更激烈的国际竞争。就众多以不同形式主动或被动参与国际竞争的中小企业而言，其所面临的国际竞争即为如何在我国本地市场迎接世界竞争的挑战；对跨国经营的大公司而言，其所面临的国际竞争则是如何在全球范围内有效配置和运用公司有限的资源。企业只有从全球市场的视野出发，作出各种投、融资决策，提高效率，才能获得更多的生存及发展空间，才能在复杂多变的企业大环境下，保持竞争优势，持续稳定发展。跨国公司财务管理乃是企业国际化与金融市场一体化的必然产物。无论是跨国公司还是众多中小企业都应重视跨国财务管理。

本书是作者在大量参阅西方最新出版的跨国公司财务管理教科书的基础上，结合多年积累的教学实践经验编写而成的。全书共分6篇、19章，主要包括跨国公司财务管理的环境、国际金融市场与资金来源、外汇风险管理、跨国投资管理、跨国营运资本管理、跨国经营的业绩评价与控制等内容。本书可作为高等财经院校、管理院校有关专业的学生学习"跨国公司财务管理"的教材，也可作为广大经济管理干部自学或进修"跨国公司财务管理"课程的参考用书。

本书由毛付根博士担任主编，负责总体框架的设计、编写大纲的拟定、各章初稿的修订和全书的总纂与定稿。第1章、第5章至第7章、第13章至第15章由毛付根博士执笔；第2章至第4章、第8章至第12章由胡奕明博士执笔；第16章至第19章由张金良博士执笔。

尽管我们在编写中尽了很大努力，但书中疏漏甚至错误在所难免，敬请广大读者批评指正，以便修订、再版时得以进一步完善。

毛付根

2002年于厦门大学

目　　录

第1篇　跨国公司财务管理的环境

第5篇　跨国营运资本管理

第1篇
跨国公司财务管理的环境

【博学慎思】《中国企业全球化报告（2021—2022）》蓝皮书[①]

2020—2021年是国际经贸领域极为不平凡的年份。民粹主义、保护主义和单边主义兴起，国际投资、贸易活动遭受重创，全球经济面临空前下行压力。在国际投资领域，中国企业的双向投资写下了浓墨重彩的一笔。中国坚持"引进来"和"走出去"并重，以高水平双向投资高效利用全球资源要素和市场空间。中国企业"走出去"呈现出新的特点，外商在华投资经营也获得了新的机遇。

在全球外国直接投资萎缩的背景下，中国对外直接投资逆势增长，首次位居全球第一。

第一，各国间投资交流减少，使得2020年成为全球外国直接投资的"至暗时刻"。根据联合国贸易和发展会议数据，2020年，全球外国直接投资（FDI）流入量下降35%，从2019年的1.5万亿美元降至1万亿美元，为2005年以来的最低水平，甚至比2008年国际金融危机后的低谷还低20%。

第二，在复杂的国际形势下，中国对外直接投资流量逆势增长，首次位居全球第一，达到1 537.1亿美元，同比增长12.3%，占全球份额的比例达到20.2%，占比较上年提高9.8个百分点。2021年，对外投资增长势头持续，对外全行业直接投资1 451.9亿美元，同比增长9.2%。同时，中国企业对外投资领域广泛，越来越倾向于科技领域的对外投资，银行业"走出去"步伐加快。

进入2022年，从第一季度情况看，根据商务部数据，对外全行业直接投资342.9亿美元，同比增长7.9%，其中在"一带一路"合作伙伴非金融类直接投资52.6亿美元，同比增长19%，占同期总额的19.5%。

第三，中国加入世贸组织20年来，国际经贸合作迅猛发展。2020年中国对外直接投资流量已达到2002年的57倍，年均增长速度25.2%；在全球的位次也从2002年的第26位上升到第1位。

第四，中国企业对外投资不仅带动了中国产品出口，还促进了投资所在地税收收入和就业机会增加。2020年中国对外投资带动出口1 737亿美元，同比增长48.8%，占中国货物出口总值的6.7%。2020年境外企业向投资所在国家（地区）缴纳各种税金总额445亿

---

① 王辉耀，苗绿.中国企业全球化报告（2021—2022）[M]．北京：社会科学文献出版社，2022.

美元，年末境外企业从业员工总数达 361.3 万人，其中雇用外方员工 218.8 万人，占比 60.6%。

第五，中国的对外投资政策不断健全，近年的政策还契合了全球数字经济和绿色经济发展趋势。全球化智库（CCG）研究分析，近年中国对外投资政策侧重于优化投资方式、投资结构和投资布局，鼓励生产性服务业国际化。根据全球数字经济和绿色经济发展的趋势，出台相关领域的对外投资政策。2021 年，商务部等部门先后出台了两个政策文件，一是《对外投资合作绿色发展工作指引》，二是《数字经济对外投资合作工作指引》。

第六，中国企业投资的海外政策环境出现分化，欧美发达国家收紧投资政策，而新兴市场国家政策则总体放宽。根据全球化智库（CCG）发布的《中国企业全球化报告（2021—2022）》，早在 2018 年，美国就通过了《外国投资风险审查现代化法案》（FIRRMA 法案），2021 年又发布了 FIRRMA 法案的实施细则。美国的"长臂管辖"也对中美两国企业的国际投资合作造成负面影响，频频把中国企业列入实体清单。与欧美不同的是，东盟、"一带一路"合作伙伴等放宽了对外商投资的限制，还采取了减税、补助等多种方式吸引外资。此外，RCEP 的生效将为地区投资带来消除经贸壁垒、促进贸易便利化与投资便利化等利好。

第 1 章　绪论

学习目标

通过本章学习，应该达到以下目标：

知识目标：初步了解和掌握现代跨国公司产生的物质基础和经济条件以及跨国公司在当今世界经济中所处的地位。

技能目标：理解价值链的经济含义及其对跨国公司经营特征的影响，以及与此相对应的跨国公司财务管理的特点。

能力目标：学会分析和思考社会经济环境的变迁及其对跨国公司财务管理的影响。

1.1　跨国公司的产生与发展

根据联合国"跨国公司行动准则政府间工作组"提出的定义，跨国公司是一个由经济实体构成的工商企业，其主要内容包括：(1) 由一系列企业在两个或两个以上国家开展经营活动；(2) 这些企业推行总公司的全球战略，并且共担风险、共享资源；(3) 这些企业在一个共同控制体系下开展经营活动。该控制体系以股权、合同或其他安排为依据。所以，跨国公司是在一定程度上通过集中控制、在两个或两个以上的国家从事跨国界生产经营活动的现代经济实体。

跨国公司是科技革命、企业组织创新和管理技术发展的产物，也是当今世界市场上组织国际经济活动最重要的实体。

第三次科技革命和经济一体化是现代跨国公司产生的物质基础和经济条件。社会分工、生产专业化和社会化的进一步发展，促使资本国际化，从而引起资本各国间流动的进一步加强。第二次世界大战之后，特别是 20 世纪六七十年代以来，科学技术的迅速发展为生产国际化和资本国际化的进一步发展提供了物质基础。如果说发生在 18 世纪末和 19 世纪前半叶以蒸汽机和机械的应用为代表的第一次科技革命塑造了真正的国际分工，那么以世界铁路网的修筑、海上运输的发达、电报电话的应用为代表的第二次科技革命则大大促进了经济生活的国际化，并使得纵向一体化国际分工继续发展，横向一体化分工日益扩大。以原子能、微电子、高分子、航天、电脑和光纤等为代表的第三次科技革命则引起了国际分工的巨大变化：国际分工过去主要受要素禀赋所制约，现在则以科技优势为转移。科技进步使生产分工减少甚至摆脱了对自然资源的依赖，科学技术在生产要素中占主导地位，这使得要素在全球范围内的合理配置成为必要和可能。同时，生产国际化使部门之间的专业化转向部门内部的专业化也成为必要和可能。这种以科技优势为基础的产业内部专业化，构成了新国际分工的主导模式。在这种国际专业化模式中，本来在一个企业内部进行设计、研制、零部件的加工或购入、组装和总装、推销等一系列的活动环节分布到了国外进行，即企业内的不同部门、工厂、车间，甚至工段、工序，都可在国际范围内安排定位，这实质上是企业内部分工的"国际化"，如图1-1所示。

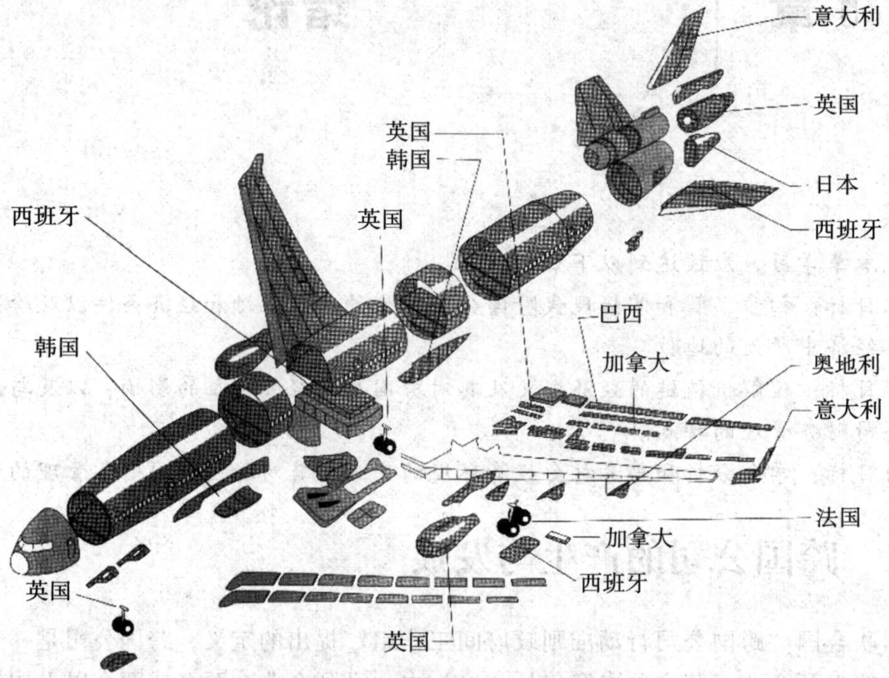

图1-1　空中客车作业链分布图

随着生产国际化进程的不断推进，全球经济一体化因生产要素跨国界流动和配置的需要应运而生。它要求成员国让渡部分主权，成立一个超国家组织。成员国通过这个组织共同行使让渡出来的部分主权，调节经济活动。经济一体化创造了跨国经营的有利条件，促进了跨国公司的发展。另外，在跨国公司的发展过程中，各国政府的法律、政策支持和跨国银行的推动具有不可低估的作用。

1.2　世界经济一体化与跨国公司的地位①

第二次世界大战结束之后的半个多世纪以来，多国贸易谈判的成功和科学技术的飞速发展极大地推动了世界经济一体化的进程。各国经济"你中有我，我中有你"，既相互依赖又相互竞争，一种"牵一发而动全身"的全球经济体系已经形成。国际商务活动、跨国公司以及国际公约与组织三者构成了联系国与国之间经济的互相关联但又各有特点的"纽带关系"。

商品、劳务的进出口，资金外汇的流动和跨国直接投资等各种国际商务活动把世界各国的市场联系了起来。国与国之间经济联系的紧密程度，首先反映在两国之间的贸易和投

① 梁能. 跨国经营概论 [M]. 上海：上海人民出版社，1995：4-17.

资规模上。大约1/3的世界经济活动已经直接纳入跨国生产和跨国销售的国际分工体系中。国际分工跨国经营已经成为国民经济发展的基本必要条件。从1965年到1990年，世界生产总值平均年增长率为3.68%，而同期的国际贸易年增长速度为5.67%，高出近2个百分点。换言之，世界各国经济中参与国际分工的部分以大约每年0.6个百分点的速度递增，大大超过世界生产总值的增长速度。世界分工不断深化，越来越多的产品卷入了世界贸易，使得世界贸易的结构发生了根本性的变化。现在越来越多的制造业的"制成品"和"半制成品"贸易替代了过去的按国与国之间比较优势原则交换的自然资源和初级产品。随着各国政府对资金流动限制的减少和现代通信技术的发展，外汇交易费用越来越低。分布在世界各地的两万多台计算机终端把世界各国的资金市场紧密联系起来。几十亿美元的资金可以在瞬间从一国流向另一国，导致世界外汇交易量急剧上升。

　　跨国公司在世界经济活动中的地位不断上升。国际商务活动的分工、协调、计划、管理通过跨国公司及其分布在世界各地的分支机构在组织上联系了起来。世界经济的组织形式已经发生了根本变化。当今世界的国际商务早已不是历史上各国国内的民族企业在国内经济体系内生产经营，根据国际市场价格信号将部分产品、原材料在国际市场进行"互通有无，调剂余缺"式的纯商业跨国买卖活动，而越来越多地表现为由国家属性日益模糊的跨国公司在开放型的世界经济体系之内，在产供销的各环节中，组织协调世界经济分工；民族企业间的贸易交换日益为跨国公司总公司及其在世界各国的分支机构之间的有组织的分工、协调生产所代替。世界贸易所交换的已不再是原来意义上某某国家的"出口商品"，而是全球生产的"世界产品"。这种由跨国公司来组织企业分工的形式的发展，可以被称为商务活动的国际化。随之而来的是越来越多的跨国公司正在成为"国籍不明"或者"超国家"的跨国公司。跨国公司的发展也使政府与企业之间的关系发生了根本性的变化。许多跨国公司的规模越来越大（见表1-1、表1-2），其生产总值甚至超过了某些国家和地区的生产总值。其结果是，国家与企业的关系已经越来越多地从"国家管企业"的立法守法关系转变为讨价还价的"谈判关系"。

2022年《财富》世界500强排行榜

表1-1　　　　　　　　2022年《财富》世界500强排名前50位大公司　　　　　　　　单位：百万美元

排名	公司名称（中文）	营业收入	利润	国家
1	沃尔玛（WALMART）	572 754	13 673	美国
2	亚马逊（AMAZON.COM）	469 822	33 364	美国
3	国家电网有限公司（STATE GRID）	460 616.9	7 137.8	中国
4	中国石油天然气集团有限公司（CHINA NATIONAL PETROLEUM）	411 692.9	9 637.5	中国
5	中国石油化工集团有限公司（SINOPEC GROUP）	401 313.5	8 316.1	中国
6	沙特阿美公司（SAUDI ARAMCO）	400 399.1	105 369.1	沙特阿拉伯
7	苹果公司（APPLE）	365 817	94 680	美国

续表

排名	公司名称（中文）	营业收入	利润	国家
8	大众公司（VOLKSWAGEN）	295 819.8	18 186.6	德国
9	中国建筑集团有限公司（CHINA STATE CONSTRUCTION ENGINEERING）	293 712.4	4 443.8	中国
10	CVS Health公司（CVS HEALTH）	292 111	7 910	美国
11	联合健康集团（UNITEDHEALTH GROUP）	287 597	17 285	美国
12	埃克森美孚（EXXON MOBIL）	285 640	23 040	美国
13	丰田汽车公司（TOYOTA MOTOR）	279 337.7	25 371.4	日本
14	伯克希尔—哈撒韦公司（BERKSHIRE HATHAWAY）	276 094	89 795	美国
15	壳牌公司（SHELL）	272 657	20 101	英国
16	麦克森公司（MCKESSON）	263 966	1 114	美国
17	Alphabet公司（ALPHABET）	257 637	76 033	美国
18	三星电子（SAMSUNG ELECTRONICS）	244 334.9	34 293.5	韩国
19	托克集团（TRAFIGURA GROUP）	231 308.1	3 100	新加坡
20	鸿海精密工业股份有限公司（HON HAI PRECISION INDUSTRY）	214 619.2	4 988.3	中国
21	美源伯根公司（AMERISOURCEBERGEN）	213 988.8	1 539.9	美国
22	中国工商银行股份有限公司（INDUSTRIAL & COMMERCIAL BANK OF CHINA）	209 000.4	54 003.1	中国
23	嘉能可（GLENCORE）	203 751	4 974	瑞士
24	中国建设银行股份有限公司（CHINA CONSTRUCTION BANK）	200 434	46 898.9	中国
25	中国平安保险（集团）股份有限公司（PING AN INSURANCE）	199 629.4	15 753.9	中国
26	开市客（COSTCO WHOLESALE）	195 929	5 007	美国
27	道达尔能源公司（TOTALENERGIES）	184 634	16 032	法国
28	中国农业银行股份有限公司（AGRICULTURAL BANK OF CHINA）	181 411.7	37 390.8	中国

排名	公司名称（中文）	营业收入	利润	国家
29	Stellantis集团（STELLANTIS）	176 663	16 789.1	荷兰
30	信诺（CIGNA）	174 078	5 365	美国
31	中国中化控股有限责任公司（SINOCHEM HOLDINGS）	172 260.3	-197.7	中国
32	美国电话电报公司（AT&T）	168 864	20 081	美国
33	微软（MICROSOFT）	168 088	61 271	美国
34	中国铁路工程集团有限公司（CHINA RAILWAY ENGINEERING GROUP）	166 452.1	1 853.2	中国
35	英国石油公司（BP）	164 195	7 565	英国
36	嘉德诺（CARDINAL HEALTH）	162 467	611	美国
37	雪佛龙（CHEVRON）	162 465	15 625	美国
38	梅赛德斯-奔驰集团（MERCEDES-BENZ GROUP）	158 306.1	27 200.8	德国
39	中国铁道建筑集团有限公司（CHINA RAILWAY CONSTRUCTION）	158 203	1 703.8	中国
40	中国人寿保险（集团）公司（CHINA LIFE INSURANCE）	157 095.3	3 087.1	中国
41	三菱商事株式会社（MITSUBISHI）	153 690	8 345.8	日本
42	中国银行股份有限公司（BANK OF CHINA）	152 409.3	33 573.3	中国
43	家得宝（HOME DEPOT）	151 157	16 433	美国
44	中国宝武钢铁集团有限公司（CHINA BAOWU STEEL GROUP）	150 730	2 994.9	中国
45	沃博联（WALGREENS BOOTS ALLIANCE）	148 579	2 542	美国
46	京东集团股份有限公司（JD.COM）	147 526.2	-551.8	中国
47	安联保险集团（ALLIANZ）	144 516.6	7 815.2	德国
48	安盛（AXA）	144 446.8	8 623.9	法国
49	马拉松原油公司（MARATHON PETROLEUM）	141 032	9 738	美国
50	Elevance Health公司（ELEVANCE HEALTH）	138 639	6 104	美国

资料来源：《财富》. 2022年《财富》世界500强排行榜［EB/OL］.［2022-08-03］. https://www.fortunechina.com/fortune500/c/2022-08-03/content_415683.htm.

表1-2　　　　　2022年《财富》世界500强中国排名前50位大公司　　　　单位：百万美元

排名	公司名称（中文）	营业收入	利润
3	国家电网有限公司（STATE GRID）	460 616.9	7 137.8
4	中国石油天然气集团有限公司（CHINA NATIONAL PETROLEUM）	411 692.9	9 637.5
5	中国石油化工集团有限公司（SINOPEC GROUP）	401 313.5	8 316.1
9	中国建筑集团有限公司（CHINA STATE CONSTRUCTION ENGINEERING）	293 712.4	4 443.8
20	鸿海精密工业股份有限公司（HON HAI PRECISION INDUSTRY）	214 619.2	4 988.3
22	中国工商银行股份有限公司（INDUSTRIAL & COMMERCIAL BANK OF CHINA）	209 000.4	54 003.1
24	中国建设银行股份有限公司（CHINA CONSTRUCTION BANK）	200 434	46 898.9
25	中国平安保险（集团）股份有限公司（PING AN INSURANCE）	199 629.4	15 753.9
28	中国农业银行股份有限公司（AGRICULTURAL BANK OF CHINA）	181 411.7	37 390.8
31	中国中化控股有限责任公司（SINOCHEM HOLDINGS）	172 260.3	-197.7
34	中国铁路工程集团有限公司（CHINA RAILWAY ENGINEERING GROUP）	166 452.1	1 853.2
39	中国铁道建筑集团有限公司（CHINA RAILWAY CONSTRUCTION）	158 203	1 703.8
40	中国人寿保险（集团）公司（CHINA LIFE INSURANCE）	157 095.3	3 087.1
42	中国银行股份有限公司（BANK OF CHINA）	152 409.3	33 573.3
44	中国宝武钢铁集团有限公司（CHINA BAOWU STEEL GROUP）	150 730	2 994.9
46	京东集团股份有限公司（JD.COM）	147 526.2	-551.8
55	阿里巴巴集团控股有限公司（ALIBABA GROUP HOLDING）	132 935.7	9 700.5
57	中国移动通信集团有限公司（CHINA MOBILE COMMUNICATIONS）	131 913.4	14 628.9

续表

排名	公司名称（中文）	营业收入	利润
58	中国五矿集团有限公司（CHINA MINMETALS）	131 800.4	616.8
60	中国交通建设集团有限公司（CHINA COMMUNICATIONS CONSTRUCTION）	130 664.1	1 397.3
65	中国海洋石油集团有限公司（CHINA NATIONAL OFFSHORE OIL）	126 920.1	9 183.4
68	上海汽车集团股份有限公司（SAIC MOTOR）	120 900.2	3 803.4
69	山东能源集团有限公司（SHANDONG ENERGY GROUP）	120 012.3	173.7
70	中国华润有限公司（CHINA RESOURCES）	119 601.2	4 544
75	恒力集团有限公司（HENGLI GROUP）	113 536	2 374.5
76	正威国际集团有限公司（AMER INTERNATIONAL GROUP）	112 049.2	2 010.7
77	厦门建发集团有限公司（XIAMEN C&D）	111 556.5	1 114.1
79	中国第一汽车集团有限公司（CHINA FAW GROUP）	109 404.7	3 600.4
80	中国医药集团有限公司（SINOPHARM）	108 779.3	12 164.8
81	中国邮政集团有限公司（CHINA POST GROUP）	108 669	5 983
85	国家能源投资集团有限责任公司（CHINA ENERGY INVESTMENT）	107 094.5	5 452.1
89	中国南方电网有限责任公司（CHINA SOUTHERN POWER GRID）	104 118.8	1 304
91	中粮集团有限公司（COFCO）	103 087.3	1 497.9
96	华为投资控股有限公司（HUAWEI INVESTMENT & HOLDING）	98 724.7	17 622.7
100	中国电力建设集团有限公司（POWERCHINA）	96 421.7	679.3
102	中国中信集团有限公司（CITIC GROUP）	96 125.8	4 891.2
106	厦门国贸控股集团有限公司（XIAMEN ITG HOLDING GROUP）	93 791.3	383.3
110	中国人民保险集团股份有限公司（PEOPLE'S INSURANCE CO. OF CHINA）	92 182.3	3 329.4
120	物产中大集团股份有限公司（WUCHAN ZHONGDA GROUP）	87 210.7	617.8

续表

排名	公司名称（中文）	营业收入	利润
121	腾讯控股有限公司（TENCENT HOLDINGS）	86 835.6	34 854.4
122	东风汽车集团有限公司（DONGFENG MOTOR）	86 122	1 440.9
125	绿地控股集团股份有限公司（GREENLAND HOLDING GROUP）	84 454	957.9
127	中国远洋海运集团有限公司（COSCO SHIPPING）	84 129.5	6 420.8
131	中国电信集团有限公司（CHINA TELECOMMUNICATIONS）	83 596.3	1 935
136	中国兵器工业集团有限公司（CHINA NORTH INDUSTRIES GROUP）	81 785.2	1 741.6
138	碧桂园控股有限公司（COUNTRY GARDEN HOLDINGS）	81 091.1	4 154.4
139	中国铝业集团有限公司（ALUMINUM CORP. OF CHINA）	80 406.5	1 398.9
144	中国航空工业集团有限公司（AVIATION INDUSTRY CORP. OF CHINA）	79 332.2	855.2
150	太平洋建设集团有限公司（PACIFIC CONSTRUCTION GROUP）	77 072.9	5 594
152	招商局集团有限公司（CHINA MERCHANTS GROUP）	76 766.9	8 525.5

资料来源：财富. 2022年《财富》世界500强排行榜［EB/OL］.［2022-08-03］. https：//www.fortunechina.com/fortune500/c/2022-08/03/content_415683.htm.

随着贸易、投资活动突破国界的束缚而采取国际大循环的方式，应运而生的跨国公司担当起组织世界经济的角色。原有的以国家为单位管理经济的世界格局在许多行业已经越来越不适应了，世界经济发展的重大问题越来越多地要求世界各国政府的合作。因此，第二次世界大战后各种双边、多边国际条约和组织随之产生。它们以半官方和官方的形式把世界经济生活纳入一种"冲突不断但大体有序"的体制，以保证世界经济的发展。这种因国际商务活动、跨国公司发展需要而产生的种种双边、多边的公约和协议以及地区性、国际性的政治和经济组织，反过来又促进国际商务活动和跨国公司的健康发展，并使世界经济一体化进程不断发展。第一个大型跨国贸易组织是1947年的关贸总协定（GAAT）。该协定建立了由签约国代表组成的实体，并以书面形式确立了关税规则，减少了国家之间的贸易限制，从而鼓励成员国之间的自由贸易。GAAT仅在100多个成员国之间定期进行谈判。1994年，世界贸易组织（WTO）取代了关贸总协定，成为进行贸易监督和争端仲裁的国际机构。该组织与其他一些世界组织，如国际货币基金组织（IMF）、国际劳工组织（ILO）、经济合作与发展组织（OECD）、世界银行（World Bank）和国际金融公司（IFC）等，重新确立了国际贸易中的经济和金融结构。另外，欧盟（European Union）、北美自由贸易协定（NAFTA）、亚太经合组织（APEC）等国际组织也发挥了巨大的作用。

1.3 跨国公司的经营特征

跨国公司是适应生产高度国际化的企业运作方法和组织形式。跨国公司在其国内外的价值增值活动中紧密结合为一体，其"价值链"在跨国公司共同管理下具有国际性质。现代企业是一个为最终满足顾客需要而设计的一系列作业的集合体，它包含一个由此及彼、由内到外的作业链（Activity Chain）。每完成一项作业就要消耗一定的资源，而作业的产出又形成一定的价值，转移到下一个作业，按此逐步推移，直到最终把产品提供给企业外部的顾客，以满足它们的需要。最终产品，作为企业内部一系列作业的成果，它凝聚了在各个作业上形成而最终转移给顾客的价值。因此，从价值的形成过程来看，作业链同时也表现为价值链（Value Chain）。[1]由此可见，企业每一项经营管理活动（作业）就是这一"价值链"上的一个环节。"价值链"的各环节之间相互关联，相互影响。一个环节经营管理的好坏可以影响到其他环节的成本和效益。一个环节能在多大程度上影响其他环节的价值活动，则与其在价值链上的位置有很大关系。价值链各环节所要求的生产要素相差很大，不同的生产经营环节需要不同的生产要素，而不同的国家要素结构又不同，因此考察一个国家的比较成本优势就应当以价值链的具体增值活动环节为分析单位。

波特的竞争优势理论认为[2]，在一个企业众多的价值作业中，并不是每一个环节都创造价值。企业所创造的价值，实际上来自企业价值链上某些特定的价值作业。这些真正创造价值的经营活动，就是企业价值链的"战略环节"。企业的竞争优势，尤其是能够长期保持的优势，说到底，是企业在价值链的某些特定战略价值环节上的优势。价值链理论认为：行业的垄断优势来自该行业的某些特定环节的垄断优势。抓住了这些关键环节，也就抓住了整个价值链。这些特定环节就是企业的战略环节。这些决定企业经营成败和效益的战略环节可以是产品开发、工艺设计，也可以是市场营销、信息技术，或者人事管理等，视不同的行业而异。要保持企业对某一产品的垄断优势，关键是保持这一产品价值链上战略环节的垄断优势，而不需要在所有的价值活动上都保持垄断优势。战略环节要紧紧控制在企业内部，其他很多非战略性作业则完全可以通过合同的方式外包出去，尽量利用市场以降低成本、增加灵活性。跨国公司从全球竞争环境出发，进行统筹规划，将价值链的某些环节保留在国内，而将另一些转移到国外。例如，它可以通过股权控制，也可以通过非股权安排，甚至通过国际分包的方式取得某些零部件的供应。这样可以将价值链的各个环节定位在世界各个理想地点，从而降低各个环节的成本，提高整个价值链的竞争力。在同一资本支配下形成的价值链，也就是一个国际一体化的生产体系，其特征就在于它的价值增值活动在全球范围内分散进行，既体现了高度的国际化，又可在同一资本的指挥下有机地结合成一个网络体系。因此，作为适应生产高度国际化的企业运作方法和组织形式，跨国公司在经营活动方面具有国际化、多样化、内部化、全球战略等共同性特征。

尽管世界各国的各类跨国公司存在很大差异，但是它们在战略决策、组织协调、控制监督等方面却具有许多共同之处：（1）以全球市场为目标，将世界作为公司经营活动的舞台。根据世界经济的发展状况，在世界范围内寻求利润最大化的全球市场的份额和世界经

---

① 余绪缨. 以 ABM 为核心的新管理体系的基本框架 [J]. 当代财经, 1994（4）：54-56.
② 波特. 竞争优势 [M]. 夏中华, 等译. 北京：中国财政经济出版社, 1988：32.

济地位。（2）以对外直接投资的方式向东道国扩张，迅速渗透到东道国市场，并通过直接控制其在各东道国的企业和分支机构以适应其在全世界范围内从事生产经营活动的要求，从而不断扩大它在世界市场中所占的市场份额。（3）从全球角度出发，制定公司全球性战略目标，并实施全球性战略部署。（4）跨国公司总部作为最高决策和最终控制中心，执行集中决策、统一控制、分级管理、相互协调的职能，并在跨国公司内部实行一体化管理。

1.4 跨国公司财务管理的特点

世界经济一体化进程，不仅实现了资本的国际化，而且促使金融走向自由化和国际化。随着"牵一发而动全身"的全球经济体系的形成，各国市场之间的相互依赖性日渐提高。因此，无论是中小企业还是跨国公司都必须面临更多更激烈的国际竞争。对众多以不同形式主动或被动参与国际竞争的中小企业而言，它们所面临的国际竞争就发生在"企业后院"，即如何在其生长发展的本地市场迎接世界竞争的挑战；作为世界经济组织者、协调者的跨国公司，其面临的国际竞争则是如何在全球范围内有效配置和运用公司有限的资源。可见，不论是跨国公司还是从事进出口业务的中小企业，甚至是完全不参与国际市场的纯国内企业，都面临着来自国际竞争者的压力。它们的相对竞争力及获利能力皆受汇率变动的影响。因此，不仅跨国公司需要重视跨国财务管理，而且众多中小企业也需要重视跨国财务管理。企业只有从全球市场的视野出发，作出各种投、融资决策，提高效率，才能获得更多的生存及发展空间，才能在复杂多变的经济大环境下保持竞争优势，持续稳定发展。跨国公司财务管理可以帮助企业从国际金融市场中以最低的融资成本取得所需资金，并使其外币计价的资产或负债的本国币值保持稳定。

跨国公司财务管理乃是企业国际化与金融市场一体化的必然产物，其研究的领域涵盖一般财务管理的范围，但研究的角度却异于一般财务管理。跨国公司财务管理从全球的角度探讨各个论题，亦即要考虑公司跨越不同的文化、政治及经济背景，以及国际形势改变所导致利率、汇率、商品价格等因素的变动。波动不定且难以预测的汇率变动、市场的不完全性以及多层次代理问题等因素使跨国公司财务管理不同于一般的财务管理。与一般国内企业财务管理相比，跨国公司财务管理具有以下特征：

1）波动不定且难以预测的汇率变动带来更大的外汇风险

浮动汇率制度的引入和汇率的动荡不稳增加了跨国公司经营环境的不稳定。从世界经济的实际来看，汇率的动荡不稳对所有从事国际生产、国际贸易和国际金融活动的跨国公司、贸易企业、跨国银行及其他金融机构都有着广泛的影响，使它们面临着各种程度不同的、有时甚至是生死攸关的外汇风险。汇率的波动影响着跨国公司经营活动和国际投资组合的收益与风险。汇率波动给跨国公司带来机遇的同时也给跨国公司的经营带来了挑战和压力，使跨国经营企业要承受汇率变动所带来的交易风险、经济风险和换算风险等不同形式的外汇风险。因此，如何规避汇率风险显然是跨国公司财务管理必须解决的重要问题之一。

2）市场的不完全性给公司带来更多的机会和风险

世界经济一体化进程不断向前推进的同时，世界各国的市场尚存在较大的不完全性，包括不完全的商品市场、不完全的要素市场以及政府对市场的干预等。市场的不完全性给跨国公司从事跨国界经营活动带来更多机会的同时也带来了更大的风险。

（1）国际金融市场的快速发展和金融工具的不断创新给跨国公司带来了更多的机会和风险。21世纪以来，国际金融市场发生了重大变化，金融工具也在不断创新。货币期货、期权和互换的出现使跨国公司在全球范围内筹措资金的风险不断增加。货币市场和资本市场全球一体化进程的进一步发展为跨国公司带来了可以利用和发挥的机会和优势。投资者可以通过国际资本市场进行分散投资组合，据此降低系统风险和资本成本。这就要求跨国公司财务人员了解和掌握跨国公司面临的国际金融市场的各种融资机会、金融工具和融资方式，制定全球融资战略，为母公司及其分支机构筹措适当规模的资金，并使融资成本达到最低。

（2）跨国公司的全球化经营使跨国公司拥有国际资本市场、东道国金融市场、母公司所在国资金市场以及跨国公司内部的资金调度等多元融资渠道和方式，从而使其资金融通具有渠道多、筹资方式灵活、融资选择余地大等特征，但各国政府各种各样的行政干预以及社会、经济、技术等方面的原因使得国际资本市场不断细分。各国资本的供求状况不同，获取资本的难易程度不同，从而使得不同来源的资本的成本和风险各不相同。除此之外，不同来源的资本其政府补贴、税负等也不相同，从而为跨国公司实现总体融资成本最小化的战略目标提供了良好的机会。这就要求跨国公司凭借其全球化资金调度的能力和信息网络，抓住机会，从全球范围内权衡利弊，选择最适合公司整体利益的融资方案。

（3）跨国公司的经营特征是国际化、多样化、内部化和全球化。为了发挥经营优势以及降低风险，跨国公司一般在统一的指挥下实现一体化生产体系，无论是横向或纵向的，其产品必定趋于多样化。不完全的商品市场和不完全的技术及劳动力市场，为跨国公司充分发挥其所拥有的区位优势、所有权优势以及内部化优势创造了条件，同时也为跨国公司在全球范围内获取超额利润和竞争优势提供了更多的机会。跨国公司的海外投资自始至终面临着东道国政治体制和政策发生各种不同程度变化的可能。当今世界正处于重大的转折时期，"旧的格局已经结束，新的格局尚未形成"，世界正朝着多极化方向发展，从而也使国外投资所涉及的政治风险发生了变化。跨国公司的经营与财务活动涉及许多国家，而各国的政治、经济情况不同，货币软硬不同，税率和利率不同。这种不均衡的世界环境给跨国公司提供了多种多样的选择机会。

跨国公司的全球化经营，在使其选择机会增加的同时，其所面临的国际政治、经济环境中的各种风险因素也大为增加。由于各国的经济、政治、法律、社会、文化环境不同，这种环境的差异给跨国公司的经营活动带来的影响和风险也不相同。因此，企业需要适应环境的变化，调度和运用所拥有的资源，开展全球化业务活动，实现预定目标。亦即，在进行跨国公司财务管理时，不但要熟悉和考虑母公司本国的环境因素，而且需要深入了解所涉及国家的有关情况，并充分考虑和关注国际形势及有关国家的政治、经济、文化和法律等政策和制度方面的重大变化，如各国利率的高低、汇率的变化、外汇管制政策等。这是因为这些因素对跨国公司的盈利水平和财务状况都有可能产生直接的甚至是重大的影响。

3）多层次委托代理关系使跨国界财务控制成为关键

跨国公司作为跨国界的集团公司，是现代企业制度的最高组织形式。它通过对外直接投资等方式组建起一个由母公司、子公司、孙公司等构成的多层次企业王国，同时也形成了多层次委托代理关系。一方面，跨国公司整体作为一个经济实体，其管理层是公司董事会的代理人，必须以股东财富最大化为财务管理目标；另一方面，跨国公司同时又是一个出资者，以对外直接投资等方式形成了众多分支机构。基于此，跨国公司董事会、公司管理层、子（分）公司、孙公司等之间形成了多层次的委托代理关系。由于跨国公司的规模大且分散于各国，跨国公司的代理成本往往高于一般公司。除此之外，跨国公司还需要面对更为复杂的环境、法令及道德规范方面的限制。受传统与习俗的影响，不同国家在法律的制定与执行方面，各有不同的做法。如前所述，跨国公司的一体化生产体系实际上是企业内部的分工在国际范围内的再现，并通过母公司与国外附属公司之间以及各附属公司之间的内部交易得以实现和正常运作。跨国公司为了指导各个业务环节的运作，协调国外各附属公司的经营活动，一般需要从全球环境的竞争态势出发，将跨国公司所属各机构、各部门视为一个整体，确定符合整体最大利益的总目标及相应的方针、策略和方法。由此可见，根据世界经济和国际金融市场的变化，从公司整体出发，如何在全球范围内合理配置和有效运用公司资金、评估投资项目并对各下属分支机构的经营业绩进行合理评估；根据跨国公司的组织结构、经营传统和风格及外部环境的变化，如何将集权与分权有机地结合起来，形成较为合理的财务控制体系。这些既是许多跨国公司面临的新问题，也是跨国公司经营能否成功的关键所在。

本章小结

跨国公司是在一定程度上通过集中控制、在两个或两个以上的国家从事跨国界生产经营活动的现代经济实体。它是科技革命、企业组织创新和管理技术发展的产物，也是当今世界市场上组织国际经济活动的最重要的实体。

国际商务活动、跨国公司以及国际公约与组织三者构成了联系国与国之间经济的互相关联但各有特点的"纽带关系"。

当今世界的国际商务越来越多地表现为由国家属性日益模糊的跨国公司在开放型的世界经济体系之内，在产供销的各环节中，组织协调世界经济分工。越来越多的跨国公司正在成为"国籍不明"或者"超国家"的跨国公司。作为适应生产高度国际化的企业运作方法和组织形式，跨国公司在经营活动方面具有国际化、多样化、内部化、全球战略等共同性特征。

与之相应，跨国公司财务管理主要具有以下特征：（1）波动不定且难以预测的汇率变动带来更大的外汇风险；（2）市场的不完全性给公司带来更多的机会和风险；（3）多层次委托代理关系使跨国界财务控制成为关键。

主要概念与观念

跨国公司　不完全市场　世界经济一体化　价值链

基本训练

□ 知识题

1.1　当代跨国公司产生的物质基础和经济条件是什么？

1.2　当今世界经济中，跨国公司居于什么地位？

1.3　如何从价值链的角度理解跨国公司的经营特征？

1.4　与纯粹的国内财务管理相比，跨国公司财务管理具有哪些特点？

□ 技能题

请用价值链这一管理工具分析跨国公司的经营特征。

□ 能力题

华工科技在成立之初主要从欧美国家进口激光器，在全球价值链中处于被动地位。通过培养和引进高端人才、加大研发投入，目前已实现了激光器的自主研发和产业化，在业内跃居全球前三，不仅为三星、微软等国际IT巨头提供相关产品及技术服务，一些产品还被应用于"嫦娥"系列月球探测器相关部件的制造加工，并将业务拓展到40多个国家和地区。

腾讯公司开发的微信，是中国移动互联网第一款真正走向世界的产品。诞生次年，就为超过140个国家和地区的用户提供了16种语言版本，市场占有率在东南亚、中东等地排名第一。

要求：根据上面所提供的资料，从价值链理论出发，理解在当今世界经济一体化环境下的中国大多数中小企业为何也需要持有国际理财观。

第②章 | 国际货币制度

学习目标

通过本章学习，应该达到以下目标：

知识目标：初步了解和掌握国际货币制度的性质与作用以及布雷顿森林体系的特点。

技能目标：理解国际货币制度演变的基本脉络及特点。

能力目标：学会分析和思考如何从国际货币制度演变中预测与把握国际货币制度的未来发展趋势。

2.1 国际货币制度概述

国际货币制度（International Monetary System）是指各国间进行各种交易支付所采用的一系列安排和惯例以及支配各国货币关系的一套规则和机构。它的主要内容包括：（1）汇率决定及变动；（2）国际收支的调节；（3）国际货币或储备资产的数量和形式；（4）国际金融市场与资本流动；（5）国际货币合作的形式与机构。其主要目的在于建立健全稳定的汇率制度，促进国际贸易的发展以及解决国际收支不平衡的现象。

在国际货币制度下，汇率扮演着极其重要的角色，我们甚至可以说国际货币制度实质上就是一种汇率制度。从过去到现在，国际货币制度一直在改变，其发展之路大体上经历了金本位制、布雷顿森林体系、管理浮动汇率制度、欧洲货币体系、欧洲货币联盟等阶段。

2.2 国际金本位制

金本位制（Gold Standard）是以一定量黄金为本位货币（Standard Money）的一种制度，它是研究国际货币体系的重要开端。黄金因在世界范围内具有同质、易贮藏、便于携带、生产有限等特点而被作为货币本位。国际金本位制（International Gold Standard，1880—1931）的建立，可以追溯到西方国家普遍采用金本位制的时期。早在19世纪初期，英国已正式成为金本位制的国家，之后世界各主要国家相继跟进。在1880—1914年金本位制的全盛时期，一个统一的国际货币体系形成了，即国际金本位制度，该制度直到1931年才告结束。金本位制曾经以三种不同的形式存在，分别为金币本位制（Gold Coin Standard）、金块本位制（Gold Bullion Standard）以及金汇兑本位制（Gold Exchange

Standard）。

2.2.1 金币本位制（1880—1914）

1）黄金输送点

金币本位制在金本位制度的历史上占有重要的地位。在1914年以前的金本位制度基本上都属于金币本位制。在金币本位制下，公民有自由铸币权（可以请求将黄金铸造成金币），也有自由熔币权（熔成金块）。采用金币本位制的结果是使各国外汇市场的实际汇率只在非常狭小的范围内变动。当市场汇率与法定汇率间的差距过大时，市场机制将会发生作用而使得两者差距下降至合理范围，也就是说，外汇汇率是根据各国货币的含金量确定的，汇率波动受到黄金输送点的限制而只能在狭小的范围内波动。

假定当时每美元的含金量是23.22厘纯金，每英镑的含金量是113厘纯金。据此换算的结果为：

1盎司黄金=$20.672

1盎司黄金=￡4.248

据此可以确定两国货币的法定汇率为：

￡1=$4.866（20.672÷4.248）

（1）黄金输出点（Gold Export Point）

黄金输出点就是市场实际汇率的上限，其计算公式为：

市场实际汇率的上限=法定汇率+黄金运送费=$4.866+$0.02=$4.886

也即，如果美国市场的英镑汇率超过￡1=$4.886，市场中将会出现黄金输出现象。

［例2-1］

纽约外汇市场

实际汇率：￡1=$4.896

黄金输出点：￡1=$4.886

实际汇率超过黄金输出点$0.01，套利者将会进行套利以获取利润。

套利过程如下：

①按￡1=$4.896卖出英镑（1盎司黄金=￡4.248）取得美元。

￡4.248×$4.896=$20.798

②依自由熔币权，以1盎司黄金=$20.672的比率，将所购进美元铸成金块。

$20.798÷$20.672=1.0061盎司黄金

③将金块输出到伦敦并支付$0.085（$0.02×4.248）运费。

伦敦外汇市场

④依自由铸造权将金块兑换成英镑，得到：

1.0061×￡4.248=￡4.2739

⑤将所得的￡4.2739汇往美国。

⑥套利者获得无风险利润。

此类套利行为将一直进行到英镑价值跌回到黄金输出点水平之下，使套利者无利可图为止。

（2）黄金输入点（Gold Import Point）

黄金输入点实际上就是市场实际汇率的下限。其计算公式为：

市场实际汇率的下限=法定汇率−黄金运送费= $4.866−$0.02=$4.846

如果美国市场的英镑汇率低于 £1=$4.846，市场中将出现黄金输入现象。

[例2-2]

纽约外汇市场

实际汇率：£1=$4.836

黄金输入点：£1=$4.846

实际汇率低于黄金输入点$0.01，套利者将会进行套利以获取利润。

套利过程如下：

①按 £1=$4.836卖出美元（1盎司黄金= £4.248）买进英镑。

$20.543÷$4.836= £4.248

伦敦外汇市场

②将英镑汇往英国，依自由熔币权，以1盎司黄金= £4.248的比率，将所得英镑铸成金块。

£4.248=1盎司黄金

纽约外汇市场

③支付$0.085运费将金块运往纽约，并在纽约依自由铸造权将金块换成美元。

1盎司黄金=$20.672

④套利者可获得，

$20.672−$20.543−$0.085=$0.044

同样，这样的套利行为将很快促使英镑价值回升到黄金输入点以上的水平，使套利者无利可图，套利行为自动终止。

2）国际金币本位制的特点

在金币本位制下，市场中的实际汇率只能在非常狭小的范围内波动，因此，金币本位制本质上可以看作一种固定汇率制度（Fixed Exchange Rate System），这也正是金币本位制的优点所在。该制度的另一个优点或特色是自动调节国际收支不平衡的功能。这是由于在国际金本位制度下，各国均需奉行三项游戏规则（Rules of the Game）：

（1）以各国货币中的黄金含量来表示该国货币的价值。以此为基础，人们可以自由兑换黄金并确定各国货币之间的法定汇率。

（2）各国的纸币发行量受黄金储备的限制，因此各国的纸币供应量受到黄金流量的影响。

（3）各国允许黄金自由输出与输入，不受任何限制。

这三项游戏规则使得汇率能够维持稳定，从而使调节国际收支失衡的功能得以充分发挥。

各国的国际收支通过"物价与金币流动机制"进行自动调节的过程见表2-1。

3）金币本位制的局限性

金币本位制并非十全十美，它也存在严重的缺陷：（1）黄金供应量很难掌握，而各国货币供应量又要受到黄金存量的限制，因此其缺乏实务操作上所需的弹性；（2）金币本位的自动调节要求各国严格遵守三项游戏规则，但当国内或国际局势动荡不安时，很难要求各国继续遵守上述游戏规则。在第一次世界大战之前，世界经济比较稳定，黄金供应量相

表2-1 **物价与金币流动机制**①

	国际收支逆差国	国际收支顺差国
汇率	下跌到黄金输出点	上涨到黄金输入点
黄金	流出（货币供应量减少）	流入（货币供应量增加）
物价	下跌	上涨
进出口	出口增加 进口减少 } 发生顺差	出口减少 进口增加 } 发生逆差

当充足，金币本位制未受到严格考验，运作相对成功。但在第一次世界大战爆发以后，为应付战争所需，一些国家不顾纸币发行总量须受黄金存量的限制，大量发行纸币，使得纸币兑换黄金产生困难，破坏了金币本位制下黄金与纸币可以自由兑换的特性。由于战时黄金短缺，各国纷纷限制黄金出口，使黄金不能自由输出，进一步破坏了金币本位制的游戏规则。金币本位制随着第一次世界大战的爆发而宣告解体。

2.2.2 金块及金汇兑本位制（1925—1931）

金币本位制实质上是一种固定汇率制度。但是在第一次世界大战期间，纸币的大量发行使得各国出现了通货膨胀，纸币在许多国家都无法自由兑换成黄金，市场汇率因此浮动。第一次世界大战后各国企图再度建立金本位制度，但战后所恢复的金本位制度，除了美国仍采用金币本位制之外，英国、法国事实上所采用的是金块本位制，德国及其他三十几个国家则采用金汇兑本位制。由于多数国家采取金汇兑本位制，所以第一次世界大战后的金本位制度一般称为金汇兑本位制。

1）金块及金汇兑本位制的特征

金块本位制是一种带附加条件的金本位制，其基本特征是：金币虽作为本位货币，但在国内不流通金币，只流通纸币；国家储存金块以作储备，不允许自由铸造金币；纸币按规定具有一定的含金量，但不能像在金币本位制下一样自由兑换金币；纸币的兑换附有一定的条件，它只能按规定的用途和数量向本国中央银行兑换金块。

在金汇兑本位制的国家，国内不流通金币，只流通银行券（本国货币）。银行券只能购买外汇，用外汇在国外兑换黄金。因此，金汇兑本位制的基本特征是，明确与本国经济有密切关系的金本位国家，将本国货币同这些国家的货币保持固定的比价，即钉住金本位国家的货币，并在这些国家设立外汇基金，将黄金和占一定比重的外汇作为本国的国际储备，以便随时出售外汇来稳定外汇行市。本国货币可以无限制地兑换外汇，但黄金仍是国际支付的最终手段。因此，采用金汇兑本位制的国家，在对外贸易和财政金融方面受到与其相联系的金本位制国家的控制和影响。所以说，金汇兑本位制本质上是一种带有附属性质的货币制度。

2）金块本位制与金汇兑本位制的局限性

无论是金块本位制还是金汇兑本位制，都是削弱了的金本位制度。

它们存在以下局限性：（1）国内没有金币流动，黄金不再起自发调节货币流通的作用；（2）在金块本位制下，银行券兑换黄金有一定限制，从而削弱了货币制度的基础；

---

① 陈彪如，马之騆. 国际金融学 [M]. 3版. 成都：西南财经大学出版社，2000：242.

（3）实行金汇兑本位制的国家，使本国货币依附于英镑与美元，一旦英美两国的货币动荡不定，该国的货币也会发生动荡；（4）如果实行金汇兑本位制的国家大量提取外汇，兑换黄金，英美两国的货币也势必受到威胁。

在金汇兑本位制下，黄金数量同样满足不了世界经济增长的需要，而运用黄金来干预外汇市场、维持固定汇率又使得黄金显得更为短缺。黄金的相对不足，使金汇兑本位制变得十分脆弱，经不起任何冲击。在1929—1933年世界性的经济大危机到来时，金汇兑本位制便彻底瓦解了。

2.3　布雷顿森林体系[①]

2.3.1　布雷顿森林体系的建立及内容

1）布雷顿森林体系的建立

第二次世界大战使主要西方国家之间的力量对比发生了巨大的变化。英国在战争期间受到了巨大创伤，经济遭到严重破坏。美国在工业生产、出口贸易、国外投资和黄金储备等方面都有快速增长，从而成为世界最大的债权国。美英两国政府都从本国利益出发，企图设计新的国际货币制度，于是在1943年4月7日分别提出了各自的方案，即英国的"凯恩斯计划"和美国的"怀特计划"。

1943—1944年，英美两国的政府代表曾在国际货币计划问题上展开了激烈的争论。碍于美国在政治和经济上的实力，英国被迫放弃"国际清算联盟"计划而接受美国的方案，美国也作出相应的让步，最后双方达成协议。1944年7月，全世界44个国家的代表在美国新罕布什尔州的布雷顿森林（Bretton Woods, New Hampshire）召开了"联合和联盟国家国际货币金融会议"。该会议的主要目的是希望各国能够达成协议，积极拓展国际贸易，提高国际资本的流通性，并尽快恢复各国通货的自由流动。经过协商，与会成员同意成立三个新的国际货币及金融机构，即国际货币基金组织（International Monetary Fund, IMF）、国际复兴开发银行（International Bank for Reconstruction and Development）以及国际清算银行（Bank for International Settlements, BIS）。国际货币基金组织以及国际复兴开发银行（又称世界银行）主要负责执行国际货币制度（或汇率制度）所交付的任务；国际清算银行的功能则是充当所有参与国中央银行的央行，帮助各工业国家管理并投资其外汇储备，并与IMF及世界银行合作，协助发展中国家的央行渡过其金融难关。会议同时通过了以"怀特计划"为基础的《国际货币基金协定》（又称"布雷顿森林协定"），建立起一个以美元为中心的世界货币体系（即布雷顿森林体系），开辟了持续约30年（1944—1971）的布雷顿森林固定汇率的时代（Bretton Woods Fixed Exchange Rate Era）。

2）布雷顿森林体系的内容

《国际货币基金协定》确立了"美元与黄金挂钩，各国货币与美元挂钩"的关系，并建立固定汇率的、以美元为中心的新的国际货币体系。这一体系的主要内容可概括为以下几点：

---

①　陈彪如，马之騆. 国际金融学 [M]. 3版. 成都：西南财经大学出版社，2000. 原文经过改写.

（1）双挂钩原则

"双挂钩原则"是指美元与黄金挂钩，各国货币与美元挂钩。

①美元与黄金挂钩。

黄金官价：

35美元=1盎司黄金

国际货币基金组织会员国必须协助美国维持黄金的官价水平，美国政府则承担各国政府或中央银行按黄金官价用美元向美国兑换黄金的义务。

②其他货币与美元挂钩。

美元的黄金平价：

0.888671克黄金（35美元=1盎司黄金）

国际货币基金组织会员国应规定本国货币的黄金平价，通过各国货币黄金平价与美元黄金平价的对比，确定各国货币对美元的比价。这一比价不得随意变更，其波动幅度维持在货币平价上下1%以内。

（2）实行固定汇率制

《国际货币基金协定》第4条第3款规定：各国货币对美元的汇率一般只能在平价上下各1%的幅度内波动，各国政府有义务在外汇市场上进行干预活动，以便保持外汇行市的稳定，使它不致背离平价过远。这样，各国货币便通过固定汇率与美元联结在一起，美元也就成为世界各国货币所必须围绕的中心。

（3）提供辅助性的储备供应来源

国际货币基金组织通过预先安排的资金融通措施，保证提供辅助性的储备供应来源。《国际货币基金协定》第3条规定：会员国份额的25%以黄金或可兑换成黄金的货币缴纳，其余部分（份额的75%）则以本国货币缴纳。会员国在需要货币储备时，可用本国货币向国际货币基金组织按规定程序购买（即借贷）一定数额的外汇，并在规定期限内以购回本国货币的方式偿还所借用的款项。会员国所认缴的份额越大，得到的贷款也就越多。贷款只限于会员国用于弥补国际收支赤字，即用于贸易和非贸易的经常项目支付。

（4）不得限制经常项目的支付

《国际货币基金协定》第8条规定了会员国不得限制经常项目的支付，不得采取歧视性的货币措施，要在兑换性的基础上实行多边支付。各国要对现有国际协议进行磋商，这是会员国的一般义务。

（5）"稀缺货币条款"的规定

会员国有权对"稀缺货币"采取临时性的兑换限制。

美元可以兑换黄金和各国实行固定汇率制，是布雷顿森林体系的两大支柱。基金组织则是这一货币体系正常运转的中心机构，它具有管理、信贷和协调三方面的职能。

由此可见，第二次世界大战后以美元为中心的国际货币体系，实际上是以美元为中心的金汇兑本位制。

2.3.2 布雷顿森林体系的特点

按照《国际货币基金协定》的规定，汇率制度是一种固定汇率制。固定汇率是一种"可调整的钉住汇率"，即成员国在发生国际收支根本性不平衡的情况下，经国际货币基金组织的同意，可变更其货币平价，在一定的幅度内调整与美元的比价关系。因此，从实质上说，布雷顿森林体系是一种以美元为中心的国际金汇兑本位制。

其基本特点是：（1）汇率固定；（2）货币可以兑换黄金；（3）融通资金；（4）在国际收支根本不平衡时，可以改变汇率；（5）国家经济政策自主。

布雷顿森林体系与第二次世界大战前的金汇兑本位制既有相同之处，也有不同之处，见表2-2。

表2-2　　　　　　布雷顿森林体系与第二次世界大战前金汇兑本位制比较

	布雷顿森林体系	第二次世界大战前金汇兑本位制
不同之处：		
国际准备金	黄金和美元并重	只是黄金
处于统治地位的储备货币	以美元为中心的国际货币体系几乎包括所有国家的货币，而美元却是唯一的主要储备资产	主要是英、美、法三国各自势力范围内的货币
兑换黄金	只同意外国政府在一定条件下用美元向美国兑换黄金，而不允许外国居民用美元向美国兑换	允许居民兑换黄金
管理机构	国际货币基金组织成为维持国际货币体系正常运转的机构	没有一个国际机构维持国际货币秩序
相似之处：		
货币平价	各会员国都要规定货币平价，这种货币平价未经国际货币基金组织同意不得改变	金平价
汇率变动	各会员国汇率的变动不得超过平价上下1%的范围（1971年12月后调整为平价上下2.25%）	黄金输送点
国际储备	各会员国的国际储备，除黄金外，还有美元与英镑等可兑换货币	外汇储备
货币兑换	各会员国要恢复货币的可兑换性，对经常项目在原则上不能实行外汇管制或复汇率	自由贸易与自由兑换

2.3.3　布雷顿森林体系的作用

布雷顿森林体系在20世纪五六十年代的部分时期内运行良好，对第二次世界大战后稳定国际金融和发展世界经济确实起了巨大的作用，主要表现如下：

（1）该体系以黄金为基础，以美元作为最主要的国际储备货币，美元等同于黄金。通过美元的供应可以弥补第二次世界大战后黄金生产增长停滞情形下的国际储备不足，从而在一定程度上解决了国际清偿能力的短缺问题。

（2）《国际货币基金协定》实行可调整的钉住汇率制度，汇率相对稳定。通过稳定的汇率将世界各国经济联系在一起，这有利于国际贸易的发展和国际资本的流动，同时赋予汇率制度以金本位制所不可能具备的灵活性。

（3）国际货币基金组织对会员国提供各种类型的短期和中期贷款，使有临时性逆差的国家仍有可能对外继续进行商品交换，而不必借助贸易管制，从而有利于世界经济的稳定与增长。

（4）融通资金与国际收支根本不平衡时，可以改变汇率，从而保证了各会员国可以执行独立的经济政策。

（5）国际货币基金组织作为国际金融机构，提供了国际磋商与货币合作的平台，从而在建立多边支付体系、稳定国际金融局势方面起了积极的作用。

（6）在布雷顿森林体系下，各国一般偏重内部平衡，这有助于国内经济情况的稳定，从而缓和经济危机和缓解失业问题。

2.3.4 布雷顿森林体系的崩溃

1）布雷顿森林体系的基础及其局限性

在布雷顿森林体系中，美元既是一国货币，又是世界货币。美元的这种双重身份和"双挂钩"制度形成了布雷顿森林体系的根本缺陷。作为世界货币，美元必须适应世界经济的增长和国际贸易的发展，其供应量必须不断增长。如果美国国内经济的发展和黄金储备的增长跟不上世界经济的发展，那么，随着流出美国的美元日益增加，美元能否按固定比价兑换黄金也就越来越受到人们的怀疑。由此可见，维持布雷顿森林体系，必须具备以下三项基本条件：

（1）美国国际收支保持顺差，美元对外价值才能稳定。

（2）美国的黄金储备充足，才能保持美元对黄金的有限兑换性。

（3）黄金价格维持在官价水平。

美国的财政经济实力状况决定着这三项基本条件是否巩固。但是，以美元为中心的国际货币体系刚建立不久，美国的财政经济状况便逐渐衰落，国际收支发生危机。随着历次美元危机的爆发，布雷顿森林体系也就趋于解体。

1950年美国发动侵朝战争以后，美国的国际收支就从大量顺差转成连年逆差。美国的黄金储备大量外流，对外短期债务激增，到1960年，美国对外短期债务已经超过其黄金储备额，美元信用基础发生动摇。在1960—1961年第二次世界大战后第四次经济危机的袭击下，美国的国际收支逆差进一步扩大，终于在1960年10月爆发了第二次世界大战后第一次美元危机（大规模抛售美元、抢购黄金）。1960年10月，伦敦黄金市场的黄金价格高出黄金官价约20%。为了平息美元危机，美国被迫向英格兰银行提供黄金，供应市场，稳定美元对外汇率。

黄金储备的充足、美国的国际收支顺差及黄金官价的维持是布雷顿森林体系运转的基础，而美元危机的爆发，则标志着布雷顿森林体系的基础开始动摇。

2）维持布雷顿森林体系运转所采取的措施

为了缓和美元危机，保持国际货币体系的运转，国际货币基金组织和美国采取了一系列的挽救措施。

（1）稳定黄金价格协定

1960年10月，第一次美元危机爆发。为了保持黄金的官价水平，防止美元危机对西欧外汇市场产生严重影响，在美国策划下，欧洲主要国家的中央银行达成了一项"君子协定"，彼此约定以不高于 35.20 美元的价格购买黄金，但未约定购入的最低价格。该协定旨在抑制黄金价格的上涨，保持美元对外汇率的稳定。

（2）巴塞尔协定

为减缓国际投机资本对外汇市场的冲击，维持美元的稳定，参加国际清算银行理事会的英国、前联邦德国等 8 个国家的中央银行在瑞士巴塞尔达成《巴塞尔协定》（Basel Agreement）：各国中央银行应在外汇市场上合作，以维持彼此汇率的稳定；若一国的货币发生困难，应与能提供协助的国家进行协商，采取必要措施，由该国取得黄金或外汇贷款，以维持汇率的稳定。

（3）黄金总库

1960 年 10 月，为维持黄金价格和美元的地位，美国联合英国等 7 个国家达成"黄金总库"（Gold Pool）的协议，共同承担平抑国际金融市场上日益高涨的金价的义务。

①黄金总库参加者为美、英、瑞士、法、前联邦德国、意、荷、比 8 个国家的中央银行，共拿出黄金价值 2.7 亿美元。

②参加国的中央银行应按约定比例共同分摊 2.7 亿美元的黄金。

③英格兰银行为黄金总库的代理机关，负责伦敦市场的黄金买卖，以防止金价超过每盎司 35 美元的官价。

④各国中央银行向美国联邦储备银行购买黄金时可免缴 0.25% 的手续费。

⑤在市场抢购黄金风潮特别严重时，美国应额外提供黄金。

（4）借款总安排

1961 年 11 月，国际货币基金组织与 10 个工业国家（美、英、加、前联邦德国、法、意、荷、比、瑞士、日）在巴黎举行会议，决定成立"十国集团"（也称"巴黎俱乐部"），同时签订了"借款总安排"协议（General Agreement to Borrow，GAB）。该协议于 1962 年 10 月生效。协议规定 IMF 在国际短期资金发生巨额流动从而可能引起汇率波动时，需从这 10 个国家借入额度为 60 亿美元的资金，贷给发生货币危机的会员国，以稳定该国货币汇率。

（5）货币互换协定

1962 年 3 月，美国联邦储备银行分别与 14 个西方主要国家的中央银行签订了《货币互换协定》（Swap Agreement），又称《互惠借款协定》。这些货币互换协定的共同内容有：

①两国中央银行应在约定期间内相互对等地提供短期信贷资金，各国可以将信贷资金用于干预外汇市场，维持汇率稳定。

②约定到期双方相互偿还对方货币时，应使用实行互换时的汇率，以免除汇率波动的风险。

③约定的相互交换的货币，在未使用期间，要作为定期存款或购买证券存于对方；一方需要提取或动用该项货币，要在两天前通知对方。

（6）黄金双价制

1968 年 3 月，美国爆发空前严重的第二次美元危机，美国的黄金储备的流出创历史最高纪录。美国政府被迫要求英国自 3 月 15 日起暂时关闭伦敦黄金市场，并宣布停止在伦敦黄金市场按每盎司 35 美元的官价出售黄金，同时还宣布解散"黄金总库"，实行"黄金双价制"（Two-tier Price System）。美国及"黄金总库"不再按每盎司 35 美元的价格向黄金市场供应黄金，而是放任黄金市场的金价随供求关系自由涨落。各国政府或中央银行仍可按官价持美元向美国兑换黄金，各国官方机构也按官价进行结算。

（7）特别提款权

为减缓美元危机，扩大国际货币基金组织的贷款能力，国际货币基金组织于1970年创建了特别提款权。特别提款权是一种账面资产，国际货币基金组织将其按"份额"分配给会员国，会员国可借以向国际货币基金组织提用资金，并可对其他会员国进行支付、归还欠国际货币基金组织的贷款以及在会员国政府之间拨付转移，但不能兑换黄金，也不能用于个人一般支付。特别提款权的创建，意味着美元地位的削弱。

3）布雷顿森林体系的崩溃

（1）美元停兑黄金

在美国国际收支危机不断恶化的情况下，1971年5月和7月至8月，连续两次爆发了美元危机。美国的黄金储备急剧减少，而对外短期负债却大幅度增加，美元的地位岌岌可危。一些西方国家对美国不顾美元危机的深化而硬性维持固定汇率制度的做法十分不满。因此，它们先后实行了浮动汇率制度及其他措施，这些措施部分地破坏了固定汇率制。

1971年，美国实行"新经济政策"，停止对外国履行用美元向美国兑换黄金的义务。这意味着美元与黄金的脱钩，支撑布雷顿森林体系的两大支柱之一已经坍塌。西方国家因此要求美元公开贬值，取消美元的特权地位。同时，也为了避免国际游资对美元的冲击，许多西方国家的货币从此不再钉住美元，而实行浮动汇率制度。

（2）波动幅度的扩大

1971年12月，十国集团在美国首都华盛顿的史密森学会大厦召开会议，并达成《华盛顿协议》（或称《史密森学会协议》），其主要内容包括：①美元对黄金贬值7.8%，黄金官价以每盎司35美元提高到38美元，但仍然停止美元兑换黄金；②美国取消10%的进口附加税；③调整各国货币与美元的汇率平价；④各国货币对美元汇率的波动幅度扩大到上下2.5%。此后，在国际金融市场上，曾一次次掀起抛售美元、抢购黄金的浪潮。黄金官价不断提高，由每盎司38美元提高到42.22美元。

（3）固定汇率垮台

美元的再度贬值并未能制止美元危机。1973年3月西欧又出现了抛售美元、抢购黄金和前联邦德国马克的风潮。伦敦黄金市场的黄金价格一度涨到每盎司96美元，西欧和日本的外汇市场被迫关闭达17天之久。西方国家经过磋商与斗争，最后达成协议：西方国家的货币实行浮动汇率制度。在前联邦德国马克升值3%的条件下，前联邦德国、法国等西欧共同市场国家对美元实行"联合浮动"，彼此之间实行固定汇率；英国、意大利、爱尔兰的货币单独浮动，暂不参加共同浮动。此外，其他主要西方国家的货币也都实行了对美元的浮动汇率制。至此，第二次世界大战后支撑国际货币体系的另一支柱——各国货币钉住美元、与美元建立固定比价制度——也完全垮台。因此，以美元为中心的固定汇率制不复存在，布雷顿森林体系完全崩溃，国际货币制度进入浮动汇率的时代。

2.4 国际货币体系多元化与欧洲经济货币联盟

2.4.1 牙买加体系的主要内容与特点

在以美元为中心的固定汇率制为浮动汇率制所代替之后，国际货币基金组织曾就浮动汇率制、国际储备资产和黄金处理等问题进行了一系列的研究，并于 1976 年 1 月在牙买加举行的 IMF 临时委员会会议上就国际货币体系的一些主要问题签署了一个协议，该协议被称为《牙买加协定》。1976 年 4 月 IMF 理事会在该协议的基础上通过了《IMF 协定第二次修订案》。该协定使自由浮动汇率合法化，废除了黄金官价，使黄金非货币化，并强调使特别提款权逐步成为主要的国际储备资产。自 1978 年 4 月 2 日《牙买加协定》生效后，国际货币制度便进入牙买加体系时期。

《牙买加协定》的主要内容包括：

（1）浮动汇率合法化。各会员国可以自由选择汇率制度，这使得固定汇率制与浮动汇率制同时并存，实施多年的浮动汇率制度获得了法律上的认可。

（2）以特别提款权作为主要储备资产。在未来的货币体系中，应以特别提款权作为主要储备资产，从而将美元本位改为特别提款权本位。

（3）黄金非货币化。废除黄金条款，取消黄金官价，实行黄金非货币化，也就是说，黄金与货币完全脱离联系，让黄金成为一种单纯的商品，国际货币基金组织不在黄金市场上干预金价或确定一个固定价格。各会员国的中央银行可按市场价格自由进行黄金交易活动，且会员国之间以及会员国与国际货币基金组织之间需用黄金支付的义务一律取消。

（4）修订基金份额。新增加分配的份额不超过总额的 33.5%，基金总额由原来的 292 亿 SDR 增加到 390 亿 SDR。

（5）扩大对发展中国家的资金援助。已出售黄金超过官价部分所得收入作为"信托基金"，对最不发达国家提供援助，帮助它们改善国际收支状况。

由此可见，牙买加体系废除了布雷顿森林体系中的"双挂钩"制度，同时保留了国际货币基金组织的地位。牙买加体系不同于布雷顿森林体系之处在于：①黄金非货币化。黄金既不是各国货币平价的基础，也不再用于官方之间的国际清算。②储备货币多样化。从过去单一的美元发展到以美元为首的多种储备货币。③汇率制度多样化。浮动汇率有自由浮动、管理浮动、钉住浮动和联合浮动等多种形式。

牙买加体系总体上能够适应国际经济形势的发展，但也存在如下缺陷：①以主权信用货币作为国际储备货币。黄金非货币化后，信用货币充当本位货币，受储备货币国的经济影响大，基础不稳固。②汇率体系不稳定。现行体系下各国可以根据自身情况对汇率制度自由作出安排，多种汇率制度并存加剧了汇率体系运行的复杂性。③国际收支调节机制不健全，导致国际收支出现两极分化的趋势。④缺乏有效的储备货币发行调控机制和国际合作协调机制等。

针对现行体系的诸多缺陷，尤其是 2008 年爆发的金融危机，国际社会对牙买加体系进行了一些改革，主要有以下举措：改革 IMF 的内部治理机构，增加发展中国家的份额和话语权；向发展中国家和转轨国家转移 4.59% 的投票权；成立金融稳定委员会，对全球宏观经济和金融市场上的风险实施监督；将 G20 峰会作为协商世界经济事务的主要平台；加强金融监管，制定新的《巴塞尔协议Ⅲ》，进一步严格银行资本金和流动资金标准。

2.4.2 欧洲货币体系

早在1957年，为了反对美元霸权，欧洲六国（德国、法国、意大利、比利时、荷兰、卢森堡）成立了欧洲经济共同体（European Economic Community，EEC），并签署了于次年生效的《罗马条约》，约定了共同的货币政策。欧洲经济共同体成立的目的在于推动各国间的经济统一及贸易自由化，其宗旨是希望通过各成员国之间的资本与劳动自由移动，实现该区域的经济繁荣与统一。

1967年6月，欧洲经济共同体改制为欧洲共同体（European Community，EC），并提出使用单一货币来取代各会员国货币以及建立整个区域的中央银行体制等计划。

为了进一步实现共同市场国家的货币经济同盟的目标，力争摆脱对美元的依赖与美元危机的影响，从而建立自己的货币稳定区，除英国外的前联邦德国、法国、意大利、荷兰、比利时、卢森堡、爱尔兰、丹麦等欧洲共同市场国家经过多年的酝酿协商，于1978年决定建立欧洲货币体系（European Monetary System，EMS），该体系于1979年3月13日生效。

欧洲货币体系成立的主要目的在于：一是稳定欧盟会员国之间的汇率；二是强化欧洲国家间的金融稳定；三是推动欧洲整合运动。

因此，欧洲货币体系的特色主要表现为：第一，创造了一项新的国际储备资产——欧洲货币单位（European Currency Unit，ECU）；第二，建立了一套管理汇率的过程，即参与国必须同意维持汇率稳定并使欧洲通货对美元及其他非EC通货保持紧密的联合浮动汇率机制（Exchange Rate Mechanism，ERM）；第三，创立了欧洲货币合作基金（European Monetary Cooperation Fund，EMCF）来协助稳定汇率及各国间的金融关系。所有的欧洲共同体国家均参与了欧洲货币体系（EMS），包括比利时、丹麦、法国、德国、爱尔兰、意大利、卢森堡、荷兰、西班牙、英国、希腊、葡萄牙，而其中仅希腊为参与汇率机制组织。

欧洲货币体系为每一个参加汇率机制的EC国家都设定了一个中心汇率（Central Rate），该汇率是以每一单位ECU等于多少单位该国通货来表示的。两个国家根据各自的中心汇率就可以算出一对ERM国家的双边面值汇率。依照汇率机制，双边的市场汇率只能在双边面值汇率上下的2.25%范围内波动。德国马克在ERM系统中居重要地位，这可从马克在ECU成员中占最重要的比重看出。

欧洲货币体系自1979年成立以来，应算是运作成功的。虽然各会员国中心汇率常会定期调整，但是调整的幅度随时间推移而越来越小。1987—1992年间并没有发生重大的中心汇率变化，而且各会员国之间的货币政策也渐渐趋向一致，各国通货膨胀率的差异显著减少，使得整个欧洲通货膨胀率也全面降低。

不过，欧洲货币体系从1992年开始出现危机。英国和意大利经历严重的经济不景气，高失业率及高通货膨胀率并肩而来；德国因两国合并使得政府财政赤字大幅增加，因而需要大量借款，最终导致实际利率上升；德国拒绝作出调降利率的让步，迫使英国与意大利在1992年9月退出汇率机制。到1993年8月，除荷兰外，其他国家汇率变动的上下限扩增为±15%EMS。实质上，维持汇率在狭窄范围内波动的精神已不复存在。

2.4.3　欧元

1）欧洲经济货币联盟——欧元创建的背景

1991年12月欧共体十二国领导人在荷兰的马斯特里赫特召开高峰会议。该会议达成了协议，同时计划组成一个经济货币联盟，并拟定将所有会员国的通货用单一货币取代。欧共体各国随后在1992年2月签署了《马斯特里赫特条约》（以下简称《马约》），并定于1993年11月1日生效，同时决定了以欧洲联盟（European Union，EU）（简称"欧盟"）来取代欧洲共同体（EC）。《马约》确定了欧洲经济货币联盟与政治联盟，对实现欧洲单一货币的措施和步骤做了具体安排并提出了时间表。《马约》规定，最迟不晚于1999年1月1日建立单一货币体系，并在1998年1月1日以前建立独立的欧洲中央银行。在1995年12月15日召开的欧洲货币联盟（European Monetary Union，EMU）马德里高峰会议上，欧盟将未来欧洲货币的名称确定为"欧元"（Euro），以取代欧洲货币体系下所创立的ECU。

2）参加欧洲货币联盟、实行统一货币欧元的成员国应具备的条件

为了保证货币联盟目标的实现以及欧元的稳定，只有具备下述条件的成员国才能申请参加EMU：（1）预算赤字不超过其GDP的3%；（2）债务总额不超过其GDP的60%；（3）长期利率不高于3个通货膨胀率最低国家平均水平的2%；（4）消费物价上涨率不超过3个情况最佳国家平均值的1.5%；（5）2年内本国货币汇率波动幅度不超过ERM规定。

上述条件即是《马约》规定参加欧洲货币联盟的"趋同标准"。1998年3月25日欧盟执委会宣布第一批符合趋同标准的国家有11个，即奥地利、比利时、芬兰、德国、法国、爱尔兰、意大利、卢森堡、荷兰、葡萄牙和西班牙符合使用欧元的条件，有资格成为首批流通欧洲单一货币——欧元的国家。此后，希腊达到趋同标准，于2001年1月1日成为欧元区的第12个成员国。当时，在欧盟15个成员国中，瑞典、英国、丹麦虽已达标，但它们决定暂留在欧洲货币联盟之外。英国已表示倘若条件成熟，将加入欧洲货币联盟。但欧盟执委会报告说，英国加入欧洲货币联盟的条件是要先加入ERM（即欧洲货币体系的汇率机制）。

3）欧元推行的时间表

根据《马约》和欧盟的有关规定，从欧元的发行到完全取代欧盟成员国货币，这个过程分三个阶段进行。

第一阶段：1999年1月1日—2002年1月1日。

这一阶段是成员国货币向欧元过渡的时期，其主要的工作内容是：

（1）于1999年1月1日不可撤回地确定欧元和参加欧洲货币联盟成员国货币的折算率，并按1∶1的比例由欧元取代ECU进行流通。成员国货币和欧元同时存在于流通领域，按规定比例自由兑换。

（2）资本市场和税收部门均以欧元进行货币标定，银行间的支付结算均以欧元进行。成员国的政府预算、国债、政府部门与国有企业的财政收支也均以欧元结算，但在过渡期内，私营部门有权选择是否使用或接受欧元，对于任何合同、贸易和买卖，仍可按成员国原货币进行支付。

（3）欧洲中央银行投入运作，并执行欧元的货币政策，制定欧元的利率。为保证欧元与成员国货币固定汇率的顺利执行，它对成员国的货币发行进行一定的监控。

（4）执行都柏林会议制定的《稳定和增长公约》中的有关规定，如制裁预算赤字超过

GDP 3%的成员国，罚金为 GDP 的 0.2%，赤字每超过 1%，则对超过部分课征 1/10 的罚金。

第二阶段：2002 年 1 月 2 日—2002 年 6 月 30 日。

在本阶段，欧元纸币和硬币开始流通。成员国居民必须接受欧元，欧元纸币和硬币逐渐取代各成员国的纸币和硬币。

第三阶段：从 2002 年 7 月 1 日起。

EMU 各国的原有货币将被正式废除，欧元成为 EMU 各成员国唯一的法定货币。

4）欧洲经济货币联盟的作用

欧洲经济货币联盟的作用主要表现在：

（1）增强欧盟国家的经济实力，提高其竞争能力；

（2）减少内部矛盾，防范和化解金融风险；

（3）简化流通手续，降低成本消耗，增强出口商品的竞争能力；

（4）增加社会消费，刺激企业投资。

5）欧洲货币联盟对世界经济的影响

与此同时，欧洲货币联盟对世界经济也产生了巨大的影响，主要包括：

（1）巩固与发展了多元化的国际货币体系，有利于世界范围内汇率的稳定；

（2）促进国际储备多元化，欧元将与美元、日元并驾齐驱，成为一种主要储备货币；

（3）提升欧洲金融市场的地位，有利于欧洲资本投资市场的发展。

2.4.4 特别提款权

特别提款权是一种国际储备资产，有许多国家的货币与之挂钩。作为一种独立的国际储备单位，特别提款权有着越来越重要的作用。国际货币基金组织在折中各国意见的基础上，设立并发行了特别提款权。其初衷在于用特别提款权来补充美元，使国际货币制度从黄金-美元本位转向黄金-美元/特别提款权本位，而不是最终取代黄金-美元本位。

特别提款权作为一种新的国际储备资产，可以和黄金、外汇一起计入国际储备，由国际货币基金组织根据各会员国上年年底缴纳份额的比例进行分配。当会员国发生国际收支逆差时，可动用特别提款权，将它转让给另一会员国，换取可兑换的外币来偿付逆差，或将其作为债务担保和用于偿付国际货币基金组织的贷款等，但它不能兑换黄金，不能直接用于贸易和非贸易的支付，也不作为国际支付的手段。因此，特别提款权只是会员国在国际货币基金组织的特别账户上的一种账面资产，具有信用便利的性质。

特别提款权在创设之初的定价方法是，每一单位含金量为 0.888671 克，即等于 1971 年 12 月美元贬值前 1 美元的含金量。特别提款权原先与美元挂钩，但在 1974 年 7 月与黄金脱钩，并改用一揽子 16 种货币作为其计价基础。到 1980 年，国际货币基金组织又决定改用 5 种主要货币（其中，美元 42%、德国马克 19%、日元 15%、法国法郎和英镑均为 12%）对其进行重新定值。1978 年，特别提款权确定了黄金的非货币化。20 世纪 80 年代，特别提款权又在解决持续不断的债务危机方面发挥着积极的作用。

尽管特别提款权的作用日益扩大，但作为国际储备的手段，它仍存在一定的局限性：

（1）它在国际储备持有量中所占比重过小，远远不能发挥国际储备手段的作用。

（2）特别提款权既不像黄金本身具有价值，也不像美元、英镑等货币以一国的经济实力为后盾。它是一种没有任何物质基础的记账单位，代表的是一种虚构的国际清偿能力，再加上它不能像美元等货币一样兑换黄金，因此，特别提款权不可能在短时期内成为国际储备中的主导资产。

（3）由于特别提款权在分配原则上采用的是按会员国缴纳的份额摊派，因此发达国家占绝大多数，而发展中国家正值资金紧缺，所以在分配问题上出现了众多的争议。

（4）在解决国际收支不平衡的问题上，特别提款权也只是起到了一种暂时性的作用，还无法从根本上解决问题。

本章小结

国际货币制度是指各国间进行各种交易支付所采用的一系列安排和惯例以及支配各国货币关系的一套规则和机构，其主要内容包括：汇率决定及变动、国际货币或储备资产的数量和形式、国际金融市场与资本流动以及国际货币合作的形式与机构。

国际货币制度的发展经历了金本位制、以美元为中心的金汇兑本位制、布雷顿森林体系及其之后的浮动汇率制等几个阶段。

1944 年 7 月，在美国新罕布什尔州的布雷顿森林召开了一次有 44 个国家参加的布雷顿森林会议。会议通过了《国际货币基金组织协定》和《国际复兴开发银行协定》，统称布雷顿森林协定。根据协定，设立了国际货币基金组织和国际复兴开发银行（又称世界银行），确立了以美元为中心的国际货币制度，也称布雷顿森林体系。布雷顿森林体系的主要内容包括：以黄金为基础，以美元作为最主要的国际储备货币，实行固定汇率制度；国际货币基金组织通过预先安排的资金融通措施，保证提供辅助性的储备供应来源；规定会员国不得限制经常项目的支付，不得采取歧视性的货币措施，要在兑换性的基础上实行多边支付；规定"稀缺货币条款"，会员国有权对"稀缺货币"采取临时性的兑换限制。布雷顿森林体系的两大支柱是：美元与黄金直接挂钩；其他国家货币与美元挂钩，并建立与美元的固定比价关系。随着 1973 年 3 月第三次美元危机的来临，以美元为中心的固定汇率制不复存在，布雷顿森林体系完全崩溃，国际货币制度进入浮动汇率的时代。

1976 年 1 月签订的《牙买加协定》使自由浮动汇率合法化，废除了黄金官价，使黄金非货币化，并强调使特别提款权逐步成为主要国际储备资产。自 1978 年 4 月 1 日《牙买加协定》生效后，国际货币制度便进入牙买加体系时期。《牙买加协定》的主要内容包括：浮动汇率合法化；以特别提款权为主要储备资产；黄金非货币化；修订基金份额；扩大对发展中国家的资金援助。

主要概念与观念

金本位制　国际货币制度　布雷顿森林体系　牙买加协定　特别提款权

基本训练

□ 知识题

2.1　国际货币制度从金本位制到不兑换纸币本位的演变是否符合规律？

2.2　布雷顿森林体系有哪些特点？它在第二次世界大战后起了什么作用？

2.3 布雷顿森林体系存在哪些缺陷？它的崩溃是不可避免的吗？

□ 技能题

《牙买加协定》的内容包括哪些？分析《牙买加协定》产生的理由。

□ 能力题

20世纪90年代后半期，新兴市场国家的金融危机此起彼伏，打破了多年来国际经济的稳定运行。1994年12月墨西哥比索的贬值成为市场危机的导火索。接着，1997年发生亚洲金融危机、1998年8月俄罗斯卢布崩溃、1999年1月巴西雷亚尔贬值，这一切的发生都有其内在的复杂原因，而且市场前景如何也非常不明朗。

要求：请据此现象分析布雷顿森林体系的特点及局限性。

第 3 章　国际收支

学习目标

通过本章学习，应该达到以下目标：

知识目标：初步了解和掌握国际收支的定义、国际收支平衡表、国际收支调整、国际收支与其他经济参量之间的关系。

技能目标：学会通过对一国国际收支状况的分析，了解该国的经济状况、产业结构、生产力和科学技术发展水平、财政政策和货币政策以及投资政策和宏观投资环境。

能力目标：学会分析和思考一国国际收支状况，并对该国汇率走势进行较长时期的预测。

3.1　国际收支概述

1) 国际收支的含义

国际货币基金组织（International Monetary Fund，IMF）将国际收支（Balance of Payments）定义为"一国居民在一定时期内与外国居民（非居民）之间全部经济交易的系统记录"。它包括各种商品和劳务的输出与输入、资本流通以及投资等。把握这一概念的关键在于明确以下几点：

（1）国际收支是就某一特定时期而言的，是一个流量概念。国际收支的报告期可以是1年，也可以是1个月或1个季度等。报告期长短完全根据分析的需要和资料来源的可获得性来确定。各国通常以1年为报告期。

（2）国际收支所反映的内容是经济交易。构成国际收支内容的居民与非居民之间的经济交易类型与内容主要有五类：①金融资产与商品、劳务之间的交换，如进出口贸易等；②商品、劳务与商品、劳务之间的交换，如易货贸易、补偿贸易等；③金融资产和金融资产之间的交换，如有价证券投资、货币资本借贷等；④无偿的、单向的商品和劳务转移，如无偿的物质捐赠、服务和技术援助等；⑤无偿的、单向的金融资产转移，如债权国对债务国给予债务豁免等。

（3）构成国际收支的内容必须是发生在该国居民与非居民之间的经济交易。判断一项经济交易是否应包括在国际收支范畴内，所依据的是交易的双方是否有一方是该国居民。只有居民与非居民之间的经济交易才构成国际收支的内容。居民以居住地为标准（即遵循属地原则），包括个人、政府、非营利团体和企业四类。

2）国际收支平衡表的功能

由于国际收支信息对于企业、投资者乃至政府官员都有重要性，因此各国都会定期编制国际收支平衡表来记录国际收支变化情况。国际收支平衡表的功能主要体现在以下几个方面：

（1）有助于各国了解外汇的供需状况，进而预测汇率未来变动的趋势；

（2）有助于各国了解资本流入与流出的情形，进而制定或修改外汇管制或资本管制的策略；

（3）企业与投资者据此预测政府及金融市场上的可能变化，作出明智的投资或投机决策。

3.2 国际收支平衡表

国际收支平衡表（Balance of Payment Presentation）是按照复式簿记的原理对一定时期内一国与其他国家所发生的国际经济交易进行系统的记录、分类、汇总而编制出的分析性报表。它集中反映了该国国际收支的具体构成和总貌。编制国际收支平衡表并没有统一的方法，各国政府对国际收支平衡表的编制也不同。按照国际货币基金组织的章程规定，各会员国必须按期向IMF报送本国的国际收支平衡表。为了便于会员国编制平衡表，并使各国的平衡表具有可比性，IMF出版了《国际收支手册》。它对编制平衡表所采用的概念、准则、惯例、分类方法以及标准构成都作了统一的规定或说明。各国政府主要从海关、银行、跨国公司、投资银行等渠道收集报表编制的原始资料。

3.2.1 国际收支平衡表的编制原理和记账原则

国际收支平衡表是按照"有借必有贷，借贷必相等"的复式簿记原理来系统记录每笔国际经济交易的，亦即将一国在一定时期内的国际经济交易根据交易的内容和范围设置相应的科目（Item）和账户（Account），然后按照复式记账的原理对一定时期内的国际经济交易进行系统的记录、分类、汇总而编制成适合于分析的报表。会计上将科目分为资产、负债、收入、支出等几类。各类科目的记账原理为：

资产（支出）

借方（+）	贷方（-）
资产增加 支出增加	资产减少 支出减少
资产余额 或支出余额	

负债（收入）

借方（-）	贷方（+）
负债减少 收入减少	负债增加 收入增加
	负债余额 或收入余额

国际收支平衡的中心概念涉及一国对世界各国资金外流的支付（一国进口商品、劳务和资产）和从世界各国资金内流的收入（一国出口商品、劳务和资产）。因此，在国际收支平衡表中，其记账经验法则为：

（1）凡引起本国外汇收入的项目，记入贷方；

（2）凡引起本国外汇支出的项目，记入借方；

（3）凡引起本国外汇供给的经济交易，记入贷方；

（4）凡引起本国外汇需求的经济交易，记入借方。

国际收入（经常账户）

借方（+）	贷方（-）
外汇支出 外汇需求	外汇收入 外汇供给
余额：逆差	余额：顺差

在国际收支平衡表中，具体表现为：

国际收入（经常账户）

借方（+）	贷方（-）
本国商品和劳务的进口 本国对外金融资产的增加 本国对外负债的减少	本国商品和劳务的出口 本国对外金融资产的减少 本国对外负债的增加
余额：逆差	余额：顺差

在复式记账方法下，对于商品、劳务和金融资产等双向转移类的绝大多数交易，可以直接进行借贷会计记录，以对每一笔交易做完整的反映。对于单向转移类交易，只有一方记账科目，就必须借助"无偿转移"和"对应项目"等特种科目进行记账。对于"无偿转移"科目和"对应项目"科目，它们在需要冲抵借方项目时就以贷方项目出现，它们在需要冲抵贷方项目时就以借方项目出现。这样，一国居民所进行的每一笔国际经济交易都会产生"金额相同，方向相反"的一借、一贷会计式记录。按照"有借必有贷，借贷必相等"原理，国际收支平衡表的借方总额和贷方总额是相等的，其净差额为零。

3.2.2 国际收支平衡表的基本格式

国际收支平衡表的编制，应便于人们对一国国际经济关系有关问题的研究分析。根据分析问题的不同，各国编制的国际收支平衡表的具体格式不同，而且它在不同的时期也会有不同的格式。国际货币基金组织出版的《国际收支手册》（第五版）提供了国际收支账户的分类标准，为各国编制国际收支平衡表提供了参考依据。国际收支平衡表的标准格式见表3-1。

表3-1　　　　　　　　　　　　国际收支平衡表的标准格式

项　目	贷　方	借　方
一、经常项目		
（一）商品和劳务		

项　目	贷　方	借　方
1.商品		
2.劳务		
（1）运输		
（2）旅行		
（3）通信服务		
（4）建筑服务		
（5）保险服务		
（6）金融服务（保险除外）		
（7）电脑和信息服务		
（8）专利费和手续费		
（9）其他商业服务		
（10）其他私人服务		
（11）政府服务		
（二）收益		
1.雇员报酬		
2.投资报酬		
（1）直接投资收益		
（2）证券投资收益		
（3）其他投资收益		
（三）转移		
1.中央政府的转移		
（1）债务豁免		
（2）其他赠与		
（3）中央政府的其他转移		
2.其他部门的转移		
（1）债务豁免		
（2）其他赠与		
（3）私人汇款		

项　目	贷　方	借　方
（4）移居转移		
（5）其他部门的其他转移		
二、资本账户		
（一）资本（不包括储备资产）		
1.直接投资		
（1）本国在国外的直接投资		
（2）外国在本国的直接投资		
2.证券投资		
（1）本国的对外投资		
（2）本国的对外负债		
3.其他资本		
（1）本国的对外资产		
（2）本国的对外负债		
（二）储备资产		
1.货币性黄金		
2.特别提款权		
3.在基金组织的储备头寸		
4.外汇资产		
（1）外国通货和存款		
（2）外币证券		
5.其他债权		

我国国家外汇管理局根据《国际收支手册》（第六版）和我国国情定期编制并公布国际收支平衡表。2022年我国国际收支平衡表见表3-2。

表3-2　　　　　　　　　　　　中国国际收支平衡表

2022年　　　　　　　　　　　　　　　　　　　　　单位：亿元

项目	行次	差额	贷方	借方
1.经常项目	1	27 177	266 099	238 922
1.A 货物和服务	2	38 850	250 235	211 385
1.A.a 货物	3	45 140	225 467	180 327
1.A.b 服务	4	−6 290	24 767	31 057

项目	行次	差额	贷方	借方
1.A.b.1 加工服务	5	908	964	56
1.A.b.2 维护和维修服务	6	266	560	294
1.A.b.3 运输	7	−1 573	9 805	11 377
1.A.b.4 旅行	8	−7 085	647	7 732
1.A.b.5 建设	9	455	963	508
1.A.b.6 保险和养老金服务	10	−1 031	304	1 335
1.A.b.7 金融服务	11	74	336	262
1.A.b.8 知识产权使用费	12	−2 098	892	2 990
1.A.b.9 电信、计算机和信息服务	13	1 196	3 739	2 543
1.A.b.10 其他商业服务	14	2 812	6 352	3 540
1.A.b.11 个人、文化和娱乐服务	15	−85	92	177
1.A.b.12 别处未提及的政府货物和服务	16	−130	114	244
1.B 初次收入	17	−12 957	12 867	25 823
1.B.1 雇员报酬	18	456	1 384	928
1.B.2 投资收益	19	−13 628	11 209	24 837
1.B.3 其他初次收入	20	215	274	59
1.C 二次收入	21	1 284	2 997	1 713
1.C.1 个人转移	22	105	385	280
1.C.2 其他二次收入	23	1 179	2 612	1 433
2.资本和金融账户	24	−21 164		
2.1 资本账户	25	−20	16	36
2.2 金融账户	26	−21 143	−2 138	19 005
2.2.1 非储备性质的金融账户	27	−14 294	−2 138	12 155
2.2.1.1 直接投资	28	1 707	11 823	10 116
2.2.1.2 证券投资	29	−18 783	−7 146	11 637
2.2.1.3 金融衍生工具	30	−358	−567	−210
2.2.1.4 其他投资	31	3140	−6 248	−9 388
2.2.2 储备资产	32	−6 850		

续表

项目	行次	差额	贷方	借方
2.2.2.1 货币黄金	33	−249		
2.2.2.2 特别提款权	34	127		
2.2.2.3 在国际货币基金组织的储备头寸	35	−15		
2.2.2.4 外汇储备	36	−6 712		
2.2.2.5 其他储备资产	37	0		
3.净误差与遗漏	38	−6 013		

注：本表计数采用四舍五入原则，下同。

资料来源：国家外汇管理局.中国国际收支平衡表时间序列（BPM6）［2023-03-31］.［EB/OL］. http：//m.safe.gov.cn/safe/2019/0627/13519.html.

尽管各国国情不同，国际收支平衡表的格式也不相同，但各国国际收支平衡表的编制过程是相同的，其分为三个步骤[①]：

第一，设置项目（Item），以便对性质相同的交易进行数额汇总。项目的设置可粗可细，这取决于一国各种交易的重要性、数据来源和分析的需要，但必须使某一项目具有区别于其他项目的某种特性。基于此特性，某一项目对某些经济因素的影响不同于其他项目，或者某些经济因素对它会产生不同于其他项目的影响。

第二，对各个项目进行归类，使其分属于不同的账户（Account）。根据一国经济分析的需要，将国际收支平衡表划分为几个账户。各国可以按照自己认为与分析本国国际经济关系某个问题有关的那些特征，设立两个或两个以上的账户。最基本的做法是将国际收支平衡表划分为经常账户和资产账户，前者反映一国与外国之间的商品、劳务转移，后者反映金融资产在本国与外国之间的转移。IMF就是采用这一分类方法。

第三，项目与账户的排列。国际收支平衡表采用复式簿记原理来编制，故其借方总额与贷方总额总是相等的。但对某个项目或某个账户来说，其借贷差额，又称为"局部差额"（Partial Balance），就不一定为零。借方金额大于贷方金额，称为赤字（Deficit）或逆差；贷方金额大于借方金额，称为盈余（Surplus）或顺差。在国际收支平衡表中，通常将每个项目的借方和贷方横列，将各个项目纵列（当然也就是将各个账户纵列）。如果在一个项目与下一个项目之间画一条水平线，那么就出现了数额相等但符号相反的一个线上项目（Items Above the Line）差额和一个线下项目（Items Below the Line）差额。上述差额和其他各种差额构成了国际收支分析的主体。在表中，线画得越靠下，线上差额的概括性就越全面，因为靠下的线上差额包含着靠上的线上差额。项目和账户应当有一个有机的排序，以保证这条水平线画得有分析意义。

3.2.3　国际收支平衡表的基本内容

国际收支平衡表的主要项目包括：经常项目（Current Account）、资本和金融账户（Capital Account）以及净误差与遗漏（Net Errors and Omissions）。

---

① 钱荣堃.国际金融［M］.成都：四川人民出版社，1993：6-7.

1）经常项目

经常项目反映居民与非居民之间经常发生的经济交易内容，通常包括四个主要项目：货物（Goods）、服务（Services）、收益（Income）和经常转移（Current Transfers）。经常项目下的各项目都应列出借方总额和贷方总额。

（1）货物

货物，也称商品，记录一国的商品进口和出口的外汇收支。其分录为：

借：进口总额

贷：出口总额

商品进出口的差额称为贸易差额（Trade Balance）。在国际进出口业务惯例中，对于一笔进出口交易，出口国以离岸价格（FOB）来计算其金额，而进口国则以包括成本、保险费、运费在内的价格（CIF）来计算。为了统一对进口与出口进行估价，IMF建议进出口均采用离岸价格（FOB）来计值，保险费和运输费另列入劳务开支。另外，值得注意的是，黄金国际交易分为货币性黄金交易和非货币性黄金交易，其中只有非货币性黄金交易才列入这一项目。

（2）服务

服务，也称劳务，记录劳务输出和输入。本国为外国提供的各种劳务数额为劳务输出，而本国利用外国的各种劳务数额则为劳务输入。其分录为：

借：劳务输入

贷：劳务输出

这一项目的交易内容比较繁杂，通常下设若干重要项目，主要有加工服务、维护和维修服务、运输、旅行、建设和养老金服务、金融服务、知识产权使用费，以及电信、计算机和信息服务等。服务收支，也称无形贸易（Invisible Trade）收支。

（3）初次收入

初次收入，也称收益，记录因劳动力和资本等生产要素在各国间的流动而发生的外汇收支，因而该项目下相应设立"雇员报酬""投资收益""其他初次收入"三个明细账户。

①雇员报酬（Compensation of Employees）主要记录本国季节工人和边境工人受雇在国外工作（在国外居住期限为1年以内或不居住）所赚取的工资、薪金或其他报酬，以及本国雇用外国季节工人和边境工人所支付的工资、薪金或其他报酬。其分录为：

借：雇员报酬——本国雇用外国工人所支付的报酬

贷：雇员报酬——本国工人受雇在国外工作所赚取的报酬

②投资收益（Investment Income）记录由于借贷、货币或商品直接投资以及证券投资而产生的利息和股利等外汇收支。其分录为：

借：投资收益——非居民购买和持有本国资产而获取的收入

贷：投资收益——本国居民购买和持有国外资产而获取的收入

根据需要，对于投资收益还可以作进一步的分类，如直接投资收益、证券投资收益和其他投资收益等。

③其他初次收入记录将自然资源让渡给另一主体使用而获得的租金收入，以及跨境产品和生产的征税和补贴。其分录为：

借：本国居民向非居民进行的相关支付

贷：本国居民从非居民获得的相关收入

（4）二次收入

二次收入，即经常转移，又称无偿转移（Unrequited Transfers）或单向转移（Unilateral Transfers）。如前所述，这是一个特种项目。无偿转移包括政府无偿转移和私人无偿转移。政府无偿转移主要有债务豁免、政府间经济军事援助、战争赔款、捐款等，私人无偿转移主要有侨民汇款、年金、赠予等。其分录为：

借：本国对外国的无偿转移

　　贷：外国对本国的无偿转移

我们将上述经常项目的各项目加总后得出的净额称为经常项目差额，可以表示如下：

经常项目差额＝出口－进口＋经常转移

　　　　　　＝（商品出口＋劳务收入＋所得收入）－（商品进口＋劳务支出＋所得支出）＋经常转移

　　　　　　＝商品贸易差额＋劳务贸易差额＋单方面收支

由于商品贸易差额在经常项目中占有极大的分量，当商品贸易差额出现赤字时，经常项目差额通常也呈现赤字，因此，经常项目差额，尤其是贸易差额（Trade Balance），对本国货币的升值或贬值会有反应。通常来说，其长期的反应较敏感，而短期的反应则要看出口或进口的价格弹性如何。

2）资本和金融账户（Capital and Financial Account）

资本和金融账户反映居民和非居民之间资本或金融资产的转移。在资本和金融账户下，分设"资本"和"金融"两个明细账户。

（1）资本账户

资本账户（Capital Account）反映金融资产在一国与他国之间的转移，即国际资本流动，包括资本流出和资本流入。资本流出是本国对外资产的增加（即本国居民对非居民所持有的求偿权（Claim）的增加），或本国对外负债的减少（即非居民对本国居民所持有的求偿权的减少）；资本流入则是指本国对外资产的减少或本国对外负债的增加。

一国的资本账户与国际投资状况（或称国际借贷）有着极其密切的关系。国际投资状况反映一国在一定时点上（通常为年末）对外资产和对外负债的总额，而资本账户则反映一国在两个时点上对外资产和对外负债的增减变化。因此，资本账户实际表明的是一国国际投资状况的变化，而国际投资状况则是一国历年资本流动的结果。资本账户的分录为：

借：资本输出

　　贷：资本输入

与经常项目不同，资本账户通常并不按借方总额和贷方总额来记录，而是按净额（借贷差额）来记入借方或者贷方。这主要是因为：①各种资产的交易总额或毛流量常常缺乏数据，从报告期期初和期末余额记录得出的变化是净额的变化；②交易总额对国际收支分析不是很重要。

（2）金融账户

金融账户（Financial Account）反映居民与非居民间由于借贷、直接投资、证券投资等经济交易所发生的外汇收支。在该项目下分设"非储备性质的金融账户""储备资产"两个明细账户。

①非储备性质的金融账户

A.直接投资（Direct Investment）是指投资者在其投资的国外企业中拥有10%或10%

以上的普通股或投票权，从而对该企业拥有有效发言权。在直接投资账户下又包括股本投资、其他资产投资及利润收益再投资等。

B.证券投资（Portfolio Investment），也称间接投资，是指居民与非居民之间在股票、债券、大额存单、商业票据以及各种衍生金融工具上的投资。

C.金融衍生工具，用于记录本国居民与非居民金融衍生工具和雇员认股权交易情况。

D.其他投资是指上述三项投资和储备资产外居民和非居民之间的其他金融交易，如货币资本借贷，与进出口贸易相关的各种贷款、预收款、预付款、融资租赁等。

资本和金融账户的各项加总后所得的净额，称为资本和金融账户差额。资本和金融账户差额表示一个国家对外部世界的净债权（借方差额），或是对外部世界的净负债（贷方差额）。

资本和金融项目差额=资本项目差额+金融项目差额

=（资本项目收入-资本项目支出）+（资本流入-资本流出）

$$=\left(\begin{matrix}资本项目\\收入\end{matrix}-\begin{matrix}资本项目\\支出\end{matrix}\right)+\left(\begin{matrix}外资来\\本国投资\end{matrix}-\begin{matrix}对外直接\\投资\end{matrix}\right)+\left(\begin{matrix}证券投资\\负债\end{matrix}-\begin{matrix}证券投资\\资产\end{matrix}\right)+\left(\begin{matrix}其他投资\\负债\end{matrix}-\begin{matrix}其他投资\\资产\end{matrix}\right)$$

根据国际惯例，经常项目、资本项目及金融项目三项差额之和统称为国际收支净额（或称总差额）（Overall Balance of Payments），即：

国际收支净额=经常项目差额+资本账户差额+金融账户差额

国际收支平衡表分成经常项目以及资本和金融账户两大类，一般来说，这两类项目的差额数值相等，只是一正一负。经常项目出现赤字（Deficit）的国家，其资本和金融账户大多会出现盈余（Surplus），这显示出贸易赤字的国家会发行证券向国外借款筹措所需资金。

国际收支净额为赤字的国家，一般是因为其经常项目赤字过大，在外汇市场上显示为：该国货币的供给超过其他国家对于该国货币的需求（或者是该国对于外国货币的需求超过外国货币的供给），因此该国货币将有贬值的压力与趋势。

②储备资产

储备资产是为平衡总差额而设立的项目，故也称平衡项目（Balancing Items）。官方储备资产（Official Reserve Assets）是指一国金融当局所拥有的、可用于满足国际收支平衡和稳定汇率所需要的一切资产，包括黄金、外汇储备、IMF的储备头寸、IMF所分配的特别提款权。

储备资产的净额等于国际收支净额（总差额）。在固定汇率制下，若一国的国际收支净额为赤字（逆差），则该国政府有义务在外汇市场上买进本国货币，卖出国际储备资产，以保持汇率的稳定，而其所卖出的国际储备资产总额就是储备项目的净额。若国际收支净额为盈余（顺差），则政府有义务在外汇市场上买入与国际收支盈余相等的国际储备资产，以保持汇率的稳定。

在浮动汇率制下，当国际收支失衡而对汇率产生贬值或升值压力时，政府并没有义务将汇率维持在固定的水平，因此汇率会受市场力量的影响而自动上升或下降，进而改善国际收支失衡的状况。

由此可见，一国的货币外流总额（逆差）要由本国货币当局通过提取本国储备资产、从外国中央银行借入货币或从国际货币基金组织借入货币等办法加以解决（在账户中以正值表示）。另外，如果一国的货币为内流总额，其顺差就由该国货币当局通过增加官方储备资产、偿还国际货币基金组织贷款、偿还其他国外贷款来加以解决（在账户中以负值表示）。

3）净误差与遗漏（Net Errors and Omissions）

这是由于统计技术和其他一些原因使借贷双方无法平衡而人为设置的一个项目。设置这个项目的主要原因为：国内外居民之间的全部交易活动不可能被一一记录；许多统计数字是从不同来源搜集并计算出来的；由于一些社会责任缺失的企业的逃税行为，导致资本和金融账户的交易活动存在少报现象；一些不诚实的企业总是少报出口发票而多报进口发票；发生超前滞后现象等。一般而言，如果借方总额大于贷方总额，则净误差与遗漏项目应在贷方反映；如果借方总额小于贷方总额，则将差额列在净误差与遗漏项目的借方。

3.3　国际收支分析[①]

3.3.1　国际收支平衡表的顺差或逆差

由于国际收支平衡表是根据复式簿记原理来编制的，因此，借贷双方总额最终必然相等。虽然总的国际收支是平衡的，但这并不意味着国际收支平衡表中的每一个项目都是平衡的。尽管某个项目或某些项目会出现借方余额或贷方余额的情况，但这些赤字额或盈余额必然会由其余项目的盈余额或赤字额抵销。譬如，经常项目与资本账户二者中任何一个出现赤字或盈余，势必会伴随着二者中另一个项目的盈余或赤字，而且使得经常项目差额与资本账户差额之和正好为零。然而，这种平衡仅仅是形式上的平衡。

为了说明国际收支平衡表的逆差或顺差，必须先要弄清自主性交易和补偿性交易。按照交易的动机或目的，国际收支平衡表中所记录的交易有自主性交易和补偿性交易之分。

自主性交易（Autonomous Transactions）是指那些基于商业（利润）动机或其他考虑而独立发生的交易。这些交易所产生的货币收支并不必然相抵，由此可能导致对外汇的超额需求或超额供给，从而引起外汇价格（即汇率）的变动。在这种情况下，一国当局有两种选择：（1）允许汇率变动，使自主性交易收支自行达到平衡；（2）增减外汇储备或通过向国外借款来弥补自主性收支不平衡所造成的超额外汇供给或需求，以保持固定的汇率。

补偿性交易（Compensatory Transactions）或调节性交易（Accommodating Transactions）是指为弥补自主性交易收支不平衡所造成的外汇供求缺口而进行的交易。

国际收支是否平衡，实际上是看自主性交易所产生的借贷金额是否相等。因此，我们可以在国际收支平衡表上划出一条水平线，将自主性交易项目放在这一水平线上（"线上"），把一切补偿性交易项目放在此线之下（"线下"）。当线上差额为零时，我们即称国际收支处于平衡（Equlibrium）状态；当线上项目借方金额大于贷方金额时，我们称国际收支出现了赤字；当线上项目贷方金额大于借方金额时，则称国际收支出现了盈余，即：

国际收支逆差：自主性收入<自主性支付

国际收支顺差：自主性收入>自主性支付

在一国有义务保持固定汇率的情况下，尽管理论上将国际经济交易区分为自主性交易和补偿性交易是十分有益的，但实际上作此区分往往会面临难以逾越的技术性困难。因此，尽管将国际交易划分为自主性交易和补偿性交易，并由此确定国际收支平衡与否及不

---

① 钱荣堃. 国际金融［M］. 成都：四川人民出版社，1993：13-18；陈彪如，马之騆. 国际金融学［M］. 3版. 成都：西南财经大学出版社，2000：14-16. 原文经过改写.

平衡的程度，对有义务填补外汇市场供求缺口、维持固定汇率的国家来说是很有意义的，但实际上各国往往无法将其运用到实践当中。事实上，许多国家同时采用几种线上差额来相互补充地分析本国的国际收支状况。这些差额主要有贸易差额、经常项目差额、基本差额、官方清算差额和综合差额。

3.3.2　国际收支的局部差额分析

国际收支平衡分析的常用手段主要是局部差额分析。这些局部差额主要包括综合差额、官方结算差额、基本差额、经常项目差额以及贸易差额，见表3-3。

表3-3　　　　　　　　　　几个国际收支局部差额的内容及其关系

贷方（+）
借方（-）
+ 商品出口
- 商品进口
= 贸易差额
+ 无形收入
- 无形支出
+ 无偿转移收入
- 无偿转移支出
= 经常项目差额
+ 长期资本流入
- 长期资本流出
= 基本差额
+ 私人短期资本流入
- 私人短期资本流出
= 官方结算差额
+ 官方借款
- 官方贷款
= 综合差额
- 储备增加（+储备减少）
= 零

现结合表3-3对各局部差额分述如下：

1）综合差额（Overall Balance）

综合差额包括的线上项目最为全面，仅仅将官方储备作为线下项目，它衡量了一国通过动用或获取储备来弥补的收支不平衡。由于只有在进行外汇干预的情况下，一国当局才需要变动储备，故综合差额对于需要维持固定汇率的国家是极其重要的。

2）官方结算差额（Official Settlements Balance）

由于一国也可以通过短期对外借款或贷款来弥补外汇供求的缺口，因此官方短期资本流动就起着与减少或增加储备相类似的作用，从而缓冲收支不平衡对储备变动的压力。官方结算将官方短期资本流动列为线下项目，将其视作弥补收支不平衡的手段而非产生收支不平衡的因素。

3）基本差额（Basic Balance）

基本差额为一国当局提供了衡量国际收支长期趋势的一个尺度，它把变化无常的交易

（包括私人、官方短期资本流动及储备）排除在线上项目之外，而将经常项目交易和长期资本流动置于线上。原则上，这一做法是正确的。但由于长、短期资本流动实际上是根据资产、负债的偿还期来确定的，所以对于这一做法能否将真正意义上的长期资本流动列于线上并将真正意义上的短期资本流动列于线下，还存在一些争议。因此，人们便将经常项目差额视为衡量一国国际收支长期状况更好的尺度。

4）经常项目差额（Current Account Balance）

经常项目差额把一旦发生就不可逆转的交易——商品、劳务交易和单项转移收支列在线上，反映了实际资源在一国与他国之间的转让净额。由于一国有多少实际资源可支配使用对经济增长和发展十分重要，因此，经常项目差额往往被用来表示一国的国际收支目标。由于商品贸易在经常项目交易中举足轻重而且其数据易于迅速收集，故贸易差额的运用极其流行。

由此看来，国际收支差额本质上是一个经济概念，而不是会计概念。实际上，并不存在某种单一的尺度能用来衡量一国国际收支是否平衡，人们应该根据所要分析问题的不同而采用不同的局部差额概念。就目前来看，运用最为广泛的是 IMF 所倡导的"综合差额"这一概念。在没有特别指明的情况下，人们讲国际收支盈余或赤字，通常指的是综合差额盈余或赤字。

3.4　国际收支的调节

3.4.1　国际收支失衡的原因和影响

国际收支平衡表的编制不是目的而是手段，真正的目的在于如何利用所编制的国际收支平衡表找出国际收支不平衡的问题及其根源。国际收支失衡有各种原因，概括起来主要有以下五种失衡的类型：

1）偶发性失衡

政局动荡和自然灾害等偶发性因素也会引起国际贸易收支的不平衡和巨额资本的国际转移，从而使一国国际收支不平衡。但这种类型的冲击往往是暂时性的，一旦这些因素消失，国际收支便会恢复到正常状态。

2）周期性失衡

由于各国经济周期所处的阶段不同而造成的经济衰退、国民收入减少、社会需求下降等所引起的国际收支不平衡称为周期性失衡（Cyclical Disequilibrium）。在国际经济日趋一体化的环境中，各国经济关系日益密切而相互依存，一国经济的衰退会加速其他国家经济的衰退，一国出现对外支付危机也会影响到一系列国家的经济状况。

3）结构性失衡

一国的国际收支状况往往取决于贸易收支状况。如果本国输出商品的结构不能适应世界市场需求的变化，则该国的贸易收支和国际收支将产生不平衡现象。这种因国内生产结构难以适应世界市场的变化而引起的国际收支不平衡称为结构性失衡（Structural Disequilibrium）。经济结构失衡可分为产品供求结构失衡和要素价格结构失衡。如果本国产品的供求结构无法跟上国际市场产品供求结构的变化，本国的国际收支将发生这种长期性失衡。比如，国际市场对本国具有比较利益的出口品需求减少，或者国际市场上本国进口品的供给减少，价格上升，而本国无法改变出口结构，则本国的国际收支将出现赤字。同样，如果本国要素的价格变动使本国出口品在国际市场上所具有的比较优势逐渐削弱直到消失，也会导致本国贸易赤字的长期存在。

4）货币性失衡

在汇率水平一定的条件下，一国货币如果被高估，则该国商品的货币成本与物价水平高于其他国家，这必然不利于出口而有利于进口，从而使出口减少而进口增加；反之，则出口增加而进口减少。这种由于货币币值变动而引起的国际收支失衡被称为货币性失衡（Monetary Disequilibrium）。

5）收入性失衡

收入性失衡是指一国经济条件的变化引起国民收入变动而使国际收支产生的不平衡。国民收入如果因经济增长而发生变化，它所引起的国际收支失衡就称为持续性失衡。

3.4.2 国际收支自动调整机制[①]

经济体系中存在着某些机制，它可以在一国政府还未采取措施的情况下使国际收支失衡现象得到某种程度的缓解，乃至自动恢复均衡。这种调节机制在不同的汇率制度下是不同的。下面就浮动汇率制度和固定汇率制度下国际收支调节机制的运行分别予以阐述。

1）浮动汇率制度下的国际收支自动调整机制

在浮动汇率制度下，一国政府并不通过干预外汇市场（即增减储备）来影响外汇供给或需求，而是任由市场外汇供求来决定汇率的上升和下降。因此，在此制度下，分析国际收支的调节机制要从价格、收入、利率等角度进行。

（1）相对价格的影响

从甲国的国际收支均衡且该国和其他国家的收入、价格和利率均稳定这一初始状态出发来分析相对价格变化对甲国国际收支的影响。现假定甲国对外汇的需求增加，外币汇率上升。在此条件下，即使每个国家生产的商品价格按本币计算保持不变，外币汇率上升（本国货币相对贬值）也将使本国商品以外币标价的价格（出口成本）较低，从而有利于本国产品出口，同时限制进口，并由此改善贸易收支差额。汇率变动引起的相对价格变动导致一国贸易收支差额变化，从而恢复或维持国际收支平衡。

（2）收入的影响

甲国商品、劳务出口的增长和进口的减少，将提高对甲国商品的总需求，而总需求的增长将相应增加生产和增雇工人，从而直接导致国民收入的增长。国民收入的增长就会引起进口的增加，并进一步提高对外汇的需求，最终将导致汇率的上升和贸易收支的逆差。如果逆差国政府为了促进调节过程，达到外部平衡，则可采取抵销国民收入增长的措施，即利用财政货币政策来稳定国民收入，从而抑制进口的增长。

（3）利率的影响

在甲国资源得到充分利用时，国际收支逆差所引起的外汇市场上甲国货币的贬值，就会使甲国的收入和价格产生膨胀性压力。为了使相对价格不受影响，政府当局必须采用提高利率这种货币政策来抑制膨胀性压力。

甲国利率的提高，一方面使国外居民购买更多的甲国生息证券，从而使外汇流入增

---

① 陈彪如，马之骃. 国际金融学［M］. 3版. 成都：西南财经大学出版社，2000：19-28. 原文经过改写.

加，另一方面将抑制本国企业的投资和消费者消费。计划支出的缩减只有足以抵销贸易差额所引起的扩张性影响，才能稳定国民收入和价格，从而制止外汇供求变化，最终抑制原来可能发生的外汇需求的增长。

对其他国家的国际收支调节过程则与甲国的情况相反。浮动汇率制度下国际收支调节过程如图3-1所示。

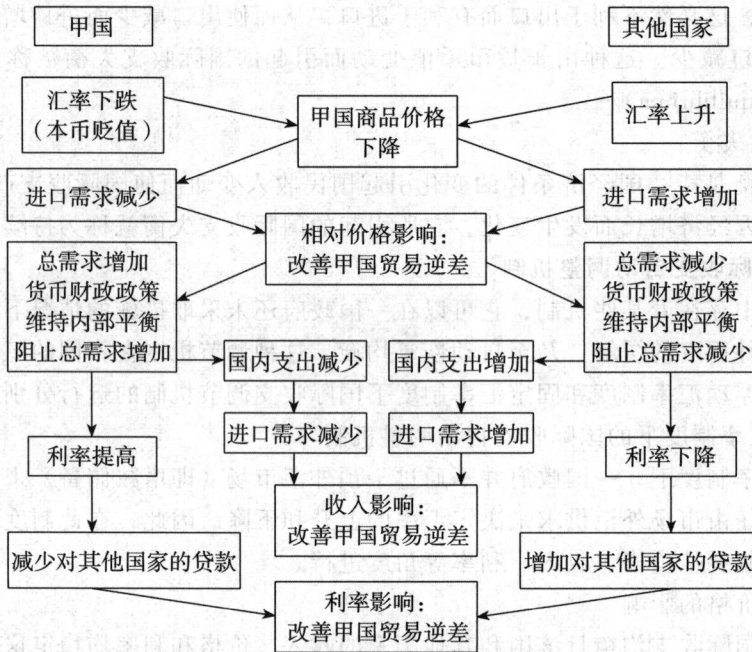

图3-1 浮动汇率制度下国际收支调节过程

2）固定汇率制度下的国际收支自动调整机制

对固定汇率制度下的国际收支调节机制的分析主要从货币供应量、利率、收入和价格等四个方面进行阐述。

（1）货币供应量的影响

在固定汇率制度下，一国的国际收支顺差或逆差对货币供应量产生影响。国际收支逆差导致货币供应量的缩减，顺差则引起货币供应量的增长。这种情况在金本位制度下非常明显。一国国际收支出现赤字，就意味着本国黄金的净输出。由于黄金外流，国内黄金存量下降，货币供给就会减少，从而引起国内物价水平下跌。物价水平下跌后，本国商品在国外市场上的竞争能力就会提高，外国商品在本国市场上的竞争能力就会下降，于是出口增加，进口减少，从而使国际收支赤字减少或消除。同样，国际收支盈余也是不能持久的。这是因为黄金内流将扩大国内的货币供给，导致物价水平上涨，而物价水平上涨不利于出口而有利于进口，因而使盈余趋于消失。

在实行钉住汇率的情况下，一国国际收支逆差会减少该国的国际储备，从而减少其货币供应量；顺差则会增加该国的国际储备，从而增加其货币供应量。

（2）利率的影响

一国出现国际收支逆差，货币供应量缩减，商业银行收回贷款或限制信贷，利率趋于上升。高利率将吸引资本内流，从国外流入的资金可在远期外汇市场上进行抛补。在固定汇率制度下，买进逆差国短期证券的外国投资者由于相信汇率平价会维持不变，因而不会考虑将其资金在远期外汇市场上进行抛补。如果汇率确实可以长期保持稳定，那么购买逆差国资产的外国人不会承担汇率风险的损失，因为汇率已达到最高点。此外，如果逆差国货币坚挺，汇率降回到原来的平价，那么外国投资者还可获得额外利润。所以，可以说，汇率的持久稳定性是导致资金流入逆差国的一个强有力因素。

当汇率上升至波幅的上限时，在外汇储备不流失以及货币供应量并不减少的情况下，逆差国也会发生资金内流现象。资金内流可以纠正逆差，特别是在国际收支发生季节性变化的情况下。

中央银行在外汇储备减少之前，可以利用紧缩信贷的办法来促进资本流动。当汇率上升到汇率平价之上，中央银行可提高贴现率。在公开市场上出售债券或增加储备需求量，从而可以诱导资金内流，改善国际收支情况。

（3）收入的影响

一国最初的国际收支失衡（逆差）严重的情况，将会引起逆差国外汇储备的减少、货币供应量的缩减和利率的上升。高利率将引起总需求的下降，从而减少进口，并改善国际收支状况。高利率将使企业的厂房设备投资、耐用消费品投资和政府机构的投资减少。年支出均有所减少。当投资缩减时，收入将根据缩减进口的边际倾向而成倍地下降。

（4）价格的影响

在劳工和其他生产要素市场具有高度竞争性的社会里，国际收支逆差国的总需求下降，劳工失业率上升，闲置资源增多，工资率和其他要素价格均将下跌。逆差国以本币表示的价格也将下跌。

一国货币供应量的减少将对该国物价产生下跌的影响（以本币表示），那么该国商品价格对外国人来说就会便宜一些。同时，因为汇率是固定的，所以外汇供给增长的程度取决于国外买主对该国商品价格下降的反应程度，即取决于国外的需求弹性。

该国商品价格的下降亦使其商品对本国居民有吸引力，本国居民将从购买进口商品转向购买本国生产的商品。这种转移的程度取决于该国进口需求的弹性。

需求弹性越大，改善逆差国国际收支状况的价格影响也就越大；反之，则价格影响越小。在固定汇率制度下，各国的货币价格必须发生变化；在浮动汇率制度下，各国的货币价格则保持不变，因为汇率本身的变动会引起相对价格的变化。

实际上收入和价格的影响是交织在一起的，而且也会同时发生。固定汇率制下国际收支的调节机制如图3-2所示。

3.4.3 国际收支的调节政策[①]

国际收支的自动调整机制虽然有其优点，但它们只能在某些条件或经济环境下才会发生作用，而且发生作用的程度和效果都无法保证，所需要的过程也比较漫长。因此，当国际收支出现失衡时，一国政府往往不能完全依靠经济体系的自动调整机制来使国际收支恢复均衡，而需要主动采取适当的政策措施。为方便起见，下面主要以国际收支赤字为例来说明一国政府的政策选择。

---

① 刘舒年. 国际金融 [M]. 北京：对外经济贸易大学出版社，2003：55-19. 原文经过改写.

```
┌─────────────┐                          ┌─────────────┐
│    甲国      │                          │   其他国家   │
└─────────────┘                          └─────────────┘
       │                                        │
┌─────────────┐                          ┌─────────────┐
│  外汇储备下降  │                          │  外汇储备增长  │
└─────────────┘                          └─────────────┘
       │                                        │
┌─────────────┐                          ┌─────────────┐
│ 货币供应量减少 │                          │ 货币供应量增加 │
└─────────────┘                          └─────────────┘
       │                                        │
┌─────────────┐                          ┌─────────────┐
│    高利率     │                          │    低利率     │
└─────────────┘                          └─────────────┘
```

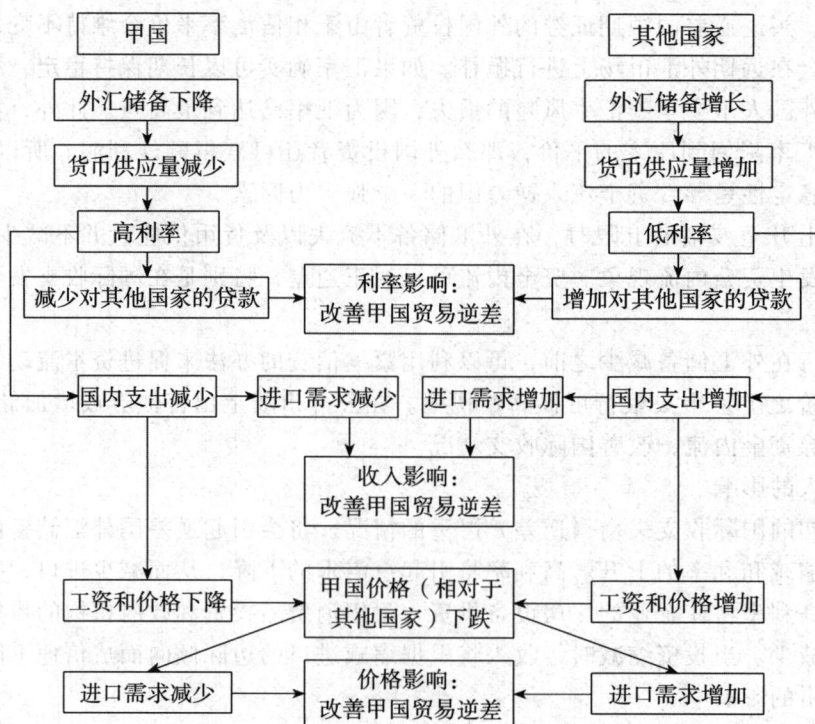

图3-2　固定汇率制度下国际收支调节过程

1）外汇缓冲政策

外汇缓冲政策是指一国政府为应对国际收支不平衡，把其黄金外汇储备作为缓冲体（Buffer），通过中央银行在外汇市场上买卖外汇，来消除国际收支不平衡所形成的外汇供求缺口，从而使收支不平衡所产生的影响仅限于外汇储备的增减，而不会进一步影响本国的经济。外汇缓冲政策的优点是简单易行，其局限性是：由于一国的外汇储备数量总是有限的，因此这种政策不适于解决长期、巨额的国际收支赤字。

2）财政政策和货币政策

（1）财政政策

财政政策是指一国政府通过调整税收和政府支出来控制总需求和物价水平的政策措施。财政政策的运用一般主要取决于国内经济的需要。在将财政政策用于调整国际收支时，其作用机制如下：在国际收支出现赤字的情况下，一国政府宜实行紧缩性财政政策，抑制公共支出和私人支出，从而抑制总需求和物价上涨，进而改善贸易收支和国际收支。相反，在国际收支出现盈余的情况下，政府宜实行扩张性财政政策，以扩大总需求，从而有利于消除贸易收支和国际收支的盈余。

（2）货币政策

货币政策亦称金融政策，它是西方国家普遍、频繁采用的调节国际收支的政策措施。用于调节国际收支的货币政策主要有贴现政策和改变准备金比率政策。

①贴现政策

中央银行通过提高或降低贴现率的办法来紧缩或扩充货币投放与信贷规模，吸收或排斥国际短期资本的流入，以达到调节经济与国际收支的目的，这种政策即为贴现政策。

当一国出现国际收支逆差时，该国中央银行就调高再贴现率，从而使市场利率提高。外国短期资本为获得较多的利息收益而流入，本国资本亦不外流。这样一来，在资本账户下，流入增加，流出减少，从而减少国际收支逆差。此外，提高利率，即对市场资金供应采取紧缩的货币政策，会使投资与生产规模缩小，失业增加，国民收入减少，消费缩减，这在一定程度上可促使出口增加，进口减少，从而降低经常项目的逆差。至于在顺差情况下，则由当局调低再贴现率和放宽货币政策，从而起到与上述情况相反的作用，进而减少国际收支顺差。

②改变准备金比率政策

商业银行等金融机构都要依法按其吸收存款的一定比率，向中央银行缴存保证存户提现的特定基金。中央银行可以通过准备金比率来控制货币量。准备金比率的高低决定着商业银行等金融机构可用于贷款的资金规模的大小，因而决定着信用的规模与货币量，从而影响总需求和国际收支。

上述分析说明，财政货币政策是有助于恢复国际收支平衡的，但它也有明显的局限性，即它往往同国内经济目标发生冲突。为消除国际收支赤字而实行的紧缩性财政金融政策，会导致经济增长的放慢以及失业率的上升；为消除国际收支盈余而实行的扩张性财政金融政策，又会加剧通货膨胀和物价上涨。因此，通过财政货币政策来实现国际收支的平衡，必然以牺牲国内经济目标为代价。

3）汇率政策

汇率政策是指一国通过调整其货币的汇率来影响进口和出口，据此调整贸易收支，从而调整国际收支的政策措施。

当一国发生国际收支逆差时，该国通常会调低本币汇率，使本币对外贬值。在国内价格不变或变动不大的条件下，出口商品若以外币计算，就会较贬值前便宜，从而增强出口商品的竞争力，增加出口收汇。另外，在调低本币汇率后，进口商品折成本币的价格则会较贬值前昂贵，因此会缩减输入，从而减少进口用汇。这有助于减少逆差，使国际收支逐渐达到平衡，甚至形成顺差。这是为解决逆差问题而使用较多的一种办法。

4）直接管制和其他奖出限入的外贸措施

直接管制是指政府通过发布行政命令，对国际经济交易进行行政干预，以使国际收支平衡的政策措施。直接管制包括外汇管制和贸易管制。常见的直接管制和其他奖出限入的外贸措施有：对出口给予内部补贴或发放出口信贷或由政府对出口信贷给予担保等；对进口则实行配额制、许可证制或严格审批进口用汇。直接管制通常能起到迅速改善国际收支的效果，它能根据本国的不同需要对进出口贸易和资本流动区别对待。但是，它并不能真正解决国际收支平衡问题，一旦取消管制，国际收支赤字仍会出现。此外，实行管制政策，既会遭到国际经济组织的反对，又会引起他国的反抗和报复。

当国际收支不平衡时，一国须针对形成的原因采取相应的政策措施。譬如：如果国际收支不平衡是由季节性变化等暂时性原因造成的，那么可运用外汇缓冲政策来调节；如果国际收支不平衡是由国内通货膨胀加重造成的，那么可运用货币贬值的汇率政策来调节；如果国际收支不平衡是由国内总需求大于总供给所致，那么可实行紧缩性财政、货币政策；如果国际收支不平衡是由经济结构性原因引起的，那么可调整经济结构并采取直接管制措施。

尽管调节国际收支的政策较多，但各有利弊且都难以从根本上消除国家的国际收支不平衡。

本章小结

国际收支平衡表是对这个国家的国际收支状况的集中反映，是系统地记录一定时期内（一年、半年、一个季度或一个月）各种国际收支项目及其金额的一种统计表。

根据国际货币基金组织的规定，国际收支平衡表由经常项目、资本和金融账户和平衡项目三大项组成，每一大项下面有若干支项。其中：经常项目是与外国经常发生的并在整个国际收支总额中占重要份额的收支项目，包括贸易收支、非贸易收支和转移收支等；资本和金融账户反映居民和非居民之间资本和金融资产的转移；平衡项目作为经常项目与资本和金融账户的抵补项，用于弥补国际收支平衡表的借贷差额，即净误差与遗漏。在国际收支平衡表上反映的交易具有两种类型：自主性交易和调节性交易。调节性交易是用来弥补自主性交易差额的各种交易活动。当一国自主性交易发生逆差时，就必须用调节性交易来弥补，尽管这种调节非常不稳固。

通过国际收支平衡表各个项目的借贷差额比较，可以对一国的基本经济状况有一定的了解。国际收支差额分析一般从以下几个方面进行分析：贸易差额、经常项目差额、基本差额、官方结算差额以及综合差额。

导致一国国际收支失衡的原因有很多，概括起来主要有：经济周期的影响、货币价值变动的影响、国民收入的变化以及世界经济结构的影响。

国际收支与许多经济变量之间都存在着相互作用。当国际收支出现不平衡时，这些变量会作出相应的反应，有的变量会反过来影响国际收支，使其自动趋于平衡。国际收支失衡影响的主要因素有汇率、资本流动、物价等。

在一国国际收支发生不平衡时，可以通过多个经济变量之间的相互作用自动调整，也可以通过政府采取的各种政策措施来调节。政府调节国际收支的方法有：经济政策、财政政策、货币政策、财政政策和货币政策的搭配以及国际经济金融合作。

主要概念与观念

国际收支　经常项目　资本项目　平衡项目

基本训练

□ 知识题

3.1　国际收支平衡表的结构有哪些特点？

3.2　为什么一个国家会出现国际收支的顺差或逆差？

3.3　解决国际收支失衡需要采取哪些措施？

□ 技能题

请介绍国际收支平衡表的编制步骤及其基本内容。

□ 能力题

2020年中国国际收支平衡表见表3-4。

表3-4   2020年中国国际收支平衡表

2020年   单位：亿元

项目	行次	差额	贷方	借方
1.经常项目	1	16 963	207 789	190 826
1.A 货物和服务	2	24 508	188 383	163 875
1.A.a 货物	3	35 055	172 637	137 582
1.A.b 服务	4	-10 547	15 746	26 293
1.A.b.1 加工服务	5	876	911	34
1.A.b.2 维护和维修服务	6	297	529	231
1.A.b.3 运输	7	-2 626	3 895	6 521
1.A.b.4 旅行	8	-8 356	683	9 039
1.A.b.5 建设	9	308	864	556
1.A.b.6 保险和养老金服务	10	-658	206	864
1.A.b.7 金融服务	11	57	334	276
1.A.b.8 知识产权使用费	12	-2 018	591	2 609
1.A.b.9 电信、计算机和信息服务	13	440	2 685	2 244
1.A.b.10 其他商业服务	14	1 340	4 807	3 466
1.A.b.11 个人、文化和娱乐服务	15	-137	70	207
1.A.b.12 别处未提及的政府货物和服务	16	-72	173	245
1.B 初次收入	17	-8 116	16 931	25 047
1.B.1 雇员报酬	18	15	1 014	999
1.B.2 投资收益	19	-8 271	15 720	23 992
1.B.3 其他初次收入	20	140	197	56
1.C 二次收入	21	571	2 474	1 903
1.C.1 个人转移	22	27	286	259
1.C.2 其他二次收入	23	544	2 188	1 644
2.资本和金融账户	24	-6 181		
2.1 资本账户	25	-5	11	17

项　目	行次	差　额	贷　方	借　方
2.2 金融账户	26	-6 176	40 081	46 257
2.2.1 非储备性质的金融账户	27	-4 244	40 081	44 326
2.2.1.1 直接投资	28	6 666	17 277	10 611
2.2.1.2 证券投资	29	6 495	16 843	10 349
2.2.1.3 金融衍生工具	30	-761	-395	365
2.2.1.4 其他投资	31	-16 645	6 356	23 001
2.2.2 储备资产	32	-1 932		
2.2.2.1 货币黄金	33	0		
2.2.2.2 特别提款权	34	-25		
2.2.2.3 在国际货币基金组织的储备头寸	35	-159		
2.2.2.4 外汇储备	36	-1 748		
2.2.2.5 其他储备资产	37	0		
3.净误差与遗漏	38	-10 782		

要求：请据此分析2020年中国国际收支的特点。

第4章 外汇市场

学习目标

通过本章学习，应该达到以下目标：

知识目标：初步了解和掌握当今世界外汇市场的特点、规模、作用和发展动态。

技能目标：学会外汇市场几种主要的外汇交易业务以及外汇市场的运作方式。

能力目标：学会利用外汇市场基本交易技能为公司业务进行套期保值，达到规避外汇风险的目的。

4.1 外汇市场的结构

4.1.1 外汇市场的规模

外汇市场（Foreign Exchange Market）是在各国间从事外汇买卖的交易场所。世界各国的外汇市场形态各异，可以按不同的标准作不同分类。

外汇市场根据其交易场所的特点可分为有形外汇市场和无形外汇市场两类。有形外汇市场也称定点交易市场，是指在规定的时间和交易所进行交易的方式，如巴黎、法兰克福、布鲁塞尔外汇交易市场。无形外汇市场也称电讯网络系统交易市场，是指在银行间通过先进的通信工具（例如电话、传真、电脑终端等）直接进行外汇交易的方式。譬如，参与外汇交易的商业银行之间通过先进的通信网络保持联系，专业外汇交易商和经纪人在办公室的计算机终端上获取市场信息和汇率报价。从这个角度讲，外汇市场是一个柜台（Over-the-counter, OTC）市场。据估计，全世界外汇市场每营业日交易额高达上万亿美元，相当于世界贸易总额的70倍左右。

外汇市场按其地域范围则可分为国际性外汇市场和地区性外汇市场。大宗外汇交易通常是在世界上最重要的几个金融中心完成的，包括伦敦、纽约、东京、法兰克福、苏黎世，俗称"五大外汇市场"（The Big Five）。这种由世界各大金融中心组成，由世界多种货币参与，并由各地机构凭借现代化通信工具进行外汇买卖所构成的市场即为国际性外汇市场。地区性外汇市场由某一国家或地区的外汇指定银行、外汇经纪人和客户等所组成，仅限于当地居民参加交易，在市场上使用的货币仅限于本国货币以及少数几种外国货币。小规模的交易则可在地区性（Regional）或地方性（Local）的银行完成。全球外汇市场大致可划分为三个地理区：北美、欧洲及亚澳。北美包括纽约、蒙特利尔、多伦多、芝加哥、旧金山、洛杉矶等；欧洲包括伦敦、法兰克福、苏黎世、巴黎、布鲁塞尔、阿姆斯特丹等；亚澳包括东京、新加坡、中国香港、悉尼、巴林等。

当今国际外汇市场的两大突出特点为外汇市场的全球化和外汇市场汇率的剧烈波动。世界主要外汇市场借助于发达的通信技术和电子清算系统，从而突破时区限制，建立了24小时连续进行外汇交易的全球市场体系。由于世界经济发展不平衡，加上国际资本流动自由化和投机因素的作用，国际外汇市场的汇率波动剧烈。

4.1.2　外汇市场的功能

外汇市场作为国际金融市场的重要组成部分，其主要作用在于，为各国间的资金划拨、结算、资本流动提供场所，并能及时地反映国际金融动态和各国货币汇率变化趋势，对国际经济、金融的发展具有重要作用。因此，外汇市场具有三项功能：转移购买力（Transferring Purchasing Power）、拓展信用（Extending Credit）以及减少外汇风险（Minimizing Foreign Exchange Risk）。

1）转移购买力

各国间的一切政治、经济和文化往来以及国际资本流动，都必然会产生各国间的货币支付行为和外汇资金的转移。各国间的任何一项经济交易都涉及使用不同国家或地区的货币进行支付，亦即购买力的国际转移。这些不同种类货币之间的兑换和支付正是在外汇市场上进行的。外汇市场若不存在，那么人们很难将购买力从一个国家转移到另一个国家。外汇市场方便了通货的转换，使人们可以将其购买力由本国延伸到别国，实现购买力的各国间转移。

2）拓展信用

外汇市场使国际借贷和国际投资活动中的货币兑换成为可能，它将各国的货币市场和资本市场连接起来。国际贸易中的时间差使贸易一方必须向另一方提供信用，因而产生了应收账款或应付账款。外汇市场的存在使得从事国际贸易的企业可以从事跨国界的赊销或赊购，将信用交易拓展到以外币计价的商业活动中。

3）减少外汇风险

在国际外汇市场上，各种货币汇率由于受多种因素的作用，经常会发生变动。这种难以完全预测的变动必然给国际支付和国际资本转移带来风险，可能会使各种活动主体蒙受损失，从而影响国际经济贸易的发展。一般而言，国际贸易或投资存在三种形式的外汇风险：换算风险、交易风险以及经济风险。外汇市场的存在提供了各种避险的渠道，使贸易商或投资人得以减少或消除所承担的外汇风险。

4.1.3　外汇市场的参与者及其外汇交易

1）外汇市场的参与者

外汇市场的参与者主要有：进出口厂商与跨国公司、自营商、经纪商、套利者、投机者以及各国中央银行。①

（1）进出口厂商与跨国公司（Exports/Imports & MNCs）

此类参与者经常有跨国界（Cross-border）商品及劳务转移，从而产生跨国界的财务转移（Financial Transfers），因此它们必须在外汇市场上进行通货转换（Currency Conversion），以得到所需的外汇。跨国公司成为该市场中的主要供求者，并凭借其实力经

---

① 刘亚秋. 国际财务管理［M］. 中国台北：三民书局，2000：82-91.

常对外汇市场施加影响。

（2）自营商（Dealers）

外汇市场上最主要的自营商就是各商业银行的外汇部门。自营商正是所谓的市场创造者（Market Makers）。当外汇市场上有买方出现时，自营商需报出卖价（Ask Price）；若市场上出现卖方，则自营商需报出买价（Bid Price）。因此，自营商通常会在市场上作双向报价（Two-way Price Quotes），买低而卖高（Buy at Bid and Sell at Ask），赚取买卖价差（Bid/Ask Spread），但同时也承担了外汇风险。自营商除了替顾客服务，也替自己的账户交易。有时是为了调整自己的存货头寸，有时则是进行投机或套利活动（Speculative Trades）。自营商的作业分两个层次：批发（Wholesale）和零售（Retail）。居于世界重要金融中心的各商业银行，彼此之间的交易多属于批发交易，或称银行同业交易（Interbank Transaction）。BIS统计资料表明，外汇批发市场的交易约占全球外汇市场交易总额的84%。外汇市场上的自营商主要是商业银行，但也包括一些投资银行。在美国，商业银行主要从事存款、贷款以及外汇买卖，而投资银行主要替公司及政府上市股票及发行债券；在日本，投资银行须具有"外汇指定银行"资格；在英国，外汇指定银行必须由英格兰银行推荐并得到英国财政部批准。

（3）经纪商（Brokers）

外汇经纪商把想要购买某种货币的银行和想要出售该种货币的银行联系到一起，促使它们达成交易，并根据成交金额向交易的双方收取一定的手续费（Commission）。经纪商并不真正参与交易，也不需要持有交易所涉及的外汇存货，而是充当外汇交易的中介。经纪商需要同市场各方面保持频繁的接触，同大量潜在的供求者保持广泛的联系，以帮助顾客寻找合适的交易对象，促使交易的完成。银行和银行间很少直接面对面地打交道，银行同业间的外汇交易绝大多数是由外汇经纪人作中介安排完成的。每个外汇交易中心都有若干外汇经纪人，它们是经中央银行批准后才经营外汇中介业务的。大银行有时需要经纪商为它们找顾客，尤其当大银行的外汇部门从事投机或套利业务时，它们通常喜欢保持匿名，因此常通过经纪商来进行外汇买卖。但是，随着自动交易系统（Automated Dealing System）的使用，经纪商的功能已渐渐弱化。

（4）套利者（Arbitrageurs）

外汇市场虽然由全世界各个银行的外汇部门所组成，但是这些银行对统一汇率的报价在扣除交易成本后几乎相同。原因是市场中随时有套利者盯住市场汇率的走势，它们一旦发现有较大的价格差异时，就会赚取套利利润。套利的结果是各市场对同一汇率的报价趋于相同。但套利并非人皆可为，通常是24小时盯住汇率波动的自营商或专业人士才有可能洞察时机而获利。

（5）投机者（Speculators）

投机者主要从汇率涨跌而不是从买卖差价中获利。他们经常根据自己对未来汇率走势所作的判断而买卖外汇。正确的预测使投机者赚得利润，错误的预测则使投机者蒙受损失。投机者谋取预期收益，往往需要承担很大的风险，因为这要求他们能够对汇率进行较准确的预测。

（6）中央银行（Central Banks）

为了体现本国的货币金融政策，控制本国汇率的变动，中央银行经常通过购入或抛出某种国际性货币来达到干预外汇市场的目的。中央银行在外汇市场上的一举一动都会对市场产生巨大的影响。必要时，多个国家的中央银行还会对外汇市场进行大规模的联合干预。

2）外汇市场中各参与者之间的外汇交易

外汇市场中这六种活动主体彼此之间的外汇交易，根据交易主体的不同分为三个层次：银行与顾客之间的外汇交易、银行同业间的外汇交易、商业银行与中央银行之间的外汇交易，如图4-1所示①。

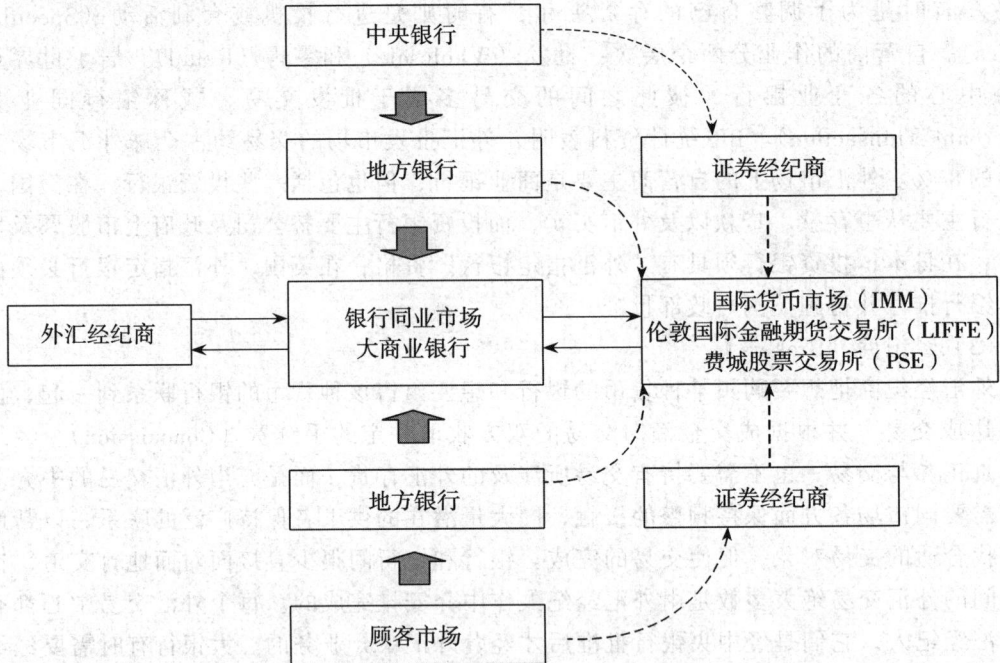

图4-1　外汇市场的结构

（1）银行与顾客之间的外汇交易。顾客（包括进出口商、外汇交易商、外汇投机者以及其他外汇供求者）出于各种动机，需要向银行买卖外汇。银行一方面从顾客手中买入外汇，另一方面又将外汇卖给顾客，实际上是在外汇的终极供应者与终极需求者之间起中介作用，赚取外汇的买卖差价。

（2）银行同业间的外汇交易。银行在为顾客提供外汇买卖的中介服务时，必然会在营业日出现各种外汇头寸的不平衡。为避免汇率变动所带来的风险，银行需要借助同业间的交易及时进行外汇头寸的调整，平抑各种币种的头寸。除此之外，银行还可以出于套利、套汇等投机目的从事同业间的外汇交易。银行同业间的外汇交易构成了绝大部分的外汇交易，其外汇交易额占外汇总交易额的90%以上。

（3）商业银行与中央银行之间的外汇交易。为了防止短期资金大规模地冲击本国外汇市场，造成本币汇率的暴涨暴跌，中央银行常常通过商业银行干预外汇市场。中央银行干预外汇市场所进行的交易是在它与外汇银行之间进行的。通过这种交易，中央银行可以使外汇市场上由自发供求关系所决定的汇率相对地稳定在某一期望水平上。

---

① SHAPIRO. Foundations of multinational financial management［M］. NY：John Wiley & Sons, Inc., 2002：149.

4.2 汇率及其标价方法

汇率（Foreign Exchange Rate）是指将一个国家的货币折算成另一个国家的货币时所使用的比率，通常是以一国货币表示的另一国货币的价格。

各国外汇市场的外汇交易通常局限于某一国家或地区，此时银行的报价既可以用本国货币表示外国货币的价格，也可以用外国货币表示本国货币的价格。这就有必要先确定以哪个国家的货币作为基准。由于各国确定的准则不同，各国外汇市场上的汇率标价方式也不相同。市场汇率标价方法分为三类：直接标价与间接标价（Direct Quote vs. Indirect Quote）、美式报价与欧式报价（American Quote vs. European Quote）、交叉汇率报价（Cross Rate Quote）[①]。

1）直接标价与间接标价

（1）直接标价

直接标价是指用本币来表示外币的价格，即以一单位外国货币所兑的本国货币数目进行报价。直接标价法将外币作为基准货币。目前，世界绝大多数国家采用直接标价法。我国国家外汇管理局公布的外汇牌价也采用该方法，例如$1=￥8.2730。

在直接标价法下，本币币值与外币币值的关系见表4-1。

表4-1 　　　　　　　　　　　　　直接标价法下本外币币值关系

一定单位外币	兑换为本币数量	外汇汇率	外币币值	本币币值
固定	增加	上升	升值	贬值
固定	减少	下跌	贬值	升值

（2）间接标价

间接标价是指用外币来表示本币的价格，即以一单位本国货币所兑换的外国货币数目进行报价。间接标价法将本币作为基准货币。世界上采用间接标价的国家主要是英、美两国。例如，$1=C$1.2953。

在间接标价法下，本币币值与外币币值的关系见表4-2。

表4-2 　　　　　　　　　　　　　间接标价法下本外币币值关系

一定单位本币	兑换为外币数量	本币对外汇率	本币币值	外币币值
固定	增加	上升	升值	贬值
固定	减少	下跌	贬值	升值

由此可见，直接标价与间接标价互为倒数关系。例如，￡1=$1.6105，也就是$1=1/1.6105=￡0.6209。

有关外汇汇率的惯例认为，无论采用哪种汇率标价方法，外汇汇率都是指外币对本币的汇率，见表4-3。

[①] 刘亚秋. 国际财务管理［M］. 中国台北：三民书局，2000：89-94.

表4-3   直接标价与间接标价比较

市　场	基准货币	计价货币
中国（直接标价）	各种外币	人民币
美国纽约（间接标价）	美元	各种货币
英国伦敦（间接标价）	英镑	各种货币

2）美式报价与欧式报价

美式报价是指一单位其他国家货币所兑换的美元数目，如 A$ 1= US $0.7302。欧式报价是指一单位美元所兑换的其他国家货币数目，如 US $1 = C$1.2953。汇率的报价方式有多种，各大银行多半采用美式报价或欧式报价，即所报出的汇率必然牵涉到美元。例如，在英国及美国的外汇市场，外汇交易中约有85%是属于某种通货对美元的交易。美元被当作汇率报价时的共同货币，它具有简化报价复杂度和避免三角套汇机会发生等优点。国际银行同业报价多采用欧式报价，但英镑、爱尔兰镑、澳大利亚元、新西兰元习惯用美式报价，欧元则采用美式与欧式两种报价方式。在外汇期货及期权市场中通常采用美式报价。美式报价与欧式报价互为倒数，亦即美式报价=1/欧式报价。

不论是美式报价还是欧式报价，大多数的汇率报价都取到小数点后第4位，但有些小币值货币的报价通常取到小数点后第5位或第6位。例如，在美式报价中取到小数点后第5位的货币有新台币、泰铢等，取到小数点后第6位的货币有日元等。

3）交叉汇率报价

交叉汇率报价是指两种非美元的货币所组成的汇率报价。表4-4为2023年1月12日各国间主要通货的交叉汇率报价。

表4-4   各国间主要通货的交叉汇率报价（2023年1月12日）

基准货币 计价货币	A$	£	C$	J¥	SFr	€
澳元 AUD（A$）	1					
英镑 GBP（£）	0.5672	1				
加元 CAD（C$）	0.9252	1.6312	1			
日元 JPY（J¥）	90.6900	159.91	97.9660	1		
瑞士法郎 CHF（SFr）	0.6430	1.1341	0.6953	0.0071	1	
欧元 EUR（€）	0.6406	1.1289	0.6919	0.0071	0.9951	1

4.3 即期外汇市场

外汇交易（Foreign Exchange Dealing）是指不同货币的相互买卖。每笔交易的买卖双方各自在买入一种货币的同时卖出另一种货币。外汇交易的主要参与者有中央银行、商业银行、其他金融机构和公司等。

外汇交易的基本形式有以下三种：（1）即期外汇交易（Spot Deal），是指交易者在交易日后第二个工作日（营业日）进行外汇交割；（2）远期外汇交易（Forward Deal），是指交易者在即期日后将来某一天进行外汇交割；（3）调期外汇交易（Swap Operation），是指交易者同时进行金额相同而方向相反、交割期不同的两笔买卖。

即期外汇交易就是交割日（Delivery Date）或称起息日（Value Date）为交易日后第二个工作日（即银行的营业日）的外汇买卖。交割日或起息日是指外汇买卖合同的到期日，在该日买卖双方互相交换货币。需要注意的是，如果到期日是银行不对外营业或其他节假日，交割日则往后顺延。例如，1988年11月2日（星期四）是交易日，第二个工作日是11月4日（星期六），但星期六和星期日都不是国外银行工作日，交割日应该顺移到11月6日（星期一）。即期外汇交易是外汇交易中最基本的交易，可以满足客户对不同货币的需求，建立各种货币的头寸。

银行间各种货币的结算都利用环球银行金融电信协会（Society for Worldwide Interbank Financial Telecommunications，SWIFT）电讯系统进行。在美国，美元清算统一通过纽约清算所银行同业支付系统（Clearing House Interbank Payment System，CHIPS）进行。该系统是由100多个在纽约的美国银行和国外银行分支机构所组成的国际美元收付计算机网络。CHIPS建立了一套通用识别码——UID。

4.3.1 即期汇率

即期汇率（Spot Rate）是指即期外汇买卖的汇率，用一种货币等于一定数额的另一种计价货币来表示。[①]随着国际金融市场一体化的发展，各大国际金融中心的外汇市场逐渐形成了采用"美元标价法"的共识，即各大银行的报价均以各种货币对美元的汇率为基础。因此，掌握国际外汇市场的基本报价方法显得十分必要。

1）基准货币（Quotating Currency）与计价货币（Vehicle Currency）

为便于不同国家的银行交易员顺利交易，国际金融市场形成许多为大家所遵守的惯例。对汇率的标价，首先要区分"计价货币"和"基准货币"两个概念。计价（标价）货币是指汇率标价中数量会发生变动的货币；基准（单位）货币是指汇率标价中数量固定不变的货币。其一般表达方式为"基准货币/计价货币"，斜线之前为基准货币，斜线之后为计价货币。其次根据美元是否为基准货币划分为"单位美元"标价法和"单位镑"标价法。

（1）"单位美元"标价法（Dollar Terms）

每1美元等于若干其他货币，"基准货币/计价货币"，如：

美元对加元汇率	USD/CAD	US$1 = C$1.2953
美元对日元汇率	USD/JPY	US$1 = J¥124.13
美元对瑞士法郎汇率	USD/CHF	US$1 = SFr 1.2469

对于世界各主要外汇市场上银行间的交易，多数货币的汇率都以美元为基准货币。

（2）"单位镑"标价法

由于历史原因，英镑、爱尔兰镑、澳元、新西兰元、SDR等采用"单位镑"标价法，即每1单位其他货币等于若干美元的标价法。此时英镑、澳元等就作为基准货币，如：

---

① 张陶伟. 国际金融原理［M］. 北京：清华大学出版社，1995：55-64.

英镑对美元汇率　　　　　GBP/USD　　　　　£ 1= US\$1.6100

特别提款权对美元汇率　　SDR/USD　　　　　SDR1 = US\$1.48405

按惯例，国际银行同业报出的几种重要货币汇率 USD/CAD、USD/CHF、GBP/USD 取 5 位有效数字，精确到小数点后第4位。在小数点后的4位有效数字中，从右边向左边数过去，第1位称为"个（基本）点"，第2位称为"十个（基本）点"，第3位称为"百个（基本）点"，依此类推。例如，GBP/USD 即期汇率由 1.6000 变为 1.6123，就说 GBP/USD 汇价上升了 123 个点。

2）买入价（Bid Price）与卖出价（Offer Price or Ask Price）

外汇市场上银行间报价采用双向报价方式，即同时报出买入价和卖出价。报价方为银行，其交易对象为基准货币。报价方报出的双向汇价中，两个数字之间的斜线表示区别买入价和卖出价的符号。斜线右边的两位数字是卖出价的最后两位数字，在报价时省略了其他几位数字（大数）。斜线左边的数字是银行买入基准货币的价格，即买入价。银行报买入价是指银行买入基准货币愿意支付若干其他货币的价格。斜线右边的数字是银行卖出基准货币的价格，即卖出价。银行报卖出价是指银行卖出基准货币将收取若干其他货币的价格，亦即：斜线之前的数字表示报价银行每买进单位基准货币愿意支付给对方的计价货币的数目；斜线之后的数字表示报价银行每卖出单位基准货币将从对方处收取的计价货币的数目。例如，即期汇率报价"GBP/USD 1.6096/05"，是指银行每买入1英镑愿意支付给对方 1.6096 美元，银行每卖出1英镑将从对方处收取 1.6105 美元[①]。外汇报价都是站在银行（或报价方）的角度来说的。从报价方买卖基准货币角度看，买入基准货币价格肯定小于卖出基准货币价格，它们之间的差价即为银行的收入。

4.3.2　即期外汇交易盈亏计算

在外汇交易中，经常使用头寸（Position）的概念。如果某种货币当天的买入大于卖出，称为超买（Overbought），俗称多头（In Long Position）；相反，如果某种货币当天的买入小于卖出，则称为超卖（Oversold），俗称空头（In Short Position）。

[例4-1] 假设某客户目前有多头日元 15 000 万日元，空头美元 100 万美元，而现在美元与日元的汇率是 149.90/00，那么账面实际盈亏的金额是多少？[②]

为了弥补美元空头，该客户买入美元，卖出日元；反过来就是银行卖出美元，买入日元，汇率就是150.00。客户买入的美元数为：

J¥ 150 000 000/150=\$1 000 000

这说明该客户账面上实际盈亏的金额是0，正好保本。

现假设该客户做了以下几笔日元买卖业务，见表4-5。

美元与日元汇率收盘时为 145.20/30。

该客户在收盘时的实际头寸是多少？头寸的盈亏情况如何？列表计算见表4-6。

根据收盘时的银行买入美元汇率 145.20 计算得：

\$2 000 000×145.20 = J¥ 290 400 000

以日元计算亏损为：

J¥ 290 600 000 - J¥ 290 400 000 = J¥ 200 000

---

①　"GBP/USD 1.6096/05"中的"05"是"105"的缩写。这是因为，按常规，斜线后面只写最后两位数，因此当斜线右边的数字（"05"）小于左边的数字（"96"）时，一定是前面数位省略了一位数。

②　陈绍昌. 国际金融计算技术 [M]. 北京：中国对外经济贸易出版社，1992：2-43. 原文经过改写.

表4-5   日元买卖业务

美元	金额	汇率
买入	1 000 000	145.10
买入	2 000 000	145.20
卖出	2 000 000	144.80
卖出	1 000 000	144.90
卖出	1 000 000	145.10
买入	2 000 000	145.00
买入	1 000 000	144.80
买入	1 000 000	144.90
卖出	1 000 000	145.00

表4-6   外汇买卖头寸表

美元		汇率	日元	
买入	卖出		买入	卖出
1 000 000		145.10		145 100 000
2 000 000		145.20		290 400 000
	2 000 000	144.80	289 600 000	
	1 000 000	144.90	144 900 000	
	1 000 000	145.10	145 100 000	
2 000 000		145.00		290 000 000
1 000 000		144.80		144 800 000
1 000 000		144.90		144 900 000
	1 000 000	145.00	145 000 000	
7 000 000	5 000 000		724 600 000	1 015 200 000
多头 2 000 000			空头 290 600 000	

4.3.3 套汇汇率计算

如前所述，国际外汇市场习惯用单位美元标价法。如果计价货币和基准货币都不是美元，则两种货币之间的兑换就需要以美元为中介进行套算得出即期汇率。因此，两种非美元货币之间的汇率即为套汇汇率（Cross Rate）。

套汇汇率的计算规则是：

（1）如果两个即期汇率都以美元作为基准货币，那么，套汇汇率为交叉相除；

（2）如果两个即期汇率都以美元作为计价货币，那么，套汇汇率为交叉相除；

（3）如果一个即期汇率以美元作为基准货币，另一个即期汇率以美元作为计价货币，那么，套汇汇率为同边相乘。

因此，套汇汇率计算规则见表4-7。

表4-7　　　　　　　　　　　　　　　套汇汇率计算规则

	以美元作为基准货币	以美元作为计价货币
以美元作为基准货币	交叉相除	同边相乘
以美元作为计价货币	同边相乘	交叉相除

［例4-2］已知：USD/CAD = 1.2953/60

USD/HKD = 7.8085/95

求 CAD/HKD。

由于两个即期汇率都以美元作为基准货币，因此交叉相除：

加元买入价=7.8085÷1.2960=6.0251

加元卖出价=7.8095÷1.2953=6.0291

CAD/HKD = 6.0251/91

［例4-3］已知：GBP/USD = 1.6125/35

AUD/USD=0.7120/30

求 GBP/AUD。

由于两个即期汇率都以美元作为计价货币，因此交叉相除：

英镑买入价=1.6125÷0.7130=2.2616

英镑卖出价=1.6135÷0.7120=2.2662

GBP/AUD=2.2616/62

［例4-4］已知：GBP/USD = 1.6125/35

USD/JPY= 150.80/90

求 GBP/JPY。

由于美元在两个即期汇率报价中分别作为计价货币和基准货币，故同边相乘：

英镑买入价=1.6125×150.80=243.17

英镑卖出价=1.6135×150.90=243.48

GBP/JPY=243.17/48

［例4-5］已知：USD/CAD =1.2950/60

AUD/USD=0.7120/30

求 CAD/AUD。

由于美元在两个即期汇率报价中分别作为基准货币和计价货币，故同边相乘：

加元买入价=1÷（1.2960×0.7130）=1.0822

加元卖出价=1÷（1.2950×0.7120）=1.0846

CAD/AUD=1.0822/46

4.3.4 订单计算

在外汇买卖交易中，经常会有客户委托银行按照规定的汇率达成交易。在此情况下，银行要根据市场汇率的变化，根据客户的指定汇率，不断进行测算，以便在市场汇率达到客户要求时达成交易。

［例4-6］某客户委托银行买入100万澳元，卖出加元汇率是AUD/CAD=0.9463。

在外汇市场开盘时，外汇报价如下：

USD/CAD=1.2953/63

USD/AUD=1.3694/10

根据此时汇率，是否达到客户要求？

由于客户要求买入澳元，因此应该计算银行卖出澳元（买入加元）的套汇汇率。

AUD/CAD=1.2963/1.3694=0.9466

由于客户订单要求买入价为0.9463澳元，所以目前的汇率尚未达到客户的要求。

［例4-7］如果USD/AUD汇率保持不变，那么，USD/CAD汇率变化到多少时，可以达到客户的要求？

这实际上是已知套汇汇率和一个即期汇率，求另一个即期汇率。

USD/CAD=USD/AUD×AUD/CAD =1.3694×0.9463=1.2958

当USD/CAD汇率变化到1.2958时，可以达到客户的要求。

［例4-8］如果USD/CAD汇率不变，USD/AUD变化到多少时，可以满足客户的要求？

USD/AUD = USD/CAD ÷AUD/CAD=1.2963÷0.9463=1.3698

当USD/AUD汇率变化到1.3698时，可以满足客户的要求。

4.3.5 即期外汇市场的套汇活动

套汇（Arbitrage）是指人们利用国际汇价不一致的机会，谋取地区间差价利益的做法。套汇方式有直接套汇和间接套汇两种。

1）直接套汇

直接套汇，也称两地套汇（Two-point Arbitrage），是指利用两个外汇市场之间的汇率不平衡，积极或消极地赚取利益的外汇交易。因此，直接套汇又可分为积极的直接套汇交易和消极的直接套汇交易两种。

（1）积极的直接套汇交易

积极的直接套汇交易是指完全以赚取利益为目的，积极地从事两地间的套汇活动的直接套汇方式。

［例4-9］纽约的一家外汇自营商与英国的一家外汇自营商所报出的英镑对美元的即期汇率见表4-8。

表4-8   两地套汇的可利用机会

	买入价（Bid Price）	卖出价（Ask Price）
纽约 GBP/USD	1.9055	1.9065
伦敦 GBP/USD	1.9035	1.9045

由表4-8所提供的报价可以看出，英镑在伦敦的自营商卖出价要比在美国的自营商买入价还要低。套利者可以在伦敦以$1.9045的价格买进英镑，然后再以$1.9055的价格卖给

美国的自营商，这样就可以赚取 0.0010 的价差。如果有 100 万美元，就可以赚取 525 美元。其套汇过程如下：

伦敦：$1 000 000 /1.9045= £525 072.20

纽约：£525 072.20 ×1.9055=$1 000 525

获利：$1 000 525 −$1 000 000= $525

当然，也可以从拥有 100 万英镑开始进行套汇。由于英镑在纽约比较贵，因此套汇者可以先在纽约卖出英镑，然后在伦敦买进英镑。其套汇过程如下：

纽约：£1 000 000 ×1.9055=$1 905 500

伦敦：$1 905 500÷1.9045= £1 000 525

获利：£1 000 525 − £1 000 000= £525

以上两种套汇过程基本上同时进行，套汇者都买低卖高，获取利润。套利的结果将使纽约与伦敦两地间的汇率加速趋于相等，直至套利机会消失。

（2）消极的直接套汇交易

消极的直接套汇交易是指在进行资金的各国间（两地间）转移时，恰好可以利用两地间汇率的不平衡来赚取利润的直接套汇方式。

[例 4-10] 纽约的一家外汇银行因为外汇资金的调度，需要电汇伦敦 100 万英镑，当天汇率如下：

伦敦：GBP/USD=1.6685/95

纽约：GBP/USD=1.6655/65

该银行有两个方式可供选择：

①在纽约卖出美元购入英镑汇给伦敦：付出$1 666 500，买入 £1 000 000；

②在伦敦出售手上的美元换英镑：付出$1 669 500，换取 £1 000 000。

很显然，公司应选择在纽约市场出售美元购入英镑的方案。

2）间接套汇

间接套汇，也称三角套汇（Three-point Arbitrage）交易，是指利用三个外汇市场间的汇率不平衡，积极或消极地赚取利益的外汇交易活动。三角套汇方式也可分为积极的三角套汇和消极的三角套汇。

（1）积极的三角套汇交易

[例 4-11] 假设在纽约的自营商所报出的美元对英镑和美元对加元的汇率，以及在伦敦的自营商所报出的英镑对加元的汇率，构成的三角套汇机会见表 4-9。

表4-9　　　　　　　　　　　　　　　　三角套汇机会

	买入价	卖出价
纽约 USD/CAD	1.2953	1.2963
纽约 USD/GBP	0.5875	0.5885
伦敦 GBP/CAD	2.2306	2.2316

判断三角套汇机会的标准：

任取三种货币所构成的两个汇率计算交叉（隐含）汇率，将交叉汇率与报价汇率比较，若两者不相等，则存在套利机会。

由于美元对加元的交叉汇率为：

USD/CAD=USD/GBP ×GBP/CAD = 0.5875 × 2.2306=1.3104

交叉汇率1.3104大于报价汇率1.2953。因此，存在潜在套利机会。

由于三角套汇操作涉及三种货币，所以可以通过三种途径来完成交易。具体操作流程视套利者所持有的货币而定，但不管何种操作流程，其套利结果所获取的套利报酬率应是相等的。现分述如下：

①如果套利者有100万美元，则套汇过程如图4-2所示。

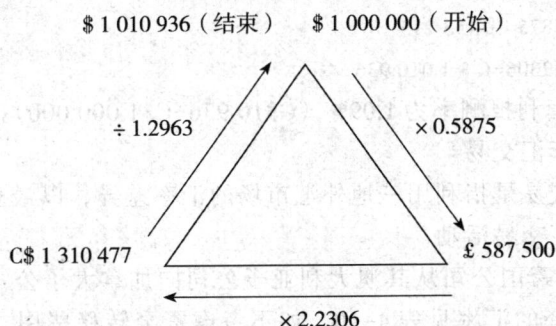

图4-2 套汇过程（1）

也即：

纽约：$1 000 000 ×0.5875 = £ 587 500

伦敦：£ 587 500×2.2306= C$ 1 310 477

纽约：C$1 310 477÷1.2963=$1 010 936

获利$10 936，套利报酬率为1.09%（$10 936÷$1 000 000）。

②如果套利者有100万英镑，则套汇过程如图4-3所示。

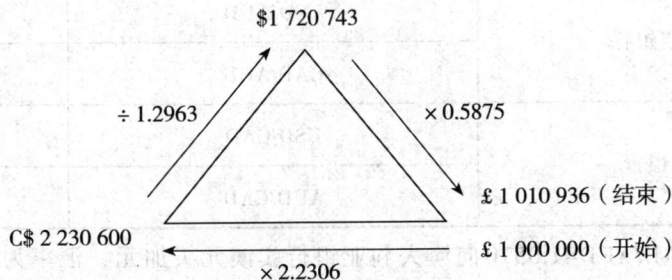

图4-3 套汇过程（2）

也即：

伦敦：£ 1 000 000 ×2.2306=C$2 230 600

纽约：C$2 230 600÷1.2963=$1 720 743

纽约：$1 720 743×0.5875= £ 1 010 936

获利 £ 10 936，套利报酬率为1.09%（ £ 10 936÷ £ 1 000 000）。

③如果套利者有100万加元，则套汇过程如图4-4所示。

也即：

纽约：C$1 000 000÷1.2963=$771 426

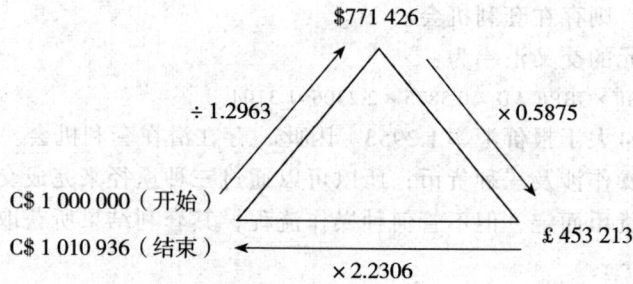

图4-4　套汇过程（3）

纽约：$771 426×0.5875=£453 213

伦敦：£453 213×2.2306=C$1 010 936

获利 C$10 936，套利报酬率为1.09%（C$10 936÷C$1 000 000）。

（2）消极的三角套汇交易

消极的三角套汇交易是指利用三地外汇市场的汇率差异，以最有利的套汇汇率达到资金国际转移目的的外汇交易活动。[①]

[例4-12] 美国某跨国公司从其澳大利亚子公司向加拿大子公司调度资金。假定当时欧洲货币市场可供选择的汇率见表4-10。如不考虑资金转移费用，母公司财务经理应选择哪一种汇兑方案最有利？

表4-10　　　　　　　　　　　　　　　　　汇率报价

市　场	报　价	汇率
美国银行	CAD/USD	0.7719/21
	AUD/USD	0.7302/04
澳大利亚银行	USD/AUD	1.3694/98
	CAD/AUD	1.0566/70
加拿大银行	USD/CAD	1.2953/63
	AUD/CAD	0.9463/65

方案1：按 CAD/AUD=1.0570向澳大利亚银行卖澳元买加元，汇率为：
AUD/CAD=1÷1.0570=0.9460

方案2：按 AUD/CAD=0.9463向加拿大银行卖澳元买加元。

方案3：向美国银行卖澳元买美元，然后卖美元买加元，交叉汇率为：
AUD/CAD=0.7302÷0.7721=0.9457

方案4：向澳大利亚银行卖澳元买美元，再向美国银行卖美元买加元，交叉汇率为：
AUD/CAD=1÷（1.3698×0.7721）=0.9455

方案5：向美国银行卖澳元买美元，再向加拿大银行卖美元买加元，交叉汇率为：
AUD/CAD=0.7302×1.2953=0.9458

---

① 陈湛匀. 国际金融实务和案例 [M]. 上海：华东理工大学出版社，1992：16.

方案 6：向澳大利亚银行卖澳元买美元，再向加拿大银行卖美元买加元，交叉汇率为：

AUD/CAD=1.2953÷1.3698=0.9456

由此可见，将澳元资金兑换成加元的汇兑方案：

方案 1：AUD/CAD=0.9460

方案 2：AUD/CAD=0.9463

方案 3：AUD/CAD=0.9457

方案 4：AUD/CAD=0.9455

方案 5：AUD/CAD=0.9458

方案 6：AUD/CAD=0.9456

由于要将澳元资金兑换成加元，故应选择兑换方案 2。

4.4 远期外汇市场

外汇买卖交易中，凡交割日预定在即期外汇买卖起息日以后的一定时期内的外汇买卖，称为远期外汇买卖（Forward Exchange Deals）。远期外汇交易的期限一般有30天、60天、90天、180天或1年。其中，最常见的是90天。远期外汇交易的交割日或有效起息日的推算，通常按即期起息日后整个月的倍数，而不管每个月的实际天数差异。假如整月后的起息日不是有效营业日，则按惯例顺延到下一个营业日。如果这种顺延到月底仍不是营业日，则往回推算的第一个营业日为有效交割日，总之，本月到期的交割日不能跨到下个月。另外，远期外汇交易到期日推算有个"双底"惯例：假如即期汇率起息日是当月的最后一个营业日，则所有的远期汇率起息日都是相应月份的最后一个营业日。

4.4.1 远期汇率的报价方式

远期汇率（Forward Exchange Rate）采用双向报价方式。报价方式主要有完全报价（Outright Quote）与点数报价（Points Quote）两种。远期外汇市场上讲究效率，报价采用的方式越简便越好。因此，虽然屏幕报价一般采用完全报价，但自营商彼此之间或自营商与经纪商之间的电话报价，则采用点数报价。完全报价与点数报价之间的关系，可以用加元对美元的欧式报价说明，见表4-11。

表4-11 欧式报价

USD/CAD	即期汇率	30天远期汇率	90天远期汇率
完全报价	1.1730/40	1.1675/90	1.1633/51
点数报价	30/40	55/50	97/89

在表4-11中，加元的即期汇率买价、卖价分别为1.1730和1.1740，经纪商在交易时为了争取时效，通常省略了前面几位不常变动的数值，而仅以最后两位小数，也就是30、40来作为即期汇率的报价基础。点数汇率的计算以即期汇率为基础，计算远期汇率与即期汇率之间的差距。以30天到期的远期汇率为例：买价是1.1730-1.1675=0.0055（55点）；卖价是1.1740-1.1690=0.0050（50点）。依照市场惯例，对于点数汇率并不附加正负号，也不书写小数点，所以30天到期的远期合约的点数买价是55，点数卖价是50。买卖报价

为55/50。其余期限的依此类推。

4.4.2　远期汇率的计算

远期汇率以即期汇率基础上加减升水（Premium）和贴水（Discount）的方法表示，也就是说，即期汇率与远期汇率之间有一个远期差额或称远期汇水（Forward Margin），即：

远期汇率－即期汇率＝远期汇水

即期汇率与远期汇率之间的关系归纳如下：

远期汇率 < 即期汇率　　远期贴水（Forward Discount）
远期汇率 > 即期汇率　　远期升水（Forward Premium）
远期汇率 = 即期汇率　　远期平价（Forward Parity）

明确了即期汇率报价中的基准货币，则"远期汇水数字前大后小，基准货币远期为贴水；远期汇水数字前小后大，基准货币远期为升水"。无论采用什么标价方式，无论货币是升水还是贴水，都可以根据报价银行报出的汇水点数，在即期汇率基础上，结合汇水点数"前大后小同边往下减，前小后大同边往上加"的原则，计算远期汇率（如图4-5所示）。

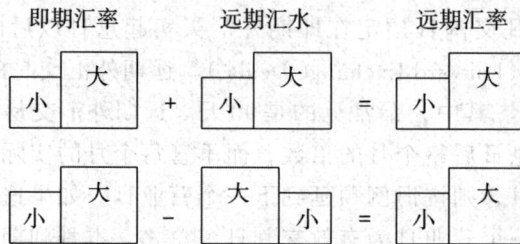

图4-5　远期汇率计算示意图

[例4-13] 假定汇率报价见表4-12。

表4-12　　　　　　　　　　　　　　　　　汇率报价

期限	GBP/USD	USD/CAD	USD/AUD
即期	1.7060/70	1.2953/63	1.3644/94
1个月远期	35/30	49/44	10/30
3个月远期	94/89	99/94	20/70
6个月远期	168/153	285/270	70/160
1年远期	270/240	575/550	120/200

远期汇率计算如下：

GBP/USD	英镑即期汇率	1.7060	1.7070
	3个月（贴水）	－ 94	89
	英镑远期汇率	1.6966	1.6981
USD/AUD	美元即期汇率	1.3644	1.3694
	6个月（升水）	＋ 70	160
	美元远期汇率	1.3714	1.3854

4.4.3　升贴水计算

升贴水主要取决于两种货币的利率差幅的大小和期限的长短。一般来说，利率高的货币为远期市场贴水，而利率低的货币则为远期市场升水。举例说明如下：

[例4-14] 美元3个月存款利率20%，加元3个月存款利率10%。假定客户向银行订购3个月远期加元。银行需要用美元按即期汇率买入加元存放3个月，以备3个月后交割时付给客户。银行放弃了美元的高利率而收取加元的低利率，那么，这10%的利差因素将计入远期加元的价格中，因此加元远期要比即期贵，也就是说，远期加元将为升水，远期美元则为贴水。

当两种货币期限相同、利率相等时，升水和贴水就等于零。此时，远期汇率等于即期汇率，即为平价。这就是"利率平价原理"。根据利率平价原理可以推导出升水和贴水的计算公式。举例说明如下：

[例4-15] 即期汇率USD/CAD=1.9980/90；3个月（91天）加元利率12%；3个月（91天）美元利率18%。假如有资金100万美元。如果投资于美元，可得利息：

$1 000 000×18%×（91÷360）=$45 500

如果投资于加元，可得利息：

$1 000 000×1.9980=C$ 1 998 000

C$ 1 998 000 ×12% ×（91÷360）=C$ 60 606

按照利率平价原理，两者投资收益应该相等，据此得出美元3个月以后的远期汇率应该是：

（C$ 1 998 000 +C$ 60 606）÷（$1 000 000+$45 500）= 1.9690

美元贴水=1.9980-1.9690=0.0290

据此可以导出远期汇率的计算公式。

1年以内远期汇率计算公式：

$$远期汇率=即期汇率×\frac{1+\dfrac{计价货币的利率 × 实际天数}{计价货币利率计算的基础天数}}{1+\dfrac{基准货币的利率 × 实际天数}{基准货币利率计算的基础天数}}$$

$$远期汇率=1.9980×\frac{1+\dfrac{0.12 × 91}{360}}{1+\dfrac{0.18 × 91}{360}}=1.9690$$

远期汇率计算正确与否的简单判断规则：

远期汇率价差>即期汇率价差，则推算正确；

远期汇率价差<即期汇率价差，则推算错误。

这是由于远期交易包含时间因素，承担的交易风险较大，所以银行报出的远期汇率的买卖价差也相应扩大。

4.4.4 远期套汇（交叉）汇率的计算

远期套汇（交叉）汇率（Forward Cross Rate）的计算方法与即期交叉汇率的原理基本一致，只不过是在计算远期交叉汇率时，首先要分别计算远期汇率，然后按照即期交叉汇率的方法，计算远期交叉汇率。

[例4-16] 假定有关汇率报价如下：

GBP/USD	即期汇率	1.5060/70
	12个月	270/240
USD/CHF	即期汇率	1.8410/25
	12个月	495/470

计算12个月远期套汇（交叉）汇率GBP/CHF。

首先计算远期汇率：

GBP/USD	即期汇率	1.5060 / 70
	12个月	− 270 / 240
	远期汇率	1.4790 / 30
USD/CHF	即期汇率	1.8410 / 25
	12个月	− 495 / 470
	远期汇率	1.7915 / 55

其次根据交叉汇率计算原理，计算远期交叉汇率。由于美元既作基准货币，又作计价货币，所以同边相乘：

GBP/CHF=GBP/USD × USD/CHF

英镑买入价=1.4790 × 1.7915=2.6496

英镑卖出价=1.4830 × 1.7955=2.6627

12个月远期套汇汇率GBP/CHF=2.6496/2.6627

4.4.5　择期远期外汇买卖

如果客户不确定支付的具体日期且不希望固定交割日期，但却要固定汇率，这就产生了择期远期外汇买卖（Optional Forward Deals）。客户可以在交易日的第二天起约定期限内的任何一天，按约定的汇率进行外汇交割。客户在约定期内对交割日有选择权。

例如，客户选择的期限为10月1日至11月1日的择期，则客户有权在10月1日至11月1日期间的任何一个工作日进行外汇买卖的交割。客户有权在约定期限内的任何一天按约定的汇率进行交割，而银行在报价时必须考虑到外汇交割可能会在对其最不利的情况下进行。由于远期汇率的计算原则为"远期汇率=即期汇率 ± 远期汇水"，因此，最不利的汇率就是约定期限的第一天或者最后一天的汇率。

择期远期外汇买卖计算步骤：（1）列出选择行使期限的第一天和最后一天日期；（2）计算这两天的远期汇率；（3）比较第一天和最后一天的远期汇率，选择一个对银行最有利的汇率作为该期限内的择期远期汇率。

[例4-17]

USD/CAD	即期汇率	1.8100 / 10
	3个月	300 / 290
	6个月	590 / 580

客户要求买入加元，择期从即期到6个月。

计算过程如下：

（1）计算即期汇率：

| USD/CAD | 即期汇率 | 1.8100 / 10 |

（2）计算6个月的远期汇率：

USD/CAD	即期汇率	1.8100 / 10
	6个月	− 590 / 580
	6个月远期汇率	1.7510 / 30

（3）银行卖出加元买入美元，远期汇率买入价 1.7510 对银行最有利。

择期远期外汇买卖的远期汇率制定规则见表4-13。

表4-13　　　　　　　　　　　择期远期外汇买卖的远期汇率制定规则

方案	美元贴水，其他货币升水		美元升水，其他货币贴水	
	从即期开始	从将来某一天开始	从即期开始	从将来某一天开始
银行买入美元卖出其他货币	最后一天	最后一天	即期汇率	第一天
银行卖出美元买入其他货币	即期汇率	第一天	最后一天	最后一天

注：这里的第一天和最后一天，分别代表择期第一天远期汇率和择期最后一天远期汇率。

4.4.6　远期汇率的具体应用

人们可以利用远期汇率进行套期保值，规避不必要的外汇风险。对远期汇率的具体应用可根据情形选择，见表4-14。

表4-14　　　　　　　　　　　　远期汇率套期保值措施

业务类型	外币头寸	汇率变动	经济结果	避险对策
进口业务	外币负债	本币升值	购买外币成本降低	
		本币贬值	购买外币成本提高	买入远期外汇
出口业务	外币资产	本币升值	本币收入减少	卖出远期外汇
		本币贬值	本币收入增加	
外币借款	外币负债	本币升值	偿还贷款的本币成本降低	
		本币贬值	偿还贷款的本币成本提高	买入远期外汇
外币资产	外币资产	本币升值	本币收益减少	卖出远期外汇
		本币贬值	本币收益增加	

［例4-18］假设澳大利亚葡萄种植园主向英国出口葡萄酒，2个月后收汇，数额是 2 000 000 英镑。

外汇市场行情如下：

GBP/AUD	即期汇率	2.1352/92
	2个月远期汇水	60/80
	2个月远期汇率	2.1412/72

澳大利亚出口商的套期保值措施：以 GBP/AUD=2.1412 的远期汇率出售 2 000 000 英镑。

套期保值结果是：

澳大利亚出口商肯定能收到 4 282 400 澳元（2 000 000×2.1412）而不必考虑2个月后汇率如何变化。

当然，如果2个月后即期汇率高于2.1412，则套期保值结果是负面的。因此，保值的关键在于对未来汇率的预测。

本章小结

外汇市场是在各国间从事外汇买卖、调剂外汇供应的交易场所。当今国际外汇市场的两大突出特点是外汇市场的全球化以及外汇市场汇率波动的剧烈。在世界各地的外汇市场中，伦敦、纽约和东京是世界主要的三大外汇市场。外汇市场的作用主要表现在：实现购买力转移、拓展信用以及减少外汇风险。外汇市场的参与者主要有进出口厂商与跨国公司、自营商、经纪商、套利者、投机者以及各国中央银行。外汇市场上的交易按合约的交割期限或交易的形式来区分，可分为即期外汇交易和远期外汇交易两种基本形式。汇率的表述方式有直接标价和间接标价两种。直接标价是指每单位外币可兑换的本国货币金额。间接标价则是指每单位本国货币可兑换的外币金额。间接标价和直接标价是互为倒数的关系。

远期外汇交易又称期汇买卖，是指买卖双方在成交时先就交易的货币种类、价格、数量以及交割的期限等达成协议，并用合约的形式确定下来，在规定的交割日双方再履行合约，办理有关货币金额的收付结算的外汇交易方式。远期外汇合约的报价可采用两种方式：完全报价和点数报价。

套汇又称地点套汇，是指套汇者利用不同外汇市场上的汇率差异，在低价市场上买进、在高价市场上售出某种货币，以获取无风险收益的一种外汇交易活动。按照套汇操作涉及币种的多少，套汇可分为直接套汇和间接套汇两种。直接套汇，又称两角套汇，是利用两个外汇市场上的汇率差异来进行的套汇活动。间接套汇，又称三角套汇或多角套汇，是指利用三个外汇市场间的汇率不平衡，积极或消极地赚取利益的外汇交易活动。由于间接套汇涉及两种以上的货币汇率，因此常常需要进行套算，得到套算汇率，以检验外汇市场是否存在套汇机会。

主要概念与观念

套利者　经纪商　远期汇率　即期汇率

基本训练

□ 知识题

4.1　外汇市场的主要参与者有哪些？

4.2　外汇市场按合同的交割期限不同可以区分为哪几种交易形式？各有什么特点？

4.3　套汇的基本形式是什么？

□ 技能题

4.1　USD/CAD=1.6200/10

　　　USD/JPY=133.50/60

求 JPY/CAD。

4.2　USD/CAD=1.6200/10

GBP/USD=1.8240/50

求 CAD/GBP。

4.3　GBP/USD=1.8240/50

　　AUD/USD=0.7710/20

求 AUD/GBP。

4.4　USD/CAD=1.6220/30

（1）USD/JPY=108.90/00

求 CAD/JPY。

（2）AUD/USD=0.7210/20

求 CAD/AUD。

（3）USD/AUD=5.4370/80

求 CAD/AUD。

4.5　汇率报价见表4-15。

表4-15　　　　　　　　　　　　汇率报价

	GBP/USD	USD/CAD	USD/AUD
即期	1.7060/70	1.9330/40	7.1200/50
1个月远期	35/30	49/44	10/30
3个月远期	94/89	99/94	20/70
6个月远期	168/153	285/270	70/160
12个月远期	270/240	575/550	120/200

求3个月和6个月的远期汇率。

□ 能力题

汇率报价见表4-16。

表4-16　　　　　　　　　　　　汇率报价

市场	汇率	买价	卖价
纽约	C$/$	1.5020	1.5030
纽约	£/$	0.5875	0.5885
伦敦	C$/£	2.5610	2.5620

要求：如果有一投资者持有$1 000 000，那么他将如何通过套汇获利？

本篇案例分析

GE日立合并核电业务　美加日三地分设合资门户[①]

美国通用电气公司（以下简称"GE"）和日本日立公司（以下简称"日立"）昨天签署协议，合并旗下核电业务，组建全球核电业务联盟。双方将在美国、加拿大及日本成立三家合资公司，以通过政府审查。

这是日本第三家核电制造商与欧美跨国公司的合作，也是美国与他国签署的第一个关于核电方面的全面合作协议。

----

① 王佑. GE日立合并核电业务　美加日三地分设合资门户［N］. 第一财经日报，2007-05-18.

此前，东芝公司曾以50亿美元成功并购了美国老牌核电企业西屋电气，而日本三菱重工也携手法国阿海珐公司，加速进入全球核电市场。不过，专家认为，GE与日立的本次合作，难以改变中国核电市场选择西屋和阿海珐技术的格局，因为GE主攻的核岛技术并非中国提倡的压水堆技术，但双方的此次合并可使GE和日立在全球其他市场的核电业务提速。

推行简化沸水堆技术

GE公司在其官方网站上透露了该合作计划，新联盟将囊括GE和日立内部的核电部门。这笔交易可能会在2007年第二季度完成。

双方将集合各自在核电业务上的多年经验，使新一代的反应堆更模块化和标准化，其中包括完善GE研发的新一代沸水堆产品——经济型简化沸水堆（以下简称ESBWR）的设计。2006年11月，两家公司曾经达成了核能业务的战略合作意向。

GE与日立的合作可以追溯到1967年，当时两家公司签订了关于沸水堆技术的一揽子技术授权，同时GE在沸水堆的开发过程中也与日立有紧密合作。日立与GE将在日本和美国设立新公司，进行核电站的建设和维护，并相互持股。在日本的新公司中，日立与GE持股比为80：20；在美国的新公司中，日立、GE的所占股份比为40：60。此外，两家企业同时也会在加拿大再成立一家合资企业。

来自美、日政府的合作为双方此次合作奠定了坚实基础。《日本时报》曾报道，日本与美国有一项核能联合行动计划，两国将在6个领域进行联合研究，包括快堆技术、燃料循环技术和废物管理。

合力围攻欧美市场

由于GE公司主攻沸水堆技术，因此该公司的核电业务一直难以在中国开花结果。

目前，全球核电站建设分为两类技术：核岛技术（包括压水堆、重水堆、沸水堆等）和常规岛技术，后者根据前者进行配套设计。我国大部分核电项目皆以压水堆为主，只有秦山三期项目使用过重水堆，无一采用沸水堆技术。

日立、东芝及主攻沸水堆的GE公司一直无缘中国市场。此前，GE能源公司曾期望2007年可以在中国的新建核电厂中推广自己的沸水堆，但让GE无奈的是，中国已经确定引进的第三代核电技术为西屋电气的AP1000压水堆技术及阿海珐的EPR压水堆技术。

"GE基本没有在国内提供过核电设备，"一位业内专家告诉《第一财经日报》，"唯有日立曾经中标过秦山三期的2台汽轮机产品。"

目前国际核电业形势非常好，现在全球共有95套沸水堆核电设备，日立与GE一共参与了其中约70%的建设。今后20年全球需要新建核电站100个，美国将在2020年投入使用的就达25个。日本企业纷纷选择强大的合作伙伴，就是看中了全球核电业的高额利润。

"韩、日、美等国都有沸水堆核电站，英国也在计划建设沸水堆核电站，这两家企业可能看到了这些市场，才认可了彼此的进一步技术合作。"上述专家表示。

近日，在向英国政府提交审批的核电堆型最后名单中就包括GE的ESBWR技术。但同时，西屋的AP1000和阿海珐的EPR技术也在其中。

案例分析要求

(1) 你如何从价值链的角度理解这一事件？

(2) 如果你是一家跨国公司的财务总监，面对此类事件，需要考虑哪些因素？

第2篇
国际金融市场与资金来源

【博学慎思】多国央行加息遏制通胀

伴随着俄乌冲突悬而未决和多国通胀数据高企，不少国家的央行正在货币紧缩的道路上"踩油门"。2022年6月15日，面对美国5月通胀率再次走高，美联储宣布加息75个基点，将联邦基金利率目标区间上调到1.5%至1.75%之间。这是美联储自1994年以来单次最大幅度的加息。本轮加息已经是美联储半年内的第3次加息。从3月的25个基点到5月的50个基点，再到6月的75个基点，美联储正在加息的道路上"马力全开"。美联储主席鲍威尔在利率会议后的新闻发布会上再次重申，美联储专注于令通胀回落至2%。

与美联储类似，英国央行和瑞士央行也在6月16日不约而同地加息。瑞士央行大幅加息50个基点，为15年来首次加息。英国央行则加息25个基点至1.25%，这是2021年12月以来英国央行第5次加息。英国央行在当天公布的会议纪要中表示，目前预计英国第二季度国内生产总值（GDP）将下滑0.3%，而消费者价格指数（CPI）将在未来几个月高于9%，并在10月超过11%。英国央行表示，之所以目前通胀率远超2%的目标水平，主要原因有乌克兰危机大幅抬高全球能源价格，以及新冠疫情推动需求转向商品并扰乱了供应链。英国国内劳动力市场紧张以及公司定价策略也对通胀有影响。英国央行同时表示，将特别警惕"更持续的通胀压力"，如有必要将作出有力回应。

数据显示，2022年初以来，已有澳大利亚、加拿大、新西兰、英国、美国、瑞典、韩国和挪威等众多发达经济体央行开启加息周期。与发达国家相比，发展中国家和新兴市场经济体形势更加严峻，其中，阿根廷、哥伦比亚、秘鲁、墨西哥、巴西、智利和斯里兰卡等国家央行去年就已开启加息周期，本月以来，不少新兴市场经济体央行更是加息步伐不停歇。当地时间6月17日，墨西哥央行宣布，将于6月23日将基准利率提高75个基点。此举也被认为是墨西哥央行为了与此前美联储将联邦基准利率上调75个基点看齐。墨西哥央行认为，新冠疫情、通胀上升、地缘政治局势紧张和各国更大幅度调整货币及财政政策是目前全球经济面临的主要风险。

6月16日，阿根廷央行宣布将基准利率由49%上调至52%，这是阿根廷央行2022年第6次加息。阿根廷央行当天发表声明说，虽然通胀已经开始放缓，但为了刺激本国货币储蓄，央行选择再次加息。阿根廷国家统计与普查研究所15日公布的数据显示，该国5月月度通胀率达5.1%，当年累计通胀率为29.3%。阿根廷央行2022年1月、2月、3月、4月和 5 月各加息一次，调整后的基准利率分别为 40%、42.5%、44.5%、47%、49%。

6 月 15 日，巴西央行宣布加息 50 个基点，将该国基准利率从 12.75% 上调至 13.25%，这是该国央行自 2021 年 3 月以来连续第 11 次上调利率水平。巴西央行此举在于应对该国居高不下的通胀水平。巴西国家统计机构巴西地理统计局 9 日发布的报告显示，2022 年 5 月，衡量该国通胀水平的全国广义消费者价格指数（IPCA）年化率为 11.73%，连续第 9 个月超过两位数。2022 年 2 月，当巴西央行基准利率为 10.75% 时，通胀初现缓和迹象，巴西央行曾表示本年度基准利率将上调至 12%。但随之而来的俄乌冲突导致全球供应链受阻，以美联储为首的发达国家央行开启加息周期的溢出效应，导致巴西国内通胀再次失控。

印度央行也在 6 月 8 日宣布，上调基准利率 50 个基点至 4.9%。这是继 5 月份加息 40 个基点后，印度央行第二次加息。印度通胀率已经连续 4 个月超过印度央行设立的 6% 的中期通胀目标上限。4 月份，印度消费者价格指数涨幅达 7.79%，为近 8 年来最高水平。同时，印度央行维持本财年（2022 年 4 月至 2023 年 3 月）经济增长 7.2% 的预期，但将年平均通胀率预期从此前的 5.8% 上调至 6.7%。印度通胀加剧主要由国际大宗商品价格上涨所致。为抑制通胀，印度央行上调基准利率，印度财政部也已多次采取措施，如削减燃油消费税、下调食用油进口关税等。

分析人士表示，尽管多国央行在货币紧缩的道路上"踩油门"，但未来货币政策前景不尽相同。例如，目前来看，美联储在 7 月大幅加息的可能性仍然较大，但巴西加息周期却正接近尾声。从通胀数据来看，美国第三季度食品价格大概率偏强，可能给美国通胀带来上升压力，甚至不排除第四季度食品价格继续给美国通胀带来上升压力。美联储不少官员表示，美国通胀并未下降，这意味着政策必须更加强硬；必须采取果断的行动，以控制通胀；未来加息 75 个基点是有益的，并称将尽一切努力使通胀回到 2%。但对于巴西来说，其未来加息的空间正变得狭小。2022 年初以来，巴西央行已连续 4 次加息。两年来，巴西基准利率从 2% 增长至 13.25%，对经济活动造成很大压力。巴西不少市场人士和官员警告称，央行加息不能是抑制物价高企的唯一工具，巴西经济已深受其害。加息不仅将付出更多经济代价，还会导致公共部门负债增加，加剧财政风险。

资料来源：莫莉. 多国央行加息遏制通胀［N］. 金融时报，2022-06-21.

第 5 章 | 国际银行业务与货币市场

学习目标

通过本章学习，应该达到以下目标：

知识目标：初步了解和掌握国际金融市场的分类以及各金融市场的业务特点。

技能目标：掌握国际货币市场的特点及短期融资工具，以及欧洲通货的创造过程。

能力目标：学会分析和思考跨国企业应该如何合理利用国际货币市场及其短期融资工具。

5.1 国际银行业务

5.1.1 国际金融市场

1）国际金融市场的分类

金融市场的基本功能在于使资金的需求者（借款者）和资金的供给者（投资者和存款者）之间发生联系，充当资金交易的媒介。投资者或存款者通过金融市场向借款者提供资金。

国际金融市场（International Financial Markets）主要由世界上最主要的几个金融中心构成。按国际金融业务活动参与者的不同，国际金融市场的划分如图5-1所示。

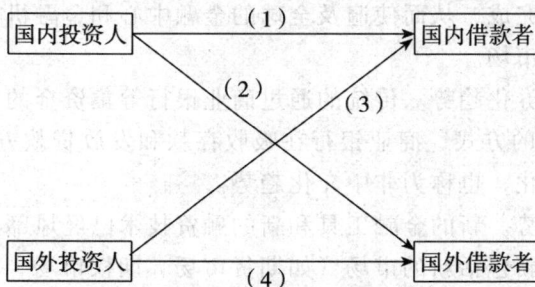

图5-1　国际金融市场结构图

注：（1）国内银行业务；（2）国际银行业务；（3）国际银行业务；（4）离岸（境外）银行业务。

从图5-1可以看出，国际金融中心通常从事下列四种银行业务：

（1）吸取国"内"资金，提供放款给国"内"借款者；

（2）吸取国"内"资金，提供放款给国"外"借款者；

（3）吸取国"外"资金，提供放款给国"内"借款者；

（4）吸取国"外"资金，提供放款给国"外"借款者。

如果某金融中心只从事前述第（1）种银行业务，只能算是国内金融中心（Domestic Financial Centers）；若只从事第（4）种银行业务，则为离岸（境外）金融中心（Offshore Financial Centers），它是国际金融市场的最新发展。从事第（2）、（3）种银行业务者，即为传统意义上的国际金融中心（市场）。

目前国际上众多的国际金融中心，并不同时具备上述国内、国际和离岸市场三种功能。伦敦、纽约以及东京是目前最大的国际金融中心，同时具备上述三种功能；还有一些国际金融中心，比如巴黎、苏黎世、新加坡、阿姆斯特丹等，可以说只有其中的两种功能比较发达；而像开曼群岛、巴哈马群岛、巴林等，则是典型的只具备离岸市场功能的国际金融中心。离岸市场是经营境外货币存储与贷放业务的市场，是新型国际金融中心。所有离岸市场结合而成的整体，就是通常所说的欧洲货币市场。

2）国际金融市场的形成条件

一个国家或地区若要发展成为国际金融中心，那么必须具备如下重要条件：

（1）政治制度稳定；

（2）金融制度完善，有足够数量的银行及其他类型的金融机构，足以组织起相当规模的金融资产交易；

（3）不实行外汇管制、资金流动和信贷控制，外汇交易自由；

（4）具有现代化的通信设备和完善的金融服务设施，能适应国际金融业务的需要；

（5）具有优越的地理和时区位置，以便在营业时间上和其他金融中心紧密衔接，也是一个重要条件。

3）国际金融市场的发展特征

国际金融市场呈现出一些新的、重要的发展特征，具体表现为：

（1）国际金融市场的一体化趋势。国际金融中心已经不再局限于少数几个发达国家的金融市场，而是开始向全世界各地分散。与此同时，电子技术的广泛应用使得计算机和卫星通信网络能够把遍布世界各地的金融市场和金融机构紧密联系在一起，全球性的资金调拨和融通几秒钟便可以完成，从而使遍及全球的金融中心和金融机构逐渐形成全时区、全方位的一体化国际金融市场。

（2）融资方式的证券化趋势。传统的通过商业银行筹集资金的方式逐渐让位于通过金融市场发行长短期债券的方式，商业银行在吸收存款和发放贷款方面的优势逐渐被削弱，这就是融资手段的证券化，也称为非中介化趋势。

（3）金融创新的趋势。新的金融工具和新的融资技术已经风靡全世界各个主要国际金融中心。广义的金融创新包括新的市场（如期货市场、期权市场、互换市场和远期市场）、新的金融工具（如浮动利率债券和票据、大额可转让存单等）、新的交易技术（票据发行便利、货币与利率互换、远期利率协议等）、新的组织形式（银行业管理方式和组织形式的创造性变革及非银行金融机构职能的创新）。金融创新实际上就是将金融工具在收益、风险、流动性、数额、期限等原有特性上进行分解，再重新安排组合，使之能够适应新环境下汇率、利率波动等风险，以及满足套期保值的需要。

5.1.2　国际银行业发展的特点

国际银行业的发展呈现以下特点：

1）欧洲货币银行业务急剧扩大

国际银行贷款的一个显著特点是欧洲货币贷款占绝大部分比重。20世纪60年代以前，国际银行业务基本上都是传统的对外银行业务，即从国外吸收存款再向国外提供贷款。这一业务所使用的都是银行所在国的货币，银行所在国与货币所在国从不分离。但到了80年代后期，这种形式的银行业务占整个国际银行业务的比重很小，而占绝大部分比重的是欧洲货币银行业务。

2）跨国银行迅速发展

20世纪60年代以前，国际银行业务基本上都由银行的国外业务部承担；60年代以后，银行海外机构纷纷设立，跨国银行成为国际银行业务的主要承担者。

跨国银行是指业务范围跨国化，同时在一些不同的国家和地区经营银行业务的超级商业银行。联合国跨国公司中心认为，跨国银行是指至少在5个国家和地区设有分行或附属机构的银行。

3）银行表外业务不断增多

银行表外业务（Off-balance Sheet Activities，OBS）是近年来国际银行业发展的又一特点。它是指那些不被作为资产或负债而记入资产负债表，却又使银行承担一定风险的融资技术或金融工具。对于这类业务，银行只能按一定标准收费。这些融资技术或金融工具主要包括：贷款承诺（Loan Commitments）、备用信用证（Standby Letters of Credit）、票据发行便利（Note Issuance Facilities）、欧洲商业票据（Euro-commercial Paper）、互换协议（Swaps）、外币期权（Foreign Currency Options）以及银行承兑（Bankers Acceptances）等。

5.1.3　国际银行组织结构

1）国际银行产生和发展的原因

银行之所以会跨国经营，是因为具有以下十个方面的比较优势：

（1）较低的边际成本。国内积累的管理和销售知识用于国外，其边际成本不高。

（2）知识优势。国外分行可以在国外市场上使用母行的私人关系以及信誉等知识。

（3）国内信息服务。国内银行可以通过位于本国的跨国银行获取更全面的贸易、金融市场信息。

（4）声誉（Prestige）。大的跨国银行往往被认为信誉卓著；流动性大，安全性高。

（5）政策优惠。不受国内银行法规的限制，如银行存款保险和存款准备金要求以及地区限制等。

（6）全面防御战略。跨国银行可以为其客户提供跨国服务，防止外国银行抢走客户。

（7）零星防御战备。防止外国银行侵入旅行支票等零星市场。

（8）交易成本降低。为了维持国外支行，跨国银行需持有外汇余额，这样可以降低交易成本以及政府管制放松时的货币转换风险。

（9）国外发展前景广阔。国内银行的发展前景会受到国内市场狭小的限制。

（10）风险降低。分散化经营使收入可能更加稳定，各国的商业及货币政策周期相互抵销减少了国别风险。

2）国际银行的组织结构

国际银行可以在国外设立不同形式的分支机构，通常有五种形式：代理行、代表处、分行、子银行、附属银行等。至于选择哪种形式，则取决于银行的经营目标、业务规模、范围以及金融环境。每一种形式的分支机构在各国所从事的银行业务活动，常因各国法令的限制而不同。现分述如下[①]：

（1）代理行（Correspondent Banks）

若一家银行委托另一个地区或国家的银行提供服务，那么被委托的银行则为代理行。一家银行如果在某地区或某国家没有设立任何形式的分支机构，则可以借助当地的银行提供代理服务。这种代理行关系一般是互惠的，即银行间的代理服务是相互的。代理行提供的服务项目包括外汇交易、开发和处理汇票以及有关外贸的其他文件、办理收付款、提供借款人的信用信息、对客户提供贷款和服务。这种形式的优点是成本低、可在广泛的地理范围内从事经营活动。此外，代理行比外国银行更熟悉当地情况。其不利之处是不能对全部的业务进行控制，且在国外提供的业务范围和程度有限。

（2）代表处（Representative Offices）

代表处是总行在国外建立的联络机构。它在东道国不经营存贷款业务，因而不能取代代理行。在东道国设立代表处，可以改善银行与代理行的关系。总行若有代表处在国外，则会派驻若干行员在当地，其中一人为代表处负责人，其他几人为助理人员。这些人员可以是母银行派来的，也可以是在当地招募的。代表处的基本职能是提供信息和为总行开拓新的活动领域，主要包括寻找潜在的借款人、提供有关当地经济情况的信息、对国内外客户提供援助等。代表处的优点有：能较好地适应东道国某些外国银行存款业务的环境、节省银行投资支出以及防范东道国政治经济环境引起的风险。

（3）分行（Branch Banks）

总行在国外的分行是总行合法的一部分，其资产是总行的资产，其负债也由总行负责偿还。分行是总行的一部分，因此没有独立的章程（Charter）、董事会（Board of Directors）和流通在外的股票。分行除了受总行所在地的本国银行法管制，也受东道国（Host Country）银行法的管制。不过，就美国银行设在国外的分行而言，其收受的存款不必受美国法定准备的限制，也不必参加FDIC（Federal Deposit Insurance Corporation）的保险，但若收受的存款又贷回给总行使用，则仍要受到以上的限制。

分行营业获得的利润，须合并总行的利润报税；分行营业的亏损也可以作为总行报税时的减税项目（Tax Deductible Item）。分行与子银行（Subsidiary Banks）功能一样，能承办完全的银行业务（Full-range Banking Business）。但前者是总行的一部分，后者则是一个独立的法律实体，因此，成立分行的程序比成立子银行简易些。分行的课税与总行合并申报，子银行则是独立的课税单位。许多总行在国外开办完全的银行业务时，一般在开始时先设分行，因为在刚开始经营的几年，分行通常有亏损，其亏损可以作为总行报税时的抵销项目，若干年后再慢慢将分行转变为子银行的形态经营。目前，美国银行在国外设立的分支机构的主要形态是分行，占全部国际银行业务的50%。

① EUN，RESNICK．International financial management［M］．NY：McGraw-Hill Companies，1998：128-154．原文经过改写．

（4）子银行（Subasidiary Banks）

子银行与分行的相同之处在于两者皆承办完全的银行业务，而不同之处在于前者是独立的机构，全部或大部分为总行所拥有，因此为总行所控制。子银行必须完全遵守东道国的规范。子银行的放款能力完全取决于子银行本身的资本额，这点也与分行不同，分行的放款能力则是取决于总行的资本额大小。总行对子银行负债承担的范围，只限于总行在子银行所持有的权益资本，而非总行本身所有的权益资本。

一般而言，子银行比分行更容易吸引到东道国所在地的业务，尤其有些子银行原来即是当地（Local）的银行，后来为国外总行所购并。此情形下的子银行能更好地从事当地的业务，也能运用总行的专长发展其国际性业务。大多数国家的税法对子银行的管制松于对分行的管制。例如，美国的银行法准许子银行从事包销公司证券（Underwriting Corporate Securities）的业务，但却不允许分行从事此类业务。子银行是美国银行在国外分支机构中第二种重要形态，占全部国际银行业务的20%。

（5）附属银行（Affiliated Banks）

附属银行与子银行的相似之处在于两者皆是注册登记的独立法律实体，但子银行为总行所控制，而附属银行则是部分为总行所拥有，总行未必对其掌有控制权。附属银行的剩余股份，可能为当地银行所拥有，也可能属于其他外国银行。附属银行的优势是可以获得不同股东（不同国外银行）所提供的经营专长；其劣势则是像一般的合资企业一样，银行的众多所有权人分庭抗礼，对于许多政策难以达成共识。

5.1.4　国际银行业的监管

1987年7月设于瑞士巴塞尔的国际清算银行（The Bank for International Settlements，BIS）所主持的巴塞尔委员会（Basel Committee）正式就统一国际性银行的资本计算和资本标准达成协议，也就是《巴塞尔协议》。该协议的基本目的是试图对国际银行实行统一的风险管理，对不同种类的资产规定不同的风险权数。银行资产的扩张要受到资本金规模及资产风险权数的双重制约，以确保银行有足够的资产用以抵补银行的损失，从而稳定和健全国际银行业。该协议的核心在于发展出一套以风险为基础来衡量银行资本充足性（The Adequacy of Bank Capital）的体制。资本充足性，就是银行的权益资本及其他的准备资产必须达到一定的比率，以保护存款者免于遭受损失。巴塞尔委员会通过的《巴塞尔协定》（The Basel Agreement）于1993年生效。它要求参加BIS的银行在1992年底之前，要将其以风险为基础的资本对资产比率（Risk-based Ratio of Capital to Assets）调整到至少8%的水准。根据《巴塞尔协定》，银行资本（Bank Capital）的定义包含两个层次：核心资本及辅助性资本。核心资本又称第一层资本（Core Capital or Tier 1 Capital），包含股东出资及保留盈余；辅助性资本又称第二层资本（Supplemental Capital or Tier 2 Capital），是指国际可接受的非普通股项目，包括优先股及附属债券等。核心资本必须最少占银行资本（Bank Capital）的50%，亦即至少须占依风险加权的银行资产（Risk-weighted Bank Asset）的4%。

此后，针对迅速发展的金融衍生产品给金融市场带来了很大的动荡和不稳定性这一情形，巴塞尔委员会先后颁布了《衍生产品风险管理准则》（1994年7月）、《关于银行和证券公司衍生产品业务的监管信息框架》（1995年5月）以及《银行和证券公司交易及衍生产品业务的公司信息披露》（1995年11月）等有关加强对金融衍生产品监管的指导性原则。

20世纪90年代中期以来，由于国际银行业的经营环境发生了变化，与金融衍生产品相关的市场交易风险屡屡发生，致使国际银行业中银行倒闭或巨额亏损事件层出不穷。显然，仅仅依靠资本充足比率的有关规定已不足以充分防范金融风险。1997年巴塞尔委员会进一步公布了《银行业有效监管核心原则》（以下简称《核心原则》），其基本内容包括银行业有效监管的前提、获准经营的范围和结构、审慎管理和要求、银行业持续监管的方法、信息要求、监管人员的正当权限以及关于跨国银行业务的规定。

该原则的主要特点可概括为以下五个方面：（1）原则的核心是对银行业进行全方位的风险监控；（2）强调建立银行业监管的有效系统；（3）注重建立银行业自身的风险防范约束机制；（4）建立对银行业持续监管的方式；（5）对跨国银行业务要求实施全球统一监管。

这项文件无疑是20世纪国际银行业监管的重要文件之一，它必将进一步推动国际银行业经营与监管方面的变革，对国际银行业产生重大而深远的影响。然而，《核心原则》毕竟只是原则，没有评价标准，缺乏评价的根据，据此得出的评价结果必然相去甚远。若要使评价客观且尽可能一致，那么对是否达到《核心原则》的要求应有统一的衡量标准。巴塞尔委员会于1999年10月正式发表了《核心原则评价方法》，作为《核心原则》的配套文件。该文件确定了评价的必要标准和补充标准，总共227项。必要标准可以看作巴塞尔委员会在各国实践基础上总结出来的一整套国际最低标准。评价一个国家的银行监管是否有效，是否符合各条核心原则的要求，主要看其是否符合全部的必要标准。相比之下，补充标准则体现了更高的要求，比较符合市场风险较为突出的国家的实际情况。这些标准，连同《核心原则》中对各条具体原则的说明性文字，实际上是对《核心原则》最好的注解。它们把本来较为抽象的原则具体化了，明确了《核心原则》中一些较为模糊的概念，减少了解读和把握《核心原则》过程中容易产生的随意性与主观性。

2008年国际金融危机爆发以后，巴塞尔委员会陆续发布了一系列监管文件，在坚持新资本协议总体框架的基础上，针对这次金融危机中发现的资产证券化产品的过度杠杆化、资本套利、信息不透明等问题，要求银行建立全面的风险管理体系，主要的改进有以下内容：（1）提高再证券化产品的风险权重；（2）加强交易账户的风险管理；（3）进一步加强交易对手信用风险管理，全面管理信用风险；（4）建立银行层面的风险管理体系；（5）重新修改资本标准，提高资本的质量；（6）调整减值准备的计提方式，建立缓冲资本制度；（7）进一步加大信息透明度；（8）将杠杆比率作为新的监管工具，控制银行规模过度扩张。

杠杆率管理有两个核心思想：一是要控制银行过高的杠杆率；二是将杠杆率作为资本充足率的补充手段。此外，改进流动性风险计量指标和标准，加强流动性风险管理，最大的亮点在于提出了两个衡量流动性风险的新指标，即流动性覆盖率和净稳定资金比率。

随着外部环境的变化，原有协议在实施的过程中也暴露出资本定义较宽松、表外风险约束不力、忽视资本监管亲周期性等问题。针对这些不足，2010年12月16日，巴塞尔委员会正式发布了《全球更稳健的银行及银行体系监管框架》和《流动性风险计量标准及监管的国际框架》，自2013年1月1日起实施，2018年底达标。这是自1988年出台巴塞尔资本协议以来的第三版，简称"巴塞尔协议Ⅲ"。

巴塞尔协议Ⅲ的主要内容包括：一是修改合格资本定义，明确普通股作为核心资本应占主导地位；二是扩大资本覆盖风险面，增加对交易账户新增风险、交易对手风险、再证券化资产风险等风险的资本覆盖；三是新增留存超额资本要求、系统重要性附加资本要求、逆周期超额资本要求；四是建立杠杆率标准，增强对银行表内外资产总规模的资本约束；五是增设流动性覆盖率与净稳定融资比率两项监管指标；六是要求加强银行公司治理，建立薪酬管理机制。

巴塞尔协议Ⅲ的主要特点有：一是继承和丰富了核心资本监管准则，扩大资本覆盖风险范围，要求银行基于风险量化实施全面风险管理；二是明确多层次资本监管，合格资本标准更高，要求完善内部资本评估程序，建立资本补充机制，持续保持资本充足；三是兼顾宏观审慎与微观审慎监管，既要管好银行业务风险，又要有效抵御系统性风险冲击，开展压力测试，有效应对经济周期波动。

5.2 国际货币市场

5.2.1 欧洲货币市场的形成与发展

国际货币市场的核心为欧洲货币市场，早期是以欧洲美元市场（The Eurodollar Market）为主。欧洲美元是指在美国境外的美元，而欧洲美元市场就是位于美国境外（主要是伦敦），接受美元存款并提供美元放款的金融市场。欧洲美元市场形成和发展的过程，可从以下几个方面进行归纳：

1）苏联在欧洲的存款

1957年之前，除了英国之外，欧洲也有其他国家从事接受美元存款的业务，但只是暂时性接受或只接受美元存款而未同时提供美元放款业务。例如，第二次世界大战结束后，苏联及东欧一些国家与美国形成政治对峙的局面。这些国家开始担心其存放在纽约的美元存款有可能因为政治上的原因而被美国冻结或没收，于是将其在纽约的美金存款所有权移转至位于伦敦及巴黎的两家苏联主控的银行。当时苏联的想法是，美国应不至于冻结或没收所有权属于英国或法国银行的存款。不过这两家接受美元存款的银行，并没有同时从事美元放款的业务，因此还不算真正创造了欧洲美元市场。

2）英镑危机

1956年发生了苏伊士运河危机事件，埃及总统欲将苏伊士运河国有化，引起英、法等国对埃及的攻击。美国为了迫使英国从埃及撤出，通过联邦储备银行大卖英镑来促使英镑贬值，同时又阻止英国向IMF借款。英国的中央银行（The Bank of England）为了制止英镑贬值，遂禁止本国银行将英镑贷放给外国客户，防止外国人因持有过多英镑而能够通过卖英镑来影响英镑的汇率。然而，英国的海外及商人银行（Overseas and Merchant Banks）主要是凭借贷放英镑给外国人做国际贸易以维生，在不得贷放英镑给外国人的法令限制下，只得另谋生路。于是商人银行开始从事美元存放款业务，它们提供足以吸引美元资金的存款利率，再将美元贷放出去。由于英国的中央银行采取"不管制"的态度，允许商人银行从事非英镑的存放款业务，因此欧洲美元市场开始形成，且一直以"不管制"为其特色发展至今。时至今日，欧洲美元市场不再局限于美元市场，而是拥有各种主要通货的欧洲货币市场，例如欧洲日元（Euroyen）、欧洲英镑（Eurosterling）等。

3) 美国金融管制政策

虽然欧洲货币市场的诞生是由于英镑危机，但其日后快速的成长与发展则受益于美国在20世纪60年代所施行的若干金融管制政策。美国在20世纪60年代为了摆脱国际收支赤字的困境而施行一连串资本管制政策。首先，为了防止国内资金外流，施行了利息均等税（Interest Equalization Tax）以及外信限制方案（Foreign Credit Restraint Program）等政策，使得外国公司或美国企业在国外的分支机构取得美金的成本提高，这些机构因此转往欧洲美元市场来取得所需的美金。其次，美国联邦储备理事会的Q管制条款（Federal Reserve Regulation Q）对国内银行存款利率设定了上限（Interest Ceiling），使得美国国内银行不能够借由调高利率来吸引存款客户，从而无法反映市场利率水平的变动。在20世纪60年代后期，欧洲美元存款利率比美国境内的存款利率高出很多，甚至达到5个百分点。这些因素使得欧洲美元市场的地位日趋重要。美国很多银行纷纷在伦敦设立分行，以便提高自身的竞争能力，从而调高利率、吸收资金和拓展业务。当时在伦敦市场设立分行须符合最低资本额 $500\ 000 的要求，因此一些财力不足或寻求低成本的银行就转往加勒比海（Caribbean）设立所谓的壳分行（Shell Branches）。例如，1969年，40家美国银行在巴哈马群岛的拿骚市（Nassau）成立了壳分行。当时美国国内各大银行就是依靠这些壳分行在海外吸收资金以维持业务的增长，因为美国银行在国外的分行可以不受利率上限的管制。

由于欧洲美元市场不受管制，因此提供的存款或贷款利率都较为吸引人。例如，欧洲美元存款不受美国联邦储备理事会所制定的M管制条款（Federal Reserve Regulation M）限制，无须提存法定准备（Legal Reserve Requirements），因此百分之百的存款都可贷放出去。此外，欧洲美元存款也不必受美国联邦存款保险公司（Federal Deposit & Insurance Corporation，FDIC）的管制，因此银行可以不必买保险从而省下一笔保险金（Insurance Premium）。由于存款利率较高而放款利率较低，因而欧洲美元市场的利率价差（Interest Rate Spread）常小于1%，要比相对应的美国国内市场的利率价差小，如图5-2所示。

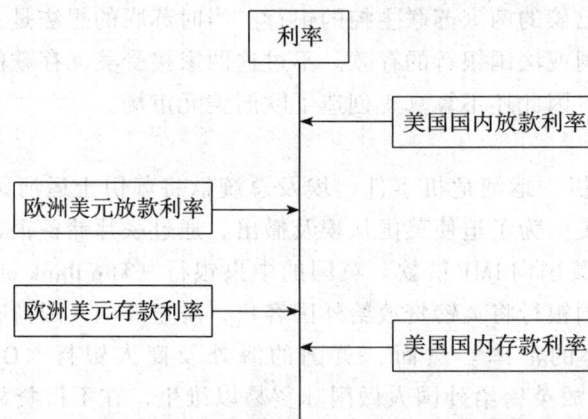

图5-2 利率价差比较

从过去到现在，欧洲货币市场"不管制"的特色，大致可归纳为下列几项：（1）不受法定准备率的管制；（2）不受存款保险的管制；（3）不受利率上限的管制；（4）不课征预扣税（Withholding Tax）；（5）信息披露要求（Disclosure Requirement）较不严格。

随着固定汇率时代的结束，20世纪60年代助长欧洲货币市场成长的因素（诸如利息均等税及外信限制方案等）都已废止或消失，但该市场仍然继续快速地成长。欧洲货币市场在70年代仍能继续兴盛的主因之一是该市场给借款者提供了便利性。借款者可以在自己国家的金融市场上融资得到以不同外币计价的资金，而不必远赴不熟悉的他国金融市场。除了在当地市场借外币的便利性之外，欧洲货币市场存在的另一原因是其较国内金融市场管制为少，从而能以较少的利率价差来吸引存款者及借款者。不过，各国国内金融市场管制逐渐松绑，使得欧洲货币市场"不管制"的特色不如以往明显，而欧洲货币市场提供给借款者的便利性（Convenience），则越发成为支撑该市场快速发展的重要动力。

5.2.2　欧洲货币业务中心

欧洲货币市场刚开始时，完全以"美元"为计价基础，因此当时只能被称为欧洲美元市场。后来，有的工业国的货币也渐渐被用来作为计价基础，因此今天的欧洲货币，除了有欧洲美元，还有欧洲加币（Euro-Canadian Dollar）、欧洲瑞士法郎（Euro-Swiss Franc）、欧洲英镑（Eurosterling）以及欧洲日元（Euroyen）等。最初的欧洲美元市场主要位于伦敦，后来只要各金融中心有从事以非当地货币为计价基础的存放款业务，都构成欧洲货币市场的一部分。由于欧洲货币市场起源于伦敦，因此伦敦仍是今日世界上最重要的欧洲货币业务中心（Eurocurrency Centers）。除了伦敦以外，欧洲的巴黎、苏黎世也是重要的欧洲货币业务中心。此外，亚洲的新加坡、中国香港、日本，加勒比海地区及中美洲的巴哈马群岛，美国各州的国际银行设施（International Banking Facilities，IBFs）以及中东的巴林（Bahrain）都是今日世界重要的欧洲货币业务中心。

对于各个主要的欧洲货币业务中心，可以简要介绍如下：

1）西欧

位于西欧的伦敦是最早成立也是至今最重要的欧洲货币业务中心。目前伦敦的欧洲货币市场上聚集的跨国银行的数量也是世界上最多的。实际上，在伦敦的外国银行的数量要超过英国本国银行的数量，其中以美国及日本银行的业务量最大。由于伦敦是欧洲货币信用贷款最主要的中心，因此伦敦银行同业拆放利率（LIBOR）遂成为最被广泛使用的参考利率。

2）美国

1981年12月3日，美国的法律正式允许欧洲货币在美国境内通过国际银行设施进行交易。国际银行设施（International Banking Facilities，IBFs）是指美国境内的银行根据法律可以使用其国内的机构和设备，但是要设立单独的账户向非居民客户提供存款和放款等金融服务。IBFs是银行账户上分开处理的一套资产与负债体系，而不是另外成立的独立金融机构，因此IBFs是会计上的实体而非法律上的实体。也就是说，IBFs虽然实体上在美国境内营业，但其存款业务不受美国存款准备率、联邦存款保险（FDIC）或利率上限（Interest Ceiling）的管制。美国的银行、所有外国银行在美国的分支行以及某些非银行金融机构都可以通过设立国际银行设施从事境外货币业务。国际银行设施的业务与国内业务是分开的，分属不同账目。国际银行设施的客户只能是非本国居民或者其他的国际银行设施。国际银行设施的建立加强了美国与其他国际金融中心的联系，推动了国际金融市场全球一体化的进程。

3）中美洲

在中美洲和加勒比海地区，开曼群岛和巴哈马群岛的特殊地理位置、优越的通信设施和金融服务环境吸引了大量的跨国银行尤其是美国的银行在此投资设立分行。人口不足2万的开曼群岛上集中了350多家跨国银行和其他各类金融机构，这使它成为一个重要的国际金融中心。

4）亚洲

在亚洲区，新加坡最早建立经营境外货币的金融中心。1968年10月，美洲银行新加坡分行获准设立国际银行设施（International Banking Facilities）并称之为亚洲货币经营单位（Asian Currency Unit）。亚洲货币经营单位可以吸收非居民的存款和对非居民发放信贷。20世纪70年代，中国香港地区政府采取了一系列措施鼓励外国银行进入，促进国际金融业的发展。进入20世纪80年代以来，在新加坡金融中心、中国香港国际金融中心迅速发展的同时，日本政府也逐步放松了金融管制，对外开放国内资金市场，从而使东京国际金融中心也迅速发展起来。目前亚洲区是新加坡、中国香港、东京三足鼎立的局面，此外，处于外围的还有菲律宾和马来西亚的金融中心。

5）中东

中东地区的巴林是重要的国际金融中心。它之所以成为国际金融中心，一方面是由于这一地区早期的金融中心贝鲁特遭受连年战火和骚乱，从而丧失了金融中心的功能，另一方面是由于巴林十分靠近沙特阿拉伯的首都——利雅得。同时，巴林也是世界上最大的沙特阿拉伯货币利雅尔的境外交易中心。另外，科威特也曾经是中东地区重要的国际金融中心。

5.2.3 欧洲货币市场金融工具与利率结构

目前主要西方国家的货币市场都是高度国际化的。众多的跨国性商业银行和证券投资机构利用先进的电子技术，将各个国家的短期金融工具交易连为一个整体，形成统一的国际货币市场。

地处欧洲货币市场且从事欧洲货币业务的银行即可称为欧元银行（Eurobanks）。欧元银行一般接受欧洲货币存款（Eurocurrency Deposit），也提供欧洲货币银行贷款（Eurobank Loan）。欧洲美元存款（Eurodollar Deposit）是指存放在美国境外的银行，以美元计价的定期存款（Time Deposit）。当欧元银行从客户那里接受一笔欧洲美元存款时，该欧元银行资产负债表的负债面（Liabilities）就增加了一笔美元定期存款，同时，资产面（Assets）也增加了一笔存放在美国某国内银行的美元活期存款（Demand Deposit），如下所示：

欧元银行

资　　产	负　债
美元活期存款——在美国某国内银行　+$1 000 000	某客户美元定期存款　　　　+$1 000 000

欧洲货币市场的金融工具代表着国际货币市场的金融工具，其种类相当多，我们可以从欧元银行的资产面及负债面看出其中一部分。欧元银行的负债面大致包括活期存款（Call Money）、定期存款、可转让定期存单（Negotiable Certificate of Deposit，NCD）以及浮动利率定期存单（Floating-rate Certificate of Deposit，FRCD）；其资产面则包括对银行同业放款（Loans to Banks）以及对外国公司、政府部门和国际机构放款（Loans to Foreign Companies，Foreign Governments and International Institutions）。

1）欧元银行负债面

（1）活期存款

欧洲货币活期存款没有设定到期期限。存款者若要将存款金额提出，或许会被银行要求须给予预先通知。

（2）定期存款

欧洲货币定期存款设有到期期限，利率在存款期间维持固定不变，存款者必须在到期时才能将本金与利息提走。此类存款目前仍占欧元银行负债面的最大比重。

（3）可转让定期存单（NCD）

可转让定期存单（NCD）与定期存款（Time Deposit）的不同之处在于前者可以在二级市场（Secondary Market）中交易。因此，存款者若在到期之前想要将存款取回，可以在二级市场将存单售出，换回现金。

（4）浮动利率定期存单（FRCD）

固定利率定期存款使银行及存款户双方都承担利率风险（Interest Rate Risk），即：市场利率上升时损害存款户利益，市场利率下降时则损害银行的利益。因此，浮动利率定期存款越来越盛行。这种存单的利率钉住某一参考利率（Reference Rate），按期随着参考利率的变动而作调整，从而使银行的成本及存款户的报酬都能反映市场利率，银行及存款户双方都不再承担利率风险。

2）欧元银行资产面

（1）对银行同业放款

欧元银行对银行同业放款，多属于短期的性质。事实上，由于放款采用的是浮动利率（Floating Rate），因此不论到期期限为多少年，本质上都具有短期性。欧元银行彼此间的借贷是通过电话完成的。每一家欧元银行随时都有存款利率（Bid Rate）及放款利率（Ask Rate or Offered Rate）供客户参考使用。在欧洲通货市场上最重要的存款利率是银行同业拆借利率（Interbank Bid Rate，IBBR），它是欧元银行在接受银行同业存款资金时所愿支付的利率；欧洲通货市场上最重要的放款利率是银行同业拆放利率（Interbank Offered Rate，IBOR），它是欧元银行对银行同业放款所收取的利率。就主要的欧洲通货而言，银行同业拆借与拆放利率差异通常是12.5个基点（即0.00125）。

（2）对外国公司、政府部门及国际机构放款

欧元银行对外国公司、政府部门及国际机构的放款，称为欧洲通货信用贷款（Eurocredit Bank Loans），其到期期限较银行同业之间的放款期限为长。此类贷款构成欧洲通货信用市场间接融资的一部分。由于此类贷款通常额度较大，甚至超过单一银行的最高放款极限，因此众多银行常常组成联贷银行团共同分担贷款风险。银团贷款是由一家牵头银行代表其借款客户进行安排的。牵头银行邀请其他银行参与贷款，每一参与银行负责提供贷款总额的一部分资金。至于贷款总额、到期期限、参考利率等细节问题，则由牵头银行、牵头管理与承销银行与借款客户共同拟定。由此可见，银团贷款的成员分为三个群体：牵头银行、牵头管理与承销银行以及参与银行。银团贷款的借款者要付出一笔事前费用（等于借款本金的1.5%），由以上三个成员按其贡献度分配取得。

欧洲货币信用贷款利率最常钉住LIBOR。LIBOR是伦敦银行同业拆放利率。由于伦敦从过去到现在一直都是最重要的欧洲货币业务中心，因此LIBOR也是欧洲货币信用贷款

最重要的参考利率。

基本上，LIBOR是由英国银行协会（British Bankers Association，BBA）每日根据各大银行公布的银行同业拆放利率计算而得的。例如，美元LIBOR是英国银行协会根据16家跨国银行每日上午11时（伦敦时间）的银行同业拆放利率的资料，计算其平均值而得到的。日元LIBOR则是取8家国际银行的资料，以同样方式计算并公布。由于LIBOR根据每天市场状况作调整，因此，每一种通货的LIBOR都会反映该国国内每日的金融市场状况。LIBOR本身利率的大小也反映了到期期限的长短，例如3个月的LIBOR（3-month LIBOR）通常比6个月的LIBOR（6-month LIBOR）利率低。由于国际金融中心逐步扩大，因此除了LIBOR经常作为国际金融市场基准利率外，其他主要国际金融中心经常使用的银行同业拆放利率还有香港银行同业拆放利率（HIBOR）、新加坡银行同业拆放利率（SIBOR）以及巴林、布鲁塞尔、卢森堡银行同业拆放利率等。另外，20世纪80年代以来，除了银行同业拆放利率以外，某些重要的国内货币市场利率也经常被作为国际信贷的基准利率，如美国优惠利率（Prime Rate）、美国CDs利率、日本长期优惠利率、加拿大基本放款利率等。

3）欧洲货币短期债券（Euronotes）

欧洲货币短期债券是短期的、可在二级市场转售的债券，到期期限通常是3~6个月。此类债券虽然是短期债券，但对发行债券的公司而言，却等于是一种中期的融资工具。这是由于欧洲货币短期债券是由一群国际商业银行或投资银行联合包销发行的。这些发行银行对发行公司承诺，在一段期间内（通常是3~10年），发行公司只要有资金需求，就可在授信额度之内多次循环发行此类债券并由发行银行负责包销及分配，因此欧洲货币短期债券在会计上虽被认定为短期债券，但却是企业融资得到的稳定中长期资金的工具。

4）欧洲货币中期债券（Euro-medium Term Notes，EMTNs）

从1986年开始，国际债券市场上也出现了到期期限比一般长期债券稍短的债券。该债券被称为欧洲货币中期债券。公司可以在一个连续的基础上发行中期债券，只要获得发行银行的许可，就可按其需要分段融资得到资金，不必一次完成，从而增加了融资弹性及便利。欧洲货币中期债券填补了欧洲货币商业本票（Euro-commercial Paper）及欧洲货币长期债券（Eurobond）之间的到期期限落差。最初的EMTNs多是采用包销方式发行的，但现在大多数的EMTNs则采用非包销方式（Nonunderwriting）发行。

EMTNs的基本特性与一般的长期债券相同，有本金、到期期限、票面利率等的设定，但到期期限较短，通常是9~10个月。票面利息一般采用固定利率（Fixed Rate）计算且半年支付一次。EMTNs有三项较特殊的地方值得一提：（1）EMTNs提供了一项便利，即可在一段时间内连续发行，不像欧洲货币长期债券必须一次发行完毕；（2）EMTNs的票面利息选在特定的日期支付而不考虑发行日期，因此造成其利息费用及价格的计算比一般的债券来得复杂；（3）EMTNs的发行金额较小，大约是200万美元至500万美元之间。

5）欧洲货币商业本票（Euro-commercial Paper）

欧洲货币商业本票与各国国内市场的商业本票一样，是1年以内短期的融资工具，到期期限多半是1个月、3个月或6个月。90%以上流通在外的欧洲货币商业本票是以美元为计价货币的。欧洲货币商业本票与EMTNs一样，早期完全以包销方式发行，现已大部分改用非包销方式。过去欧洲货币商业本票市场对于发行者信用品质的要求不如国内商业本票（Commercial Paper）市场严谨，但由于各国国内金融管制的松绑，欧洲货币商业本票市场面临更多的国内竞争，从而使得国际投资人对欧洲货币商业本票发行者的信用品质有较严格的要求。

5.2.4　欧洲货币的创造过程

对于欧洲货币的创造过程，我们可以欧洲美元为例子，用下列一连串的T字账来加以说明：

假设甲公司出售一批货给美国乙公司，获得2 000万美元金额的美金支票一张，该美金支票用乙公司在纽约花旗银行（Citibank in New York）的账户来支付。甲公司将这张美金支票存入伦敦的劳埃德银行（Lloyds Bank）。由于是以美金的形式存入美国境外的银行的，因此这笔存款就成为欧洲美元存款，其所有权转移情形如下。

步骤1：

纽约花旗银行

	乙公司活期存款	−$20 000 000
	劳埃德银行活期存款	+$20 000 000

伦敦劳埃德银行

在花旗银行的活期存款	+$20 000 000	甲公司定期存款*	+$20 000 000

*代表欧洲美元存款。

由步骤1可以看出，伦敦劳埃德银行在纽约花旗银行设有账户（事实上，各大银行彼此之间都互持账户），因此所有权转移发生时，并不需要从纽约花旗银行提走美元，只是将2 000万美元从该银行的美商账户转到劳埃德银行的账户而已。

劳埃德银行收到了甲公司存款，必须要对该笔存款付息，因此必须将2 000万美元以更高的利率贷出，才能赚得利差。假设劳埃德银行将其中1 000万美元贷给法国丙公司，法国丙公司将贷款获得的1 000万美元暂存入法国银行（Bank of France）。在此阶段，另一笔1 000万美元的欧洲美元存款被创造，欧洲美元存款的总金额达到3 000万美元。美元所有权转移的情形如下：

步骤2：

纽约花旗银行

	劳埃德银行活期存款	−$10 000 000
	法国银行活期存款	+$10 000 000

伦敦劳埃德银行

对法国丙公司放款	+$10 000 000	
在花旗银行的活期存款	−$10 000 000	

法国银行

在花旗银行的活期存款	+$10 000 000	丙公司定期存款*	+$10 000 000

*代表欧洲美元存款。

由步骤2可知，法国银行在纽约花旗银行也设有账户，因此劳埃德银行将1 000万美元贷给丙公司，丙公司又将其存入法国银行，这一过程并未使1 000万美元离开纽约，只是将 1 000 万美元从花旗银行的劳埃德银行账户转到法国银行账户而已。因此，花旗银行的美元总额并未因步骤 2 而改变，但欧洲美元存款却因步骤 2 而增加了 1 000 万美元，总共是 3 000 万美元（甲公司定期存款 2 000 万美元加上丙公司定期存款 1 000 万美元）。

假设丙公司将存在法国银行的 1 000 万美元提走，拿来偿付其积欠乙公司的一笔货款，乙公司同意接受美元，并把 1 000 万美元存入伦敦的劳埃德银行。美元所有权转移的情形如下：

步骤 3：

纽约花旗银行

		劳埃德银行活期存款	+\$10 000 000
		法国银行活期存款	−\$10 000 000

伦敦劳埃德银行

在花旗银行的活期存款	+\$10 000 000	乙公司定期存款*	+\$10 000 000

法国银行

在花旗银行的活期存款	−\$10 000 000	丙公司定期存款*	−\$10 000 000

*代表欧洲美元存款。

由步骤 3 可知，欧洲美元存款的总金额未改变，仍是 3 000 万美元（甲公司定期存款 2 000 万美元加上乙公司定期存款 1 000 万美元）。以上的例子可以让我们了解欧洲美元的创造过程。自始至终，美元从未离开过纽约的花旗银行，只是所有权转移而已。虽然在花旗银行的美元总额从未改变，但是欧洲货币市场存款、放款的过程使得欧洲货币市场的信用创造得以扩张。欧洲美元创造的过程是否会影响到美国国内银行（例如上述的花旗银行）的放款能力，取决于美国中央银行对存款户是否要求一致的存款准备率。若要求一致的存款准备率，则完全没有影响；若对美国境外的存款户（例如前述的劳埃德银行或法国银行）要求较低的存款准备率，则欧洲美元的创造会增强美国国内银行的放款能力。

本章小结

国际金融市场是由世界上最主要的几个金融中心构成的。按国际金融业务活动参与者的不同，国际金融市场可简单划分如下：（1）国内银行业务；（2）吸取国"内"资金，提供放款给国"外"借款者的国际银行业务；（3）吸取国"外"资金，提供放款给国"内"借款者的国际银行业务；（4）离岸（境外）银行业务等。其中，只从事第（4）种银行业务的金融中心称为离岸（境外）金融中心（Offshore Financial Centers），是国际金融市场的最新发展，而从事第（2）、（3）种银行业务的金融中心即为传统意义上的国际金融中心（市场）。伦敦、纽约以及东京是目前最大的国际金融中心，它们同时具备国内、国际和离岸市场三种功能。

离岸市场是经营境外货币存储与贷放业务的市场，是新型国际金融中心。所有离岸市场结合而成的整体，就是通常所说的欧洲货币市场。一个国家或地区若要发展成为国际金融中心，那么必须具备如下重要条件：（1）政治制度稳定；（2）金融制度完善，有足够数量的银行及其他类型的金融机构，以组织起相当规模的金融资产交易；（3）不实行外汇管制、资金流动和信贷控制，外汇交易自由；（4）具有现代化的通信设备和完善的金融服务设施，能适应国际金融业务的需要。

国际银行可以在国外设立不同形式的分支机构，通常有五种形式：代理行、代表处、分行、子银行、附属银行。至于选择哪种形式，则取决于银行的经营目标、业务规模、范围以及金融环境。每一种形式的分支机构在各国所从事的银行业务活动，常因各国法令的限制而不同。

今天的欧洲货币，除了有欧洲美元，还有欧洲加币、欧洲瑞士法郎、欧洲英镑、欧洲日元等。最初的欧洲美元市场主要位于伦敦，后来只要各金融中心有从事以非当地货币为计价基础的存放款业务，都构成欧洲货币市场的一部分。除了伦敦以外，尚有巴黎、苏黎世、亚洲的新加坡、中国香港、日本，加勒比海地区及中美洲的巴哈马群岛，美国各州的国际银行设施（International Banking Facilities，IBFs），中东的巴林（Bahrain）等欧洲货币业务中心。

欧洲货币市场的金融工具代表着国际货币市场的金融工具，其种类相当多，我们可以从欧元银行的资产面及负债面看出其中一部分。欧元银行的负债面大致包括活期存款（Call Money）、定期存款、可转让定期存单（Negotiable Certificate of Deposit，NCD）以及浮动利率定期存单（Floating-rate Certificate of Deposit，FRCD）；其资产面则包括对银行同业放款（Loans to Banks）以及对外国公司、政府部门和国际机构放款。

主要概念与观念

国际金融中心　欧洲货币市场　欧洲美元　巴塞尔协议　欧洲货币商业本票

基本训练

□ 知识题
5.1　按国际金融业务活动参与者的不同，国际金融市场如何划分？
5.2　一个国家或地区要成为国际金融中心必须具备哪些重要条件？
5.3　自20世纪80年代以来，国际金融市场呈现出哪些重要的发展特征？
5.4　简述国际银行产生的原因及组织结构。
□ 技能题
请具体列出国际银行业发展的特点。
□ 能力题

外资银行迎来发展新机遇①

经过30多年发展，在华外资银行机构网络不断扩展，业务快速增加。在过去5年里，外资银行总资产年均复合增长率达到23%，金融服务能力不断加强，为中国银行业发展起到了有益的补充和促进作用。在网点布局方面，截至2014年末，外资银行在我国27个省

① 段继宁. 外资银行迎来发展新机遇 [N]. 中国银行业，2015-03-02.

（直辖市、自治区）的69个城市设立了41家外资法人银行、97家外国银行分行，营业性机构总数达到1 000家。此外，47个国家（地区）的158家银行还在华设立了182家代表处。在中国银监会监管政策引导下，外资银行网点从沿海省份和大城市逐步扩展到东北和中西部地区的内陆省份和二三线城市。网点功能也更趋于多元化，更加注重贴近我国市场需求。一些外资银行设立了小微企业专营支行、县域支行和异地支行等，专注为小微企业、县域经济、新农村建设等领域提供更适合的特色金融服务，为当地经济建设和发展贡献力量。在较快发展的同时，在华外资银行整体保持了稳健发展，整体资本充足率始终保持在15%以上，资产质量良好，流动性风险可控，为下一步发展奠定了良好基础。

在提供差异化特色服务方面，外资银行依靠母行全球网络资源、跨国管理经验和产品技术优势，结合我国市场需要，开展了贸易融资、结构性融资、国际贸易结算、外汇交易和衍生产品交易、现金管理、财富管理等多个领域的特色金融服务。在消费金融、中小企业金融等方面开发出适合我国市场的金融产品和服务，帮助中小企业和个人解决融资难题。外资银行与中资银行开展合作，在信用卡、清算、货币互换、资产证券化、跨境服务、人民币跨境使用、海外并购、跨国经营等领域与中资银行优势互补、互利共赢，为客户提供更加全面的金融服务，促进我国金融市场与国际接轨。

在支持中资企业"走出去"方面，外资银行利用全球网络帮助中资企业深入了解境外市场，研究制定战略规划；提供贸易融资、商业贷款、现金管理、支付结算等各类金融服务，为中资企业定制个性化产品；利用其对环保、劳工、社区等法律、政策的熟悉和了解，帮助中资企业在境外履行社会责任，树立良好的企业形象。

在人民币跨境使用发展进程中，外资银行积极参与，将跨境人民币业务纳入重点发展战略，积极开拓人民币跨境结算、跨境投融资、人民币QFII（RQFII）托管、在离岸市场发放人民币贷款、发行人民币金融债、代客发行人民币企业债，参与人民币与其他货币直接兑换的做市商等业务。中国经济持续健康发展、改革开放深入推进以及外资银行具有的比较优势都将为外资银行参与中国市场提供更多的机遇和发展空间。

截至2015年，中国银行业对外开放已走过35年历程，对外开放面临的国内外环境发生了深刻变化。中国经济发展进入新常态，从高速增长转为中高速增长；经济增长更趋平稳，增长动力更为多元；经济结构不断优化升级，发展前景更加稳定；政府大力简政放权，放宽市场准入，扩大服务业对外开放，扩大内陆沿边开放，市场活力进一步释放。中国银监会深入贯彻落实党中央关于构建开放型经济新体制的总体部署，结合我国经济金融发展实际和国际银行业发展趋势，在履行我国加入世贸组织承诺基础上，推进银行业对外开放不断扩大和深化，按照审慎监管原则、中外一致原则和国际良好标准完善监管制度，加强风险监管，促进银行业健康发展。中国银监会积极推动包括修订《外资银行管理条例》在内的外资银行监管政策调整，放宽外资银行市场准入条件，强化事中事后监管。制定颁布《银监会外资银行行政许可事项实施办法》，取消了外资银行营业性机构停业后复业等11项审批事项，简化程序，明确报告要求，加强持续监管。

要求：请据此分析中国政府为什么要修改《外资银行管理条例》。试述如何正确理解巴塞尔委员会的《银行业有效监管核心原则》的基本特点。

第 ⑥ 章　国际债券市场

学习目标

通过本章学习，应该达到以下目标：

知识目标：初步了解和掌握世界债券市场概况，区别和比较外国债券与欧洲债券之间的异同点。

技能目标：掌握国际债券市场的信用评级以及欧洲债券市场的结构与实务。

能力目标：学会分析和思考国际债券市场、金融工具的变化对跨国企业债券融资的影响。

6.1　世界债券市场概况

世界债券市场包括本国债券（Domestic Bonds）市场、外国债券（Foreign Bonds）市场及欧洲债券（Eurobonds）市场三部分。外国债券与欧洲债券又可合称为国际债券（International Bonds）。

根据国际清算银行统计，2021年Q4全球发行债券情况见表6-1。

国际债券市场的兴起是借款者及投资人在各国间寻找对自己最有利的融资或投资途径的结果，而各国税法的变革、税率的消长以及金融管制的趋紧或松绑，则是影响这一市场发展的重要因素。

本国债券是由本国人发行，在国内市场交易，并受国内政府管制，依据国内债券市场的诸多传统所设计的债券。各国债券的基本设计是根据其既有的传统来设计的，如每年付息的次数、债券所有权是否记名、利息日期计算方式、挂牌登记及信息披露标准、是否课征预扣税（Withholding Tax）等。这些传统因国而异，见表6-2。

表6-2显示，美国、日本、加拿大等国的本国债券是记名的而且半年付息一次，而西欧多数国家的本国债券则沿袭不记名的传统。至于利息日期计算方式，也各有不同。例如，在美国，公债以一年365天的标准来计算持有债券的时间，也就是使用实际天数/365的方式，而公司债则采用一年360天、一个月30天的标准，也就是使用30/360的计算方式。假设公债付息是每年的6月30日及12月31日，倘若某人在2月7日购买半年付息3%的公债，则已生利息为3%×（38÷182.5）=0.006247；若某人购买了同样条件的公司债，则已生利息为3%×（37÷180）=0.006167。

表6-1　　　　　　　　　　世界债券统计数据　　　　　　　　　单位：亿美元

市场	债券合计	国内债券	国际债券
发达国家			18 621
其中：英国	7 190		3 405
澳大利亚	2 408	1 882	554
加拿大	4 042	2 912	1 058
日本	13 371	12 885	544
美国	49 106		2 445
离岸中心			4 019
新兴市场与发展中经济体			3 138
其中：非洲与中东			732
亚太			979
中国	21 816	20 931	238
发展中欧洲			486
发展中拉丁美洲及加勒比			942
全球合计			27 832

资料来源：国际清算银行（http：//stats.bis.org：8089/statx/srs/table/c1？f=xlsx）.

表6-2　　　　　　　　　　各国国内债券市场的特性

债券种类	所有权	付息次数	利息日期计算
加拿大	记名	半年一次	实际天数/365
日本	记名	半年一次	实际天数/365
法国	不记名	一年一次	实际天数/365
德国	不记名	一年一次	30/360
瑞士	不记名	半年一次	30/360
英国	不记名	半年一次	实际天数/365
美国	记名	半年一次	30/360（公司债）、实际天数/365（公债）

6.2　外国债券与欧洲债券

6.2.1　外国债券

外国债券是一国的借款者在另一国国内的资本市场所发行的并以发行地当地的货币（Local Currency）作为计价货币的债券。例如，日本公司在美国发行以美元计价的债券，此债券属于外国债券。由于外国债券的发行对象为东道国投资人，并且吸收的是东道国币别的资金，因此对该国的金融市场、货币供给等具有重大影响。所以，外国债券的发行，与本国债券一样，要受到东道国主管机关的管制。外国债券与本国债券也有若干不同之处，例如投资者购买外国债券或本国债券，其利息收入可能会被课征不同税率的税。政府对于外国债券发行的时间表及总额与本国债券可能有不同的管制，对发行债券时的披露要求也可能设定不同的标准。现阶段世界上最大的外国债券市场位于瑞士，也就是说，瑞士法郎是最重要的外国债券计价货币。

外国债券在国际金融市场上常有别名（Nicknames）。例如，在美国发行的以美元计价的外国债券被称为扬基债券（Yankee Bonds）；在日本发行的以日元计价的外国债券被称为武士债券（Samurai Bonds）；在英国发行的以英镑计价的外国债券被称为猛犬债券（Bulldog Bonds）。外国债券也包括一些不以发行地货币作计价货币的债券。例如，在东京发行的以他国货币作计价货币的外国债券被称为 Yankee ECU（EURO）Bonds。除了瑞士的苏黎世之外，比较重要的外国债券市场还包括纽约、东京、法兰克福、伦敦及阿姆斯特丹。

6.2.2 欧洲债券

欧洲债券是国际借款者同时在几个国家的资本市场上所发行的债券，其计价货币必须是非发行地当地的货币，也就是说，若此债券是以美元计价，则只能在美国以外的其他资本市场发行。例如，美国公司在瑞士、英国、法国等地的资本市场同时发行以美元为计价货币的债券，则将此债券称为欧洲债券。因为是以美元计价的，所以也可称为欧洲美元债券（Eurodollar Bond）。若是以日元为计价货币，则称为欧洲日元债券（Euroyen Bond）。

欧洲债券在发行初期，不可将债券售给货币发行国家的投资人。因为欧洲债券并不需要向货币发行国的主管单位注册，因此欧洲债券在发行后，通常必须经过一段销售冻结时间（Lock-up Period）才可以在次级市场中销售给货币发行国的投资人。欧洲美元债券的冻结销售时间为40天，而欧洲日元债券则为90天。不过，市场的趋势是将此限制渐渐消除，从而有利于增强债券在市场上的流通性。

6.2.3 外国债券与欧洲债券的比较

欧洲债券与外国债券之间，除了前述的基本不同点之外，尚有许多其他的差异。例如，外国债券是记名债券（Registered Bonds），而欧洲债券则是不记名债券（Bearer Bonds）。外国债券常由一家投资银行负责发行，欧洲债券则因发行金额过于庞大，没有一家银行能独立承担全部销售，因此，通常由许多家银行组成一个银团（Syndicate），由成员各自分摊一部分的销售。一个银团通常由一百家以上的银行组成，发行金额至少为两三千万美元。外国债券受发行地当地政府的管制，而欧洲债券国由于不以发行地货币作为计价货币，因此不受发行地当地政府的管制，基本上是由位于苏黎世的国际债券自营商协会（The Association of International Bond Dealers，AIBD）统一管理。外国债券的利息一般是半年支付一次（Semiannual Payments），而欧洲债券因为是不记名债券，也就是说没有记载谁是债券的所有权人，在付息时比较麻烦，因此通常一年付息一次（Annual Payments）。外国债券与欧洲债券的主要差异见表6-3。

欧洲债券与欧洲货币信用贷款（Eurocredit Bank Loans）都是由众多银行组成银团，替国际借款者筹措巨额资金的工具。但两者的不同之处在于，欧洲债券属于直接融资，借款者只要能按期支付利息并偿还本金，就不算违约（Default）；而欧洲货币信用贷款属于

表6-3　　　　　　　　　　　　　　　　外国债券与欧洲债券的比较

外国债券（Foreign Bonds）	欧洲债券（Eurobonds）
计价货币即是发行地当地的货币	计价货币必须是非发行地当地的货币
记名债券	不记名债券
债券利息一般半年支付一次	债券利息一般一年支付一次
受发行地的政府管制，发行成本高且发行速度慢	不受任何官方管制，发行速度快
常由一家投资银行负责发行	常由许多大型国际银行组成一个银团，并由成员各自分摊一部分销售金额
常有别名	

间接融资，借款者必须在贷款事约中承诺其必须维持一定的资本/资产比率，若无法将资本/资产比率维持在一定的水平，则可视为技术性违约（Technical Default），这将导致日后再度融资的困难。

6.3　国际债券市场的金融工具

国际债券市场根据发行币别及国别等特性可区分为外国债券市场及欧洲债券市场，而欧洲债券市场的占有率远比外国债券市场高。国际债券市场的金融工具就其利率设定及本金偿还的方式可分为若干种类：

1）固定利率债券（Straight Fixed-rate Bonds）

欧洲债券市场最常见的债券是固定利率债券。它采用定期支付固定利息的方式，通常是一年计息一次。由于欧洲债券是不记名债券，支付利息时手续较繁，因此习惯上采用每年一次的付息方式。固定利率债券在国际债券市场上占最大比重。

2）浮动利率票据（Floating-rate Notes）

在票据的有效期限内，浮动利率票据的利息率随市场利率的变化而波动。它的利息率通常是三个月或半年便按LIBOR或其他基准利率进行调整。由于利率适时调整，投资者可以免受利率波动带来的损失，因此，浮动利率票据在利率动荡的时期特别有吸引力。自1970年问世以来，浮动利率票据的发行量年增长率在20%以上，大大超过了银团贷款的年均增长率。在国际债券市场上，浮动利率票据发行的面值货币主要是美元。在20世纪80年代中期以前，以美元为面值的浮动利率票据要占90%以上。后来，虽然英镑、马克和日元等货币的浮动利率票据发行增长比较迅速，但美元面值浮动利率票据仍占80%以上。

自20世纪80年代以来，浮动利率票据的发行也进行了大量的革新。比如，有的浮动利率票据附有"当市场利率下降到某一特定水平，浮动利率即自动变成固定利率"的条款；有的浮动利率票据可以由持有人在持有期间随时选择转换成固定利率债券并持有至到期，这类浮动利率票据也称为利率下降锁定债券（Droplock Bonds）。

3）零息债券（Zero-coupon Bonds）

零息债券是欧洲债券市场20世纪80年代的创新。这种债券没有票面利率，自然也不分期偿付利息，而是到期一次还本。它以折价方式出售，类似国库存券的发行。但由于它是长期的债券，出售时会打很大的折扣，到期时仍有很大的增值，因而对投资者有较大的吸引力。另外，这种债券的收益不是来自利息收入，而是来自债券的增值，并且到期时才能实现，所以这可能给不把资本增值作为收入来征税的国家的投资者带来抵税或逃税的机会。

4）可转换债券（Convertibles Bonds）

可转换债券是公司债券的一种，它可以在指定的日期，以约定的价格转换成债券发行公司的普通股票或其他可转让流通的金融工具，如浮动利率票据、转换债券货币面值等。

可转换债券在欧洲债券市场是相当受欢迎的债券。因为许多亚洲国家尚未建立债信评级（Bond Credit Rating）制度，因此在国际债券市场上只能发行可转换债券。

5）附认购权的债券（Bonds with Warrants）

这种债券的利率稍低，筹资者可以借此降低筹资成本，而投资者则可以持有认购权，保留将来继续投资的权利。认购权也可以与债券分离，在市场上单独流通、单独出售，其价格依市场利率水平或股票价格行情而定。比如，市场利率水平提高到认购权中的既定利率水平以上，认购权则一文不值；反之，市场利率水平降得越多，债券认购权的价值就越大。

6）抵押担保债券（Mortgage-backed Bonds）

抵押担保债券是欧洲债券市场在1984年以后推出的新金融商品，由于只有信用较好的借款者才能在欧洲债券市场融资，因此，一些信用较差者（例如美国的储蓄与贷款协会，America Savings & Loan Association）若要涉足欧洲债券市场，则必须以抵押品作担保以加强其信用。

7）双轨货币债券（Dual-currency Bonds）

双轨货币债券是发行时使用一种货币为计价货币（Denominating Currency），在支付利息和偿还本金时则使用另一种货币的债券，其兑换汇率在债券发行时已确定。双轨货币债券在20世纪80年代中期颇受欢迎，尤其日本跨国企业更倾向于通过发行日元/美元的双轨货币债券来融资。

6.4 国际债券市场的信用评级

6.4.1 国际债券市场的信用评级概述

由于债券市场的国际化程度越来越高，特别是欧洲债券市场迅速发展以后，债券发行者的资信或债券的风险程度对投资者来说越来越重要，所以有必要对上市债券的风险进行评估。然而，评估债券特别是公司债券的风险是很复杂的事，于是一些投资机构开始试图将风险的评判方法简单化、标准化，因此在某些发达国家（如美国和日本），出现了一些专门评定债券和股票信用等级的金融服务公司。在国际资本市场上，应用最广泛、最有权威性的是美国的标准普尔公司（Standard & Poor's）和穆迪投资者服务公司（Moody's Investors Service Company）的债券信用评定标准。表6-4列示了标准普尔公司和穆迪投资者服务公司的债券信用评定分类。这两个公司对美国国内债券发行人和国外发行人的评判标准是一样的，但是它们通常只评判其获得资金偿还债务的能力，而不评估汇率波动的风险。以标准普尔公司为例,这个公司进行的国际债券评级是应债券发行人的要求进行的。它根据发行人的财务报表和其他相关材料作出初步的评判之后,便通知发行人并听取其意见。在作出最后的评定以前,发行人可以决定是否将评判结果公之于众。债券的等级对债券发行人十分重要,它直接影响筹资成本,因此较低等级债券的发行人通常选择不将结果公之于众。标准普尔公司对债券发行人政治风险的评价范围包括政府的体制、社会环境以及国家的外部关系,以及发行人有无国家政府的支持;对经济风险的评判则要考察发行者的债务负担、国际借贷能力以及其所在国的国际收支状况、整体经济结构和经济增长前景等。

表6-4 美国的债券评定等级分类

标准普尔等级	穆迪等级	说 明
AAA	Aaa	最高信用、最低风险级
AA	Aa	高信用级
A	A	中高信用级
BBB	Baa	中等信用级
BB	Ba	中低信用级
B	B	低信用、高风险级
CCC	Caa	可能出现违约拖欠
CC	Ca	违约可能性很大
C	C	没有偿还能力

6.4.2 穆迪投资者服务公司长期债券的资信等级含义

1) Aaa

Aaa级的债券是最佳的,它具有最小的投资风险,被普遍认为是一种"金边"债券。它备有大量且非常稳定的保证金来保证利息的支付且能保证债权人的本金的安全。尽管各种各样的保护性因素可能会发生变化,但这些可预见的变化一般不能削弱这种债券稳固的地位。

2) Aa

Aa级的债券被认为各个方面都具有较高的质量。它同Aaa级的债券都属于通常所说的高等级债券。它比最好的债券等级稍低,只是由于保证金可能不如Aaa级的债券多,或者保护性因素的波动可能更大些,或者可能存在其他因素使得其长期风险比Aaa级的债券稍大些。

3) A

A级的债券拥有很多有利于投资的属性,因此被认为是中上等级的债券,亦即还本付息的保护性因素被认为是充足的,但可能存在一些会对企业将来产生不利影响和损害的因素。

4）Baa

Baa级的债券被认为是一种中级债券，也就是说，它虽然缺乏高度保证但风险也不太大。从短期来看，其对利息支付和本金安全的保证是充分的；但从长期来看，一些保护性因素将会不足，或者将明显地表现出不可靠。这种债券缺少突出的投资特色但却具有投机的特征。

5）Ba

Ba级的债券含有投机因素，它对债务的未来没有很好的保证，对利息和本金偿付的保护程度是中等的，亦即在将来无论好还是坏的时期，债权人的利息和本金都不一定能得到偿付。地位的不确定性是这个等级债券的特征。

6）B

B级的债券通常缺少优良投资的特征。从长期来看，其利息和本金的偿付以及合同中其他条款内容得到保证的可能性是很小的。

7）Caa

Caa级的债券具有较差的信誉。这种债券的发行可能无法保证对利息和本金的偿付，或者是对本金和利息的偿付可能存在着现实的危险因素。

8）Ca

Ca级的债券在很大程度上代表着投机性的债券，其发行通常是不保证对利息和本金的偿付或者该债券本身具有其他显著缺陷。

9）C

C级的债券是债券等级中最低一级。被评为这样等级的债券，可以认为它几乎没有希望达到任何真正被投资的地位。

穆迪的债券评级，可用于评价大银行的债务、保险公司总投保人的索赔责任等。对于那些初始到期时间为1年以上、依靠支持机制的债务，如信用证和赔偿保证书，除非已明确了要分级，否则一般不需要对它们进行债券评级。

6.5　欧洲债券市场的结构与实务

6.5.1　欧洲债券一级市场

欧洲债券一级市场（The Eurobond Primary Market）就是欧洲债券的发行市场。

1）欧洲债券的发行机构及费用

任何市场的功能均在于让供需双方通过相互可接受的条件连接在一起。欧洲债券的发行市场同样也起到这样的作用，它将世界各地的资金需求和投资欲望联系到一起，实现了资金的国际运用。20世纪80年代以来，这个市场变得更加富有竞争力，投资银行、商人银行陆续涉足该市场。这些机构竞争的结果是欧洲债券的发行程序不断演变，发行费用已经减少到最低限度，从而更加有利于借款者融资。

传统的欧洲债券发行是由一组投资银行和经纪人组成的承销团（Underwriting Syndicates）来完成的。这个承销团由牵头经理行（The Lead Manager）、共同经理行（The Co-managers）、承销行（The Underwriters）以及销售集团（The Selling Group）组成。

牵头经理行充当借款人的委托代理人，它对债券发行的成功至关重要。它的责任包括建议借款人采用何种发行方式以及协助等级评定工作。此外，它还需对承销团的组成负责。传统承销团的牵头经理行一般由美国的投资银行或英国商人银行担任，同时，德国、瑞士、比利时、卢森堡的一些全能银行也参与进来成为共同经理行或共同牵头经理行（Co-lead Managers）。这是由于这些全能银行具有巨大的零售网络，与欧洲的机构投资者关系也很密切。它们以自己的市场力量弥补了一些发起行募集能力的不足，成为销售欧洲债券的重要力量。

名义上，牵头经理行负责整个发售过程。但有时候，整个承销团也按照地理区域划分销售范围。这种方法在欧洲股权的发行（第9章将涉及）中运用较为普遍。

承销行的作用是，一旦投资者不愿按现行价格购买所发行证券，其必须向发行人许诺完全购买。而销售集团在法律上不一定非得完全承购债券，它们只负责把债券卖给最终投资者，即分销。因为销售集团承担的责任最轻，所以得到的佣金也最少。

在实际操作过程中，上述承销团成员的作用可能是交叉的，即经理行也可以是承销行，而承销行一般都是销售集团的成员之一。

传统的承销团中还有两个机构：本金支付机构（Principal Paging Agent）和财务代理机构（Fiscal Agent）。它们有相同的作用，即从借款人那里收取本息并付给最终投资者。

有关机构的联系网络如图6-1所示。

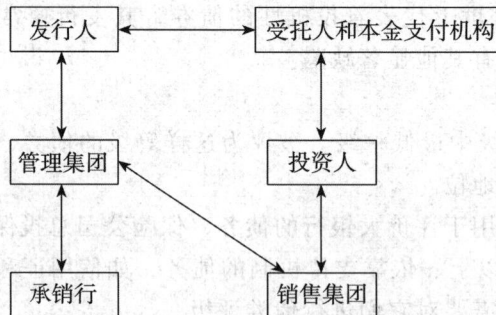

图6-1 辛迪加机构的联系

传统承销方式下的普通佣金结构见表6-5。

表6-5 普通佣金结构

项目	5年期（%）	7年期（%）	10年期或以上（%）
管理费	0.375	0.375	0.500
承销费	0.375	0.375	0.500
销售减让	1.250	1.500	1.500
毛利润幅度	2.000	2.250	2.500

借款人收到的金额是发行价扣除毛利润幅度后的差额。在美国国内市场上毛利润幅度为7%~8%，相当于欧洲市场的大约1/3。这是因为，欧洲债券市场由大量散布在世界各地的个体投资者组成，筹资费用自然比投资者相对集中的国内市场高。

2）欧洲债券的发行程序

下面示意的是欧洲债券在传统承销团发售方式下的时间表（如图6-2所示）。

```
                    公布日：                    发行日：
    （1）       ┌──────────────┐   （2）      ┌────────────────────┐
───────────→   │ 欧洲债券发行通告 │ ───────→  │ 确定、签署最终条款 │
               └──────────────┘              └────────────────────┘

                    结束日：
    （3）       ┌────────────────────────────────────┐
───────────→   │ 销售集团成员支付债券，借款者获得资金 │
               └────────────────────────────────────┘
```

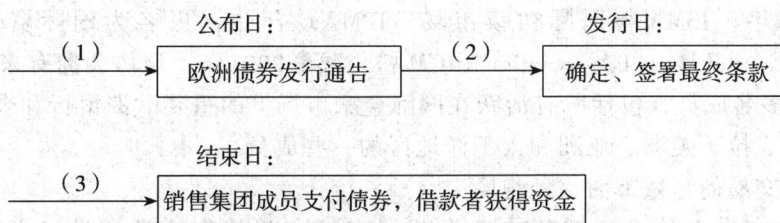

图6-2　传统承销团发售方式

注：（1）大约两周，由牵头经理行与借款人初步接触，达成合作意向；（2）一般为7~10天的订购日（灰色市场时期）；（3）一般为两周的承销团稳定价格时期。

一般而言，债券发行意向的接触早在债券发行的公布日（The Announcement Day）之前就开始进行。牵头经理行与借款人讨论债券发行的各项条件，一般需要两周时间达成初步协议。该协议是临时协议，可以在整个灰色市场（The Grey Market）期内修改、调整，但是在正式发行日（The Offering Day）之后就不能修改了。

公布日之后，债券发行程序即进入了灰色市场期，灰色市场期实际上是债券的预约订购期（Subscription Period）。在这一段时期内，潜在的销售商和承销商可能会表示一些订购意向，因此市场能提供一定的供求信息以指导债券正式发行时各项发行条件的确定。但这个市场具有很大的不稳定性，因为自公布日至正式发行日为止，发行工作只是一种意向，随时可能因为达不到实际要求而被取消。因此，灰色市场上的交易一般以折扣后的未来发行价（The Issue Price）进行报价。灰色市场的最终意义在于它是正式发行机制中发育完全的重要组成部分，对新债券的发行和保证市场效率起了建设性作用。

在宣布发行日后到发行结束日（The Closing Day）之前，牵头经理行必须要进行稳定价格（Stabilization）的工作。具体来说，就是由承销团再组织一个小组，在必要时买进或卖出债券来支持新债券的发行价。这个做法实际上与欧洲债券二级市场行情息息相关，往往逆二级市场风向而采取行动。

6.5.2　欧洲债券二级市场

欧洲债券的二级市场（The Euro-bond Secondary Market）是欧洲债券的交易市场，是已发行债券所有权转让的地方。一笔新的欧洲债券正式发行之后，也就意味着它也同时进入二级市场进行交易了。

1）欧洲债券二级市场的组织结构

（1）国际债券交易商协会（The Association of International Bond Dealers，AIBD）

20世纪60年代中期，欧洲债券的一级和二级市场发展到一定规模之后，于1969年2月，由欧洲债券二级市场上一些主要的证券公司发起成立了国际债券交易商联合会，目的是要将债券市场的发行和买卖标准化，以减少混乱和不规范。

成立以来，AIBD取得的成绩不少，主要包括：建立了一套规范市场行为的准则，这套准则目前仍被各成员在国际范围内恪守；引进一整套新的标准来计算国际债券的收益；为成员提供信息和统计数据的服务；协调两大清算系统——欧洲清算系统（Euroclear）和塞德尔（Cedel）的工作程序，加强它们的合作；与各国货币管理层以及国际组织保持联络，交换信息，互通有无。

1992年，AIBD更名为国际证券市场协会（International Securities Market Association，

ISMA）。2005年，ISMA与国际初级市场（IPMA）合并，更名为国际资本市场协会（International Capital Market Association，ICMA）。截至2021年，该协会拥有来自60个国家和地区的600多名成员，包括所有活跃在国际金融市场上的重要欧洲银行和金融机构，以及北美、中东、拉丁美洲、亚洲和太平洋地区的一些成员。

（2）证券交易商、做市商、经纪商

欧洲债券市场上的投资银行或证券公司有的专门从事证券交易（做市，Market-making），有的专门从事包销和分销证券，还有的专门从事证券中介业务，也有的三种业务都经营。

证券交易商的作用是与各国投资者保持密切联系，这样可以提高某种新发行证券的销售速度。如果它们同时还作为承销商，那么可以更清楚哪些投资者喜欢哪一种类型的证券。因此，良好的销售能力是证券公司获得代理资格的必备条件之一。

证券做市商的作用则是做买卖交易，创造价格。它们一般持有多头或空头的头寸，报价时以双轨报价，既有买价，又有卖价。当这些做市商不能平衡它们的资产组合时，它们便会冒风险。

经纪商则是那些充当纯粹的中介者且不持有头寸的机构。它们代表客户并按照客户向它们发出买进或卖出某种证券的指令从事买卖交易。因此，它们也不与客户进行直接交易。此外，经纪人还充当那些证券做市商之间的纽带，减少做市商之间的直接接触。

那些既从事证券初级市场上发行新债券的业务，又涉及二级市场的销售和交易的投资银行或证券公司，往往获利很大。这是因为，作为证券发行人和交易商，它们清楚这些证券被销往世界何处，被哪些投资者持有。如果它们以共同经理行的身份参与其他公司的证券销售，它们便会运用这些信息，使承销和推销更加有效。另外，当这些投资银行或证券公司又兼作做市商时，这些供求价格、收益方面的信息也极大地便利了它们的买卖交易。

2）欧洲债券的清算

证券的清算是指证券交易后所有权按交易的规定在有关各方转移、确认的过程。清算的目的是减少交易达成后实物转移的次数以及交易的成本。证券的清算需要有关金融机构之间利用电子化网络进行账户处理，即通过电传或其他方式划拨账户上的金额和转移所有权，而不需要每笔交易都通过实物交割兑现。

服务于欧洲债券交易的清算系统有两个：欧洲清算系统（Euroclear）和塞德尔（Cedel）。

欧洲清算系统由摩根担保信托公司于1968年在布鲁塞尔建立并经营至今。系统参加者超过1 900家机构。塞德尔则由美国花旗银行在卢森堡建立，其会员包括2 000家著名金融机构，该系统由许多欧洲的国家银行所拥有。自1971年起，这两个清算系统建立了相互的业务联系，并于1981年通过电子网络正式联合为一体。

清算系统除了清算欧洲债券交易外，还为各证券交易商提供融资。交易商只需将债券存货作为担保，或从其他银行开出信用证担保便可进行融资，这极大地方便了交易商的筹资活动。

本章小结

世界债券市场包括本国债券市场、外国债券市场及欧洲债券市场三部分。外国债券与欧洲债券又可合称为国际债券（International Bonds）。

外国债券是指一国的借款者在另一国国内的资本市场所发行的并以发行地当地的货币（Local Currency）作为计价货币的债券。例如，日本公司在美国发行的以美元计价的债券，此债券属于外国债券。而欧洲债券则是指国际借款者同时在好几个国家的资本市场上发行的债券，其计价货币必须是非发行地当地的货币。

外国债券通常是记名债券，由一家投资银行负责发行，受发行地当地的政府管制，利息一般半年支付一次；而欧洲债券则是不记名债券，通常由许多家银行组成一个银团负责发行，不受发行地当地政府的管制，一般一年付息一次。

国际债券市场的金融工具就其利率设定及本金偿还的方式可分为固定利率债券、浮动利率债券、可转换债券或附有认购权证的固定利率债券、零息债券、抵押担保债券、双轨货币债券等。在国际资本市场上，影响最广泛、最有权威性的信用评级机构是美国的标准普尔公司和穆迪投资者服务公司。

欧洲债券市场由一级市场和二级市场构成。传统的欧洲债券发行是由一组投资银行和经纪人组成的承销团来完成的。欧洲债券的二级市场是欧洲债券的交易市场，是已发行债券所有权转让的地方。其主要参与者为证券交易商、做市商以及经纪商。服务于欧洲债券交易的清算系统有两个：欧洲清算系统和塞德尔。

主要概念与观念

本国债券　外国债券　欧洲债券　固定利率债券　浮动利率债券　双轨货币债券

基本训练

□ 知识题

6.1　什么是外国债券和欧洲债券？各有什么特征？

6.2　国际债券市场的金融工具主要有哪些？

6.3　欧洲债券市场的机构有哪些特点？

6.4　国际债券市场有哪几家主要信用评估机构？其作用是什么？

□ 技能题

请简述欧洲债券市场的结构与欧洲债券的清算。

□ 能力题

中企欧债的发行将现爆发式增幅[①]

由于欧洲央行从2014年6月起开启"负利率时代"，欧洲央行行长德拉吉又反复放风

---

① 佚名. 中企欧债的发行将现爆发式增幅［EB/OL］.［2015-03-10］. http：//www.bwchinese.com/article/1068658.html.

称"欧元区 QE 将出",这种长期渐进式宽松让欧元区成为"免费发债地",甚至是负利率集中营。3月9日,欧洲央行首次正式启动其历史上首次量化宽松(QE),因此降至底部的欧元区债券收益率正在悄然改变全球的融资趋势,包括美国"股神"巴菲特在内的全球企业都在竞相抢占这一便宜的融资渠道,中国企业也从2015年开始大举进军欧洲债券市场,发行欧元债。

2015年前两个月,中国企业已累计发行了总额达29亿美元的欧元债券,几乎快赶上2014年全年33亿美元的规模,2014年同期则为零。2015年以来,国家电网、中国建设银行(601939)、中国船舶(600150)和宝钢集团均发行了欧元债券。

与美元债券和离岸人民币债券相比,中国企业赴欧发行欧元债券仅仅始于近两年。中国海洋石油总公司在2013年9月做了开路先锋,首先在欧元区发行了5亿欧元的7年期欧元债券。但中国海洋石油总公司当时发欧元债主要是为海外并购进行融资,降低对美元的依赖,欧元债券的发行成本在当时并不具有吸引力。从2015年的欧元债发行情况来看,国家电网2015年发行的7年期欧元债券收益率为1.54%,12年期品种收益率为4.125%,30年期品种收益率为4.85%。中国建设银行发行的5亿欧元5年期高级票据最终票面利率为1.5%,最终实现了3.4倍的超额覆盖。中国宝钢1月成功定价5亿欧元无抵押债券,票面利率为1.625%。

在这种双赢局面下,市场分析预计,中国企业欧元债券的发行将获得爆发式增幅。有业内人士称,2015年欧元债券发行量占海外发债总规模的比重将由不到5%上升到10%~15%。

尽管如此,美元债务仍然占主要地位。中国社科院世经政所国际金融研究室副研究员肖立晟表示,虽然目前欧元对人民币贬值,但未来2~3年欧元区经济改善将推动欧元升值,给企业带来额外成本。

要求:结合上述资料和欧债危机,分析说明外国债券与欧洲债券的联系与区别及其对跨国企业债券融资的影响。

第7章 国际权益市场

学习目标

通过本章学习，应该达到以下目标：

知识目标：初步了解和掌握世界主要股票市场的特性和概况。

技能目标：学会公司到海外发行新股的途径与方式。

能力目标：学会分析和思考跨国企业应如何利用国际权益市场进行国际融资。

7.1 国际权益市场的概况

7.1.1 国际股票市场的特性

大多数国家都至少有一个主要的股票交易所（Stock Exchange）。企业可以通过交易所发行股票取得资金，而投资人也可以经由股票的投资来取得不同公司的股权。由于市场发展程度的不同以及政府金融管制的松紧不一，各国的股票交易所都有其本身的特性。这些特性包括市场资本额（Market Capitalization）的大小、上市公司的数目（Number of Listed Firms）、市场集中度（Market Concentration）、市场周转率（Market Turnover Ratio）以及交易时间（Trading Hours）的长短等。表7-1显示了主要国家和地区股票市场资本额的大小、上市公司的数目（包括国内公司及外国公司）、市场集中度、市场周转率及每日交易时间。

由表7-1可看出，美国股市的市场资本额居世界第一，日本则为世界第二。日本曾在1987年到1989年期间，创下世界股市资本额排名第一的局面，但其股市的规模可能是因为交叉持股（Cross-holding）较为盛行而形成的。美国股市交叉持股的现象极为少见，因此美国股市市场资本额的大小较为真实。除了表7-1所列的主要股市重要特性以外，各国股市尚有其他特性以吸引不同的股票发行者及投资人。例如，美国股市是唯一健全的优先股发行市场，因此，有些非美国的公司会到美国市场发行以美元计价的优先股。欧洲各国股市允许外国股票在当地股市挂牌上市的情形颇为普遍。例如表7-1中所示的德国及瑞士两国，外国公司在其股市上市的数目比本国公司还多。

7.1.2 国际股票市场的信息与资料

股票市场的名称及其股价指数的名称是某一国家和地区股票市场的标志。现在可以通过网络以付费或免费方式取得各主要国家和地区股票市场的各项信息。至于有关主要国家和地区股票市场的各项历史统计资料，则可以参考国际金融公司（International Finance

表7-1　　　　　　　　　　主要国家和地区股票市场的特性（1995）

国家和地区	市场资本额 （10亿美元）	国内公司 上市数目	外国公司 上市数目	市场集中度 （%）①	市场周转率 （%）②	每日交易时间③
澳大利亚	245	1 178	36	25	43	10:00AM~ 4:00PM
比利时	105	143	141	58	16	10:00AM~ 4:00PM
加拿大	366	1 196	103	40	54	9:30AM~ 5:00PM
中国内地	42	323	—	20	116	9:00AM~11:00AM 1:30PM~ 3:00PM
法国	522	450	195	25	147	10:00AM~ 5:00PM
德国	577	678	944	47	211	10:30AM~ 1:30PM
中国香港	304	518	24	—	37	10:00AM~12:45PM 2:30PM~ 4:45PM
印度	127	7 985	—	18	10	—
印度尼西亚	66	238	—	41	25	10:00AM~ 1:45PM
意大利	210	250	4	46	45	—
日本	3 667	2 263	110	19	31	9:00AM~11:00AM 12:30PM~ 3:00PM
韩国	182	721	0	35	98	9:40AM~11:40AM 12:30PM~ 3:00PM
马来西亚	223	529	—	29	36	
墨西哥	91	185	0	37	33	9:00AM~ 1:30PM
荷兰	356	387	215	67	75	10:30AM~ 4:30PM
菲律宾	59	205	—	39	26	9:30AM~12:00PM
新加坡	148	250	22	—	42	9:30AM~12:30PM 2:30PM~ 5:00PM
南非	281	640	—	26	6	—
瑞士	434	216	233	50	84	10:00AM~ 1:00PM 2:00PM~ 4:00PM
中国台湾	187	347	0	30	175	9:00AM~12:00PM
泰国	141	416	0	36	41	10:00AM~12:30PM 2:30PM~ 4:00PM
英国	1 408	2 078	462	25	77	24小时
美国	6 858	7 671	541	15	86	9:30AM~ 4:00PM

注：①市场集中度=十家最大厂商占市场资本额的百分比；

②市场周转率=每年交易总值/市场资本额；

③除中国台湾地区之外，主要国家和地区股票市场皆是周一至周五交易，中国台湾地区则是周一至周六交易，但逢每月双周周六休市。

资料来源：EUN，RESNICK.International financial management［M］.Boston：McGraw-Hill Companies，1998：195-201.资料经过整理.

Corporation，IFC）或摩根士丹利资本国际公司（Morgan Stanley Capital International，MSCI）出版的定期刊物。

国际金融公司（IFC）是一个属于世界银行（World Band）的跨国金融机构，于1956年成立，其主要功能是协助发展中会员国家的经济成长。国际金融公司（IFC）每年出版的定期刊物，名为 Emerging Stock Markets Factbook，提供了完备的发达国家和地区以及新兴国家和地区股市的各项统计资料。

摩根士丹利资本国际公司（MSCI）提供了各种股价指数的统计资料，包括世界指数（World Index）、地区性指数（Regional Indices）以及各国指数（National Indices）。MSCI每月出版的定期刊物，名为 Morgan Stanley Capital International Perspective，提供了发达国家和地区以及新兴国家的股市报酬及市场资本额等资料。

表7-2列示了各主要国家和地区的股票市场及股价指数名称。

表7-2　　　　　　　　主要国家和地区的股票市场及股价指数名称

美洲国家：
美国
American Stock Exchange Composite—AMEX
Dow Jones Industrial Average—DJIA
New York Stock Exchange—NYSE
Standard and Poor's 500—S&P500
National Association of Security Dealers Automated Quotation Composite—NASDAQ
加拿大
Toronto 300 Composite—TSE 300 Composite
巴西
Brazil Sao Paulo Bovespa
阿根廷
Argentina Mer Val Index
墨西哥
Mexico I.P.C.

欧洲国家：
英国
London Financial Time Stock Exchange 100 Share Index—FTSE 100
德国
Frankfurt Deutsche Aktienindex—DAX
法国
Paris CAC-40
瑞士
Zurich Swiss Market
比利时
Brussels Bel-20 Index
西班牙
Madrid General Index
意大利
Milan MIBTel Index

亚洲国家和地区：

澳大利亚

Australia All Ordinaries

中国香港特别行政区

Hong Kong Hang Seng

新加坡

Singapore Straits Times

中国台湾地区

Taiwan Weighted

韩国

Seoul Composite

日本

Tokyo Nikkei 225

Tokyo Stock Price Index—TOPIx

泰国

Thailand SET

马来西亚

Malaysia KLSE Composite

菲律宾

PSE Composite

7.2 国际权益市场融资

7.2.1 海外上市融资的趋势

公司到外国股市发行新股，主要是为了募集到更多的资金。许多大公司常常需要筹募数亿元的资金，由于本国股市无法吸收如此大的发行量，只好将新股分别投放于若干国家的股票市场，以防止单一市场过于饱和而造成股票价格下挫。表 7-3 列示了 1990—1994 年跨国权益资金流动情况。表中数据显示出，主要投资者来自英国和美国，而股票发行者则主要来自日本及新兴市场国家和地区。

为了能顺利地在海外市场发售新股，以筹集所需资金，许多公司通常设法将其股票在两个以上国家（或地区）的股票市场上市。这种跨国上市（Cross-listing）的例子也呈逐年增长的趋势。表 7-4 列示了 1995 年世界主要国家（或地区）股市国内外上市公司的分布情况。

跨国上市对公司有若干潜在的好处：（1）有助于建立公司的国际形象，打响公司国际知名度；（2）跨国上市使得东道国的投资人可以在其本国股票市场买到他国公司的股票，从而使发行公司的股票需求增加，有助于股票价格的上涨及提高股票的流动性；（3）跨国上市筹集的资金来源于不同国家，使得股权分散，从而可以降低敌意接管（Hostile Takeover）的可能性，从管理层的角度来看是一件好事。

表7-3	1990—1994年跨国权益资金流动净额				单位：10亿美元
	1994年	1993年	1992年	1991年	1990年
投资源于：					
北美	55.0	89.1	46.7	48.3	12.0
美国	19.0	84.8	42.3	43.3	10.3
加拿大	6.0	4.3	4.4	4.9	1.8
日本	13.5	15.3	-3.0	3.6	6.3
欧洲	46.3	61.0	8.0	40.0	4.6
英国	14.2	19.4	-3.1	25.6	-0.9
世界其他地区	4.8	30.9	2.0	8.7	-19.7
权益源于：					
北美	6.3	32.3	-3.9	9.6	-15.9
美国	1.8	24.3	-4.1	11.0	-14.5
加拿大	4.5	7.9	0.3	-1.4	-1.3
日本	45.5	20.4	8.9	46.8	-13.3
欧洲	29.1	68.5	25.5	24.2	15.9
英国	11.1	19.6	10.1	5.8	5.4
新兴市场	39.9	62.4	21.2	15.8	13.2
中国香港、中国内地、新加坡	9.0	17.1	5.9	3.9	2.4
其他亚太国家	7.0	23.0	5.0	0.9	1.5
拉丁美洲	14.9	20.0	9.6	11.2	9.9
其他新兴市场	9.0	2.2	0.7	-0.1	-0.6
……	……	……	……	……	……

表7-4　　　　　　1995年世界主要国家（或地区）股市国内外上市公司的分布情况

	总上市			新上市		
	合计	国内	国外	合计	国内	国外
美洲：						
AMEX	791	727	64	75	70	5
Buenos Aires	149	149	0	7	7	0
Chicago	287	287	0	4	4	0
Mexico	185	185	0	1	1	0
Montreal	550	540	10	23	23	0
NASDAQ	5 112	4 717	395	476	413	63
NYSE	2 242	1 996	246	173	138	35
Rio de Janeiro	570	569	1	21	21	0
Santiago	282	282	0	12	12	0
Sao Paulo	544	543	1	24	24	0
Toronto	1 258	1 196	62	91	80	11
Vancouver	1 515	NA	NA	30	NA	NA
欧洲、非洲、中东：						
Amsterdam	432	217	215	15	10	5
Athens	186	186	0	28	28	0
Barcelona	324	320	4	7	7	0
Bilbao	249	248	1	8	8	0
Brussels	279	150	129	3	0	3
Copenhagen	252	242	10	10	9	1
Germany	1 622	678	944	188	20	168
Helsinaki	73	73	0	10	10	0
Istanbul	205	205	0	30	30	0
Italy	254	250	4	12	12	0
Johannesburg	641	615	26	27	27	0

	总上市			新上市		
	合计	国内	国外	合计	国内	国外
London	2 509	1 971	538	330	285	45
Luxembourg	283	55	228	23	1	22
Madrid	366	362	4	7	7	0
Oslo	165	151	14	30	26	4
Paris	904	710	194	25	22	3
Stockholm	223	212	11	17	16	1
Switzerland	449	216	233	11	6	5
Tehran	169	169	0	27	27	0
Tel-Aviv	654	652	2	19	19	0
Vienna	148	109	39	5	4	1
Warsaw	65	65	0	21	21	0
亚洲及太平洋:						
Australian	1 177	1 128	49	45	36	9
Jakarta	238	238	0	21	21	0
Korea	721	721	0	28	28	0
Kuala Lumpur	526	523	3	51	51	0
New Zealand	180	140	40	5	3	2
Osaka	1 222	1 222	0	27	27	0
Philippines	205	205	0	16	16	0
Singapore	272	250	22	21	17	4
Thailand	416	416	0	28	28	0
Tokyo	1 791	1 714	77	32	32	0

　　公司股票在外国股市申请上市，必须要符合当地相关单位的规定与要求。例如，若要在美国股市上市，则要符合美国证券交易委员会（SEC）所规定的会计原则及信息披露标准。但如果申请上市公司的股票只限于出售给机构投资人一类的大股东，则可以参照 SEC Rule 144A 条例的规定，该规定对会计及信息披露标准的要求较不严格。

7.2.2　存托凭证

1）存托凭证的分类

存托凭证是指在一国证券市场上流通的代表外国公司有价证券的可转让凭证。存托凭证一般代表外国公司股票，有时也可代表债券。存托凭证的产生过程为：经纪商在外国证券市场上买入一公司的证券，将其寄存于当地的保管银行，保管银行通知发行公司委托的外国存券银行，由存券银行发行存托凭证，存托凭证便开始了在本国证券交易所或柜台市场的交易。

存托凭证起源于1927年的美国证券市场，为便于美国投资者投资非美国股票而产生。到目前为止，存托凭证（Depositary Receipts，DRs）也主要以美国存托凭证（ADRs）的形式存在，即主要面向美国投资者发行，并在美国证券市场交易。而在美国以外发行的存托凭证则称为全球存托凭证（Global Depositary Receipts，GDRs）。就其实质而言，无论从法律的角度还是操作和管理的角度来看，美国存托凭证和全球存托凭证都是一样的。美国存托凭证和全球存托凭证都可以通过与欧洲清算系统联网的美国存券信托公司进行无纸化的账户交割，两者都以美元标价，以美元支付。概括地讲，"美国"和"全球"的名称差异，仅仅是由于营销方向不同而引起的。

如果这些外国股票是由股票发行公司主动存托的，那么所发行的存托凭证称为主动型存托凭证（Sponsored Depositary Receipts）；如果这些股票是由发行公司以外的第三者存托的，则称为第三者发行的或非主动型存托凭证（Unsponsored Depositary Receipts）。

每一张存托凭证代表一定比例的外国股票股权。投资人若购买存托凭证，则有权利按照存托凭证与标的股票之间的权益比将存托凭证转换成标的股票。这样会使得存托凭证的价格与标的股票的价格不一致或出现过大的价差，但标的股票与凭证间的买卖套利交易行为会很快地将价差消除。

存托凭证的持有人在实质上是外国标的公司的股东，只是由存托机构代表其列名于发行公司的股东名册上。因此，存托机构可以代表持有人对发行公司主张股利、剩余价值分配以及其他股东权益，如投票权等。

美国存托凭证首先被分为有担保的和无担保的两类。有担保的存托凭证是通过发行公司和存券银行签订一份存券协议以确定双方的权利和义务，从而便于发行公司从总体上掌握ADR的数量以及其他要素。无担保的ADR并无存券协议，存券银行可以不通过发行公司自行向投资者存券。无担保存券目前已很少被使用。

美国存托凭证以五种形式在美国发行，它们分别为第三者发行的存托凭证、第一级存托凭证、第二级存托凭证、第三级存托凭证、规范144A存托凭证。其中，第一级、第二级、第三级存托凭证以及规范144A存托凭证均为有担保的ADR。

（1）第三者发行的存托凭证（Unsponsored ADR）

第三者发行的存托凭证指的是非发行公司主动发行的存托凭证。一家银行为了满足市场对外国A公司的股票需求，可以在该国股市购入一定数量的A公司股票，将股票存入存托银行，再由存托银行发行凭证。由于此类凭证是衍生自该银行在市场中所购得的标的公司股票，因此与标的公司本身并无直接关系，也无须经过标的公司的同意。此点与国内所发行的备兑型认购权证（Covered Warrants）相同。同时，由于此类存托凭证为第三者所发行，因此标的公司本身不会受到美国证券交易委员会信息披露要求（Disclosure

Requirements）的限制。

（2）第一级存托凭证（Sponsored-level I ADR）

除了第三者发行的存托凭证以外，其他种类的美国存托凭证均是由标的公司主动发行的，不过，依发行条件严格的程度不同而被分成不同的等级。发行这类存托凭证的标的公司需要与存托银行正式签订存托协定（Deposit Agreement），并向美国证券交易委员会登记申请。第一级存托凭证的发行门槛最低，主要是给外国公司提供初次进入美国股市，以公开发行方式来寻求基础性投资股东的一种方法。此类凭证只能在美国柜台市场交易（Over-the-counter），而不得在全国性的证券交易所中买卖。发行这种形式的存托凭证的成本最低，只需要通过填写美国证券交易委员会的Form-6来申请登记，而免除了一般所需的登记程序。

通过存托协定，标的公司得以对存托凭证的发行有所掌握，这一点区别于第三者发行的存托凭证。而存托银行则充当标的公司与美国投资人之间的沟通桥梁，将所有股权投资的相关事项（包括股利的分配、财务信息的公布以及公司重大措施等）传递给存托凭证投资人。不过，由于第一级存托凭证不得在全国性交易所挂牌交易，因此对标的公司在美国建立公司商誉的效果会有所限制。此外，标的公司也无法借由第一级存托凭证的发行在美国股市取得新资金。

（3）第二级存托凭证（Sponsored-level II ADR）

第二级存托凭证的发行需要遵循美国证券交易委员会所要求的所有登记与信息披露要件（除了缴交F-6号的申请书，还需填写20-F号的申请书），年度报告以及其他财务报表的格式也均需依照美国公认会计原则（Generally Accepted Accounting Principles，GAAP）编制。由于该存托凭证的发行符合美国一般财务的要求，因此此类存托凭证可以在全美各交易所挂牌交易，例如在纽约证券交易所（NYSE）、美国证交所（AMEX）或是以高科技股为主的纳斯达克（NASDAQ）进行交易。

由于第二级存托凭证可在全国性的交易所挂牌交易，因此可以有效地扩大标的公司的知名度，吸引更多的投资人，并享有更高的凭证流通性。同时，由于规定的要求，标的公司也可以对股东的成员结构有所掌握。显而易见，第二级凭证的发行成本比较高，所需的准备时间也比较长。

（4）第三级存托凭证（Sponsored-level III ADR）

第三级存托凭证的发行要求与第二级凭证大致相同，例如须与存托银行签订存托协定，可以在全国性交易所挂牌买卖，须符合美国的财务信息披露原则等。二者主要的不同点在于第三级存托凭证允许标的公司在美国发行存托凭证来取得新的资金（Capital Raising Ability）。如此一来，标的公司可以通过美国股市来取得融资，真正地实现了扩大融资渠道的目的。不过相对地，标的公司须缴交的财务报告（Financial Reports）也大大增多，成本的增加也是不可避免的。

（5）规范144A存托凭证（Rule 144A ADR）

上述三种不同等级的存托凭证均在美国股市公开发行，而规范144A存托凭证则是遵照规范144A并采用私下募集（Private Placement）的方式来发行。私募的存托凭证主要面向专业机构投资人，而不以公共大众为发行目标，因此，此类凭证只能在美国证券商协会（NASD）的PORTAL（Private Offerings, Resale and Trading Through Automated Linkages）交易系统中买卖。专业机构投资人（Qualified Institutional Buyers，QIBs）是指至少将1亿美元投资于证券的机构。由于美国目前仅有将近4 000个合格的QIBs，因此以私募方式发行的美国存托凭证其市场流通性不如公开发行者来得高。不过由于公开发行的成本较高，因此以规范144A方式发行存托凭证仍受到多数外国企业的欢迎。

上述四种有担保的ADR可归纳见表7-5。

表7-5　　　　　　　　　　　　四种ADR比较

ADR类型	注册登记及豁免规则	公开性披露要求	美国会计准则	成本（美元）	交易场所	集资能力
一级有担保ADR	F-6 12g3-2（b）	无	不需符合	25 000以下	OTC	无
二级有担保ADR	F-6 20-F	详细、持续	需符合	200 000~700 000	交易所或NASDAQ	无
三级有担保ADR	F-1 20-F	详细、持续	需符合	500 000~1 000 000	交易所或NASDAQ	有
144A私募ADR	无 12g3-2（b）	无	不需符合	75 000~300 000	QIB之间	有

由表7-5可以看出，若公司暂时没有集资的需要，那么发行一级有担保ADR是合适的选择。一级有担保ADR可以根据1934年《证券交易法》12g3-2（b）规则向证券交易委员会申请豁免，不需编制符合美国会计准则的财务报表，其发行费用最低。中国现有的B股ADR如氯碱化工、二纺机、轮胎橡胶以及深深房均是以一级有担保形式建立的。而有集资需求且发行普通股份的公司则通常选择144A私募。144A私募ADR无须到证券交易委员会注册，可以在专业机构投资者（QIB）范围内集资。譬如，上海石化、仪征化纤、庆铃汽车和马钢股份均采用了H股和144A私募ADR同时发行的形式。二、三级有担保ADR流通的范围比较广，但对公开性和会计准则方面要求颇高。许多二、三级有担保ADR通常由144A或一级ADR升级而来。

2）美国存托凭证的作用

ADR为美国投资人投资于非美国公司股份提供了便利。它作为一种金融工具，一方面极大地简化了投资者的投资程序，另一方面也显著地引起了外国企业借此赴美上市的兴趣。除了加拿大公司，几乎所有赴美上市的外国公司都以ADR形式进入美国股票市场。最近几年，美国各大交易所及NASDAQ系统中存托凭证交易量的年度增长率都保持在40%左右。到1993年，约90%的机构投资者至少拥有一家公司的存托凭证。在成交最为活跃的十大股票中，有两种是存托凭证。

外国公司通过发行ADR得到的好处有：

（1）筹集巨额的企业发展资金；

（2）扩大股东基础，提高长期集资能力；

（3）减少交易费用，避免货币汇兑风险；

（4）上市手续简单，低成本进入美国资本市场；

（5）提高公司知名度，拓展海外市场；

（6）通过转换 ADR 的一定比例，制定合乎美国投资者习惯的价格。

3）建立美国存托凭证的基本程序

（1）初步准备阶段

①企业董事会基于商业战略决定建立 ADR 计划，在专业机构协助下将申报材料呈送至国家证券主管部门，获得批准。

②企业聘请 ADR 计划中介机构：主承销商（存券银行）、国内财务顾问、国内律师、国际律师以及审计师。

（2）实质性准备阶段

①详细制订 ADR 计划以及工作时间表。

②草拟存托凭证协议，向美国证券交易委员会（SEC）提交 12g3-2（b）规则所必需的豁免申请表。

③准备公告、法律意见书以及审计师意见书。

④申请"证券统一编号"（CUSIP Number）。

⑤存托凭证协议与 F-6 注册表格完成并呈送到 SEC，ADR 制作完成。

⑥SEC 同意 12g3-2（b）项豁免，且 F-6 注册生效。

（3）销售阶段

①完成清算交割系统。

②NASDAQ 和 OTC 同意交易。

③推介。

④交易开始，当地做市商报价，母国做市商通知存券银行，生成 ADR。

（4）销售后阶段

将 ADR 公告信邮寄至机构投资者、研究人员和投资顾问群。

▌本章小结▐

由于市场发展程度的不同以及政府金融管制的松紧不一，各国的股票交易所都有其本身的特性。这些特性包括市场资本额的大小、上市公司的数目、市场集中度、市场周转率及交易时间的长短等。美国股市的市场资本额居世界第一，日本居世界第二。欧洲各国股市允许外国股票在当地股市挂牌上市的情形颇为普遍。

股票市场的名称及股价指数的名称是某一国家股票市场的标志。现在可以通过网络以付费或免费方式取得各主要国家股票市场的各项信息。至于有关主要国家股票市场的各项历史统计资料，则可以参考国际金融公司或摩根士丹利资本国际公司所出版的定期刊物。

为了能顺利在海外市场发售新股筹集所需资金，许多公司通常设法将其股票在两个以上国家的股票市场上市，这种跨国上市（Cross-listing）的例子也呈逐年增长的趋势。

公司股票在外国股市申请上市，必须要符合当地相关单位的规定与要求。例如，若要在美国股市上市，则要符合美国证券交易委员会（SEC）所规定的会计原则及信息披露标准。

存托凭证是指在一国证券市场流通的代表外国公司有价证券的可转让凭证。存托凭证的产生过程为：经纪商在外国证券市场上买入一公司的证券，将其寄存于当地的保管银行，保管银行通知发行公司委托的外国存券银行，由存券银行发行存托凭证，存托凭证便开始了在本国证券交易所或柜台市场的交易。

存托凭证主要以美国存托凭证（ADRs）的形式存在，即主要面向美国投资者发行，并在美国证券市场交易。而在美国以外发行出售的存托凭证则称为全球存托凭证（GDRs）。

美国存托凭证首先被分为有担保的和无担保的两类。有担保的存托凭证是通过发行公司和存券银行签订一份存券协议以确定双方权利和义务，从而便于发行公司从总体上掌握ADR的数量以及其他要素。无担保的ADR并无存券协议，存券银行可以不通过发行公司自行向投资者存券，无担保存券目前已很少使用。

美国存托凭证分为五种：第三者发行的存托凭证、第一级存托凭证、第二级存托凭证、第三级存托凭证以及规范144A存托凭证。

主要概念与观念

存托凭证　美国存托凭证　全球存托凭证　规范144A存托凭证

基本训练

□ 知识题

7.1　什么是存托凭证？

7.2　什么是美国存托凭证和全球存托凭证？两者有何差异？

7.3　美国存托凭证如何分类？有何差异？

7.4　什么是规范144A存托凭证？有何特征？

□ 技能题

请列出美国存托凭证的种类及其上市要求。

□ 能力题

1993年以来，我国也有公司在美国发行ADR，包括在上海证券交易所上市的"轮胎橡胶""氯碱化工""二纺机"以及在深圳证券交易所上市的"深深房"，上述4家公司发行的ADR都属于一级ADR。这类ADR仅限于柜台市场交易且无筹资功能。而"中国华能国际"和"山东华能"则以三级ADR公开募集并在纽约证交所上市。可以说，多数在美国上市的中概股都是采用美国存托凭证（ADR）的方式。2015年6月，伦敦证交所人士表示，对沪港通和未来可能的深港通持非常正面积极的看法，对未来伦敦与A股市场可能的互联互通很感兴趣，但目前尚处于了解市场的阶段。伦敦交易所方面目前正推动人民币GDR机制，让A股上市公司通过GDR的方式到伦敦上市。人民币GDR，是指将现有A股上市公司股票或即将发行的股票，通过境内银行托管、境外预托发行的方式在海外交易所上市及交易。

要求：请分析说明中国企业跨国上市存在的利弊。

第8章 | 外汇期货与期权市场

学习目标

通过本章学习，应该达到以下目标：

知识目标：初步了解和掌握外汇期货市场的基本特征及其与远期外汇合约的异同。

技能目标：了解并熟悉外汇期权合约的各项技术及特性。

能力目标：学会利用外汇期货与期权市场进行合理避险。

8.1 外汇期货市场

8.1.1 外汇期货市场概述[①]

外汇期货合约（Currency Futures Contracts）自1972年5月16日开始使用。美国芝加哥商品交易所（Chicago Mercantile Exchange，CME）在当日成立了国际货币市场（International Monetary Market，IMM）部门，开始从事外汇期货合约交易，建立了世界上第一个能够转移汇率风险的集中交易市场，使期货交易的对象从农产品、初级原料及金属等实物扩展到金融商品的范畴。1975年10月24日，芝加哥期货交易所（Chicago Board of Trade，CBOT）首次从事金融工具的期货交易。目前全世界大概有15家交易所从事外汇期货的交易，包括纽约期货交易所（New York Futures Exchange，NYFE）、新加坡国际金融交易所（Singapore International Monetary Exchange，SIMEX）、香港期货交易所（Hong Kong Futures Exchange，HKFE）、伦敦国际金融期货交易所（London International Financial Futures Exchange，LIFFE）、悉尼期货交易所（Sydney Futures Exchange，SFE）等，但仍以IMM最具有代表性。

金融期货（Financial Futures）是期货的一种，指交易的买卖双方在期货交易所以公开喊价的方式成交后，承诺在未来某一日期或某一段期间内，以事先约定的价格交付某种特定标准数量的金融工具。外汇期货交易则是指买卖双方在期货交易所以公开喊价的方式成交后，承诺在未来某一特定日期，以当前约定的价格交付某种特定标准数量的货币的交易活动。外汇期货合约的买卖完全基于市场参与者对该种货币汇率走势的预测。如果购买一份标准合约后，货币价格上升，则投资者获利；若价格下跌，投资者将遭受损失。

目前在IMM期货市场，通过期货合约进行交易的外币包括英镑、加元、马克、瑞士

---

① 刘亚秋. 国际财务管理 [M]. 台北：三民书局，2000：106-118. 资料经过整理.

法郎、日元、澳元及欧元（EURO）等主要货币。全部合约皆采用美式报价，例如DM1=$0.6530，£1=$1.5120等。合约规模（Contract Size）及到期日（Expiration Date）都是标准化的，由IMM统一订定。表8-1列示了美国芝加哥商品交易所2000年8月25日IMM期货合约标准。由于期货合约采用标准化格式，因此期货交易在次级市场中具有较高的流动性。另外，期货交易的成本低，交易者不必缴纳全部款项即可进行交易，获得了重要的杠杆效应（Leverage Effect）。因此，外汇期货合约不仅是良好的避险工具，而且是极受投资者欢迎的投机工具。

表8-1　　　　　　　　　　　　　　　IMM外汇期货合约的规格

外　币	每份合约大小（Per Contract）	到期月（Expiration Month）	最小价格变动（每单位外币）	最小变动价值
澳元（A$）	100 000	3，6，9，12，1，4，7，10及当月份	$0.0001	US$10.00
英镑（£）	62 500	同上	$0.0002	US$12.50
加元（C$）	100 000	同上	$0.0001	US$10.00
日元（J¥）	12 500 000	同上	$0.000001	US$12.50
欧元（€）	125 000	3，6，9，12	$0.0001	US$12.50

8.1.2　外汇期货合约的特性

1）标准化期货合约

每份标准化的期货合约都有最少购买单位的规定。例如，欲购买英镑期货合约，必须购买62 500单位的英镑或其倍数；欲购买欧元期货合约，则须购买125 000单位的欧元或其倍数。其余重要的外汇期货的规格可参考表8-1。

2）交易成本

在IMM期货市场从事期货交易，交易成本的计算不是采用买卖价差（Bid-ask Spread）的方式，而是采用佣金（Commission）的方式。一般而言，佣金相当低廉，来回一次交易（Around-trip Transaction），亦即同一合约的买进再卖出（或卖出再买进），大约收取30美元。

3）合约交割日及最后交易日

IMM期货的合约交割日（Delivery Date）也采用标准化，即到期月（请参考表8-1）的第三个星期三。各个合约的最后交易日（Last Trading Day）是交割之前的第二个工作日，若不考虑可能是假日的情况，即到期月的第三个星期一。

4）交割方式

买卖双方可以通过两种方式来结束期货合约：

（1）实际交割（Actual Delivery），是指合约买方在交割日付出美元，领取合约所指定的外币，而合约卖方则是在交割日依约付出外币，领取美元。在交割时买方所付（或卖方所收）的美元数目，是根据最后交易日的结算价格（Settlement Price）来决定的。

（2）对冲（Offsetting），是指买方在最后交易日当日收盘之前将原有的合约卖出，如此一买一卖，从而将合约结束，或者期货卖方在最后交易日当日收盘之前，将原有合约买进，如此一卖一买，将原有合约结束。外汇期货市场中的合约有99%是采用对冲方式结束的。

5）履约保证金

期货交易属于保证金交易，因此外汇期货合约买卖双方皆需缴交保证金。保证金的金额通常低于期货合约价值的2%。顾客要从事期货合约交易，必须先缴交初始保证金（Initial Margin），存放在所开的户头之内。在持有期货合约的期间内，保证金账户余额不得小于维持保证金（Maintenance Margin）的价值。维持保证金一般为初始保证金的75%。一旦保证金账户余额低于维持保证金价值，交易所就会发出追加保证金通知，也就是说，当初始保证金水平跌幅超过25%时，就会出现回补的情况。

各个外币期货合约的初始保证金金额高低与该外币的价格波动性有关，例如加元对美元的汇率波动比较稳定，因此所需的保证金最低，而日元、瑞士法郎对美元的汇率波动较大，因此保证金额度也较高。初始保证金的数量不仅会因不同的合约而不同，而且在不同的时期也不同。此外，各个期货经纪商所要求的保证金并非完全一样，因为保证金基本上仍有讨价还价的空间，但必定维持在清算所（Clearing House）所要求的最低保证金（Minimum Margin）之上。期货交易所对于各个外币期货的保证金都会作定期修正，以反映外币波动的状况。对保证金的修正依赖于一套电脑化的风险管理系统，该系统被称为标准投资组合风险分析（Standand Portfolio Analysis of Risk，SPAN）系统。美国芝加哥商品交易所2000年8月25日期货合约对初始保证金与维持保证金的规定情况见表8-2。

表8-2   美国芝加哥商品交易所外汇期货保证金

合　约	初始保证金	维持保证金
澳元（A$）	$1 182	$875
英镑（£）	$1 350	$1 000
加元（C$）	$608	$450
日元（J¥）	$3 645	$2 700
欧元（€）	$2 025	$1 500

6）每日清算制度

IMM期货市场为方便交易的进行，对顾客的信用不作调查。但为了保证合约买卖双方的权益，避免一方违约而导致另一方的损失，交易所采用每日清算制度（Marking to Market of Daily Settlement）。每天交易结束后，针对个别投资人账户，交易所将算出因当日期货价格波动而引起的账户余额的变动。若新余额比维持保证金低，则投资人会接到保证金追缴通知（Margin Call）要求补足差额。这种每日结算制度可以通过防止损失的累积来避免大宗违约（Default）案件发生。

［例8-1］假定周一早上，某投资者以$0.009433的价格在IMM买了一份J¥ 12 500 000日元期货合约。假设经纪商要求初始保证金$4 590和维持保证金$3 400。周一至周四的收盘价分别为$0.009542，$0.009581，$0.009375，$0.009369，周五以$0.009394的价格结束合约。

该投资者的现金流及保证金余额变化情况见表8-3。

表8-3   期货交易保证金余额变化

时间	交易价及收盘价	合约现金流	维持保证金余额（追加前）	追加保证金	追加后保证金
周一上午	$0.009433	—	$3 400	—	$4 590（初始保证金）
周一收盘	$0.009542	12 500 000×（0.009433-0.009542）=-$1 362.50	$4 590-$1 362.50=$3 227.50	$172.50	$3 400
周二收盘	$0.009581	12 500 000×（0.009542-0.009581）=-$487.50	$3 400-$487.50=$2 912.50	$487.50	$3 400
周三收盘	$0.009375	12 500 000×（0.009581-0.009375）=+$2 575.00	$3 400+$2 575=$5 975	—	$5 975
周四收盘	$0.009369	12 500 000×（0.009375-0.009369）=+$75.00	$5 975+$75=$6 050	—	$6 050
周五收盘	$0.009394	12 500 000×（0.009369-0.009394）=-$312.50	$6 050-$312.50=$5 737.50	—	$5 737.50

7）报价

IMM外汇期货合约的每日最后报价（Price Quotes）被称为Settlement Price，而不称作Closing Price。这是因为，对若干当日没有交易的合约而言，报价是由交割委员会（Settlement Committee）参考一些活络交易的合约价格决定的一个具有代表性的价格。各大财经报纸每日都刊载有IMM外汇期货合约前一日交易价格的情况。例如，2023年3月21日《华尔街日报》载有外币期货合约每日报价的情况见表8-4（以欧元为例）。

表8-4   《华尔街日报》外币期货合约报价范例（以欧元为例）

①	② Open	③ High	④ Low	⑤ Settle	⑥ Chg	⑦ Open interest
Euro（CME）—€125 000；$Per €						
April	1.0709	1.0749	1.0650	1.0741	0.0040	2 064
June	1.0734	1.0791	1.0691	1.0782	0.0041	719 832

表8-4中所列为外币期货合约报价的范例，该例子为《华尔街日报》2023年3月21日（星期二）报道的2023年3月20日（星期一）的IMM欧元外汇期货合约价格的情况。表中各项解释如下：

①此时正在交易的合约的到期月份是4月、6月。

②周一的开盘价（Open）。

③周一的最高价（High）。

④周一的最低价（Low）。

⑤周一的收盘价（Settle）。

⑥周一与前一日收盘价的差额（Chg）。

⑦Open interest是未平仓口数，代表该合约流通在外所有买入头寸（Long）及卖出头寸（Short）的合约总数。从表8-4可看出，6月份到期的合约的未平仓口数最大。

8.1.3 外汇期货合约与外汇远期合约比较

比较外汇期货合约与外汇远期合约，有助于我们对两种合约的了解。它们之间的区别可归纳见表8-5。

表8-5 **外汇期货合约与外汇远期合约比较**

特性	外汇期货合约	外汇远期合约
合约金额	标准化	可任意大小
合约到期日	交易所有具体详细的规定	按银行同业管理执行
参加者	按照规定交存保证金的任何投资者	无资格限制，但主要是具有银行信用额度的专业投资者
交易场所	场内交易，在交易所内交易	场外交易，用电讯联系成交
交易委托	一般是限价订单、市场订单	基本上是市场指令性质
交易方式	双方互不认识，各自委托场内经纪人公开喊价成交	双方虽由经纪人牵线，但最终通过直接接触成交
用途	避险及投机两种功用	只作避险工具，商业银行不鼓励投机性远期合约交易
报价方式	美式报价	欧式报价
交割方式	一般采用对冲方式结束合约	以实际交割方式结束合约
交易价格	公开竞价方式，更具竞争性	双向报价方式，一对一报价
手续费形式	双方都要支付经纪人佣金	远期双向报价的买卖价差
抵押要求	双方无须了解对方的资信情况，只需向清算所交足保证金	银行依据对方的资信情况确定抵押金额，大银行间无须抵押

8.1.4 外汇期货的作用

外汇期货交易的主要目的是避免外汇风险和实现套期保值。期货交易的套期保值是指在现货市场某一笔交易的基础上，在期货市场上做一笔方向相反、金额相等、期限相同的交易以达到保值的目的。外汇期货交易之所以能起到保值作用，是因为在正常的国际金融运行情况下，期货价格与远期外汇价格都以利率差价为基础，因此两者的变动趋势是一致的，波动幅度也是逐渐趋同的，所以必然形成如下情形：如果现货市场交易亏损，期货市场交易就会盈利；如果现货市场交易盈利，期货市场交易就会亏损。因此，两者可以抵冲，以固定成本或收益。基于这种抵冲作用，套期保值也可以叫做"对冲交易"，当然这种对冲不可能达到完全一致。外汇期货套期保值分为空头套期保值（Short Hedge）和多头套期保值（Long Hedge）两种类型。

1）空头套期保值

空头套期保值就是在期货市场上即期卖出期货，然后在将来买入期货轧平头寸，即通过先卖后买来稳定收益，从而规避汇率波动的风险。

[例8-2] 美国某出口商3月10日向加拿大出口一批货物，价值500 000加元，以加元结算，3个月后收回货款。即期汇率为0.8490美元/加元。公司为避免3个月后加元汇率下跌的汇率风险应如何进行套期保值？

根据外汇期货套期保值原理，该出口商先卖出5份6月期的加元期货合约，3个月后再买进等量的期货合约，达到保值目的。每份标准加元期货合约面值为100 000加元，价格为0.8490美元/加元。其套期保值过程见表8-6。

表8-6   空头套期保值计算

现货市场	期货市场
3月10日 现汇汇率：US$0.8490/C$1 C$500 000×0.8490=US$424 500	3月10日 卖出5份6月期加元期货合约（开仓） 价格：US$0.8490/C$1 总价值：C$100 000 × 0.8490 ×5=US$424 500
（1）如果3个月后现汇汇率为：0.8460美元/加元	
6月10日 现汇汇率：US$0.8460/C$1 C$500 000 × 0.8460=US$423 000	6月10日 买入5份6月期加元期货合约（平仓） 价格：US$0.8450/C$1 总价值：C$100 000×0.8450×5=US$422 500
损失：US$424 500-US$423 000=US$1 500	盈利：US$424 500-US$422 500=US$2 000
期货市场盈利2 000美元弥补现货市场损失1 500美元之后，净盈利500美元	
（2）如果3个月后现汇汇率为：0.8500美元/加元	
6月10日 现汇汇率：US$0.8500/C$1 C$500 000×0.8500=US$425 000	6月10日 买入5份6月期加元期货合约（平仓） 价格：US$0.8498/C$1 总价值：C$100 000 × 0.8498 ×5=US$424 900
盈利：US$425 000-US$424 500=US$500	损失：US$424 900-US$424 500=US$400
现货市场盈利500美元抵补期货市场损失400美元之后，净盈利100美元	

由表8-6可以看出，如果3个月后现汇汇率下降，加元贬值，则该出口商期货市场的盈利弥补了现货市场的损失之后尚有盈利，实际收回货款425 000美元（423 000+2 000）。

如果3个月后加元汇率并未下降而是上升了，则该出口商期货市场的亏损可由现货市场的盈利来弥补，并实现盈利。实际收回货款424 500美元（425 000-500）。由此可见，套期保值措施可以规避汇率波动的风险，但同时也可能抵销潜在收益。

2）多头套期保值

多头套期保值就是在期货市场上即期买入期货，然后在将来卖出期货轧平头寸。通过将期货市场的汇率变动损益与现货市场相关交易的汇率变动损益相抵冲，以规避汇率波动的风险。

［例8-3］美国某进口商2月10日从德国购进价值125 000欧元的一批货，1个月后支付货款。为避免1个月后欧元升值而使进口成本增加，公司应如何进行套期保值？

根据外汇期货套期保值原理，该进口商先买进1份3月期欧元期货合约，1个月后再卖出等量的期货合约，达到保值目的。每份标准欧元期货合约面值为125 000欧元，价格为0.8020美元/欧元。1个月后如果欧元升值，则交易过程见表8-7。

表8-7　　　　　　　　　　　　　　　　多头套期保值计算

现货市场	期货市场
2月10日 现汇汇率：US$0.7968/€1 €125 000×0.7968=US$99 600	2月10日 买入1份3月期欧元期货合约（开仓） 价格：US$0.8020/€1 总价值：€125 000 × 0.8020=US$100 250
3月10日 现汇汇率：US$0.8228/€1 €125 000×0.8228=US$102 850	3月10日 卖出1份3月期欧元期货合约（平仓） 价格：US$0.8260/€1 总价值：€125 000 ×0.8260=US$103 250
损失：US$102 850-US$99 600=US$3 250	盈利：US$103 250-US$100 250=US$3 000

现货市场成本增加3 250美元，而期货市场盈利3 000美元，使现货市场损失大部分得以弥补

由表8-7可以看出，该进口商由于欧元升值，为支付125 000欧元货款需多支出3 250美元，而期货市场上的套期保值则使该进口商盈利3 000美元，从而使现货市场上的大部分损失得到弥补。

当然，如果欧元的汇率不是上升而是下降，则期货市场上的损失要由现货市场上的盈利来弥补。

在利用外汇期货进行套期保值时，还需注意这样两个问题：（1）套期保值是否完全。这是因为暴露在外汇风险下的应收、应付外汇账款在所涉外币种类、金额以及期限方面不一定符合外汇期货交易的标准化要求。此外，由于外汇市场汇率的变动与外汇期货价格的变动不能完全一致，导致汇率风险无法彻底消除，因此在实施套期保值措施后，总还余存一些外汇风险，这类风险也称"基点差价风险"（Basis Risk）。（2）考虑套期保值成本因素。外汇期货交易的成本主要有保证金的机会成本和支付给经纪人的佣金。由于远期外汇交易在上述两个方面更具优势，而且其保值效果也并不比外汇期货差，因此，在实际工作当中人们更有可能利用远期外汇市场而不是外汇期货市场来进行套期保值活动。

8.2 外汇期权市场

期权（Option），也称选择权，是指具有在约定的期限内，按照事先确定的"执行价格"，买入或卖出一定数量的某种货币或金融工具契约的权利。期权交易把"权利"作为可自由买卖的商品，通过买卖期权合约来进行。外汇期权可在场内（集中）市场或场外柜台（OTC）交易。外汇期权场外柜台市场产生于20世纪20年代，由商业银行、投资银行及经纪商共同组成，它所提供的是非标准化期权，这种期权的市场流动性比较差。但由于市场成长得很快，非标准化期权的流动性逐步增强。场外柜台外汇期权市场，由于交易金额大、流动性良好，因而更能迎合大金额交易者或银行同业的需求，从而使场外柜台外汇期权市场的每日交易量（大约为500亿美元）达到外汇期权集中市场每日交易量（约25亿美元）的20倍之多。场外柜台外汇期权市场主要集中在纽约及伦敦。在这两个市场上的交易主要是美元兑换其他主要的通货，例如英镑、瑞士法郎、日元及加元等。顾客向银行购买期权，必须评估银行是否有能力履行期权合约义务，也就是说，顾客对卖出期权合约的银行的财务风险（Counterparty Risk）要有基本的认识。银行本身为了管理其因提供场外柜台期权而承担的风险，需借助经纪商使买单与卖单达成平衡。同时，银行也在外汇期权集中市场中从事买卖活动以帮助其平衡头寸。

外汇期权集中市场的起飞，较外汇期货市场晚了10年。美国费城股票交易所（Philadelphia Stock Exchange，PHLX）在1982年12月将现货式期权（Options on Spot）引入该市场开始交易，此项引进相当成功。于是芝加哥商品交易所（CME）也在1984年1月将期货式期权（Options on Futures）引进该所的指数与期权市场（Index and Option Market，IOM）交易，由于该期货式期权是以CME的IMM市场中的期货作为标的资产（Underlying Asset）的，因此通常称之为IMM期货期权。在集中市场买卖的外汇期权，一买一卖都要在清算所登记，清算所的责任是负责清算及保证每一笔合约的履行（Fulfillment）。PHLX的现货式期权的清算所是期权清算公司（The Options Clearing Corporation，OCC），而CME的期货式期权的清算所则是芝加哥商品交易所的清算机构（The Chicago Mercantile Exchange Clearing House，CME清算所）。

期权合约（合同）（Option Contract）是期权交易双方确定交易关系的正式法律文件，是一种标准化的契约。期权合约的内容一般包括买方、卖方、执行价格、通知日和失效日等，期权合约的唯一变量是期权价格。外汇期权合约有别于外汇期货合约及外汇远期合约之处在于：后两者保证合约持有者免于遭受汇率不利变动导致的损失，但也消除了合约持有者享受汇率有利变动带来的获利机会。外汇期权合约的诞生，使得交易者既可以保护自己免于遭受汇率不利变动导致的巨额损失，又有机会享受因汇率有利变动而带来的无限大利润，因此在期货与远期合约市场之外，期权市场仍有其存在及发展的空间。

8.2.1 期权的一般特性

期权分为买权（Call Options）与卖权（Put Options），是短期的避险、投资或投机的工具。买权或卖权的买方（Buyers or Holders）必须缴纳权利金（Premium，即期权的价格）给卖方才可获得在将来（到期日或之前）按照执行价格（Exercise Price or Strike Price）交割的权利，也就是说，"买权"的买方付了权利金后，可以在到期日按照执行价格"买"入标的资产（Underlying Asset）；"卖权"的买方付了权利金后，可以在到期日按照执行价格"卖"出标的资产。

事实上，期权的买方也可以在到期日之前按照执行价格交割，这种期权被称为美式期权（American Options）；若只能在到期日当天交割，这种期权则被称为欧式期权（European Options）。大多数在交易所交易的期权属于美式期权。

期权的执行价格从契约订定一直到契约到期时都固定不变，但标的资产的市价（Market Price）则随时间而波动。就买权而言，在到期日之前的任何时点，若标的资产的市价大于执行价格，则称为价内买权（In-the-money or ITM Calls）；若标的资产的市价等于执行价格，则称价平买权（At-the-money or ATM Calls）；若标的资产的市价小于执行价格，则称为价外买权（Out-of-the-money or OTM Calls）。卖权的情形则刚好相反。若标的资产的市价大于执行价格，则称价外卖权（Out-of-the-money or OTM Puts）；若标的资产的市价等于执行价格，则称价平卖权（At-the-money or ATM Puts）；若标的资产的市价小于执行价格，则称价内卖权（In-the-money or ITM Puts）。

期权价格（Option Price or Premium）是其内含价值（Intrinsic Value）与时间价值（Time Value）的总和，即：

期权价格=内含价值+时间价值

内含价值是标的资产市价与执行价格之间的差别。价内期权（不论是买权还是卖权），其内含价值是正值；价平期权的内含价值等于零；价外期权的内含价值是负值。期权价格超过内含价值的那一部分，即时间价值。时间价值会随着到期日的来临而逐渐趋近于零。

期权与期货的相同之处在于：两者都具有避险及投机的功能，而且两者都可以通过"交割"或"对冲"的方式来结束合约。但期货合约的买卖双方在签约之后，有"义务"采取交割或对冲方式结束合约。期权的买方只有交割或对冲的"权利"而没有义务，也就是说，对期权的买方而言，合约到期而不交割的行为并不算违约。期权的卖方因为已收受买方在签约之初所付的权利金，因此有义务配合买方的决定。期权的买方若以实际交割来执行合约，卖方必须配合其要求而履行合约。由于期货合约的买卖双方皆有"义务"履行合约，因此买卖双方都必须缴保证金。而期权的买方对执行合约只有"权利"，因此须缴交权利金而非保证金，卖方则须缴纳保证金。

世界主要的外汇期权集中市场是位于美国费城的费城股票交易所（PHLX）及位于芝加哥的芝加哥商品交易所（CME），而在美国境外的外汇期权集中市场则以欧洲期权交易所（The European Options Exchange，EOE）及新加坡国际金融交易所（SIMEX）规模较大。

8.2.2 PHLX现货期权

1）合约大小

现货期权的合约大小，刚好是IMM期货合约大小的一半。以欧元为例，IMM欧元期货合约，一合约含有125 000单位欧元，而PHLX欧元期权，一合约含有62 500单位欧元，后者刚好是前者的一半，见表8-8、表8-9。

2）到期日及最后交易日

在任何时点，交易中的PHLX期权通常有3个到期月，其到期月是根据March Cycle来

表8-8 　　　　　　　　　　　　　　PHLX外汇期权合约规范

外　币	每份合约大小 （Per Contract）	到期月 （Expiration Month）	执行价格间隔 （Strike Intervals）	最小价格变动 （US$）	一个基本点价值 （US$）
英镑（£）	31 250	同前	$0.01	0.01	3.125
加元（C$）	50 000	同前	$0.005	0.01	5.00
日元（J¥）	6 250 000	同前	$0.05	0.0001	6.25
欧元（€）	62 500	同前	$0.02	0.01	6.25

注：期权合约的到期月通常由三种方式来决定：（1）January Cycle；（2）February Cycle；（3）March Cycle。PHLX外汇期权合约的到期月的决定属于March Cycle。

表8-9 　　　　　　　　　　　　　　CME外汇期权合约规范

外币	基础资产	合约规模	执行价格间隔 （US$）	最小价格变动 （US$）	一个基本点的价值 （US$）
欧元	€期货	€125 000	0.01	0.01	12.50
日元	J¥期货	J¥12 500 000	0.0001	0.0001	12.50
加元	C$期货	C$100 000	0.005	0.01	10.00
英镑	£期货	£62 500	0.02	0.02	6.25

决定的，即为最靠近现在时点的两个月，再加上3月、6月、9月及12月之中最近期的那一个月。举例来说，在4月30日那天，正在交易中的合约到期月通常是5月、6月及9月；在8月31日那天，正在交易中的合约到期月通常是9月、10月及12月。至于到期日，则是到期月的第三个星期三之前的那个星期五。最后交易日与到期日为同一日。到期交割日（Expiration Settlement Date）是到期月的第三个星期三。据统计，大约有25%~30%的PHLX期权是在合约到期时才交割，5%在到期日之前交割，其余则是用对冲的方式来结束合约。

费城股票交易所（PHLX）为了提供多样化的到期期限，增加了长期欧式合约（Long-term European Style），该类合约到期期限可长达36个月，以6月及12月为到期月份。在1992年，该交易所又推出月底美式或欧式合约（End-of-month（EOM）American or European Style），它以最近期的连续3个月为到期月份。

3）报价

各大财经报纸每日都刊有前一日PHLX外汇期权合约交易价格的情况，现以《华尔街日报》上所登载的每日报价情况为例来说明，见表8-10。

表8-10中所列为《华尔街日报》对于PHLX外币期权合约的报价范例，现对表中各项解释如下：

（1）美式期权或欧式期权

表8-10中报价分为三部分：第一部分是月底美式合约（EOM American Style）的报价，即EOM-Cents Per Unit部分；第二部分是欧式期权报价，即European Style部分；第三部分是美式期权的报价，即Cents Per Unit部分。

表8-10　　　　　　　　　《华尔街日报》外币期权合约报价范例（以马克为例）

German Mark					
	Expiration	Calls		Puts	
Strike	Month	Vol.	Last	Vol.	Last
62 500 German Marks EOM−Cents Per Unit					
58 1/2	April	26	0.11	—	—
62 500 German Marks−European Style					
56	April	—	0.02	34	0.23
56 1/2	April	30	0.55	30	0.85
57	May	—	0.12	30	1.30
57 1/2	May	20	0.05	—	—
62 500 German Marks−Cents Per Unit					
56	May		0.02	80	0.51
57	June		0.32	60	1.46
58	June	10	0.13		
60	June	50	0.01		

（2）执行价格

执行价格是指当期权合约被执行时，合约持有者买或卖1马克应付或应收的美元价格。表8-10列有不同的执行价格，从56到60（即$0.56/DM1到$0.60/DM1），实际上当日可利用的执行价格比表中所列出的多得多。

（3）期权价格

不同执行价格的期权会有不同的权利金，该权利金在市场中就是该期权的价格。例如执行价格为56 1/2（$0.5650/DM1）的4月份的买权（Calls），其价格是0.55 ¢（$0.0055/DM1）；同样执行价格的4月份的卖权（Puts），其价格是0.85 ¢（$0.0085/DM1）。

8.2.3　IMM期货期权

IMM期货期权是从1984年1月开始交易的。早期的合约都以马克（DM）为交易标的，但随着市场逐渐发展，日元、英镑、瑞士法郎及加元等也成为交易标的。外汇期货期权的引入，使得从事国际贸易者及投资者有了更多的金融工具可用于避险。

1）合约大小

IMM期货期权合约大小与IMM期货合约大小相同。

2）美式期权

在IMM期货期权市场交易的都是美式期权，不含欧式期权。

3）到期日及最后交易日

在任何时点，交易中的IMM期货期权通常也有3个到期月，即最靠近现在时点的连续3个月。例如，在4月30日那天，正在交易的合约的到期月通常是5月、6月及7月；在8月31日那天，正在交易中的合约的到期月通常是9月、10月及11月。由于期货期权的标的资产是IMM期货合约，那么期货期权的到期日应比期货本身的到期日要早，因此，1月、2月或3月到期的期货期权，执行合约时所取得的标的资产是3月份到期的IMM期货合约；4月、5月或6月到期的期货期权，执行合约时所得到的标的资产是6月份到期的IMM期货合约，依此类推。期货期权的到期日是各个到期月的第三个星期三之前的第二个星期五，最后交易日则是到期日的前一天。

4）PHLX现货期权与IMM期货期权

（1）市场人士可以在IMM市场上同时进行期货与期权的交易，而不必另外到PHLX市场从事期权交易，这就给投资人提供了极大的便利。

（2）执行PHLX现货期权时，合约持有者必须按照执行价格将全部交易金额备妥，而执行IMM期货期权时，合约持有人只需满足期货保证金的要求。例如，购买IMM期货买权的投资人，在执行该合约时缴纳期初保证金并获得一买入头寸（Long Position），而购买IMM期货卖权的投资人，在执行该合约时收取期初保证金并获得一卖出头寸（Short Position）。

8.2.4 外汇期权的类型

期权有两种基本合约：看涨期权合约和看跌期权合约。每一种合约都有买卖双方，即期权购买者和期权出售者。两种基本合约和买卖双方组合构成以下四种情况[①]：①买入看涨期权；②卖出看涨期权；③买入看跌期权；④卖出看跌期权。四者关系如图8-1所示。

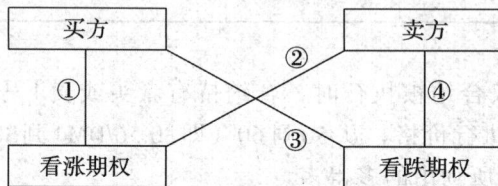

图8-1　看涨看跌期权关系

由于期权赋予了购买者在行市不利的情况下按协定价格买进或卖出外汇而在有利的行市中不进行买卖的权利，因此，他必须给合约的出售者以一定的补偿，即支付一笔权利金。合约的卖方在收取权利金之后，就有责任在行市对己不利的情况下（合约购买者行使期权时）履行合约，按协定价格卖出或买入外汇，承担汇率变动的风险。这就导致上述四种情况（如图8-1所示）的风险和收益各不相同。

1）买入看涨期权（Buy Call or Long Call）

买入者获得了在到期以前按协定价格购买合约规定的某种外汇的权利。为了获得这种权利，购买者必须向出售者支付一定的权利金（期权费）。此时，购买者通常预测市场价格将上升（看涨）。

当市场价格朝着预测方向变化时，期权购买者的收益将是无限的。

---

① 陈绍昌. 国际金融计算技术 [M]. 北京：中国对外经济贸易出版社，1992：247-255.

当市场价格朝着相反方向变化（即市场价格趋于下降）时，购买者最大的损失就是支付的权利金。

当市场价格变化到协定价格加上支付的权利金时，购买者不亏不盈，达到保本。

［例8-4］一位投资者在5月份买入一份6月份到期、协定价格为$0.95的欧元看涨期权的标准合约，该合约大小是€125 000，支付的权利金为$0.01。这样，对于购买者：

最大风险——0.01×125 000=$1 250；

最大利润——无限；

盈亏平衡点——0.95+0.01=$0.96。

（1）当市场价格≤$0.95时，买入看涨期权者不会行使期权，因为市场价格不高于期权执行价格，购买者可以直接到现货市场上购买更便宜的欧元。因此，其损失就是权利金每欧元$0.01，即总额为$1 250的权利金。

（2）当$0.95<市场价格<$0.96时，买入看涨期权者虽然会行使期权，但由于支付的权利金不能被完全弥补，因此从总体来看仍然遭受损失。

（3）当市场价格>$0.96时，买入看涨期权者将行使期权，而且其收益是无限的。

（4）当市场价格=协定价格$0.95+期权费$0.01=$0.96时，期权持有者将处于不盈不亏的平衡点上。

显然，在市场价格上涨时，看涨期权买入者的收益是无限的，而在市场价格下跌时，买入者的损失是有限的，即只限于他所支付的权利金；当市场价格=协定价格+权利金时，期权买入者处于不盈不亏的平衡点上。这一关系可以通过图8-2来说明。

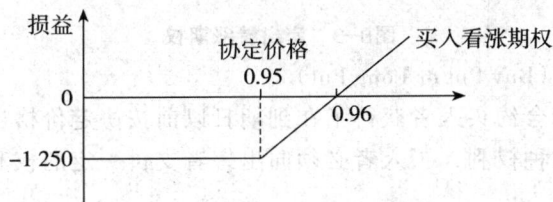

图8-2 买入看涨期权

2）卖出看涨期权（Sell Call or Short Call）

卖出看涨期权是指如果买入看涨期权者执行合约，那么看涨期权的出售者就有责任在到期日之前按协定价格出售合约规定的外汇。因为出售者承担了责任，所以他要收取一定的权利金。出售这种期权合约的人通常预测市场价格将下跌（看跌）。

当市场价格朝着看涨期权出售者预测的方向变动时，出售者最大的收益就是收取的权利金。

当市场价格朝着相反方向变化（即市场价格趋于上涨）时，其风险是无限的。

当市场价格变化到协定价格加上收取的权利金时，出售者则不盈不亏，达到保本。

例如，卖出欧元看涨期权的协定价格为$0.95，收取的权利金为$0.01。对于一个标准合约的出售者：

最大风险——无限；

最大利润——0.01×125 000=$1 250；

盈亏平衡点——0.95+0.01=$0.96。

（1）当市场价格≤$0.95时，由于市场价格不高于协定价格，此时期权购买者会到现货市场上购买欧元而不会按协定价格执行期权。因此，期权出售者的收益为已收取的每欧元$0.01的权利金，总额为$1 250。

（2）当$0.95<市场价格<$0.96时，卖出看涨期权的人出售1欧元，只能获得$0.95（低于市场价格），因而遭受损失，但加上收取的权利金，从总体上仍然是获利的。

（3）当市场价格>$0.96时，卖出期权者将遭受无限的损失。

（4）当市场价格=协定价格$0.95+保险费$0.01=$0.96时，期权卖出者处于不盈不亏的平衡点上。

从上面的分析可以看到，出售者卖出看涨期权获得的收益是有限的，这一收益即为其收取的权利金，同时，他所面临的风险却是无限的。市场价格的上升将使他的损失无限度地增加。图8-3反映的即是这种情况。

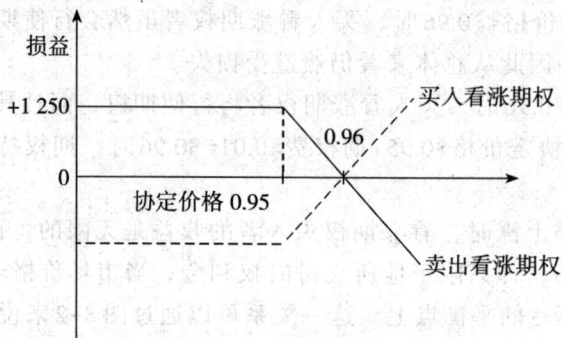

图8-3 卖出看涨期权

3）买入看跌期权（Buy Put or Long Put）

买入看跌期权是指合约买入者获得了在到期日以前按协定价格出售合约规定的某种外汇的权利。为了获得这种权利，买入者必须向出售者支付一定的权利金。买入看跌期权者预测市场价格将下跌。

当市场价格朝着下跌方向变动时，买入看跌期权者的收益可能是无限的。

当市场价格朝着预测相反方向变化（即上升方向变化）时，其损失是有限的，最大的损失就是支付的权利金。

当市场价格变化到协定价格减去支付的权利金时，购买者不盈不亏，正好达到保本。

例如，投资者买入欧元看跌期权，协定价格为$0.95，支付保险费（权利金）$0.01，购买一个标准合约，那么对于购买者：

最大风险——0.0100×125 000=$1 250；

最大利润——无限；

盈亏平衡点——0.95-0.01=$0.94。

（1）当市场价格<$0.94时，买入看跌期权者将行使期权。因为购买者出售1欧元将获得$0.95，即使扣除权利金$0.01，也仍然获得$0.94，多于直接到市场上出售所得（如果直接在现货市场上出售1欧元，获得的美元将少于$0.94）。市场价格越低，出售者获得利润越多，可以是无限的。

（2）当$0.94<市场价格<$0.95时，买入期权者将行使期权，但仍然遭受损失。

（3）当市场价格≥\$0.95时，买入看跌期权者将不会行使期权，因为直接到现货市场上出售欧元将会获得更多的美元。其损失额即为权利金。

（4）当市场价格=协定价格\$0.95-保险费\$0.01=\$0.94时，买入看跌期权者处于不盈不亏的平衡点上。

从上面的分析可以看出，对看跌期权的购买者来说，在市场价格下跌的情况下其收益可能是无限的，而他所承受的损失最多不超过权利金，如图8-4所示。

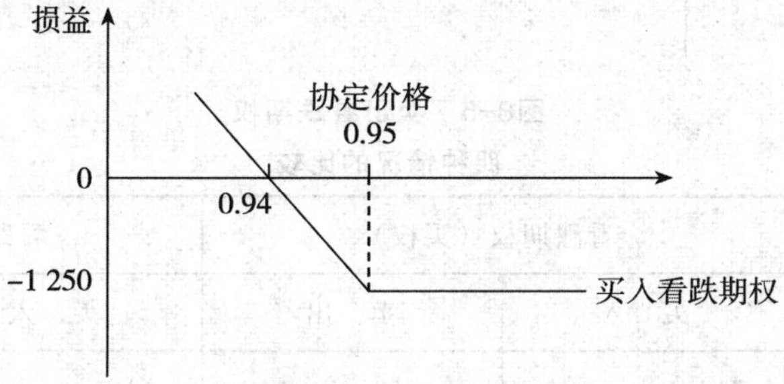

图8-4 买入看跌期权

4）卖出看跌期权（Sell Put or Short Put）

卖出看跌期权是指买入看跌期权者如果行使权利，出售者就有责任在到期日以前按协定价格买入合同规定的某种外汇。因为承担了这种责任，所以出售者要收取一定的权利金。出售这种合约的人通常预测市场价格将上升。

当市场价格朝着下跌的方向变化时，出售者有无限风险。

当市场价格朝着上升的方向变化时，出售者的最大收益就是收取的权利金。

当市场价格变化到协定价格减去收取的权利金时，出售者将保本。

例如，出售欧元看跌期权的协定价格为\$0.95，收取的权利金为\$0.01，出售一个标准合约，对于出售者：

最大风险——无限；

最大收益——0.01×125 000=\$1 250；

盈亏平衡点——0.95-0.01=0.94。

（1）当市场价格<\$0.94时，出售看跌期权者可能面临无限的风险。当购买者行使期权时，出售者有责任按协定价格\$0.95买入欧元。

（2）当\$0.94<市场价格<\$0.95时，出售期权者将获利。因为当购买者行使期权时，出售者按协定价格\$0.95买入欧元。虽然协定价格高于市场价格，使得出售者遭受一定的损失，但考虑收取的期权费，出售者仍然获利。

（3）当市场价格≥\$0.95时，出售者将获得最大利润。因为购买者不会行使期权，出售者的最大利润为收取的权利金。

（4）当市场价格=协定价格\$0.95-保险费\$0.01=\$0.94时，卖出看跌期权者处于不盈不亏的平衡点上。

从上述分析可以看出，对看跌期权的出售者而言，他所收取的权利金即为其最大收益，而他所面临的风险却可能是无限的，如图8-5所示。

上述四种情况可总括见表8-11。

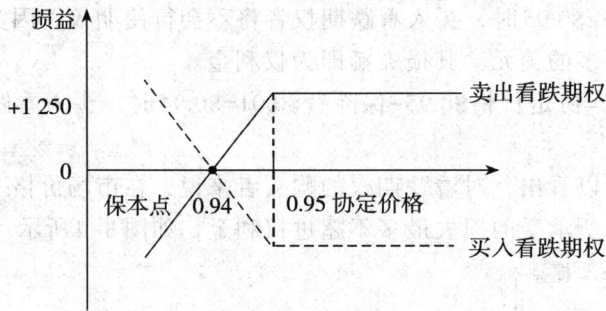

图8-5　卖出看跌期权

表8-11　四种情况的比较

	看涨期权（买权）		看跌期权（卖权）	
	买　入	卖　出	买　入	卖　出
盈亏图				
期权费	支付	收入	支付	收入
利润	无限	有限	无限	有限
损失	有限	无限	有限	无限
对市场价格的预测	看涨	看跌	看跌	看涨

8.2.5　外汇期权的运用

外汇期权有着与外汇即期、远期和期货交易完全不同的收益风险特征，因而有其独特的运用价值。

1）客户买入期权的运用

与外汇期货和远期外汇相比，外汇期权的购买者可以不必像在远期外汇交易中那样，在行市朝着对己有利的方向发展时错失良机，也不必像外汇期货那样，需要交纳保证金，并经常性地发生现金流动。此外，外汇期权在协定价格上的灵活性和对最大损失的控制，使它成为套期保值的一个重要工具。

当客户在进出口交易中有一笔外币应收账款时，他可能倾向于购买看跌期权，因为对于在将来有外汇收入的人来说，他担心的是他的收入会因外汇汇率下跌而遭受损失。购买看跌期权可以使他在汇率下跌的时候按合约规定的价格出售外币（换为本币），避免汇兑损失；在汇率上涨的情况下不行使期权，而直接在即期市场上以更高的价格出售外币，获得更多的收益。

相反，对于一个有外币债务的客户来说，他则可能倾向于购买看涨期权。他不希望看到因外汇价格上涨而使其债务负担加重，因为到时候他需要用更多的本币去偿付外币债务。在购买看涨期权后，他可以在汇率上升的情况下按原先规定的较低的合约价格买入外汇；在汇率较低的情况下不行使期权，而直接在即期市场上以更低的价格购买外汇用以偿债，此时最多损失一笔权利金。

2）客户卖出期权的运用

卖出看涨期权或看跌期权的客户，随时面临着买方执行期权时的外币空头寸或多头寸风险，即按合约规定的价格卖出或买入外币，承担外汇风险。例如看涨期权出售者在期权被执行时，如果手中没有相应的现汇头寸或签约后未到外汇期货或远期外汇市场上进行抛补（Covering），那么他将不得不从即期市场购入现汇，履行合约，即承担外汇空头寸风险。因此，卖出看涨期权，常常是在客户有现汇头寸相匹配的情况下，用来赚取权利金这一额外收入的手段。

例如，美国一家跨国公司在英国有一分支机构，使得该公司能够定期地获得英镑收入。在这样的情况下，公司可以出售英镑看涨期权。当英镑汇率下跌时，由于期权不被执行，公司可净得一笔期权费收入；而当英镑汇率上升时，公司又可以动用定期收到的英镑来执行期权合约，当然，此时公司要损失一笔英镑现汇上的汇兑收益。

除此之外，期权的出售者还可以通过上面所介绍的各种交易策略，对期权头寸进行保护，在风险被抛补的情况下获得更多的收益。

3）国际投标中的运用

假设有一美国公司到日本去投标，投标的货币规定为日元，金额为JPY120 000 000。公司需要美元，希望能获得1 000 000美元资金，投标日为1月1日，当天的汇率为JPY121/US$1，决标日为3月1日，支付日为4月1日。如果该公司得标，在支付日公司将获得这笔日元。但是，由于支付日距投标日有3个月的时间，其间汇率会发生变化。如果汇率下跌，公司将遭受损失。

为避免外汇风险，公司决定在投标日就进行一笔远期外汇买卖，按JPY121/US$1的远期汇率，卖出3个月期日元期汇JPY120 000 000。然而这样一来，如果公司未能得标，它将因此而产生一个远期日元空头寸，承受外汇风险。但是，如果该公司在投标日不是到远期市场进行交易，而是到期权市场以JPY118/US$1的协定价格买入金额为JPY120 000 000的日元看跌期权，只要权利金不超过US$16 949（JPY120 000 000÷118−US$1 000 000），那么，如果公司不得标，它将不执行期权，只损失权利金；如果得标，公司就能保证收到1 000 000美元的资金。

本章小结

外汇期货合约（Currency Futures Contracts）自1972年5月16日开始使用。目前全世界大概有15家交易所从事外汇期货的交易，但仍以IMM市场最具有代表性。外汇期货合约主要由标准化期货合约、交易成本、合约交割日及最后交易日、交割方式、履约保证金、每日清算制度、报价等特性构成。

外汇期货市场的存在，给避免外汇风险的人们提供了套期保值的场所，同时，期货交易的"杠杆效应"和二级市场交易的灵活性，也使赚取风险收益的人们从事外汇投机成为可能。

期权（Option），也称选择权，是指具有在约定的期限内，按照事先确定的"执行价格"，买入或卖出一定数量的某种货币或金融工具契约的权利。外汇期权市场分为场内

（集中）市场和场外柜台（OTC）交易两种。外汇期权场外柜台市场产生较早，目前主要集中在纽约及伦敦，其交易主要是美元对英镑、德国马克、瑞士法郎、日元及加元等。

期权合约（合同）（Option Contract）是期权交易双方确定交易关系的正式法律文件，是一种标准化的契约。期权合约的内容一般包括买方、卖方、执行价格、通知日和失效日等，期权合约的唯一变量是期权价格。

期权的买方可以在到期日之前按照执行价格交割的期权被称为美式期权，而只能在到期日当天交割的期权则称为欧式期权。大多数在交易所交易的期权属于美式期权。

期权的执行价格从契约订定一直到契约到期时都固定不变，但标的资产的市价（Market Price）则随时间而波动。期权价格（Option Price or Premium）是其内含价值（Intrinsic Value）与时间价值（Time Value）的总和。

世界主要的外汇期权集中市场是位于美国费城的费城股票交易所（PHLX）及位于芝加哥的芝加哥商品交易所（CME），而在美国境外的外汇期权集中市场则以欧洲期权交易所（The European Options Exchange，EOE）及新加坡国际金融交易所（SIMEX）规模较大。

主要概念与观念

外汇期货合约　远期外汇合约　现货期权　期货期权　期权价格

基本训练

□ 知识题

8.1　外汇期货合约的基本特征是什么？

8.2　期权合约的一般特征有哪些？

8.3　外汇期权有哪几种类型？

8.4　欧式期权与美式期权有何不同？

8.5　期权购买者与期权出售者在权利与义务方面有何不同？为什么？

□ 技能题

8.1　某人预期瑞士法郎对美元会升值，于是在1月10日购买2份3月份到期的瑞士法郎期货合约，购买价为$0.5841/SFr1。在3月7日那天，该人决定将原有合约卖掉，卖价为$0.6012/SFr1。

（1）这个人的损益情况如何？

（2）如果3月7日的卖价为$0.5523/SFr1，则这个人的损益情况又如何？

8.2　某美国公司组织员工将于4个月之后赴瑞士旅游，估计在8月1日需备妥旅游费用500 000瑞士法郎。为避免瑞士法郎汇兑价值上涨，导致美元成本增加，该公司决定购买4份9月份到期的瑞士法郎期货合约，买价是$0.6502/SFr1，当日瑞士法郎对美元的即期汇率是$0.6471/SFr1。在8月1日那天，9月份到期的SFr期货合约价格为$0.7055/SFr1，当日瑞士法郎对美元的即期汇率是$0.6998/SFr1。

（1）试问该公司购买SFr500 000实际所花费的美元成本为多少？

（2）如果在8月1日那天，9月份到期的SFr期货合约价格为$0.6135/SFr1，当日瑞士法郎对美元的即期汇率是$0.6074/SFr1，试问该公司购买SFr500 000的实际美元成本为多少？

8.3　某公司有应付账款125 000瑞士法郎，6月初到期，公司决定在4月1日购买2单位6月份到期的SFr买权合约，执行价格为$0.66/SFr1，买价是$0.0098/SFr1。6月1日，该公司用对冲的方式结束合约，卖价是$0.0130/SFr1。当日瑞士法郎对美元的即期汇率为$0.6710/SFr1。

（1）试问该公司购买SFr125 000的实际美元成本为多少？

（2）如果在6月1日卖价为$0.0043/SFr1，当日即期汇率为$0.6639/SFr1，试问该公司购买SFr125 000的实际美元成本为多少？

□ 能力题

8.1　某公司应收账款300 000英镑，5月31日到期，该公司决定在2月1日采用6个月到期的期货合约来避险，然后在5月31日将合约用对冲结束。在2月1日，6月份到期的英镑期货合约价格是$1.6510/£1，该公司卖出5份此种合约，接着在5月31日买回冲销。5月31日，该期货合约价格为$1.6400/£1，当日英镑对美元即期汇率是$1.6325/£1。

要求：（1）请问该公司卖出£300 000所得美元总收入为多少？

（2）如果5月31日该期货合约价格为$1.6626/£1，当日英镑对美元即期汇率是$1.6580/£1，请问该公司卖出£300 000所得美元总收入为多少？

8.2　公司应收账款250 000瑞士法郎，9月1日到期，该公司决定在7月1日购买4单位9月份到期的瑞士法郎卖权合约，执行价格为$0.61/SFr1，买价为$0.0028/SFr1；在9月1日，该公司用对冲的方式结束合约，卖价是$0.0230/SFr1，当日瑞士法郎对美元的即期汇率是$0.59/SFr1。

要求：（1）请问该公司在应收账款上收回多少美元？

（2）如果9月1日那天，卖价是$0.0001/SFr1，当日瑞士法郎对美元的即期汇率是$0.62/SFr1，则该公司在应收账款上收回多少美元？

本篇案例分析

债市双向开放助推人民币国际化

伴随着人民币国际化的进程，人民币作为一种资本市场融资货币，已经被更多的债券发行人和投资人接受。一方面是人民币计价债券在离岸市场受到投资人热捧，另一方面是更多的发行人期待进入在岸人民币债券市场，债券市场的开放与人民币国际化的进程相互影响。而伴随着人民币可兑换进程的推进，在岸和离岸市场融合也将加速。

截至2014年8月，境内机构（不包括财政部）在香港地区累计发债1 187亿元人民币，一些机构还在中国台湾、伦敦和新加坡发行债券。另据统计，2014年离岸人民币债券市场已经创纪录地达到了3 580亿元人民币的规模。2014年10月以来，人民币债券市场上出现了两宗具有里程碑意义的交易，且这两宗交易都将起到不小的引领作用。一是中国银行境外优先股成功完成发行定价，这是中国国内商业银行发行的首例符合Basel III标准的其他一级资本工具；二是英国政府发行的首只以人民币计价的主权债券在伦敦证券交易所正式挂牌交易。不仅英国政府成为首个发行人民币主权债的外国政府，而且人民币也将成为英国国家外汇储备货币之一。交易公布后，市场反应良好，全球投资者认购踊跃，认购倍数达 1.93 倍，其中欧非地区投资者认购量超过 1/3。

与离岸人民币债券市场快速扩容同步，境内的"熊猫债"市场也迎来了不小的突破。"熊猫债"即外国机构在华发行的人民币债券的统称。此前，国际金融公司（IFC）和亚洲开发银行（ADB）这样的国际开发机构均曾在我国发行过人民币债券，但境外非金融企业从未作为发行主体发行过熊猫债券。3 月 14 日，梅赛德斯-奔驰（中国）的外方母公司戴姆勒股份公司首期 5 亿元定向债务融资工具成功簿记建档，由此成为首个在华发行人民币债券的境外非金融企业。

债市的开放只是一个缩影，中国资本市场的开放取得了不小的进展。从资本市场投资角度来看，2010 年，境外央行、人民币清算行及境外行可投资于境内银行间债券市场后，开放进一步扩展到境外的保险机构、国际金融组织和主权财富基金；2011 年，RQFII（人民币境外合格机构投资者）机制正式推出，目前 RQFII 境外试点地区包括中国香港、中国台湾、英国、新加坡、法国、韩国和德国，总额度达到 7 400 亿元人民币。而从资本市场融资角度来看，目前，境内金融机构和境内企业可在境外发行人民币债券，一些机构还在中国台湾、伦敦和新加坡发行债券。与此同时，在上海自贸区、深圳前海、苏州工业园区、天津生态城等试点地区，还开展了境内企业从境外银行融入资金试点。另外，以 2014 年初戴姆勒在中国银行间债券市场发行熊猫债为例，境外机构也可在境内资本市场进行融资。

到目前为止，贸易流推动了中国经济增长，而在未来资本流动将成为推动中国经济增长和人民币国际化的主要力量。中国国内负债市场对国际投资人和发行人的开放将加速人民币作为一种国际投资货币的崛起。

案例分析要求

（1）熊猫债券的性质是什么？国际上与此类似的债券有哪些？

（2）金融市场开放与人民币国际化的内在关联何在？

第 3 篇
外汇风险管理

【博学慎思】全球货币战正酣　新一轮宽松浪潮来袭[①]

进入 21 世纪以来，经济金融全球化高歌猛进，各国相互依赖相互影响，并且程度不断加深。这在客观上要求各国的政策和监管要加强协调，货币政策也不例外。国际金融危机之后的实践表明，各国央行共同推动货币宽松，一度让全球经济转危为安，在稳定全球经济金融体系方面发挥了积极作用。

2008 年 9 月全球金融海啸爆发，10 月，美国、欧元区、英国、瑞士、加拿大等央行同步降息 0.5 个百分点，同时中国央行积极跟进，于 10 月 8 日和 15 日先后降息 0.27 和 0.5 个百分点。此后，为了合作应对危机，早日实现复苏，各国央行在 2008 年 12 月、2010 年 10 月、2011 年 9 月、2012 年 7 月和 12 月均同步或相继采取了降息、注入流动性等措施。2013 年 5 月，由于全球主要经济体增长均显乏力，欧洲央行率先下调基准利率，在随后的 13 天内有 11 家央行先后跟进降息。

上述主要经济体纷纷实施宽松货币政策，尽管一度引发全球共度时艰患难与共的赞美，但不时还会传来货币战争正在进行的质疑。在区域性或全球性危机爆发时，一国先行主动推动货币贬值，往往能促进本国出口增长，取得相对于他国的竞争优势，有利于推动经济复苏。1997 年至 1998 年亚洲金融危机期间，东亚各国就曾出现竞争性贬值局面。但当各国货币都竞相贬值时，任何一方的出口优势都难以显现，反而会引发一系列连锁反应，导致危机的进一步蔓延和扩大，不利于区域经济金融稳定。这一教训直接催生了后来的东亚货币金融合作，达成了共同增强抵御外部金融风险能力的共识。

2015 年 1 月以来，以欧元区推出新一版 QE 和瑞士取消瑞士法郎汇率下限并降息为标志性事件，先后有十多个国家加入降息行列，宣告了新一轮全球货币宽松浪潮的到来。此次降息潮的最大不同在于缺少了美国的身影。与此相应的是，全球市场对美联储将于 2015 年加息的预期不断增强，近半年来美元指数持续上升。一边是美元指数上升，另一边是各国推动货币贬值，夹在中间的人民币遭遇政策选择难题。如果人民币跟随美元对其他货币升值，将会削弱我国的出口竞争力；如果人民币跟随各国货币步调实行贬值，虽然短期内可能有利于出口，但也不能根本改变我国低成本优势已经转化的严酷现实。

应对当前全球新一轮的"降息潮"和"货币战"，必须首先清醒认识和把握国内外环

---

① 高玉伟. 全球货币战正酣　新一轮宽松浪潮来袭 [N]. 经济日报, 2015-03-20.

境。放眼世界，2015年经济复苏形势恐怕不如市场预想的那么乐观，欧洲低速增长遭遇希腊债务危机，新兴国家经济金融稳定面临考验。反观中国，内有经济下行、产能过剩、信贷质量堪忧等难题，外有出口压力大、竞争性贬值等风险。在这样的条件和环境下，中国要应对挑战、推进发展，仅凭单一的货币政策或汇率政策是不够的，必须统筹谋划，综合施策。一是更加坚定地转向内需，发挥投资的关键作用和消费的基础作用。二是应引导和支持企业做好应对出口困局的准备，在尽力促进出口增长的同时，鼓励我国企业扩大进口，特别是要增加资源性商品以及高端装备和技术的进口，适度增加消费品进口。三是鉴于经济下行压力增加、物价涨幅水平偏低，未来中国货币政策宜适度趋松。四是我国在坚持人民币汇率市场化改革方向的同时，还需密切关注外贸顺差、外汇占款、跨境资金流动等变动趋势，既要让市场决定汇率走向，允许人民币适度贬值，也要保留在合适时机干预人民币汇率的可能性。在人民币对美元贬值的环境下，要密切关注外币贷款风险，避免过度的风险暴露，确保及时足额偿付。还要继续支持人民币国际化，鼓励在对外贸易和投资结算中更多地使用人民币，放宽对人民币境外投资的限制，允许更多的离岸人民币回流投资境内。五是加强国际宏观政策协调，避免以邻为壑，反对贸易和投资保护主义。

第 **9** 章 | 汇率预测与国际平价条件

学习目标

通过本章学习，应该达到以下目标：

知识目标：初步了解和掌握均衡汇率的概念及影响均衡汇率变动的主要因素。

技能目标：掌握国际平价条件的基本原理。

能力目标：熟悉汇率预测的基本方法和主要工具，学会利用汇率预测方法和工具进行汇率预测。

9.1 均衡汇率

9.1.1 汇率波动的计量

汇率是货币的价格表示，和市场上的其他商品一样，市场条件发生变化时汇率也会发生变化。图9-1列示了2002年8月到2022年6月欧元对美元现汇市场的汇率变动情况。从图中可见，欧元对美元的汇率处于波动下行，近期触底反弹。

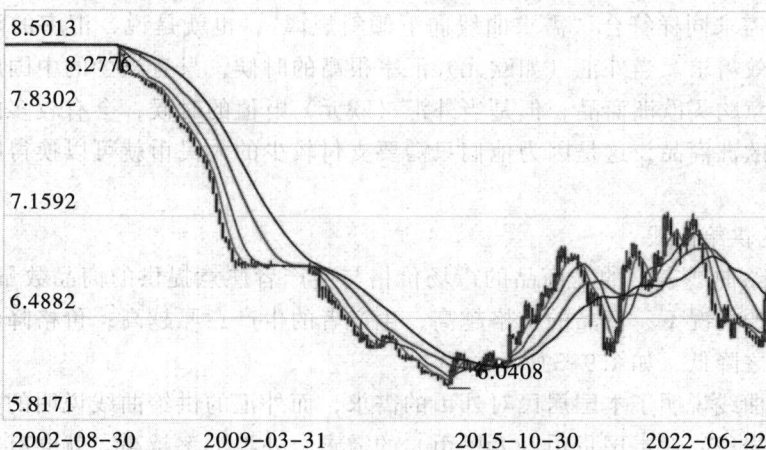

图9-1 美元对人民币汇率的变动（2002.8—2022.6）

我们可以通过比较两个不同时点的即期汇率来计算外币币值变动百分比，计算公式如下：

$$外币币值变动百分比 = \frac{S_1 - S_0}{S_0} \times 100\%$$

其中：S_0表示基期的即期汇率；S_1表示后期的即期汇率。

欧元对美元汇率在2022年1月13日为1.1429，在2022年7月13日为1.0033，在2023年1月5日为1.0614。对比2022年1月13日，2022年7月13日欧元对美元汇率变动了-12.21%（$\frac{1.0033-1.1429}{1.1429}\times100\%$）；而对比2022年7月13日，2023年1月5日欧元对美元汇率变动了5.79%（$\frac{1.0614-1.0033}{1.0033}\times100\%$）。变动百分比为负，说明外币币值下降，即外币贬值；变动百分比为正，说明外币币值上升，即外币升值。

9.1.2　均衡汇率

在竞争性产品市场中，供给和需求是影响产品价格的主要因素。

1）外汇的需求曲线

生活中，我们通常会发现在其他条件不变的情况下商品的价格越低，人们愿意购买的数量越多；价格越高，人们的购买意愿越低。经济学上，将商品价格与需求数量之间的关系直观地反映为需求曲线，如图9-2所示。

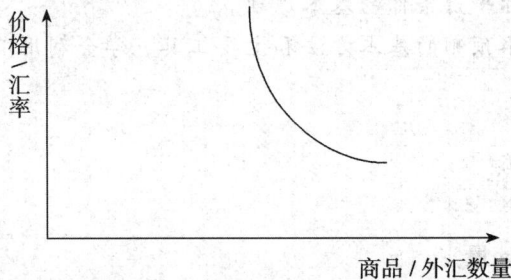

图9-2　商品/外汇需求曲线

需求曲线反映了需求数量和价格之间的关系，这条曲线由上向下倾斜，经济学家称之为"需求曲线向下倾斜规律"，该规律适用于一切普通商品。

对外汇的需求同样符合"需求曲线向下倾斜规律"，也就是说，汇率的降低会带来对外汇的新的有效需求。当外汇（如欧元）汇率很高的时候，只有较少的中国居民（包括企业和个人）愿意购买欧洲商品；但是当外汇（欧元）贬值的时候，会有较多的中国居民愿意购买更多的欧洲商品，这是因为他们只需要支付较少的人民币就可以换得购买商品所需要的欧元数额。

2）外汇的供给曲线

商品的供给曲线表示的是商品的市场价格与生产者愿意提供的商品数量之间的关系。其他条件不变的情况下，商品的价格越高，生产者的生产意愿越高；价格降低，生产者的生产意愿也随之降低，如图9-3所示。

外汇需求曲线说明了本国居民对外币的需求，而外汇的供给曲线说明的是外汇发行地居民（欧元区居民）对本国货币（人民币）的需求。外汇汇率越高，就会有越多的欧洲居民愿意出售手中的欧元换取人民币或购买人民币商品；如果外汇汇率下跌，欧洲居民愿意出售的外汇（欧元）数量就随之减少。

3）均衡汇率

汇率表示的是以一种货币买卖另一种货币的价格。将需求曲线与供给曲线结合起来，就可以说明市场汇率的决定过程，如图9-4所示。

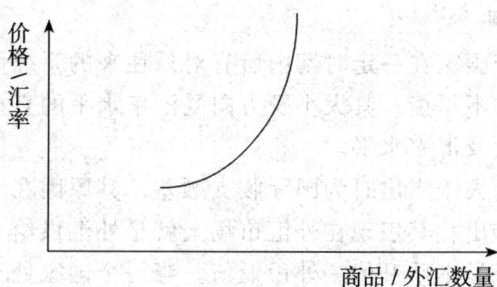

图9-3 商品/外汇供给曲线

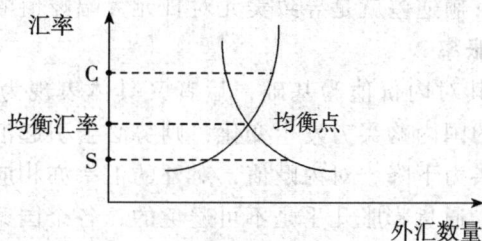

图9-4 均衡汇率的决定

外汇供给曲线和需求曲线的交汇点所决定的汇率就是均衡汇率，此时，外汇需求者愿意购买的外汇数量正好等于外汇供给者愿意出售的外汇数量。

均衡汇率以外的其他汇率水平都是不稳定的。如在S点，外汇供给者愿意提供的外汇数量不足以满足市场的外汇需求，通常情况下，会有部分需求者愿意支付较高的价格（汇率）来取得所需的外汇，因此，汇率面临上升的压力。但汇率的上升也是有限度的。假设汇率上升到了C点，外汇的供给量超过需求量，这时反过来会有部分供给者选择降低价格（汇率）出售持有的外汇，汇率因此又趋于下跌。

只有在供给曲线和需求曲线的交点，愿意供给的外汇数量和愿意购买的外汇数量相等，汇率才处于均衡状态。当然，这个价格往往不是立即达到的，通常会有一个上下波动、矫正误差的过程，之后，汇率就稳定在均衡状态。直到供给曲线和需求曲线两者之一或两者都发生变动时，原先的均衡状态被打破，经过调整，市场将达到新的均衡。

9.2 影响均衡汇率变动的因素

均衡汇率是外汇供给和需求的函数，因此影响外汇需求曲线和供给曲线变动的因素也会对它产生间接影响。

影响汇率变动的因素很多，既包括国内因素也包括国际因素，既包括经济因素也包括社会因素、政治因素，因此，汇率的变动经常让人感觉捉摸不定、难以预测。不同货币制度下，汇率的影响因素也各不相同[1]。在现行的纸币本位制[2]下，最常用来分析汇率变动的经济因素包括国际收支差额、相对通货膨胀率、相对利率、经济发展实力、政府的管制与干预、投机资本、心理预期等。

---

[1] 金本位制下，汇率取决于铸币平价，即货币本身的价值，而影响汇率变动的因素主要包括供求关系和黄金输送点。汇率在黄金输送点的界限内波动。

[2] 1978年4月1日之前的纸币本位制处于规定有法定含金量的时期，1978年4月1日之后则进入现行的无法定含金量纸币时期。本章以下的论述，均以现行的无法定含金量纸币时期为背景。

9.2.1 国际收支差额

国际收支指的是一个国家在一定时期内所有对外往来的系统性的货币记录。国际收支差额指的是自主性交易的不平衡，其大小及方向受汇率水平的直接影响，但同时又反作用于外汇市场的外汇供应量及汇率水平。

一个国家的国际收入大于支出时为国际收支顺差，其原因在于出口等取得的外汇收入大于进口等耗用的外汇支出；其表现在外汇市场上就是外汇供给大于需求，同时外国对本国货币需求增加；其后果是本币升值、外币贬值。当一个国家处于国际收支逆差时，其外汇支出大于外汇收入，对外汇的需求大于供给，因而本币相对外币贬值。20世纪80年代，美国对日本长期持续的巨额逆差就是导致美元对日元大幅贬值的主要原因。

9.2.2 相对通货膨胀率

货币的对外价值以其对内价值为基础，后者又具体表现为在货币发行国的国内购买力。如果一种货币代表的国内购买力发生变化，则势必会引起汇率的相应变化。发生通货膨胀的情况下，货币购买力下降、对内贬值，对外的汇率亦相应下跌。

在纸币本位制度下，通货膨胀几乎是不可避免的，各个国家在不同时期都可能发生通货膨胀。汇率是两国货币的比价，那么，决定汇率变动的就不仅仅是一个国家的通货膨胀水平，而是两个国家通货膨胀率的比，也就是说，如果两个国家都发生了通货膨胀，那么低通货膨胀国家的货币相对高通货膨胀国家的货币升值，而后者相对前者贬值。

9.2.3 相对利率

利率是货币资产的价格。对筹资者而言，利率是取得资金使用权所需支付的代价；对投资者而言，利率是放弃资金使用权可得的收益。利率上调时，本币价格升高，外汇市场上本币供应量减少而流入的外币资本增加，从而对本币的需求增加，最终推动本币升值；利率下调，则会引起资本外流，增加对外币的需求，并推动外币升值。

对金融管理部门而言，利率更大程度上是一种政策工具。一个国家提高利率通常是为了紧缩银根，减少本国货币供应量，而在外汇市场上本币会因此在短期内升值；相反地，一个国家调低利率主要是为了放松银根，增加货币供应量，而在外汇市场上就表现为本币在短期内贬值。另外，利率还会通过利率平价作用[①]对远期汇率产生影响。

与通货膨胀因素类似，各个国家都会根据自身经济的发展特点适时地调整本国货币的基准利率，因此影响汇率变动的同样不仅仅是一个国家的利率变动情况，还有两个国家利率变动幅度的对比。也就是说，如果两个国家都对本国货币的利率进行调整，那么上调幅度大的货币升值，上调幅度小的货币贬值。

9.2.4 经济实力

从理论上讲，一个国家的经济实力是决定其货币汇率水平的基石，或者说是其货币价值的基本面。从长期来看，国家经济实力越强，其货币币值的物质基础越坚实，这是因为持有该国货币可以购买到更多的商品；相反地，国家经济发展不景气，则货币走势比较疲弱。

但应明确的是，汇率走势，尤其是短期汇率走势，并不完全取决于其经济发展，而是许多因素的综合反映。

---

① 有关利率平价的内容，具体可参见本章第3节。

9.2.5　政府的管制与干预

目前世界各国实行多样化的汇率制度。在部分国家，尤其是发展中国家仍实行严格或较为严格的外汇管制政策。但就全球范围来看，放宽外汇管制乃是大势所趋，特别是自20世纪80年代以来，包括美国、日本在内的多数西方发达国家已经逐步放宽了对外汇的管制，转而采取有管理的浮动汇率。当外汇市场汇率波动对经济、贸易产生不利影响时，这些国家的政府就可能参与外汇市场买卖，也就是通过"公开市场业务"大量买进或卖出本币或外汇，从而改变外汇供求关系以达到调节汇率的目的。

一个国家掌握的国际储备的多寡是其进行公开市场业务的基本保障。国际储备越多，表明政府干预外汇市场、调节货币汇率的能力越强，因此，一个国家的外汇储备增加，往往会增加外汇市场对本国货币的信心，有利于本币汇率的稳定。

9.2.6　投机资本

在1997年东南亚金融危机中，以泰国为代表的东南亚国家为了抵抗国际投资资本对泰铢的冲击，试图动用其高达300亿美元的外汇储备来稳定其联系汇率体系，结果在一个月左右的时间内，这笔外汇就花得所剩无几，而泰铢一路下泻的趋势没有丝毫改变。绝大多数学者认为，在动辄数千亿美元的国际投机资本的冲击下，任何一个国家都难以抵挡，小国家的货币的生存空间更是狭小。

在西方各国逐步放松外汇管制和资本流动管制的背景下，投资资本已经成为影响外汇市场、影响短期汇率形成的不可忽视的因素。

9.2.7　心理预期

对经济、政治和社会的心理预期有时也会影响外汇市场的汇率走势。通常情况下，心理预期是针对某些刚刚出现的信号作出的反应，并且大多具有"自我击败（Self-defeating）"的特征。例如，21世纪初美国经济趋于疲软，人们预期欧元将相对升值，于是开始抛出美元、买入欧元。经过一段时间，当美国经济放缓得到确认时，人们已经持有了足够的欧元，因而没有人再买入，欧元就失去了升值的动力。从表面现象来看，心理预期失灵了。此外，部分投资者开始抛出欧元，导致欧元出现经济基本面向好但货币却走软这一看似异常的局面。

应该明确的是，影响外汇市场汇率变动的因素很多，远不止上述所列举的7种，而且其作用机理也很复杂，它们的影响并非绝对的、孤立的，而是多种因素交叉和综合的。

9.3　国际平价条件

汇率的决定理论有很多，国际平价条件是其中影响比较广泛的一类。

9.3.1　一价律

一价律（Law of One Price，LOP）的基本思想认为：同样的商品在不同的地方应该有同样的价格。假设美国和中国生产的牛肉具有同样的品质，那么在美国购买1千克牛肉付出的成本和在中国购买1千克牛肉付出的成本应该是一样的。以公式表示为：

$$P_{(a,\ t)} = S_t \cdot P_{(b,\ t)}$$

其中：$P_{(a,\ t)}$ 表示美国 t 期1千克牛肉的价格；$P_{(b,\ t)}$ 表示中国 t 期1千克牛肉的价格；S_t 表示人民币在 t 期的即期汇率。

在没有交易费用的情况下，如果一价律不成立，就会出现利用贩运牛肉进行套汇的机会，并使一价律很快恢复正常。例如，1 千克牛肉在美国的价格是 1 美元，而在中国的价格是 10 元人民币，一价律确定的美元对人民币的汇率是 1 美元=10 元人民币。如果实际汇率是 1 美元=8 元人民币，那么，投机者将投入 4 美元从美国购入 4 千克牛肉贩运到中国出售，并将获得的 40 元人民币收入兑换为 5 美元，最终可实现 1 美元的无风险收益。大量套利者进行的套利行为将改变汇率或改变商品价格。在美国，对牛肉的需求量大幅增加将会促使牛肉价格上涨；在中国，牛肉的价格将随着供应量的大幅增加而下降。同时，投机商要大量卖出人民币换取美元，因此迫使美元汇率从 1 美元=8 元人民币的价位上升。

一价律的有效性是建立在如下几个假设的基础上的：

（1）没有交易成本。在上面的例子中，我们不考虑运费、保险费等费用项目。

（2）不存在贸易壁垒，包括关税壁垒和非关税壁垒。

（3）商品具有相同的品质，市场具有同样的偏好。

显而易见，这些假设都与现实经济存在一定的距离。最终决定商品价格的是国内市场而不是国际市场，不同国家之间的商品价格水平虽然通过国际贸易存在一定联系，但是，一方面，商品的交易成本不可能为零，另一方面，可贸易商品毕竟只是社会商品总量的一个组成部分，还有很多商品是不可贸易的，比如电力产品等。所以，一价律实际上只适用于那些非常相似的可贸易商品。

9.3.2 购买力平价理论

购买力平价（Purchasing Power Parity，PPP）理论，又称为"3P说"，是瑞典经济学家 G.Cassel 在总结前人零星看法的基础上于 1922 年系统提出的，目前已经成为影响最为广泛的汇率决定理论。

由于一价律不适用于大部分商品，而且一般消费者都需要购买多种商品，因此购买力平价理论的提出是有必要的。购买力平价理论实际上假设的是在不同的地方生活成本是一样的。根据静态和动态形式，购买力平价可以区分为绝对购买力平价和相对购买力平价。

1）绝对购买力平价

绝对购买力平价将汇率定义为国家间价格水平的比，以公式表示为：

$$P_{(h, t)} = S_t \times P_{(f, t)}$$

其中：$P_{(h, t)}$ 表示本国 t 期的一般物价水平；$P_{(f, t)}$ 表示外国 t 期的一般物价水平；S_t 表示 t 期的即期汇率。

一般物价水平，指的是一个国家一揽子商品和劳务的总价格水平。从这个角度看，绝对购买力平价理论是一价律在社会商品总量基础上的体现，因此，它也难以排除一价律的固有缺陷。此外，实务中对于如何测度一般物价水平还存在一定的分歧且其操作难度比较大，这也是绝对购买力平价概念的一个重要的不足之处。

2）相对购买力平价

相对购买力平价并不回避商品交换过程中发生的交易成本，它认为由于关税、非关税壁垒、运费、保险费等因素的存在，同一产品在不同国家的价格未必相等，但如果这些影响因素保持不变，那么同一产品的价格变动幅度应该相等。也就是说，相对购买力平价观点认为，两种货币之间的汇率变动是由两个国家的相对通货膨胀率所决定的，以公式表示为：

$$\frac{P_{(h,\,t+1)}}{P_{(h,\,t)}}=\frac{S_{(t+1)}}{S_t}\times\frac{P_{(f,\,t+1)}}{P_{(f,\,t)}}$$

$$\Rightarrow 1+\prod_h=\frac{S_{(t+1)}}{S_t}\times(1+\prod_f)$$

$$\Rightarrow \frac{1+\prod_h}{1+\prod_f}=\frac{S_{(t+1)}}{S_t}$$

其中：$P_{(h,\,t)}$，$P_{(h,\,t+1)}$ 分别表示本国 t 期和 t+1 期一般物价水平，可以用本国物价指数表示；$P_{(f,\,t)}$，$P_{(f,\,t+1)}$ 分别表示外国 t 期和 t+1 期一般物价水平，可以用外国物价指数表示；S_t，S_{t+1} 分别表示 t 期和 t+1 期的即期汇率；$\prod_h$，$\prod_f$ 分别表示本国和外国的通货膨胀率。

这个等式表明两个国家 t 期到 t+1 期的汇率变动可以由该期间这两个国家的相对通货膨胀率确定。在通货膨胀不是很严重的情况下，上式还可以进一步简化为：

$$\prod_h-\prod_f\approx S_{t+1}-S_t$$

假设英国和美国当年的通货膨胀率分别为 3% 和 5%，那么根据相对购买力平价理论，英镑的汇率应该上升而美元相对英镑贬值，汇率变动幅度大致为 2%（5%-3%）。如果期初汇率（S_t）为 1 英镑值 1.5 美元，那么期末 1 英镑就大约值 1.53 美元（1.5×1.02）。

如果说绝对购买力平价理论解释了汇率的决定基础，那么，相对购买力平价理论解释的是汇率变动的内在规律。两种购买力平价概念总的来说都持这样的观点：货币的数量决定货币的购买力和物价水平，进而影响汇率。

但是，在应用相对购买力平价理论时还存在诸如此类的一系列问题：

（1）每个国家都会定期公布各种物价指数，如国内生产总值消胀指数、批发物价指数、消费物价指数等，但是应该取哪一种物价指数作为计算基础，至今没有定论。此外，不同国家的商品分类标准也不尽一致，同一种物价指数在不同国家有着不同的计算口径。

（2）购买力平价理论内在假设基年的汇率是均衡汇率[①]，这种假设存在一定的主观性。

（3）购买力平价理论认为货币数量是决定货币购买力和物价水平的唯一原因，但实际上影响物价水平的因素还有很多，如生产要素、技术、投资、储蓄等，这种假设无疑具有一定的片面性。

（4）购买力平价理论确定的是均衡汇率，在实践中还会出现许多原因使实际汇率偏离购买力平价，如政府的管制或干预、长期资本流动、外汇市场的投机行为、对通货膨胀的不对称预期等。

尽管购买力平价理论在理论上存在诸多不足，但在经济实践中，它仍不失为一个解释汇率变动、预测汇率趋势的重要依据。实证研究表明，购买力平价理论至少从长期上反映了汇率变动和通货膨胀率之间的某种关系，并且这一关系在通货膨胀率较高和资本市场较不发达的国家中表现得更为明显。

9.3.3 国际费雪效应

购买力平价理论反映的是通货膨胀率与汇率之间的关系，而费雪效应则表明了一个国家内名义利率与通货膨胀率之间的数量关系：

---

① G.Cassel 明确指出，不是任何一个以前的时点的即期汇率都可以作为基期汇率，只有等于绝对购买力平价时期的汇率才是合适的基期汇率，如果基期选择不当，报告期的均衡汇率的计算就会出现较大的偏差。

1+名义利率＝（1+实际利率）×（1+预期通货膨胀率）

或者近似表示为：

名义利率≈实际利率+预期通货膨胀率

假设英国的名义利率为6.6%，预期通货膨胀率为4%，那么实际利率为2.5% $(\frac{1.066}{1.04}-1)$。

在研究过程中，学者们注意到这样一个现象：高通货膨胀率的国家，其名义利率也高；低通货膨胀率的国家，其名义利率也低。通过进一步的分析发现，虽然不同国家的名义利率和通货膨胀率各有不同，但是实际利率基本维持在3%左右。

国际费雪效应（International Fisher Effect，IFE）就是费雪效应在国际范围内的应用，它假设每个国家的投资者要求得到的实际利率都是一样的，那么，名义利率的差异反映的就是各个国家的预期通货膨胀率的不同。用公式大致可以表示为：

$$\frac{1+i_f}{1+i_h}=\frac{1+\prod_f}{1+\prod_h}$$

其中：i_h，i_f分别表示本国和外国的名义利率；$\prod_h$，$\prod_f$分别表示本国和外国的预期通货膨胀率。

假设一个投资者现有一笔资金可以投资于本国货币市场证券，也可以投资于以外币表示的外国货币市场证券。

前一种情况下，他的预期收益率E_r就是所投资的证券提供的收益率i_h，即：

$E_r = i_h$

后一种情况下，他的预期收益率E'_r不但取决于外国证券提供的收益率i_f，而且受外币币值变动（f）的影响，即：

$E'_r = (1+i_f)(1+f)-1$

根据国际费雪效应，对外国投资和对本国投资的收益率应该是一样的，即$E_r = E'_r$，也就是：

$i_h = (1+i_f)(1+f)-1$

$\Rightarrow f = \frac{1+i_h}{1+i_f}-1$

也就是说，当本国名义利率大于外国名义利率（$i_h > i_f$）时，f>0，本币趋于贬值；当$i_h < i_f$时，f<0，本币趋于升值。

假如1年期国内银行存款利率为8%，1年期外国银行存款利率为10%，本国投资者要求两种投资的实际收益率一样，那么在投资期内外币必然发生贬值，贬值幅度为1.82% $(\frac{1+8\%}{1+10\%}-1)$。

9.3.4 利率平价理论

利率平价理论（Interest Rate Parity Theorem）认为远期汇率和即期汇率的变动幅度取决于两个国家的利率差。该理论由凯恩斯在1930年首次提出，之后经英国经济学家保罗·艾因其格等人的发展，将远期汇率与即期汇率和不同利率联系起来。

假设一个投机商有90天期的资金150万美元可供投资，已知：

（1）即期汇率：1英镑=1.50美元；

（2）90天远期汇率：1英镑=1.50美元；

（3）美国90天利率3%；

（4）英国90天利率4%。

那么，该投机商有两个投资方案：

第一方案，直接进行美元投资。90天后可以得到本息合计154.5万美元（150×1.03）。

第二方案，将150万美元按即期汇率兑换为100万英镑（$\frac{150}{1.50}$），同时签订90天远期合约。90天后，可得投资本息合计104万英镑（100×1.04），并执行远期合约，得到156万美元（104×1.50）。

对比第一方案，第二方案可多获益1.5万美元，也即存在着抛补套利的机会。如果有很多投机商参与抛补套利，这将对外汇市场产生一系列的影响：即期外汇市场上，投机商们要卖出美元买入英镑现汇，因此英镑的即期汇率面临上升的压力；但是在远期外汇市场上情况正好相反，投机商们要卖出英镑买入美元，因此英镑的远期汇率面临下降的压力。该套利作用会不断持续，直到该套利空间不存在为止，也就是：

$$150 \times (1+3\%) = \frac{150}{S_t} \times (1+4\%) \times S_{t+1}$$

以通用公式表示为：

$$A \times (1+i_h) = \frac{A}{S_t} \times (1+i_f) \times S_{t+1}$$

$$\Rightarrow \frac{1+i_h}{1+i_f} = \frac{S_{t+1}}{S_t}$$

其中：A表示本金；i_h，i_f分别表示本国和外国的利率；S_t，S_{t+1}分别表示即期汇率和远期汇率。

前面的例子中，如果其他条件保持不变，而90天远期汇率调整为1英镑=1.4856美元，那么直接投资美元方案和抛补方案所得是一样的，套利机会不复存在，也就是说，汇率等于无抛补利率平价。

在大多数情况下，上面的公式还可以进一步简化为：

$$\frac{i_h - i_f}{1+i_f} = \frac{S_{t+1} - S_t}{S_t}$$

$$\Rightarrow f \approx i_h - i_f$$

其中：f表示汇率变动幅度。

利率平价理论认为利率差是汇率变动的主要原因，即期汇率和远期汇率之间的差异近似等于两国的利率差，这一关系是预测远期汇率的重要工具。

利率平价是国际金融中一个十分重要的关系，它实质上是一价律在证券金融市场中的应用，其基本思想是：在相同的标价法下，同一证券在不同的金融市场应有相同的价格。有关利率平价最好的例证是欧洲货币市场，因为这个市场的交易费用很低，也不存在税收和政府干预的问题。但在其他金融市场中，实际的短期汇率通常不恰好等于无抛补利率平价，还存在一定的偏差，其原因在于：（1）利率平价理论没有考虑资金转移的交易成本；（2）一个国家的利率结构通常表现为多重利率而不是单一利率；（3）资金供给弹性有限等。

9.3.5 购买力平价理论、国际费雪效应与利率平价理论的比较[①]

购买力平价理论、国际费雪效应和利率平价理论分别从不同角度对汇率的决定作了解析。购买力平价理论和国际费雪效应重点分析一种货币的即期汇率如何随着时间而改变，而利率平价理论侧重于分析即期汇率和远期汇率为什么存在差价及如何确定差价的大小。

购买力平价理论认为即期汇率是随着相对通货膨胀率的改变而改变的，国际费雪效应则认为即期汇率是随着相对利率的改变而改变的。由于相对通货膨胀率是影响相对利率的主要原因，因此，购买力平价理论和国际费雪效应本质上是一致的。

三种理论的比较大致归纳为表9-1。

表9-1　　　　　　　　　购买力平价理论、国际费雪效应和利率平价理论的比较

理　论	主要变量	理论内涵
购买力平价理论	即期汇率变动 相对通货膨胀率	一种货币与另一种货币的即期汇率随着两国相对通货膨胀率的改变而改变
国际费雪效应	即期汇率变动 相对利率	一种货币与另一种货币的即期汇率随着两国相对利率的改变而改变
利率平价理论	远期汇率变动 相对利率	一种货币与另一种货币的远期汇率包含两国利率差价决定的升水或贴水

除了国际平价条件外，主要的汇率决定理论还包括国际借贷学说、汇兑心理学说、汇率货币论、合理预期理论、资产组合理论等，它们分别从不同的角度选择不同的经济指标来衡量货币的价值。这实质上也从一个侧面再次说明了汇率是受多重的、复杂的因素共同影响这样一个事实。

9.4　汇率预测

如前一部分所说的，汇率的影响因素复杂多样，汇率的决定理论也是多种多样的，至于哪个理论更为实用至今仍难有定论，而跨国公司在进行投融资等一系列决策时，又不能不考虑汇率波动的影响，因此汇率预测仍是跨国公司经营决策中重要的一环。

汇率预测的方法很多，大体上可以划分为基本分析法、技术分析法、市场预测法和混合法四类。

9.4.1 基本分析法

基本分析法是指以相关经济变量与汇率之间的内在联系为基础而进行的汇率预测。主要的相关经济变量包括前面介绍过的通货膨胀率、利率等，在预测过程中往往需要结合特定的汇率决定理论，并利用特定的预测模型进行预测。

1）主要的预测模型[②]

（1）传统流量模型（The Traditional Flow Model）

传统流量模型从外汇市场的供求关系分析入手，考察不同经济变量对国际收支水平的

① MADURA. International financial management [M]. 5th Edition. Cincinnati, OH: South-Western College Publishing, 1998.
② SHAPIRO. Multinational financial management [M]. Boston, MA: Allyl and Bacon Inc., 1986: 132-137.

影响，并通过对国际收支不平衡（包括经常项目、资本和金融项目以及总收支的不平衡）的预估来预测货币供求关系的变化，进而预测汇率的走势。

（2）资产市场模型（The Asset Market Model）

资产市场模型侧重于从中短期角度进行汇率决定和汇率变动分析。该模型将货币看作一种类似于股票、债券的金融资产，其价格主要取决于资产的内在价值及人们的偏好。作为两种资产相对价格的汇率，其价格也主要取决于货币的内在价值和人们的偏好，而受短期性、临时性事项的影响较小。

在资产市场模型下，汇率对国际收支中经常项目的失衡不敏感，但是资本和金融项目所反映的国际资本流动却能够影响短期汇率的变动，这是因为资本流动本身反映的是金融资产的交易。此外，该模型还认为，经济发展前景看好的国家的货币趋强，这是因为货币和其他金融资产一样，其价格也包含了对国家未来经济状况的预期成分。例如，美国在1981年至1985年间贸易赤字不断，但美元依然坚挺，一部分原因是美国的真实利率较高，另一部分原因则是外国人对美国的长期经济前景看好，在房地产和股票市场进行了大量的投资。

（3）经济计量模型（The Econometric Model）

随着计算机技术的广泛应用，经济计量模型得到进一步的发展。这一方法主要是分析各种与汇率变动有关的经济变量，依据它们之间的关系构建数学模型，运用过去的实际数据确定模型中的参数并加以检验，然后将已知的预测条件代入模型，通过模型确定的数量关系，得到未来汇率的预计值。

常见的经济计量模型包括随机游走模型（Random Walk Model）、价格自由浮动模型（Frenkel-Bilson 模型或 F-B 模型）、价格粘滞模型（Dornbusch-Frankel 模型或 D-F 模型）和带有经常项目的价格粘滞模型（Hooper-Morton 模型）等[①]。

除了这些基本分析方法之外，当然还可以运用前面所介绍的购买力平价理论、利率平价理论等，通过相对通货膨胀率、相对利率等相关经济参量的分析进行汇率预测。

2）基本分析法的缺陷

（1）相关经济参量预测精度难以保证

基本分析法的出发点是相关经济参量与汇率之间的内在联系，不同的预测模型需要不同的经济参量作为模型的输入物。对相关经济参量的预测越准确，就越有利于提高汇率预测的精度，但是，要准确地预测诸如预期通货膨胀率、预期货币发行总量等经济参量同样也有很大的难度。

（2）相关经济参量对汇率的作用时间难以估计

相关经济参量发生变化后，通常会对一个国家货币的币值产生影响，但是具体的影响时间却难以估计。通货膨胀对汇率的影响可能需要半年甚至一年之后才会完全表现出来，而预测模型难以对此作出调整。

（3）无法反映定性因素的影响

首先，所有的预测模型都是以"其他条件不变的情况"为前提条件的，这种假设本身就存在很大的主观性，影响汇率变动的因素多数是共同发生作用的，其影响方式是复杂而

---

① 宋立刚，徐宽. 外汇理论与预测方法 [M]. 北京：中国人民大学出版社，1990：303-304.

多变的。

其次，预测模型通常只能就定量指标的影响作出预测，而对于那些难以定量化因素的影响，就难以用模型予以量化了。例如，码头工人罢工导致进口商品短缺，从而减少对外币的需求，进而导致外币汇率面临下调压力。对于这种情况，大部分预测模型是无能为力的。

（4）外部环境变化对模型适用性的挑战

大部分预测模型是对历史数据的回归分析，这样的分析方法大都建立在"未来是历史的延续"假设的基础上的，但在信息化的现在，该假设的合理性和有效时限正面临着越来越严峻的挑战。即使模型建立的理论基础是正确的，模型的系数可能也需要不断地作出调整，才能适应外部环境的变化。

9.4.2 技术分析法

汇率预测的技术分析法类似于股票价格的技术预测法，它主要着眼于汇率变动本身的行为方式，同时依据历史交易的价格和成交量等指标对未来汇率进行预测。

目前应用于股票市场和外汇市场趋势分析的技术方法有数十种之多，其中应用最广泛的是绘图法。经过长期的经验积累和理论研究，华尔街提出了包括道氏理论、波浪理论等在内的多种理论，为发展和解释图表提供了理论依据。市场上的技术派人士认为，图表上绘出的汇价走势提供了在恰当时机进行外汇交易所需的全部信息；极端的技术派人士甚至认为没有必要知道外汇的种类和性质，只需对图表进行恰当的解释即可。

大部分技术分析是基于这样一个前提的，即汇率的历史走势可以用来预测未来的走势。但现今越来越多的文献认为，以此作为技术分析法的前提是错误的。这是因为在一个有效的市场中，价格反映了所有可以得到的信息（历史的、现在的以及预测的），货币价格（汇率）是随机游走的，价格之间是彼此独立的，今天的汇率上升并不意味着明天的汇率会上升、下降或不变。随着有效市场假说的认识不断深入，关于技术分析法的争论也不断被引向更深层次。

技术分析法更多的是关注汇率的短期趋势，因此它无法适应跨国公司经营决策的全方位需求。

9.4.3 市场预测法

市场预测法是指根据市场指标进行汇率预测的方法。常见的市场指标包括即期汇率、远期汇率等。

如果市场预期欧元对美元会升值，投资者就会马上抛出美元买入欧元以期获得日后欧元升值带来的利益，但是大量的交易会使欧元汇率立即上升，此时，即期汇率就反映了市场对欧元未来即期汇率的预期。由此可见，企业可以利用即期汇率预测未来汇率。

更多的企业倾向于以远期汇率为基础预测未来汇率，它们认为远期汇率是对未来即期汇率的可靠预测，因此，这些企业只需要适时追踪远期外汇市场的报价就可以方便地进行汇率预测。但是，也有人对此提出异议，他们认为外汇市场上存在庄家，庄家对市场价格的操纵会使汇率偏离其内在价值。

外汇远期市场的交易期限有1月期、2月期、3月期、6月期及1年期，其中以3个月期的居多，1年期以上的就很少了，因此虽然有时也可以找到2~5年期的远期汇率，但是仍然无法满足企业长期决策的需要。于是，汇率咨询服务应运而生，主要的服务机构包括部分大型商业银行（如花旗银行、大通曼哈顿银行等）、商务国际（Business

International）、沃顿经济预测协会（Wharton Econometric Forecasting Associates）等。它们运用不同的方法进行汇率预测，有偿地为客户提供任何货币短至1天、长至10年的汇率预测服务。1979年，R.M.Levich将咨询机构的预测与远期汇率进行比较，结果发现只有5%的1月期预测比远期汇率准确，14%的3月期预测比远期汇率准确。该结果远远出乎那些花费了大笔咨询费的企业的预料。

9.4.4 混合法

由于每一种预测方法都各有长处和不足，因此，一些跨国公司同时采用多种预测方法，并根据采用不同方法得出的不同预测值计算其加权平均值，以此作为未来汇率的预测值。

本章小结

影响均衡汇率变动的因素有很多，这些因素主要有国际收支差额、相对通货膨胀率、相对利率、经济发展实力、政府的管制与干预、投机资本、心理预期等。这些因素对汇率的作用机理很复杂，影响也并非绝对、孤立的。

国际平价条件是汇率决定理论之一，具体包括：（1）购买力平价理论；（2）国际费雪效应；（3）利率平价理论等。它们各自从不同角度对汇率的决定作了解析。购买力平价理论认为，即期汇率是随着相对通货膨胀率的改变而改变的；国际费雪效应认为，即期汇率是随着相对利率的改变而改变的；利率平价理论则侧重于分析即期汇率和远期汇率为什么存在差价及如何确定差价的大小。

常用的汇率预测方法包括：（1）基本分析法；（2）技术分析法；（3）市场预测法；（4）混合法。由于汇率的影响因素很多、很复杂，到目前为止也没有证据表明哪种预测方法始终优于其他预测方法，这给企业跨国经营的外汇风险管理带来了很多难题。

主要概念与观念

均衡汇率　一价律　购买力平价　国际费雪效应　利率平价　基本分析法　技术分析法　市场预测法　混合法

基本训练

□ 知识题

9.1 简要说明各种因素如何影响人民币相对于美元的均衡汇率。

9.2 什么是国际平价条件？绝对购买力平价和相对购买力平价有什么异同？

9.3 请说明一价律为什么不是普遍存在的。

9.4 什么是费雪效应？什么是国际费雪效应？费雪效应、国际费雪效应与购买力平价条件之间的关系如何？

9.5 什么是利率平价理论？国际费雪效应、购买力平价理论与利率平价理论之间有何异同？

9.6 汇率预测的基本方法有哪几种？适用性如何？

□ 技能题

9.1 以下是2014年9月的一则财经消息：外汇市场上的大批日本散户，即所谓的"渡边太太"，正反手卖出日元。市场参与者和数据暗示，在日元最近跌至6年低位后，她们就开始买入美元，做空日元。这些散户被虚构为在厨房餐桌上使用笔记本电脑进行外汇套利的家庭主妇，她们大举涉入日元交易，而且时常逆向操作。这次，在日本央行印钞之际，她们顺着市场动力交易，押注日元将进一步走弱。当年多数时候，"渡边太太"以及志同道合的日本散户"普遍是在101日元左右买进美元，在104日元附近抛售日元"。该策略相当奏效，美元自1月以来便徘徊于100~105日元的区间。但本月初，市场以及"渡边太太"们的做法发生了改变，当时因美联储和日本央行的政策前景相背离，美元测试105日元关卡，并果断突破。过去十年来，"渡边太太"等散户成为汇市交易不可忽视的力量，因日本实施近零利率，她们不甘于国内微不足道的利息收入，通过卖出日元等低息货币，买入美国政府公债等高收益资产套利。在日本政府和日本企业开始质疑日元疲势之际，目前抛售日元的做法与大型海外对冲基金开始买入日元的操作相对。若美元正在构筑近期的顶点，并且"渡边太太"们继续试图追高美元，那么可能会导致市场走势过度，恐怕与认为日元低于理想价位的日本政府和日本企业对立。另外，如果美联储稳步升息的预期继续发酵，就会让美元因此更具吸引力；同时，日本央行为提振衰败中的经济复苏而承受日元削弱的压力，那么"渡边太太"们可能会成为赢家。

请解释为什么"购买日元、抛出美元的动向将会受到牵制"。

9.2 投资外汇的人都知道，除了依据自己的判断进行交易外，看一看、听一听专业机构的评论和预测，也是日常交易中必不可少的。

根据全球知名财经媒体彭博社2004年一季度的调查，美林以1.77%的平均预测错误率取代德意志银行拔得头筹，成为对汇率预期最准确的金融企业；美国第五大银行瓦乔维亚银行（Wachovia Corp.）以1.95%的平均预期错误率在这次调查中位列第二，德意志银行则仅以1.98%的错误率位居第三。

2008年9月对世界各金融机构汇率预测值的排名情况见表9-2、表9-3。

表9-2　　　　　　　　　　3个月综合预测准确度机构排名

排　名	机　构	偏离度
第一名	GFT	2.213
第二名	巴克莱资本	2.236
第三名	蒙特利尔银行	2.251
第四名	美国银行	2.256
第五名	嘉胜集团	2.290

请说明既然这些金融机构提供的汇率预测服务如此准确，为什么还有相当多的跨国公司自行对未来汇率进行预测而不采用机构预测汇率作为未来汇率的预测。

表9-3　　　　　　　　　　　　12个月综合预测准确度机构排名

排　名	机　构	偏离度
第一名	GFT	6.004
第二名	巴克莱资本	6.660
第三名	蒙特利尔银行	6.988
第四名	福汇集团	7.071
第五名	嘉胜集团	7.337

注：①根据近期各金融机构平均准确偏离度指数进行的前五家机构排名；②偏离度数值越小，预测准确度越高。

9.3　外汇管制对汇率形成有什么影响？管制下的汇率形成机制和汇率市场化下的汇率形成机制有什么不同？不同的汇率体制对一个国家的经济发展有何影响？如何理解2004年时任中国人民银行副行长李若谷在亚太经合组织金融与发展项目论坛上的发言"人民币汇率市场化是目标，但没有时间表，正如美国在1984年就承诺要逐年减少对台湾武器销售，但是到目前为止什么也没有发生一样"？

9.4　融通公司是一家专门从事工艺品出口的贸易公司，公司的主要出口市场在加拿大，每个月公司需要把收到的加拿大元兑换为人民币。目前，加拿大元的即期汇率大约为6.6261元人民币，当前加拿大的利率比中国略高，在过去数月内加拿大元汇率有小幅攀升，但是公司预测加拿大会发生较为严重的通货膨胀。为规避可能的汇率风险，身为融通公司财务总监的你希望预测未来2年的加拿大元汇率。

（1）请说明如何运用基本预测法预测加拿大元未来价值。依据上述信息，你认为基本预测法的结果反映加拿大元是升值还是贬值？

（2）请说明如何运用技术预测法预测加拿大元未来价值。依据上述信息，你认为技术预测法的结果反映加拿大元是升值还是贬值？

（3）请说明如何运用市场预测法预测加拿大元未来价值。依据上述信息，你认为市场预测法的结果反映加拿大元是升值还是贬值？

（4）不同预测方法的预测结果是否相同？为什么？

（5）本例中，你认为哪一种预测方法更适合？为什么？

□ 能力题

9.1　假设英国未来3年期利率为8%，美国3年期利率为4%，利率平价关系在未来3年内存在，英镑的即期汇率为1.3美元。

要求：如果用远期汇率预测汇率，3年后英镑的即期汇率是多少？

9.2　假设美国市场预期未来2年的通货膨胀率为每年3%，日本为2%，目前美元的即期汇率为110日元。

要求：根据购买力平价理论，2年后美元的即期汇率将是多少？

第10章 会计风险的计量与控制

学习目标

通过本章学习，应该达到以下目标：

知识目标：初步了解和掌握会计风险对跨国公司经营的影响。

技能目标：学会外币报表折算的基本方法及原理、会计风险的计量方法。

能力目标：学会分析和思考如何运用合理的方法进行会计风险的控制。

10.1 会计风险的计量

对在浮动汇率时代开展国际经营的企业而言，外汇风险几乎是不可避免的。外汇风险管理是跨国公司财务管理的一个重要组成部分[①]。正如本章及随后两章要讨论的，跨国公司在跨国经营的过程中主要面临三种不同类型的外汇风险：会计风险（Accounting Exposure）、经济风险（Economic Exposure）和交易风险（Transaction Exposure）。

跨国公司的会计部门基于合并其境外子公司报表的目的，必须把按不同外币表述的子公司报表折算为以母公司的报告货币（母国货币）表述的报表，而在折算过程中会遇到诸如此类的问题：

（1）折算资产负债表和收益表项目时，应选择什么样的汇率？

（2）如何计量、控制报表折算利得或损失？

这些问题都属于会计风险的范畴。

会计风险，又称折算风险（Translation Exposure），指的是子公司财务报表折算的过程中给跨国公司带来损失的可能性。

会计风险的大小与报表折算方法的选择密切相关。

10.1.1 外币报表折算方法[②]

不同国家对于外币报表的折算方法迄今为止并未形成一致的意见，就目前来看至少有如下四种主要的折算方法：区分流动与非流动项目法、区分货币性与非货币性项目法、时态法和现行汇率法。

---

① 不是所有企业都对冲汇率风险。Geczy等人的研究报告显示全球500强中大约有41%的企业会试图对冲汇率风险，他们还发现成长速度快、规模大的企业比规模较小、机会较少的企业更常用货币衍生工具进行对冲。有关的论述具体参见：ROSS，WESTERFIELD，JAFFE. 公司理财 [M]. 吴世农，沈艺峰，等译. 中文5版. 北京：机械工业出版社，2000.

② 有关外币报表折算的内容具体可参见有关高级财务会计教材的相关章节，本处仅作简单介绍。

1）区分流动与非流动项目法（Current-noncurrent Method）

在区分流动与非流动项目法下，采用子公司所在国货币表述的财务报表按如下原则进行折算：

折算资产负债表项目时，需先区分流动项目与非流动项目。前者包括流动资产和流动负债，其余为非流动项目。流动项目，统一按报告日的现行汇率折算；非流动资产和非流动负债，按资产取得日或负债承担日的历史汇率折算；股本项目，按资本实际取得日的历史汇率折算；留存盈利项目，为轧算的平衡数值。

收益表项目除折旧和摊销费按相关资产取得日的历史汇率折算外，其他收入与费用项目可以按报告期的加权平均汇率折算。

目前，仅有南非、新西兰、巴基斯坦、伊朗和赞比亚等少部分国家采用区分流动与非流动项目法。大家普遍认为，该折算方法缺乏必要的理论基础，也就是说它解释不了这样一个问题——"为什么单纯依据对资产和负债的流动性与非流动性的划分，就可以决定在折算过程中应采用什么汇率"。

2）区分货币性与非货币性项目法（Monetary-nonmonetary Method）

区分货币性与非货币性项目法是由美国学者S.R.Hepworth教授于1956年提出的，他根据汇率变动的不同影响，将资产和负债区分为货币性项目和非货币性项目。

货币性项目，是指那些以子公司东道国货币（外币）表示的资产、负债项目。当汇率变动时，其母国货币等值就会发生变动。主要的货币性项目包括现金、往来款、长期货币性资产或负债。这类项目应采用报告日的现行汇率作为折算汇率。

货币性项目之外的属于非货币性项目，主要包括存货、固定资产、无形资产及非货币性的债务等，这些项目采用历史汇率折算。股本项目，按资本实际取得日的历史汇率折算；留存收益项目，为轧算的平衡数值。

收益表的折算方法和区分流动与非流动项目法基本一致，即除折旧和摊销费按相关资产取得日的历史汇率折算外，其他收入与费用项目按报告期的加权平均汇率折算；销货成本根据"期初存货+本期购货-期末存货"确认，因为存货是按历史汇率折算的，所以销货成本也应按历史汇率折算。

目前，采用区分货币性与非货币性项目法的国家和地区主要有瑞典、芬兰、中国台湾、韩国、巴哈马、哥斯达黎加和洪都拉斯等。在严格的历史成本模式下，区分货币性与非货币性项目法是完美的，但当企业的财务报告涉及市价基础时，就会出现偏差。

3）时态法（Temporal Method）

1972年，美国会计学家L.Lorensen在其撰写的《按美元报告美国公司的国外经营活动》中，第一次对时态法作了全面、系统的论述。他认为外币折算只是对既定价值的重新表述，应该只是计量单位的改变，而不应变更计量的属性。基于这种认识，他提出，最好的折算方式是按照外币计量所属的实际汇率折算。

具体地说，时态法下，不论是历史成本模式还是现行成本模式，现金、应收款和应付款都应该按现行汇率折算；非货币性资产和负债项目按历史成本计量的按历史汇率折算，按现行成本计量的按现行汇率折算；利润表中的收入和费用项目按交易实际发生日的实际汇率折算，如果是交易发生比较频繁、金额比较大的项目，可以采用加权平均汇率；折旧和摊销费按相关资产取得日的历史汇率折算；股本总是按照资本实际取得日的历史汇率折算；留存收益则为轧算的平衡数值。

时态法是对区分货币性和非货币性项目法的发展。表面上看，两种折算方法的差别仅在于那些以现行成本计价的非货币性项目的处理上。以存货为例，在区分货币性和非货币性项目法下，存货总是按历史汇率折算的；但在时态法下，以历史成本计价的存货按历史汇率折算，以现行成本计价的存货按现时汇率折算。尽管两种方法表面差别甚小，但它们的理论基础却大不一样：时态法涉及外币折算的本质，而区分货币性和非货币性项目法只不过是一种单纯的划分。

目前，在外币报表折算中广泛采用时态法的国家和地区主要有美国、英国、加拿大、阿根廷、奥地利、巴拿马、百慕大和委内瑞拉等。

4）现行汇率法（Current Rate Method）

时态法和区分流动与非流动项目法、区分货币性与非货币性项目法都属于多种汇率法（Multiple Rate Method）。其基本思想是：假设子公司报表所反映的交易事项在交易发生时就已经折算为母国货币，因此才需要针对不同的项目选择不同的折算汇率。而现行汇率法，或称期末汇率法（Closing Rate Method），则是一种单一汇率法（Single Rate Method）。

在现行汇率法下，所有的资产和负债项目都按照报告期末的现行汇率进行折算；收入和费用项目按交易实际发生日的实际汇率折算，如果是交易发生比较频繁、金额比较大的项目，可以采用加权平均汇率；只有股本项目仍按实际到账日的历史汇率折算。目前，英国、法国、德国、荷兰、爱尔兰、丹麦、瑞士、挪威、希腊、加拿大、澳大利亚、新加坡、中国香港、印度、马来西亚、哥伦比亚、巴拉圭、肯尼亚和塞内加尔等国家和地区流行采用现行汇率法。

美国财务会计准则委员会1975年发布的第8号财务会计准则公告《外币交易会计与外币报表折算》中，把时态法确认为外币报表折算的唯一公认准则，但在1981年发布的第52号财务会计准则公告《外币折算》中，则同时推荐现行汇率法作为可选的公认会计准则。其原因在于许多批评者认为，时态法扭曲了子公司经营的真实情况，账面结果无法反映公司经营的真实成果，而现行汇率法可以较好地保持子公司报表原先的财务结果和财务关系。

第52号财务会计准则公告强调"功能货币（Functional Currency）"的概念，并把功能货币的不同（子公司当地货币或母国货币）作为选择折算方法的关键。根据第52号财务会计准则公告的定义，功能货币是指"该主体从事经营活动的主要经济环境中的货币"。换句话说，功能货币就是企业（或主体）计量其现金流量和经营成果的统一尺度。在中国境内从事经营活动的中国企业，其功能货币就是人民币，而经营中使用的其他货币都是外币。

当一个企业的主要经营活动均在某国独立发生时，企业的功能货币一般即为该国货币。例如，一美国跨国公司在德国设有子公司，如果该子公司的生产和销售活动具有相当强的独立性，所进行的交易主要采用欧元计价，则它的功能货币就是欧元；但是，如果该子公司的经营活动只是美国母公司经营活动的一个组成部分，或是母公司经营活动在境外的延伸，则该子公司的功能货币就应是美元；当然，该子公司还可以把第三国的货币（如英镑）作为其功能货币，只要它的经营活动大多是用英镑进行的。

第52号财务会计准则公告还就现金流量、销售价格、销售市场、费用、理财、集团内部交易等方面说明了功能货币的选择，具体见表10-1。

表10-1 功能货币的选择标准和指标

经济因素	适宜以子公司当地货币作为功能货币	适宜以母公司报告货币作为功能货币
现金流量	主要是当地货币，不直接影响母公司的现金流量	直接影响母公司的现金流量，经常汇回母公司
销售价格	基本不受汇率变动的影响，主要取决于当地的市场竞争	对汇率的变动有反应，取决于世界范围内的竞争
销售市场	主要在子公司东道国销售，以当地货币标价	主要在母公司所在国销售，以母国货币标价
费用	主要在东道国发生，以当地货币支付	生产要素主要从母公司所在国进口
理财	主要表现为当地货币，通过当地经营活动产生的现金流来偿付债务	资金主要来源于母公司，或主要依靠母公司偿付债务
集团内部交易	不经常发生，金额也不大	经常发生且金额较大，与集团内关联公司联系密切

从本质上说，功能货币的选择体现了两种观点：一种是母公司观点（本国货币观点），另一种是子公司观点（当地货币观点）。

依照母公司观点，子公司的经营活动不过是母公司经营活动的扩展或延伸，就像母公司直接使用外币从事这些交易活动一样，差别仅在于经济业务的计价货币不同而已。采用时态法正好体现了外币报表折算和外币交易的折算在方法上的一致性。

依照子公司观点，母公司尽管持有子公司百分百的或者大部分的股份并对其行使经营管理权，但是子公司的独立法律实体地位仍使其享有很大的自主权。子公司是一个独立的经营主体，其经营活动是独立于母公司的。子公司需要按照东道国的会计原则和惯例来编制以当地货币计价的报表。采用现行汇率法，一方面可以保持以外币计价的报表原有的财务结果和关系，有助于投资者了解实际发生的业务，另一方面可以揭示汇率变动对母公司在国外子公司的投资净额的影响。

5）不同折算方法的比较

外币折算大体包括三方面的内容：（1）记录以外币计价的交易；（2）反映国外独立经营实体的经营活动；（3）反映国外独立经营实体的经营成果。

不同折算方法采取的原则和具体做法是不一样的，表10-2列示了不同折算方法下资产负债表各项目适用的折算汇率。

10.1.2 会计风险的计量

跨国公司海外经营子公司报表折算过程中的会计风险的大小与所选用的折算方法密切相关，但无论采用哪一种折算方法，会计风险的计算公式都是一样的：

会计风险=（受险资产-受险负债-受险权益）×汇率变动

不同方法下，受险项目的界定是不一样的。以现行汇率法为例，受险资产是资产负债表中所有资产项目之和，受险负债是所有负债项目之和，没有受险权益。

下面，我们以一个案例来具体说明会计风险的衡量：

表10-2　　　　　　　　　不同折算方法下资产负债表各项目适用的折算汇率

资产负债表项目	区分流动与非流动项目法	区分货币性与非货币性项目法	时态法	现行汇率法
现金	C	C	C	C
应收账款	C	C	C	C
存货				
历史成本基础	C	H	H	C
现行成本基础	C	H	H	C
投资				
历史成本基础	H	H	H	C
现行成本基础	H	H	C	C
固定资产	H	H	H	C
无形资产	H	H	H	C
其他资产	H	H	H	C
应付账款	C	C	C	C
长期负债	H	C	C	C
股本	H	H	H	H
留存收益	*	*	*	*

注：C表示现行汇率；H表示历史汇率；*表示轧算的平衡数值。

资料来源：常勋. 国际会计 [M]. 上海：上海人民出版社，1990：119.

一家由美国母公司100%拥有的瑞典子公司CY公司以当地货币瑞典克朗（SKr）表示的20×6年12月31日的资产负债表见表10-3。

表10-3　　　　　　　　　CY公司资产负债表

20×6年12月31日　　　　　　　　　　　　单位：千瑞典克朗

项　目	金额
现金	5 000
应收账款	20 000
存货（现行成本）	25 000
固定资产	50 000
资产总计	100 000
应付账款	20 000
长期负债	10 000
股本	50 000
留存收益	20 000
权益总计	100 000

在编制合并报表日，瑞典克朗与美元的汇率从SKr1=$1贬值为SKr1=$0.8。不同方法下，折算结果及会计风险分析见表10-4。

表10-4　　　　　CY公司已折算资产负债表

20×6年12月31日　　　　　　　　　　　　单位：千瑞典克朗或千美元

项　目	金　额（SKr）	贬值前折合美元（$）	区分流动与非流动项目法（$）	区分货币性与非货币性项目法（$）	时态法（$）	现行汇率法（$）
现金	5 000	5 000	4 000	4 000	4 000	4 000
应收账款	20 000	20 000	16 000	16 000	16 000	16 000
存货（现行成本）	25 000	25 000	20 000	25 000	20 000	20 000
固定资产	50 000	50 000	50 000	50 000	50 000	40 000
资产总计	100 000	100 000	90 000	95 000	90 000	80 000
应付账款	20 000	20 000	16 000	16 000	16 000	16 000
长期负债	10 000	10 000	10 000	8 000	8 000	8 000
股本	50 000	50 000	50 000	50 000	50 000	50 000
留存收益	20 000	20 000	14 000	21 000	16 000	6 000
权益总计	100 000	100 000	90 000	95 000	90 000	80 000
受险资产			SKr50 000	SKr25 000	SKr50 000	SKr100 000
受险负债			20 000	30 000	30 000	30 000
受险权益			0	0	0	0
汇率变动			−0.2	−0.2	−0.2	−0.2
会计风险			−$6 000	$1 000	−$4 000	−$14 000

通过表10-4我们可以看到，不同会计方法下暴露在外汇风险下的资产额是不一样的，所反映的会计风险也是不一样的。但应该明确的是，不同外币报表折算方法的选择是影响会计风险的主要原因，但并不是唯一原因。国际经营方式和货币相关性等因素也会对跨国公司的会计风险产生影响。国际经营的范围越广、涉入的程度越深，潜在的会计风险也越大，如一些主要以出口形式介入国际经营的企业，会计风险就小得多。货币相关性，表示货币间变动的相关程度。部分货币之间的相关性较高，而部分货币之间的相关性较低。例如，中国香港实行联系汇率，港币与美元高度相关，这样美国母公司设立在香港的子公司在合并报表过程中的会计风险相对于其他地区的子公司就要小得多。

10.2　会计风险的控制

10.2.1　会计风险的相关性

对跨国公司的财务管理人员来说，会计风险可能会使他们面临两难的处境。一方面，财务报表折算并不直接影响跨国公司的现金流，就此看来，会计风险是不相关的；另一方面，汇率波动导致的报告收益不稳定，可能对投资者、债权人等外部利益相关者的决策产生影响，进而影响企业的价值，就此看来，会计风险又是相关的。

有效市场假说认为，如果市场是有效的，那么证券价格不受会计方法选择的影响。关键的问题是，市场并不总如理论所预言的。以1996年的IBM为例，该公司当年对外宣布受汇率变动影响，海外子公司利润折算为美元的金额大幅减少，第二季度每股收益将因此减少25美分。根据有效市场假说，如果利润的下降只是影响财务报告的账面数字而不影响实际现金流的话，那么投资者不应对此作出反应。但是实际情况是，大量的投资者的确抛售了手中的IBM股票，并直接导致了股价的下跌。[①]

由于跨国公司的财务管理人员面对会计风险时存在两难判断，因此使得会计风险的管理也陷入了两难境地。如果会计风险与企业价值是不相关的，那么他们就不需要对此制订套期保值方案；如果会计风险与企业价值是相关的，那么就需要为此制订有针对性的套期保值方案，但制订的方案反过来可能对企业的实际现金流产生影响。《机构投资者》（Institutional Investor）杂志的调查表明，大约有1/3的跨国公司认为对会计风险进行套期保值是重要的，但也有相当一部分公司坚持认为会计风险是无关的，因而不会为此制定任何对策。

10.2.2　会计风险控制策略

常用的会计风险控制方法主要有两种：资产负债表保值法和合约保值法。

1）资产负债表保值法

前面讲过，不论企业采取什么样的折算方法，计算会计风险的公式都是一样的：

会计风险=（受险资产−受险负债−受险权益）×汇率变动

因此，只要使资产负债表中的受险资产和受险负债、受险权益在总额上达到平衡，外币汇率变动所带来的会计风险就会自动对抵。外币汇率上升，该种外币资产的升值将被等值的同种外币负债的增加所抵销；外币汇率下跌，该种外币资产的贬值也将与外币负债的减少相抵，最终风险为零。

利用资产负债表保值法，大体上要注意两点：

（1）选择合适的外币报表折算方法。不同会计方法确认的会计风险是不一样的，在多种方法可选择的情况下，财务管理人员应尽可能使其所运用的会计方法有利于折算后收益的平稳化。

（2）调整受险资产和受险负债，使合并财务报表中的受险外币资产与受险外币负债的金额相等。仍以CY公司为例，假设其母公司采用时态法折算外币报表，则受险资产总额为SKr 50 000 000，受险负债总额为SKr30 000 000，那么有两种可供选择的方案：一是在减少瑞典克朗资产的同时不减少瑞典克朗负债；二是在增加瑞典克朗负债的同时不增加瑞典克朗资产。

CY公司可以将现金兑换为美元，减少受险资产数额。当考虑到现金数额太少不足以抵偿风险时，一种做法是由CY公司借入与风险净资产等值的一笔瑞典克朗负债，并将之兑换为美元，由CY公司持有或作为股利分配或偿还公司间债务；另一种做法是由母公司或其他海外子公司借入这笔瑞典克朗负债，并兑换为美元后持有。

① MADURA. International finanncial management ［M］. 5th Edition. Cincinnati, OH: South-Western College Publishing, 1998.

资产负债表保值法通常不是由一家子公司独立完成的，而是在跨国公司母公司的协调下，通过全球范围内的所有子公司共同参与来完成的。

2）合约保值法

会计风险的控制，除了采取上述的资产负债表保值法外，还可以利用远期市场进行合约保值。

假设一家香港公司预期其100%拥有的泰国子公司在报告日的受险净资产为10 000 000泰铢（THB）。母公司计划将该子公司实现的所有利润均用于当地再投资，不上缴母公司，因此短期内没有交易风险（泰铢留在泰国），但是会计风险已经存在。假设目前泰铢对港币的即期汇率为THB100=HK\$21.08，如果汇率保持不变，公司预期该受险净资产折合2 108 000港币，但如果泰铢汇率波动，则公司面临会计风险。

假设报告日的远期汇率为THB100=HK\$20.88，公司预测报告日的即期汇率有四种可能：THB100=HK\$20.58，THB100=HK\$20.88，THB100=HK\$21.08，THB100=HK\$21.34。公司为防止泰铢汇率变动带来的损失，决定在远期市场上抛出10 000 000泰铢，报告日再按当日汇率在即期外汇市场上买回10 000 000泰铢。

如果报告日的即期汇率为THB100=HK\$20.58，公司需支付2 058 000港币购入10 000 000泰铢进行远期交易，同时得到2 088 000港币，从中获利30 000港币；同时，10 000 000泰铢受险净资产的折算损失是50 000港币（$10\ 000\ 000 \times \frac{21.08 - 20.58}{100}$）。二者综合，净损失20 000港币。同样可以测算其余三种可能的汇率水平下的损益情况，见表10-5。

表10-5　　　　　　　　　　　　　　会计风险的合约保值法

报告日的即期汇率	折算损益（HK\$）	远期交易损益（HK\$）	净收益（损失）（HK\$）
20.58	-50 000	30 000	-20 000
20.88	-20 000	0	-20 000
21.08	0	-20 000	-20 000
21.34	26 000	-46 000	-20 000

由表10-5可知，如果没有远期交易，只有当即期汇率和报告日即期汇率相等的情况下（THB100=HK\$21.08），折算风险才为0，其他情况下都存在折算风险。而利用远期交易可以使会计风险确定为一个常数，事先固定下来，从而实现避险目的。

但是运用合约进行会计风险保值也存在一些不足：

（1）受险净资产预期存在偏差。企业经营的不确定性实际上决定了大部分企业的预期资产负债表与实际资产负债表或多或少总会存在一些差异，因此，受险净资产数的预期也只能是一个估计数。上面的例子中，如果报告日的实际受险净资产超过10 000 000泰铢，那么，就无法对超出部分进行风险对冲。

（2）增加交易风险。会计风险影响的只是报告收益，并不对现金流产生影响。但远期合约的执行却直接影响企业的实际现金流。上面的例子中，如果报告日的即期汇率是THB100=HK\$21.34，那么将实现26 000港币的折算收益和46 000港币的合约损失，但是前者只是账面收益，并没有对应的现金流入，而46 000港币的合约损失却是企业必须掏钱支付的。此外，会计折算损益是不能抵税的，而合约交易的收益却必须交税。从这个角度看，企业在控制会计风险的同时却增加了交易风险。

（3）某些货币没有远期合约。部分国家的货币在市场上没有远期合约可以用来交易，因此，设在这些国家的子公司的报表就可能无法利用合约的方式进行套期保值。

本章小结

外币报表折算方法的不同是影响跨国公司会计风险的重要原因。区分流动与非流动项目法、区分货币性与非货币性项目法、时态法和现行汇率法是目前主要的四种报表折算方法，每一方法都有不同的适用性，对会计风险都会产生不同的影响。

不论企业采取哪一种折算方法，会计风险的计算公式都是：会计风险=（受险资产-受险负债-受险权益）×汇率变动。但是，不同方法对受险项目的界定是不一样的。

资产负债表保值法和合约保值法是两种最重要的会计风险控制方法。跨国公司需要在全体子公司范围内进行资产负债表保值。

合约保值法是最常见的会计风险控制方法，但是也存在着诸如受险净资产预期数的偏差、增加交易风险、某些货币没有远期合约等不足之处。

主要概念与观念

会计风险　区分流动与非流动项目法　区分货币性与非货币性项目法　时态法　现行汇率法　功能货币　子公司观点　母公司观点　资产负债表保值法　合约保值法

基本训练

□ 知识题

10.1　简要说明不同折算方法之间的异同及其对会计风险的影响。

10.2　为什么美国财务会计准则委员会第52号财务会计准则公告会在第8号财务会计准则公告确认时态法为外币报表折算的唯一公认准则的基础上，同时推荐现行汇率法作为外币报表折算的可选的公认会计准则？

10.3　如何计量会计风险？跨国公司会计风险的大小受到哪些因素的影响？

10.4　既然会计风险不会对现金流产生直接的影响，那么跨国公司为什么还要考虑会计风险？

10.5　请简述资产负债表保值法和合约保值法的主要内容及主要特点。

□ 技能题

设某总公司在境外设立了一家子公司，H为总公司所在国的货币单位，L为子公司所在国的货币单位。

有关资料如下：

期初汇率为H/L=0.125；

预计1年后L相对H可能贬值20%，即H/L=0.10；

目前外汇市场1年期远期外汇汇率为H/L=0.1125；

子公司所在国的借款年利率为16%，总公司所在国的借款年利率为12%。

其他有关资料见表10-6。

表10-6　　　　　　　　　　　　　　　　相关数据

项　目	子公司资产负债表 （LC）	现行汇率法下受汇率变动 影响的项目（LC）
现金	1 600 000	1 600 000
应收账款	3 200 000	3 200 000
存货（按历史成本计价）	2 400 000	2 400 000
固定资产	4 800 000	4 800 000
资产总计	12 000 000	
受汇率变动影响的资产		12 000 000
应付账款	800 000	800 000
短期借款	1 600 000	1 600 000
长期负债	1 600 000	1 600 000
股本	1 800 000	
留存收益	6 200 000	
负债与所有者权益总计	12 000 000	
受汇率变动影响的负债		4 000 000
受汇率变动影响的资产净额		8 000 000

要求：

（1）请根据所提供的资料，进行资产负债表保值；

（2）请根据所提供的资料，进行远期市场保值；

（3）请根据所提供的资料，进行货币市场保值。

□ 能力题

假设一家美国跨国公司在海外设有子公司，若子公司所在国当地货币为LC，母公司的报告货币为美元。假设汇率从LC5=\$1变为LC10=\$1。子公司会计期末的资产负债表见表10-7。

要求：请说明在区分流动与非流动项目法、区分货币性与非货币性项目法、时态法和现行汇率法下，受汇率变动影响的资产净额分别是多少？受汇率变动影响的程度又如何？应采取怎样的保值措施？

表10-7　　　　　　　　　　　　　　资产负债表

资　产	当地货币	负债与所有者权益	当地货币
货币资金	LC 5 200	应付账款	LC 6 800
应收账款	400	长期借款	7 000
存货（按历史成本计价）	7 200	实收资本	3 000
固定资产	9 200	留存收益	5 200
资产总计	LC 22 000	负债与所有者权益总计	LC 22 000

第11章　经济风险的计量与控制

学习目标

通过本章学习，应该达到以下目标：

知识目标：初步了解和掌握经济风险的基本含义及其对企业经营所产生的影响。

技能目标：掌握经济风险的计量方法。

能力目标：学会分析和思考控制与管理经济风险的技能和方法。

11.1　经济风险的计量

11.1.1　经济风险的概念

经济风险（Economic Exposure），是指意料之外的汇率变动对跨国公司未来可获得现金流量的现值所产生的影响。

跨国公司开展跨国界经营和投资活动的目的在于开拓新的市场、获取新的资源，利用不同国家和地区在政治、经济等方面的有利条件，在激烈的竞争中保持优势。但是，跨国经营在受到汇率变动的直接影响的同时，还将受到汇率变动所导致的利率和物价等间接因素变动的影响。在这些因素的共同作用下，跨国公司的未来现金流量的现值表现出某种不确定性，这种不确定性就是经济风险的一种反映。

需要特别指出的是，经济风险专指那些"意料之外的汇率变动"所产生的影响。跨国公司在制定跨国经营、跨国投资决策之前必然要针对汇率波动进行相应的预测，并有针对性地制定风险管理措施。因此，那些事先预料到的汇率波动不会构成经济风险，只有始料未及的汇率变动才是经济风险的根源。

另外，经济风险指对企业未来现金流量产生的影响，这一点是经济风险与会计风险的重要区别。汇率变动对跨国公司经营活动的影响主要表现在两个方面：现金流量（Cash Flow）和财务结构（Financial Structure）。经济风险通过影响企业未来可获得现金流量，进而影响企业的盈利能力和企业总价值；会计风险，则既不影响现金流量，也不影响企业的真实价值，它改变的只是企业的财务结构即股东权益的账面价值。

经济风险概念有广义和狭义之分，广义的经济风险包括交易风险和实际经营风险（Real Operating Exposure）两大类；狭义的经济风险则单指实际经营风险。本章讨论的经济风险专指后者，有关交易风险的计量和控制问题可参见本书第12章。

11.1.2 通货膨胀、利率与汇率风险[①]

如果购买力平价理论成立的话，那么汇率的变动幅度与商品价格的变动幅度总是一致的。就实物资产而言，当子公司所在国货币发生贬值时，跨国公司在该国所拥有的实物资产的价格（以当地货币计价）将上升。如果上升的幅度与汇率下跌的幅度一致，那么，就不存在经济风险；如果实物资产价格没有上涨或涨幅较小，则存在经济风险。假设某跨国公司的海外子公司所在国货币贬值10%，以当地货币表示的产品价格同时上涨10%，且销售量保持不变，那么，对该公司而言不存在销售收入减少的问题；如果产品价格只能上涨7%，销售收入因此减少约3.7%，这就构成该公司的经济风险。

在外汇风险的表现方式和风险的计量上，金融性外币资产有别于实物资产。当外汇汇率变动时，金融性资产净额（外币性金融资产扣减外币性金融负债后的余额）要考虑两种货币之间的利率差。这类资产经济风险的暴露，取决于有关货币市场和资本市场对汇率的变动是否已有预期，并在有关货币的利差上作出调整。若货币市场和资本市场是有效率的，也即国际费雪效应成立，则两国的利差应正好等于即期汇率的变动率。在这种情况下，持有外币净金融资产也就不存在经济风险暴露问题。

在金融市场和商品市场有效的情况下，如果汇率发生变化，市场内在保值机制就会启动，汇率变动所引起的风险会被自动消除。金融市场通过利率的调整维持了金融资产的价值，而商品市场通过商品价格的调整实现了对实物资产的保值。但是，市场有效只是一种理想状态，政府的干预、市场垄断力量的存在和市场的分割等因素都决定了市场自发调整的不充分和不彻底。因此，只要汇率发生变化，经济风险就会在某种程度上存在。

由于汇率变动既可能是通货膨胀的成因，也可能是其结果，因此经济风险可能表现为单纯的汇率风险，也可能表现为通货膨胀风险。在一些交易中，公司需要签订固定汇率的负债合同，如长期租赁和聘用合同等，这种情况下的风险已不再是汇率风险，而是该种外币通货膨胀的风险；在另一些交易中，如以外币结算的产品销售，则可能只出现汇率风险，而不存在通货膨胀风险。因此，考察汇率与通货膨胀率对企业经济风险的暴露与否，关键在于判断两者的变动是否能相互抵销，而不取决于变动的绝对值。

通货膨胀会对跨国公司的销售收入、生产成本和费用开支等诸多方面同时产生影响。当通货膨胀率的变动与汇率的变动不一致时，进口商品和国内原材料商品的价格变动通常具有"两面性"，即有些企业因此获益，而有些则因此受损。20世纪70年代，瑞士法郎对美元的汇率变动幅度超过两国通货膨胀率之差，这使得瑞士的制表业面临两难的境地。这是因为，日本同业的强大竞争使瑞士的制造商们不敢大幅度提高美国市场上手表的价格，而同时，瑞士的劳动力成本又居高不下，企业效益因此大大下降。与此相反，1982年比索对美元的贬值却使墨西哥一家世界最大的银矿冶炼企业增加了200%的美元利润。原因是，一方面，比索成本下降，另一方面，出口产品的美元收入却保持不变。

相对价格的变动有时还与政府对物价和工资的控制有关，这种控制往往伴随着货币的贬值。那些利用当地资源进行生产、将产品外销的子公司，往往会给跨国公司带来不少的收益。这是因为，一方面，当地政府控制工资和物价，使该公司在工资和资源投入上的成本保持不变，另一方面，货币贬值提高了该公司的产品在国际上的竞争力，甚至允许该公

[①] SHAPIRO. Multinational financial management [M]. 2nd Edition.Boston, MA：Allyn & Bacon, Inc., 1986：168-172.

司改变销售策略，提高产品销售价格。然而，如果这家子公司的产品大部分在东道国销售，那么情况就有可能恰恰相反。

11.1.3　经济风险的表现

狭义的经济风险主要指因汇率变动引起的实际经营风险。一般而言，实际经营风险源于货币价值和物价变动对企业的收入、成本和现金流量所产生的影响。分析这种风险，需要了解经营活动的具体因素以及它们对汇率变动的敏感程度，这些因素主要包括销售市场的分布和规模、产品需求价格弹性、各生产要素之间的可替代弹性、企业的成本结构、收入弹性，以及费用开支的控制和营运资金的管理水平等。量度这种风险，还要以企业持续经营为前提，并在一个相当长的时期内进行考察。

在美元汇率持续走低的情况下，采取钉住美元政策的人民币的实际汇价也相应下调，欧元成为相对硬通货。

1）子公司的当地销售

一般而言，当地货币贬值一般会削减进口商品的竞争力，尤其当子公司面临的进口竞争很激烈时该效用会更为突出。如果产品需求弹性较大，子公司可以考虑维持原先的当地货币售价，促使销售量上升；如果产品需求弹性较小，消费者对价格敏感程度较低，公司可以考虑适当提价。大多数情况下，价格和销售量的增长仍赶不上货币贬值的程度，因此，在综合货币贬值因素后，就跨国公司总部来看，以母币计量的总现金流量一般会略有减少。

汇率变动对跨国公司销售收入的影响可能是巨大的。例如，20世纪90年代中期，美元走势强劲，日本汽车厂商通过其美国子公司在当地的销售实现的每1美元的价值可以得到更多的日元。根据Nissan汽车公司的估计，美元每上升1日元，它的年度经营利润将因此增加80亿日元（约合7 400万美元）。而在1996年4月的1周中，美元的上升幅度就超过了日元。[①]

2）子公司的出口销售

当地货币贬值，通常会增加出口产品的竞争力，将使出口销售的价格和销售量双双上升，也使子公司在产品定价决策上变得更加主动。当子公司东道国货币贬值时，子公司有两种极端的选择：一是提高产品外销的本币价格，维持外币价格不变；二是维持本币价格不变，以提高产品在国际市场上的竞争力。大多数的公司一般会折中这两种方案。当然，究竟选用何种定价政策，一方面取决于该子公司与其他出口商之间的竞争是否激烈，另一方面也取决于出口地区的相对汇率水平。

人民币汇率下调之后，中国国产汽车在国际上的价格会相应下降，有助于中国汽车的出口。根据海关统计资料，2004年中国国产轿车出口达到创纪录的9 335辆，同比增长227%，国产越野车出口779辆，增长20%，两种车型出口总量达到10 114辆。可见，出口的增长与人民币汇率的下调不无关系。

3）子公司的当地投入物成本

货币贬值对当地经济的影响通常要经过一段时间之后才会显现出来，因此，在货币贬值的初期，以当地货币计量的当地投入物的成本一般还能维持不变。但是，持续的货币贬

---

① ROSS, WESTERFIELD, JAFFE. 公司理财 [M]. 吴世农，等译. 中文5版. 北京：机械工业出版社，2000：637.

值通常会对当地经济产生膨胀作用,在时滞阶段过去后,最终会导致子公司当地投入物成本的上升。

由于货币价值与通货膨胀之间的内在联系[1],在人民币汇率下跌之后,人民币利率面临上升压力,物价指数开始上升。这种情况持续发展下去,将使国内厂商面临更大的成本压力。利率上升,增加了企业的财务费用;生活指数上升,雇用的工人会要求提高工资;采购的原材料及辅助材料的价格也有一定程度的上升。但总的说来,子公司的成本开支增长幅度要低于人民币汇率的下跌幅度。

4)进口投入物成本

在当地货币贬值的情况下,以本币计量的进口投入物成本通常会有相当幅度的上升,而以外币计价的进口投入物成本通常保持不变或略有下降,是否下降及下降的幅度取决于商品的需求弹性和当地市场所占世界市场的份额。如果当地市场规模不大,那么进口商降价的可能性很小。

"当年,广州标致项目合资失利的一大重要原因就在于汇率变动。当时,由于人民币对法郎贬值,而从法国进口的零部件则是按照事先说好的标准价格支付的,导致广州标致的零部件进口成本骤增3倍,压得广州标致喘不过气来,而法方又不愿根据汇率情况对零部件价格进行修改,最终只能不欢而散。"[2]

神龙汽车也曾同样面临人民币对欧元贬值的问题,正如公司总经理刘卫东在接受记者采访时所说的,"为保证产品品质,我们在法国的零部件采购量较大,欧元对美元的汇率每上升0.03个点,我们因汇率导致的损失就会增加1个亿"[3]。在欧元持续走高的情况下,如果神龙汽车的国产化比率没有提高的话,它的进口投入物成本还将越来越高。

5)折旧

折旧不会对现金流量产生直接影响,但其所得税屏蔽效应却直接影响到公司的现金流动状况,会计折算方法的不同会对此产生不同的影响。但不论折算采用何种方法,人民币的贬值对法国PSA标致雪铁龙集团现金流量的影响要么不变,要么按贬值的幅度减少。

6)营运资金

汇率变动对公司销售收入及各项成本开支的影响,会增加或减少子公司对营运资金的需求,进而影响到整个跨国公司的现金流动状况。

综合以上几个因素可知,当地货币贬值对跨国公司净现金流量的影响是,若子公司的销售以出口为主,即属于外向型企业,母公司现金流量将稍有增加;若子公司主要在东道国市场销售,则母公司现金流量有所减少,减少的幅度一般小于货币贬值率。[4]

汇率变动对跨国公司现金流量净现值的经济影响见表11-1。

11.1.4 经济风险的计量

跨国公司进行海外投资的目的在于获得持续的净现金流,但是由于经济风险的存在,净现金流及其现值会受到那些预料之外的汇率变动的影响。为了了解未来各个时点上现金流量的变动程度,需要将这些净现金流统一折算为现值来进行衡量。

---

① 有关汇率变动与通货膨胀、利率变动之间的关系可参见本节后面的论述。
② 宁平.汇率风险下的神龙救赎 [N].中国经营报,2005-01-31.
③ 宁平.汇率风险下的神龙救赎 [N].中国经营报,2005-01-31.
④ 陈信华.外汇经济学 [M].上海:立信会计出版社,1994:337.

表11-1　　　　　子公司当地货币贬值对跨国公司现金流量净现值的经济影响

项　目	相应的经济因素	产生的影响	对母公司货币表示现金流量的影响
收入：			对收入的影响：
出口销售	需求对价格敏感	价格和销量上升	增加
	需求对价格不敏感	价格和销量稍有上升	略有增加
当地销售	进口竞争激烈	价格和销量上升	稍有减少
	进口竞争较弱	价格和销量维持不变	减少（小于贬值幅度）
成本：			对成本的影响：
当地投入物	通货膨胀	生产成本适量增加	减少（小于贬值幅度）
进口投入物	当地市场较小	进口成本不变	不变
	当地市场较大	进口成本稍有下降	稍有减少
	可替代性强	生产成本适量增加（因通货膨胀）	稍有减少
	可替代性弱	进口成本不变	不变
折旧：			对现金流动的影响：
固定资产	固定资产的价格：		
	可以调整		减少
	不可以调整		按贬值幅度减少

[例11-1] WCT公司是一家美国的跨国公司，它在瑞典设有一家百分之百控股的子公司NPL。NPL公司在瑞典当地生产，使用当地的原材料及人工，生产的产品一半在瑞典当地销售，另一半销往欧洲地区其他国家。NPL公司所有的销售收入都以瑞典克朗为计价单位，其应收账款占全年销售收入的1/4，存货占全年销货数量的1/4，存货单位直接成本是销售价格的75%。

NPL公司还有剩余生产能力，因此很容易扩大产销规模而不会影响产品单位直接成本。已知NPL公司厂房及设备的年折旧费用为SKr240 000，公司所得税税率为50%。

假设NPL公司20×5年12月31日的资产负债表见表11-2。[①]

表11-2　　　　　　　　　　资产负债表
20×5年12月31日

资　产	金　额	负债及所有者权益	金　额
现金	SKr 1 600 000	应付账款	SKr 800 000
应收账款	3 200 000	短期借款	1 600 000
存货	2 400 000	长期负债	1 600 000
厂房及设备	4 800 000	普通股	1 800 000
		留存收益	6 200 000
总　计	SKr 12 000 000	总　计	SKr 12 000 000

① EITEMAN, STONEHILL, MOFFETT. Multinational business finance [M]. 8th Edition. Reading, MA: Addison-Wesley Publishing Company, 1998: 238-245. 案例经过改编.

假定在 20×6 年 1 月 1 日，公司尚未开展任何营业活动，瑞典克朗出乎意料地贬值 20%，即从原来的 SKr6.40/\$1 降低到 SKr8.00/\$1，则 NPL 公司在汇率变动后的利润及现金流量状况见表 11-3。

表11-3 利润及现金流量状况表（20×5年）

项　　目	金　额
销售收入（1 000 000件×SKr 12.8/件）	SKr 12 800 000
直接成本（1 000 000件×SKr 9.60/件）	9 600 000
现金性营业费用（固定）	1 200 000
折旧	240 000
税前利润	SKr 1 760 000
所得税（50%）	880 000
税后净利	SKr 880 000
折旧	240 000
来自营业活动的现金流量（SKr）	SKr 1 120 000
现行（原始）汇率：SKr 6.40/\$1	
来自营业活动的现金流量（\$）	\$175 000
贬值后预期现金流量（方案1）	
来自营业活动的现金流量（SKr）	SKr 1 120 000
新汇率：SKr 8.00/\$1	
来自营业活动的现金流量（\$）	\$140 000

面对突如其来的汇率变动，NPL 公司考虑了三种可能的调整方案：

方案1：任何因素均未变化。

方案2：销售量增加为原来的 2 倍，其他因素不变。

方案3：瑞典克朗销售价格比原来提高 25%，其他因素不变。

就这 3 个方案，分别分析如下：

方案1：任何因素均未变化。

由表 11-3 可见，如果瑞典克朗发生贬值，NPL 公司在未来的 5 年内，每年将因此而使营业现金流量减少\$35 000（\$175 000-\$140 000），5 年共计减少\$175 000（\$35 000×5）。

方案2：销售量增加为原来的 2 倍，其他因素不变。

瑞典克朗贬值 20% 之后，NPL 公司的成本结构并未改变，NPL 公司也维持其瑞典克朗销售价格不变，但是其产品的相对价格因此下降，出口和内销量因此增加。由于销售收入增加，因此应收账款与存货也跟着同比例增加，导致子公司在瑞典克朗贬值的第一年要增加运营资金的投资，增加的投资额为 SKr5 600 000，这笔资金将于汇率影响期结束后再收回。

销售量增加所带来的利润和现金流量状况见表11-4。

表11-4　　　　　　　　　　利润和现金流量状况表（方案2）

项　目	金　额
销售收入（2 000 000件×SKr12.8/件）	SKr 25 600 000
直接成本（2 000 000件×SKr9.60/件）	19 200 000
现金性营业费用（固定）	1 200 000
折旧	240 000
税前利润	SKr 4 960 000
所得税（50%）	2 480 000
税后净利	SKr 2 480 000
折旧	240 000
来自营业活动的现金流量（SKr）	SKr 2 720 000
新汇率：SKr8.00/$1	
来自营业活动的现金流量（$）	$340 000

未来5年预期现金流量

年	项　目	SKr	$
1	来自营业活动的现金流量	2 720 000	
	减：运营资本新增投资	-5 600 000	
	净现金流量	-2 880 000	-360 000
2	来自营业活动的现金流量	2 720 000	340 000
3	来自营业活动的现金流量	2 720 000	340 000
4	来自营业活动的现金流量	2 720 000	340 000
5	来自营业活动的现金流量	2 720 000	340 000
5	收回运营资本	5 600 000	700 000

方案3：瑞典克朗销售价格比原来提高25%，其他因素不变。

如果公司将瑞典克朗销售价格比原来提高25%而不影响原来的销售数量，则新的销售收入为SKr16 000 000。由于销售数量未增加，因此存货不增加。在这种情况下，公司新增的营运资本等于应收账款的增加额为SKr 800 000。销售价格提高后的利润和现金流量状况见表11-5。

表11-5   利润和现金流量状况表（方案3）

项　目	金　额
销售收入（1 000 000件×SKr16.0/件）	SKr 16 000 000
直接成本（1 000 000件×SKr9.60/件）	9 600 000
现金性营业费用（固定）	1 200 000
折旧	240 000
税前利润	SKr 4 960 000
所得税（50%）	2 480 000
税后净利	SKr 2 480 000
折旧	240 000
来自营业活动的现金流量（SKr）	SKr 2 720 000

新汇率：SKr8.00/$1

来自营业活动的现金流量（$）	$340 000

未来5年预期现金流量

年	项　目	SKr	$
1	来自营业活动的现金流量	2 720 000	
	减：运营资本新增投资	−800 000	
	净现金流量	1 920 000	240 000
2	来自营业活动的现金流量	2 720 000	340 000
3	来自营业活动的现金流量	2 720 000	340 000
4	来自营业活动的现金流量	2 720 000	340 000
5	来自营业活动的现金流量	2 720 000	340 000
5	收回运营资本	800 000	100 000

　　三种方案下，NPL公司未来5年受汇率变动的影响程度见表11-6（假设所用的折现率为20%）。

　　由表11-6可知，NPL公司在瑞典克朗对美元贬值20%且影响长达5年的情况下，若采取现行政策，公司将因此损失104 800美元；若采取销售量增加策略，公司因此可增加经营利益$191 700；若采取提高价格的策略，则可以增加经营利益$450 300。

表11-6   NPL公司受经济风险影响程度估计

项 目	没有变化	方案 1		方案 2		方案 3	
汇率（SKr/$）	6.40	8.00		8.00		8.00	
销售量（百万件）	1.00	1.00		2.00		1.00	
售价	SKr12.80	SKr12.80		SKr12.80		SKr16.00	
单位成本	SKr 9.60	SKr 9.60		SKr 9.60		SKr 9.60	
年	没有贬值	CF5	△CF5	CF5	△CF5	CF5	△CF5
1	175 000	140 000	−35 000	−360 000	−535 000	240 000	65 000
2	175 000	140 000	−35 000	340 000	165 000	340 000	165 000
3	175 000	140 000	−35 000	340 000	165 000	340 000	165 000
4	175 000	140 000	−35 000	340 000	165 000	340 000	165 000
5	175 000	140 000	−35 000	340 000	165 000	340 000	165 000
5	0	0	0	700 000	700 000	100 000	100 000
收益（损失）现值		−$104 800		$191 700		$450 300	

11.2　经济风险的控制

经济风险产生的根本原因是汇率变动及其背后的货币价值变动对跨国公司在未来一定时期内的现金流入和流出所造成的影响。这些变动从范围上看，有来自国内的，亦有来自国外的；从时间和内容上看，有来自既定的经营政策的，也有来自预期在未来实施的各项投资、销售、原材料购买和劳务需求等诸项计划的。这些变动直接关系到企业实现长期利润最大化这一目标。因此，经济风险的控制应着眼于企业长远的经营战略，一方面在宏观上把握国际经济发展趋势，另一方面在微观环境里又要充分而仔细地分析实际和潜在的诸种因素的影响，将经济风险的控制作为外汇风险管理工作的核心。

11.2.1　经济风险控制概述

从企业涉足外币交易的那一天起，经济风险就形影不离地伴随其左右。因此，控制经济风险应该从头抓起，即在制定国际投资决策、决定国际营销策略及进行国际融资等一系列涉外经营活动时就应制定相应的控制措施。

企业国际化经营的历程通常是这样的：首先从最简单的进出口业务开始，逐步打开产品的国际市场，随后在国外设立分销机构、合资企业，然后设立独资生产经营单位，建立跨国经营活动管理组织，最后在国外实施兼并和控股、在国际金融市场发行证券和建立多国股权所有的跨国公司。而对处于不同发展阶段的跨国经营企业，其经济风险的表现不完全相同，采取的措施也不一样。

跨国经营企业依照其发展程度的高低大致可分为三类：（1）非经常性的大宗项目出口

商；（2）具有庞大出口市场的制造企业；（3）从事多国经营活动的大规模的跨国公司。①

第一类企业，也就是非经常性出口商，它们主要面向国内市场，偶尔也会接到国外订单。当外销订单以外币计价时，它将面临这样一个问题：是让自己来面对风云莫测的外汇市场，还是把风险简单地转嫁给客户？要解决这一问题，可以依靠远期外汇市场。也就是，在签订合同前，出口商将外币计价的销售价格 P_E 乘以收款日的远期汇率 f，并将之与国内市场销售价格 P_D 相比较。公司可以依照这样一个规律进行决策：

若 $f > \dfrac{P_D}{P_E}$，则在国外市场销售；

若 $f < \dfrac{P_D}{P_E}$，则在国内市场销售，也就是说，应放弃国外订单。

当然，这个决策准则只是单纯考虑了公司的短期财务最优化目标，对大部分企业而言，是否接受外销订单往往还涉及诸如公司整体发展战略等多方面因素。如果一家公司意在开拓国外新的市场，那么它极有可能会在价格上作出暂时的让步，这也可以被看作营销定价策略上的考虑。除此之外，出口商还可以考虑运用其他的套期保值方法（如期货和期权保值）来规避风险。

然而，对大多数企业而言，尤其是上述第二类企业（具有庞大出口市场的制造企业），在面对是在国内销售还是在国外销售这一问题上，它们并没有多大的选择权。当外币贬值时，公司的收入肯定会减少。但更重要的是，除非本币和外币在购买力平价关系下达到新的平衡，或是国外的通货膨胀允许出口商提高销售价格，否则它们面对的就可能是未来出口收入的持续下降。

一个典型的跨国公司，即第三类企业，通常在世界范围内设有多个生产场地和销售市场，它们主要通过这种多元化的分散经营来管理和防范经济风险，其基本思想与证券投资中所强调的证券组合分散化思想是一致的。具体来说，跨国公司的经济风险控制主要体现在行销管理（Marketing Management）、生产管理（Production Management）和财务管理（Financial Management）三个方面②。

控制经济风险，应重点从行销管理、生产管理和财务管理三方面入手。针对汇率和相对价格的变动，在行销管理方面，可以考虑选择合适的市场和分销渠道，开发适销对路、富有竞争力的产品，确定恰当的产品价格以及采取强有力的推销、促销策略；在生产管理方面，可以考虑选择合适的厂址，变更投入物的来源地，从软通货国家进口更多的原材料和零部件，降低生产成本等；在财务管理方面，可以利用多种保值方法，还可以通过外币债务构成的调整来实现汇率风险的控制。

不论是实施行销管理、生产管理还是财务管理，都要对预期的或实际发生的汇率变动和相对价格变动作出正确的反应，而要作出正确的反应，在很大程度上又取决于对真实汇率和相对价格变动持续时间的估计，即对偏离购买力平价和国际费雪效应所持续时间的估计。一般而言，偏离过程包括从旧的均衡状态被打破开始到新的均衡状态重新形成的整个区间。例如，本币升值时，出口商就要考虑是否提高其产品的外币售价。如果出口商认为这种偏离过程是短暂的，那么它们仍有可能愿意维持现价，因为提价有可能会使它们失去

① SHAPIRO. Multinational financial management ［M］. 2nd Edition.Boston, MA：Allyn & Bacon, Inc., 1986：243.
② SHAPIRO. Multinational financial management ［M］. 2nd Edition.Boston, MA：Allyn & Bacon, Inc., 1986：246-259.

部分市场，而在将来要夺回这部分市场时可能要付出更大的代价；然而，如果它们认为偏离过程是长期的，那么马上提价或许是最佳对策。

以下的小节中，我们将分别介绍经济风险的行销管理、生产管理和财务管理。

11.2.2　经济风险的行销管理

经济风险的行销管理主要有以下四个方面：市场选择、定价策略、产品策略和促销策略。

1）市场选择（Market Selection）

对出口商来说，产品在哪些市场出售以及在这些市场中应采取什么样的行销管理方式是首先需要明确的问题。从防范经济风险的角度看，选择市场时应将有关国家的货币变动对未来销售收入的影响放在第一位。行销管理还要处处考虑经济风险，根据货币变动的具体情况调整自己的营销行为，以实现企业长期利润最大化的目标。

在选择市场的同时，还要考虑到不同的细分市场。一般地，可以根据购买行为、需求类型、社会经济地位和年龄等因素，将市场细分为若干部分，以便对不同的消费群体做不同的推销努力。同时，不同的细分市场受汇率变动的影响可能也不同。例如，如果一家企业生产的产品能够适应顾客日新月异的消费需求，则在当地货币贬值的情况下，该企业受到的影响往往要比那些生产大众化产品的企业来得小。又如，在本币贬值的情况下，一家原来以高收入消费群体为销售对象的企业很可能将会发现，它们的产品现在在普通消费者当中也打开了销路。

市场选择和市场细分是企业的两项基本的行销策略，也是调整行销策略的主要对象。然而，从短期看，这两项策略并不能对实际或预期货币的变动作出及时反应。因此，企业必须选择更灵活的反应方式，如调整价格、改变促销政策和信用政策等。当然，从长期看，如果真实汇率（The Real Exchange Rate）发生持续性变化，那么企业就有必要考虑修改这两项行销策略。

2）定价策略（Pricing Strategy）

一家企业在确定国际市场产品价格时通常以长期利润最大化为目标，然而，在特定时期，它还需要考虑诸如以下一些目标：新产品打入国际市场、维持或扩大市场占有率、在无竞争或低竞争的环境下达到预定的投资报酬率、稳定价格以避免价格战和应对竞争的需要等。

当外币汇率下跌时，出口商所面对的最好的情况是，按贬值程度提高外币计价的产品价格，保持收入不变；最坏的情况是，由于竞争激烈而无法提价，公司收入减少；但一般来说，情况将介于这两者之间。外币贬值对所有的出口商来说都是不利的。若突然提价，由于受到来自其他出口商或当地企业同类产品的竞争威胁，自己的产品在市场中所占份额将有可能下降。同时，在顾客对价格很敏感的情况下，提价将使自己失去一部分顾客，导致销售数量乃至销售收入的减少。然而，从另一个极端来说，也正是因为所有的出口商都面临收入减少的现实，因此，将外币计价的产品价格适当提高，以保证对外销售上的最低收益率，将是大多数出口商的选择。

相反，当本币出现贬值时，情况对于出口商就有利得多，其产品在国际市场上将变得更具竞争力。以杜邦公司（DuPont）为例，1971年美元贬值，该公司出口销售增长了大约30%。尽管国外竞争者采取了削价政策，但由于它们的获利空间太小，不可能进一步吸引新的顾客，其结果是，杜邦公司赢得了更多的顾客。当然，一个公司没有必要按本币贬值的相同幅度去削减其国外销售价格，它可以在提高单位产品的收益率和扩大市场占有率之间进行选择。这取决于真实汇率变动的持续时间、规模经济的程度、顾客对价格的敏感程度、扩大出口的成本结构以及因利润丰厚是否会引来新的竞争者等诸多因素。

产品的需求弹性越大，则越倾向于通过维持较低的价格和扩大销售量来增加收入。与此类似，当规模经济达到一定程度时，一般也认为，通过维持低价和提高销量来降低产品的单位成本是值得的。相反，当产品的需求弹性较小以及规模经济的程度较低时，则宜采用相反的定价政策。

产品的可替代性也是定价决策中需要考虑的一个问题。20世纪70年代，美国有许多跨国公司并没有因美元的贬值而降低售价，其原因之一是，它们通常是一些高新技术产品，不存在什么近似的替代品。

跨国公司还需要考虑本币升值或贬值对国内市场的影响。本币贬值时，一个国内企业，在强大的外来竞争者面前，便有了更大的定价选择余地。它可以提高价格，与外来竞争相抗衡，也可以保持价格不变，以争取更大的市场份额。对此，它同样需要根据规模经济的程度和顾客对价格的敏感程度等诸多因素来抉择。例如，1978年，美元相对德国马克和日元贬值，曾迫使西德和日本汽车制造商提高它们生产的汽车的美元价格。在这种情况下，福特（Ford）公司也适当地提高了一种小型车的价格，而这种车原来的价格已经相当低，但还面临进一步降价的压力。最终，由于它们不像进口车那样突然提价，因此在与外国同业的竞争中争取到了更大的利润空间。当然，如果不存在进口竞争，或竞争不激烈，对价格进行这种调整的可能性也就不大。这是因为，在贬值前该产品的售价就是在利润最大化思想的指导下制定的，此时的销售可以说已达到最佳状态了，没有多少伸缩余地。

企业在定价方面有一个长远的计划是十分重要的。以新产品的定价为例，有的新产品需求弹性小，因此常常把价格定得很高，以便及早收回投资，待到大批量生产投放市场时，才把价格调低；而有的产品因需求弹性大，故一开始价格定得较低，为的是打开销路，当产品占领市场后，再行提高价格。

当政府实行如规定毛利、限定价格变化或确定价格等价格控制措施时，企业可以有多种应对办法。一种办法是，一开始把价格定得很高，当本币贬值、政府实行价格控制时，企业将处在比较主动的位置。这时，即使成本有所上涨，但还是可以获得一定的收益补偿。另一种办法是，将价目单定价提高，但实际仍可按现有价格销售，即进行折价销售，通过折价幅度的调整来抵销价格控制的作用。还有一种常见的办法是，生产一种与现有产品相差无几的新产品，把新产品的价格定高。

3）产品策略（Product Strategy）

外汇风险管理的产品策略包括新产品的开发生产、旧产品的减产淘汰以及产品的生产决策等。

新产品能否成功进入市场，与新产品的设计思想、产品性能以及销售策略等有关。汇率的不稳定，加大了新产品决策的不确定性，也给市场营销方面的投资带来了较大的风险，尤其是在库存成本和广告成本方面。因此，在某个市场上由于汇率变动所带来的产品竞争上的价格优势，往往也是新产品进入市场、建立声誉的良机，需要及时把握。

在产品策略中还必须注意到那些已经过时或已让顾客失去兴趣的产品，对这一类夕阳产品往往需要进行削减或淘汰。在这一调整过程中仍需要考虑汇率风险。对这一类产品的处理通常有三种方式：保留、削减或抛弃。汇率的变动趋势不同，处理方式也可能不同。实际上，许多企业在预期本币即将贬值时，还有可能继续在国内生产那些尚有利润可赚的产品。然而，如果汇率的走向相反，那么企业就很可能立即停止这类产品的生产。

汇率波动对产品的生产决策也存在影响。如果本币贬值，面向国外市场的企业就有可能需要扩大生产，以扩大在该市场中的顾客面。在国内市场也是如此，为抓住本币贬值所形成的相对进口产品的竞争优势，企业亦有可能扩大生产。

汇率变动所导致的产品生产调整，往往还与市场细分有关，即将产品在不同的消费群体间进行调整，比如瞄准收入较高、要求高质量但对价格不甚挑剔的消费群体。以德国大众汽车（Volkswagen）为例，该公司原来一直以低价格、低消耗和可拆分为其产品生产和出口销售原则。20世纪70年代，由于马克升值，大众汽车不得不通过降低马克销售价格来维持它的市场占有率，其结果是仅仅1974年一年就因此而损失3亿多美元。为适应长期竞争的需要，大众汽车改变了这一原则，重新调整其产品生产，使产品面向中等收入消费者，并以质量和风格而不是成本取胜。

4）促销策略（Promotional Policy）

同样地，促销策略也要考虑汇率变动的影响。常见的促销手段包括广告、人员推销、营业推广和公共关系等，确定这些方面的开支预算是企业产品行销中的重要问题。汇率的变动，会要求调整促销的预算金额和各个市场间的预算分配。

促销策略的这种调整并不是孤立的，它要根据市场选择、产品调整等行销策略的变动来确定。假如企业向两个不同的国家出口产品，其中一国的货币升值，而另一国的货币贬值。由于在货币升值的国家往往可以争取到更大的市场，因而，通常需要追加在该国的促销经费；而在货币贬值的国家，因为企业可能在产品结构上进行调整，所以，在该国的促销就有可能从以介绍和销售产品为主要目的转向以建立企业声誉和树立某种消费观为主要目的。例如，1988年后，在日元升值的情况下，日本的东芝（Toshiba）、索尼（Sony）、松下（Panasonic）等电器制造企业在亚洲和欧洲国家的广告正是属于后者。

需要再次强调的是，公司经营是以未来现金流量净现值的最大化为目的的，公司的促销也应从这个角度出发。产品的声誉不是一朝一夕建立起来的，需要经过长期的促销努力。因此，产品促销必须持之以恒，并需要有一个长远的计划。

11.2.3　经济风险的生产管理

外汇风险不仅在销售环节存在，在生产环节也存在。尽可能地减少未来现金流出的现值，是提高投资项目净现值的另一条途径。因此，外汇风险的生产管理更多地注重产品生产过程中如何降低成本以及在投入物上的外汇风险如何加以控制等问题。

1）投入物混合（Input Mix）

投入物混合，包括分散来源地和调整各来源地投入物彼此间的份额搭配。变更投入物的来源地，可降低投入物上的经济风险。汇率变动的影响是双向的，它在增加本国生产成本的同时，就相对地降低了国外的生产成本。因此，从长期看，向软通货国家进口更多的原材料和零部件是非常有利的。对美国152家制造企业的一项调查表明，有77%的企业扩大了它们在全球范围内的资源来源，以减少美元升值的不利影响。

　　一个善于经营的企业往往十分注意研究国内和国外投入物价格的差别以及它们之间的搭配。以一家美国拖拉机制造企业为例，该企业购买原材料和销售产品都是面向国际市场的。面对美元升值和日本同业的竞争压力，它们的策略是到世界各地去采购，其中50%以上的活塞从国外进口，逐步减少国内投入物在整个投入物中的比重。

　　投入物的份额搭配除了与价格因素有关外，还在很大程度上取决于投入物彼此间的可替代性。对于一些高新技术产业而言，零部件的质量要求不一，有的很高，有的很一般。质量要求高的零部件，由于可替代性差，因而大都放在技术条件比较成熟的地方生产，尽管这样做成本通常还是较高；而一般性的零部件可放在劳动力低廉、技术水平较低的地方生产。目前日本的几大电器制造公司大都采用了这一策略。当然，当投入物的可替代性极差，而本国货币又是一种硬货币时，则可使用一些其他的方法，如将整个生产线搬迁到国外，而不单单依靠投入物混合来降低成本。

　　2）生产转移（Shifting Production）

　　一些在世界各地分布有工厂的跨国公司，大多会根据货币汇率变动的情况，将产品的生产在不同的工厂间转移。当一国货币升值，成本提高时，在这个国家生产的项目将转移到其他币值保持不变或者贬值的国家。一般来说，跨国公司要比单纯的出口商能够更灵活地应对汇率变动下的成本风险，因为它可以调整生产部署，而不单是市场行销。

　　在这个方面一个很好的例子是美国宾州的一家电器公司，该公司向顾客报出的产品价格主要是来自其国外子公司或分支机构，如汽轮机的报价来自加拿大，发动机的报价来自西班牙，电器开关和遥控装置的报价来自英国，电器产品的报价则来自巴西。在资源策略上，该公司既考虑了如何使汇率形式对自己有利，又考虑了如何从外国政府那里获得尽可能多的出口信贷支持。

　　当然，实现生产转移在理论上不存在什么问题，但在实际运用中却存在许多限制。比如减产的工厂有可能裁减雇员或减少他们的工薪，这就势必遭到来自工会的反对。同时，转移生产还要协调和产品创新的关系。产品创新是一个企业得以长期发展的基础，而产品创新在一定程度上取决于产品成本改进方面的需求。

　　要实现生产在各工厂间的转移，跨国公司从一开始就应树立组合投资观，这与国际投资者在证券投资中通过投资组合（Portfolio）分散非系统风险的原理是一样的。跨国公司在资源和生产策略上的投资组合，要考虑真实汇率变动和相对价格变动的风险，以尽可能地降低成本以及体现在成本上的风险。当然，这里还涉及场址的选择问题。

　　3）场址选择（Plant Location）

　　根据投资组合理论，如果在出口与汇率变动成负相关的项目上投资，将能获得一个较好的风险分散的效果，工厂所在地的选择亦是如此。这是因为，倘若企业在一个竞争激烈的市场上出口产品，而该市场的货币又处于贬值状态，那么，它将很快发现，其成本构成还是足以让它维持单位产品上的最低利润。这种情形是发达国家尤其是那些货币坚挺的国家的企业所经常碰到的。然而，如果它在一个软通货的国家进行生产，尽可能地利用当地的资源降低成本，就仍可以保证有一定的利润。现在，德国大众汽车与许多发展中国家举办合资企业，以避免欧元坚挺所造成的国内生产成本的上升，既利用这些国家低廉的自然资源和劳动力资源降低了制造成本，又直接打入了这些国家的汽车销售市场，扩大了企业的经营利润。

当然，在第三国设厂，在许多场合下也不失为一种可取的方案。当原材料、零部件的提供和产品销售都不在该国进行时，是否在这里设厂，主要取决于生产过程的劳动性质和强度、当地劳动力素质及成本以及未来的货币调整情况等。

在软通货国家设厂，一般还要考虑其成本优势的可持续时间。这是因为，当一国的通货膨胀率很高时，成本上的优势会很快消失。例如在墨西哥，批发物价指数在1969年1月至1976年5月间与美国相比上涨了18%，这导致比索在1976年下跌了20%。比索下跌，导致工薪上涨，按墨西哥政府的规定上涨幅度为35%~40%。工薪提高所引发的新一轮通货膨胀，直接导致比索再次贬值。

4）削减国内成本（Cutting Costs Domestically）

尽管向外发展是解决成本问题的一种十分有效的办法，但注意降低国内生产成本也是非常重要的。削减国内生产成本一方面要注意企业生产效率的提高，即对低效率的生产线进行更新改造，必要时甚至淘汰，控制原材料消耗和工薪水平，另一方面还要注意国家的各种宏观经济政策，如产业政策、税收优惠政策、出口鼓励政策等，尽可能利用这些有利条件，减少成本开支。

5）制订计划（Planning）

尽管汇率的变动是难以预测的，但在考虑行销策略和生产策略时，制订灵活的计划还是十分必要的。这类计划可以建立在对汇率变动多种可能性进行预测的前提下。当汇率变动真的来临时，这些计划可以帮助企业很快地适应新的形势，并作出及时而又恰当的反应。如按照计划改变营销和生产策略，调整不同地方的生产项目，修改混合投入物的构成及比例等。如果确定需要设立新的生产地，那么预先进行计划将减少花费在地点选择上的时间，因为地点的选择需要收集和分析大量的信息，如当地政府对外来投资的态度、投资环境、生产力水平、劳动力素质及市场调研等各个方面的信息。

由于计划本身针对的是企业的中长期营销和生产活动，因此对未来汇率变动的预测应建立在基于市场的中长期预测上。

11.2.4 经济风险的财务管理

由于经济风险主要表现在对企业未来现金流量的影响，因此，外汇风险的财务管理主要是指利用一些财务手段，通过对财务状况的调整来抵销汇率变动对现金流量的影响。这些手段包括前面所介绍的各种合约保值方法，其目的在于构造一个合理的债务结构，使得因汇率变动所导致的现金流入的减少可以被偿债成本的降低所抵销。

倘若本币升值，由于相对成本提高，外币销售收入减少，未来现金流量净现值也减少。如果生产出口产品所需的资金是通过融资渠道获得的出口市场的当地货币，那么，由于偿债成本降低，现金流出减少，未来现金流量净现值的减少可以在一定程度上得到弥补。如日本汽车出口到美国，生产汽车所需的资金是从美国某银行获得的美元借款，这样，当日元对美元升值时，该汽车制造商所需偿付的美元借款成本（以日元来衡量）就较低。当这两方面的减少在数量上相等或相近时，销售方面减少的现金流入就可以通过偿债成本的降低完全抵销或基本抵销。当然，利用远期市场或期货市场，也可以保证未来现金流入不受汇率变动的影响。实际上，大部分跨国公司常常结合运用这两种手段。

假设一家加拿大跨国公司在美国设有一子公司，当US$1=C$1.85时，该子公司实现的净现金流量是2 000 000加元（折合1 081 081美元）。若加元升值为US$1=C$1.80，那么由于以加元衡量的销售收入减少和成本开支上升，子公司净现金流量将变为 1 800 000 加元（折合 1 000 000 美元）。如果子公司生产所需各项资产总额为 30 000 000 加元或者 16 216 216 美元（按 1.85 的汇率折算），则为抵销净现金流量的减少 200 000 加元，公司可以在美国贷得一笔美元款项，其金额为 X：

$$X \cdot (1.85 - 1.80) = C\$200\ 000$$

$$X = US\$4\ 000\ 000$$

这笔美元借款在偿付时成本上的降低值将刚好可以弥补净现金流量的减少。这笔借款按现在的汇率（C\$1.85=US\$1）计算相当于 7 400 000 加元，30 000 000 加元资产中除这一部分外都可以在加拿大筹集。

然而，要在外汇风险的实际管理工作中使用这种方法往往是十分困难的，这是因为未来汇率的变动及其对公司未来现金流动状况的影响一般难以准确预测。因此，使用这种方法，大多要使用估计值。

本章小结

经济风险，是指意料之外的汇率变动对跨国公司未来可获得的现金流量的现值的影响，也即对公司盈利能力和公司总价值（即股东财富）的影响。

汇率变动总是通过购买力平价和国际费雪效应与各国的通货膨胀、物价变动和利差相关联。这些宏观经济变量的变动，会对跨国公司销售量、销售价格、生产成本和费用开支等各个方面产生直接的影响。但是，现实经济并不总是符合购买力平价理论和国际费雪效应的，因此会存在经济风险。

经济风险会对跨国公司的销售收入、成本、折旧、营运资金等多个方面产生影响。如何合理预计这些影响，是计量和控制经济风险的关键。

经济风险的存在，会使跨国公司未来净现金流量受到汇率变动的影响。为了了解未来各个时点上现金流量的变动程度，需要将这些净现金流量统一折算为现值来衡量。

企业应着眼于长期的发展战略来实施对经济风险的控制。在宏观上把握国际经济发展趋势的同时，还要在微观环境里深入分析实际和潜在的诸种因素的影响。在外汇的管理工作中，应把经济风险控制作为管理工作的核心。具体来说，跨国公司的经济风险控制主要体现在行销管理、生产管理和财务管理三个方面。

主要概念与观念

经济风险　经济风险的计量　经济风险的行销管理　经济风险的生产管理　经济风险的财务管理

基本训练

□ 知识题

11.1　什么是经济风险？它和会计风险、交易风险有什么不同？

11.2 既然存在购买力平价和国际费雪效应，那么汇率的变动总是可以通过实物商品价格和金融资产价格的变化作出调整，可为什么还会存在经济风险？

11.3 子公司所在国货币升值对跨国公司会产生哪些可能的影响？

11.4 如何计量经济风险？

11.5 汇率变动对企业的产品策略选择有何影响？

11.6 为什么在本币汇率上升时，很多跨国公司会放弃具体的产品推销广告转而进行企业形象宣传？

11.7 实现投入物混合为什么能在一定程度上规避汇率变动带来的风险？

□ 技能题

设 WXY 公司是一家母公司设立在美国的跨国公司，在瑞典设有一家百分之百控股的子公司 AB。瑞典子公司在瑞典当地生产，仅使用当地的人工，原材料从外国当即采购，产品有60%在瑞典当地销售，其余40%销往欧洲地区其他国家。所有的销售收入都以瑞典货币（SEK）为计价单位。厂房及设备的年折旧费用为SEK900 000，公司所得税税率为40%，另外，AB公司尚有负债SEK3 000 000，年利率为10%。假定到第3年未偿还的负债本金为$150 000。汇率没有变动之前的资产负债表和利润表分别见表11-7、表11-8。

表11-7　　　　　　　　　　　资产负债表

资　产		负债及权益	
现金	SEK 1 000 000	应付账款	SEK 2 000 000
应收账款	5 000 000	长期负债	3 000 000
存货	2 700 000	权益	13 700 000
厂房及设备净值	10 000 000		
总　计	SEK 18 700 000	总　计	SEK 18 700 000

表11-8　　　　　　　　　　　利润表

项　目	金　额
国内销售收入（600 000件×SEK20/件）	SEK 12 000 000
出口销售收入（400 000件×SEK20/件）	8 000 000
总收入	SEK 20 000 000
直接费用	10 800 000
间接费用	3 500 000
借款利息（10%）	300 000
折旧	900 000
税前利润	SEK 4 500 000
所得税（40%）	1 800 000

续表

项　　目	金　　额
税后利润	SEK 2 700 000
折旧	900 000
营业现金流量（SEK）	SEK 3 600 000
营业现金流量（$）（SEK4=$1）	$ 900 000

假定有三种情况：

（1）除 SEK 贬值 25%（即由 SEK4=$1 变为 SEK5=$1）外，其他所有因素都没有变化；

（2）成本与售价随 SEK 贬值而同比例变化，销售数量保持不变；

（3）国内售价上升 10%，国外售价上升 20%，并由此使国内销售量增加 20%，国外销售量增加 15%。同时假定营业费用增加大约 17%，而间接费用则增加 10%。

要求：请分析汇率变动对该公司未来 3 年所产生的影响（设公司采用的折现率为 15%）。

□ 能力题

设一美国跨国公司在英国设立了一家全资子公司 PLC，该子公司在英国市场从事个人电脑的生产及销售业务。PLC 公司以每件 $512 的价格从英特尔公司购进微处理器。目前的汇率为每英镑 $1.60，因此每个微处理器折合英镑为 £320。PLC 公司使用当地人工和其他原材料，公司所得税税率为 50%。假定公司年折旧费用为 £1 000 000，固定性间接费用为 £4 000 000。汇率没有发生变动之前的经营情况见表 11-9。

表 11-9　　　　　　　　　　　汇率变动前的经营情况

项　　目	金　　额
销售收入（50 000 台，£1 000/台）	£50 000 000
变动成本（50 000 台，£650/台）	32 500 000
固定性间接费用	4 000 000
折旧费用	1 000 000
税前利润	£12 500 000
所得税（50%）	6 250 000
税后利润	6 250 000
折旧	1 000 000
营业现金流量（英镑）	£7 250 000
营业现金流量（美元）	$11 600 000

要求：如果汇率由原来每英镑 $1.60 变为每英镑 $1.40，公司产品的销售价格和进口原料价格将随汇率同比变动，其他因素不变，那么这种情况将对公司营业现金流量有何影响？

第12章 | 交易风险的计量与控制

学习目标

通过本章学习，应该达到以下目标：

知识目标：初步了解和掌握交易风险的基本含义及其对企业经营所产生的影响。

技能目标：掌握交易风险的计量方法。

能力目标：学会分析和思考控制与管理交易风险的技能和方法。

1993年11月19日，中国纺织机械股份有限公司（以下简称中纺机）在瑞士发行了面值总计35 000 000瑞士法郎的B股可转换公司债券，成为我国首家在国际资本市场上发行可转换公司债券的企业。

中纺机在1992年先后发行了A股和B股，并于同年8月5日在上海证券交易所挂牌，证券代码分别为600610和900906。公司本次发行的可转债的特征描述如下：

面值：50 000瑞士法郎，总计35 000 000瑞士法郎。

发行数量：700份。

期限：5年，1993年12月—1998年12月。

票面利率：1%。

转换价格：0.43美元/股。

转换期：1994年1月1日—1998年11月11日。

赎回条款：在B股股价连续30个交易日等于或高于转换价格的150%的情况下，公司可以按面值的101%~104%赎回。

回售条款：1996年12月31日，回售价格为面值的110%。

由于看好中国经济的发展且中纺机的经营业绩良好，瑞士投资者对来自中国的首只企业可转换债券反应十分热烈。表面上看，这也是一次双赢的决策：对投资者而言，确定的转换价格为0.43美元/股，仅比1993年11月16日之前（含该日）5个交易日B股收盘价高7%（汇率固定在1美元兑换1.5瑞士法郎），也就是说，确定的转换溢价只有7%，相对于通行的10%~20%的转换溢价而言优厚得多；对中纺机而言，1%的利率也远低于国内同期贷款的利率水平。

但出乎预料的是，中纺机自1993年开始业绩的大幅下滑以及中国B股股票市场整体价格的回落，致使所制定的0.43美元/股的转股价格成为一个制高点，股票价格与转股价格渐行渐远，投资者根本没有任何转股机会。结果是，到1996年12月31日规定的回售日时竟没有一张中纺机可转换公司债券转换成股票，绝大多数投资者选择了提前行使回售权，总共有3 470万瑞士法郎的可转债以面值110%回售，这给公司的现金状况造成了很大的压力。从1993年12月到1998年6月，中纺机B股股票价格走势如图12-1所示。

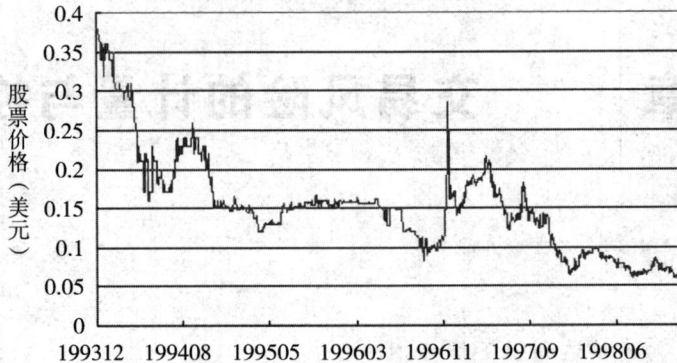

图12-1　中纺机B股股票价格走势图

更不幸的是，中纺机本身并没有相应的瑞士法郎收入，因此它需要用美元兑换瑞士法郎来偿还债务，而在债券存续期间瑞士法郎相对于美元的汇率大幅上升，从而使中纺机承担了大量汇兑损失。根据中纺机年报资料显示，1993年底瑞士法郎对人民币的汇率为1∶3.915，而到1996年底，这一汇率上升为1∶6.1541。也就是说，在1993年发行时3 500万瑞士法郎的可转换公司债券折合人民币1.37亿元，而到1996年偿还时折合人民币2.15亿元（该金额尚未考虑回售溢价）。所以，中纺机虽然享受到了低利率融资的好处，却也饱尝了汇率风险的苦果。

12.1　交易风险的计量

只要使用外币进行交易，就有可能产生交易风险。交易风险反映了汇率变动对未来现金流量的直接影响，这种影响表现为，交易发生时确定的货币数目与交易完成时实际收支的货币数目之间的差异。从这个意义上说，交易风险是经济风险的组成部分，因此，经济风险控制措施的制定，如定价决策、各种商业信贷运用及相应的财务管理等，都应将交易风险考虑在内。

12.1.1　交易风险的成因

交易风险，是指那些以外币计价的、已达成但尚未结算的交易，在交易发生到交易完成的这段时间内因汇率发生变动而使其本币价值发生变动的风险。一般来说，交易风险主要产生于以下几种交易：

1）信用贸易

这是一种以信用为基础的，即以延期付款为支付条件的进出口贸易。如果交易是以外币计价的，那么，外币汇率下跌将使出口商蒙受损失，其实际收入减少，但对进口商来说却是有利的；相反，进口商将承受外币汇率上涨的风险，因为进口商要支付比成交时更多的外汇，其实际成本增加。

例如，美国某出口商赊销商品给瑞典某进口商，协议约定按美元结算，总值为1万美元。交易达成当天的汇率为SKr5.50/US$1，信用期60天。由于汇率是在不断变动的，如果60天后美元升值，汇率为SKr5.80/US$1，那么，瑞典进口商为此需要多付出3 000法郎，进口成本增加；如果美元贬值，汇率为SKr5.30/US$1，那么法国进口商就可以少支付2 000瑞典克朗，获得一项意外的收益。可见，交易风险在使用外币计价的情况下具有一种要么损失要么获益的或非性。

但是，当交易中的任一方使用本币时，则不论它是出口商还是进口商，都不存在汇率风险。该例中的美国出口商即为如此，由于采用美元结算，因此他不承担任何风险。无论汇率是涨是跌，它都将稳定地获得1万美元的收入。当然，当采用第三种货币结算时，交易的任何一方都有可能承担汇率风险。

2）外币资金借贷

借入外币资金的企业，在偿还借款时，如果外币汇率上升，那么企业将偿还多于按原先汇率计算的资金本息。本章开头的中纺机案例中，1993年借入的3 500万瑞士法郎，按当时的汇率折合1.37亿元人民币，但在1996年投资者提前赎回时，等额的瑞士法郎却只能折合2.15亿元人民币，短短3年间公司因此而损失了57%。

另外，如果外币贷款是在浮动利率制度下发生的，那么企业可能会同时面临汇率和利率双重风险。

3）远期合约

总的来说，交易风险涉及两大类型的交易：一是已经列入资产负债表的应收应付科目，前面所说的信用贸易和外币资金借贷都属于此类；二是尚未列入资产负债表但会引发未来的应收应付款项的交易，如外汇远期合约、应付租赁费、尚未履行的客户订单等都属于此类。下面以外汇远期合约为例，简要说明其对企业交易风险的影响。

企业购买外汇远期合约，有时以投机为目的，但更多的时候是为了抵销现汇交易的汇率风险。假设美国一公司拟从日本购进一套设备，价值1 000万日元，3个月后付款。按当时的汇价1美元兑换100日元计算，该货款折合10万美元。但如果3个月后日元汇率上升，1美元只能兑换90日元，那么该公司将因此而损失1.11万美元。为了避免这种情况的发生，该进口商可以考虑在签订采购合同的同时在远期市场上按1∶100的价格买入一笔3个月的日元期汇，这样就可以将1 000万日元的美元成本预先固定下来。日后如果日元汇率的确上升了，那么在设备应付款上的损失正好被远期合约的收益所抵销。

12.1.2 交易风险程度的计量

计量交易风险大体有如下规则[①]：

（1）资产负债表中，只有以外币计价的项目才会引发交易风险。

（2）资产负债表中的现金项目不会引发交易风险。

（3）交易风险的计量应考虑母子公司间的交易。

（4）资产负债表外项目中，远期合约应以净额反映。换句话说，远期外汇买入合约应扣除远期外汇卖出合约，未履行的客户订单应扣除远期购买承诺，远期租赁收入应扣除远期租赁支出等。

交易风险程度可以通过交易风险报告（Transaction Exposure Report）和资金流动报告（Fund Flow Report）来计量，前者是静态的反映，后者则是动态的反映，全面的分析往往

---

① 刘红忠. 新编国际投资［M］. 上海：立信会计出版社，1995：105-106.

需要将两者结合起来。

1）交易风险报告

一般来说，信用贸易所形成的应收和应付账款以及外币资金的借入或贷出等交易活动在会计报表上都能得到体现，因此会计折算形成的风险也反映了一些交易活动的交易风险，但是，这种反映并不全面。一方面，有些交易（如远期合约、已签订的未来销售合同、未来租金的收入与支出等）未在会计报表上得到全面反映；另一方面，会计折算下的风险（如现行汇率法下存货、固定资产等项目上的折算风险）又因为不存在未来现金的收付问题，因此不宜作为交易风险处理。由于会计报表和交易风险报告反映的口径不同，所以导致两者之间存在许多差异。现在我们通过举例来说明①。

表12-1给出的是西蒙公司的资产负债表。西蒙公司为美国某跨国公司的一家子公司，假设其功能货币为瑞典克朗。按照FASB第52号公告，西蒙公司应采用现行汇率法折算。

表12-1　　　　　　　　　　　　　　　西蒙公司的资产负债表　　　　　　　　　单位：千美元/千瑞典克朗

	瑞典克朗	美元（SKr1=$0.25）
资产		
现金	6 680	1 670
有价证券	2 080	520
应收账款	62 000	15 500
存货	44 800	11 200
预付账款	5 360	1 340
流动资产合计	120 920	30 230
固定资产	126 400	31 600
资产总计	247 320	61 830
负债		
应付账款	25 600	6 400
应交税费	3 280	820
其他应付款	7 880	1 970
流动负债合计	36 760	9 190
长期负债	152 000	38 000
负债合计	188 760	47 190
实收资本	34 000	8 500
留存收益	24 560	6 140
权益合计	58 560	14 640
负债与权益总计	247 320	61 830

---

① SHAPIRO. Multinational financial management [M]. 2nd Edition.Boston, MA: Allyn & Bacon, Inc., 1986: 173-178. 案例经过改编.

根据第52号公告，风险的反映见表12-2。

表12-2 　　　　　　　　　　　基于第52号公告的西蒙公司风险报告 　　　　　　　　　单位：千美元

资产与负债	折算风险	交易风险	
	瑞典克朗	加　元	美　元
现金/有价证券	2 190		
应收账款	8 800*	2 400*	4 300*
存货	7 250	3 050	900
预付账款	1 340		
固定资产	31 600		
远期外币购买合约	0	10 000	0
风险资产	51 180	15 450	5 200
应付账款/税金/其他	6 540	350	2 300
长期负债	4 000	10 000	24 000
风险负债	10 540	10 350	26 300
净头寸	40 640	5 100	(21 100)

注：* 以应收账款为例，8 800+2 400+4 300=15 500（千美元），即表12-1中以美元计算的应收账款数额。

在编制表12-2时，首先要将西蒙公司的资产负债表按其经营活动所涉及的币种分类；其次，为和交易风险报告相比较，该表中还包括了一项价值$10 000 000的加元远期购买合约，这项合约的目的在于消除西蒙公司一项以加元计价的价值$10 000 000的债务风险。

表12-3是在对交易风险的经济性分析的基础上编制的风险报告，表12-4为美国母公司的交易风险报告。根据这两份报告编制的整个公司的综合风险报告见表12-5。

表12-3 　　　　　　　　　　　西蒙公司（经济性）交易风险报告 　　　　　　　　　单位：千美元

资产与负债	瑞典克朗	加　元	美元（非风险性）
现金/有价证券	2 190		
应收账款	8 800	2 400	4 300
预付账款	1 340		
远期外币买入合约		10 000	
已签订的未来销售承诺及租金收入	5 000	7 000	0
风险资产	17 330	19 400	4 300
应付账款/税金/其他	6 540	350	2 300
长期负债	4 000	10 000	24 000
远期外币卖出合约			
未来的购买承诺及租金支出	1 000	0	2 000
风险负债	11 540	10 350	28 300
净头寸	5 790	9 050	(24 000)

表12-4   **美国母公司的交易风险报告**   单位：千美元

资产与负债	瑞典克朗	加　元
应收账款	7 400	
预付账款		8 000
应付账款	14 600	
长期负债		12 000
远期外币合约（买入-卖出）		3 000
已签订的未来销售承诺减未来的购买承诺及 未来租金收入减租金支出	（2 000-2 000）	
净头寸	（7 200）	（1 000）

表12-5   **公司交易风险综合报告**   单位：千美元

外币币种	净多头寸	净缺头寸
瑞典克朗		3 600[a]
加元	8 050[b]	

注：a.西蒙公司和母公司瑞典克朗净头寸总和，再扣除西蒙公司的瑞典克朗现金，即5 790+（-7 200）-2 190=-3 600（千美元）。

b.西蒙公司和母公司加元净头寸总和，即9 050-1 000=8 050（千美元）。

交易风险报告的特点可以归纳为以下几个方面：

（1）交易风险报告包括远期外汇买卖合约、尚未履行的购销承诺以及租金收支等项目，这些项目大都属于表外项目，对未来的财务报告将产生重大影响。如加拿大客户准备用加元支付的价值$7 000 000的数控机床购货订单，瑞典公司调试设备的价值$5 000 000的瑞典克朗服务费，向一家瑞典公司发出的购买价值$1 000 000钢材的购货承诺以及向一家美国公司发出的购买价值$2 000 000微机的承诺。这些业务均反映在表12-3中。

在母公司的交易风险报告中，远期外汇交易风险应是购买合约和卖出合约相减后的净值。但需要注意的是，远期外汇交易在用于应收账款或应付账款的套期保值时，可能会出现远期交易的金额与期限不一定正好与其欲保值的交易相匹配的情况，这时需要进行适当调整。

在购销承诺方面与此类似，也存在风险净值的反映问题。在交易风险报告中反映的，应是尚未供货的客户订购金额与企业许诺的未来购货承诺相抵后的净值。涉外租赁合同项下的未来租金收入应与未来租金支出相抵，其净额列示在交易风险报告中，见表12-4。

（2）严格地说，任何经济实体所持有的外币现汇余额都不构成交易风险。因为现金具有充分的流动性，既不能代表以外币计价的应收账款，也不能代表应付账款。在跨国公司的母公司交易风险报告中一般不包括这一项，而海外子公司在计算外币净头寸时，往往将现金作为抵销负债的一个资产项目列入交易风险报告中。

（3）固定资产和无形资产项目，按照第52号公告，在现行汇率法下，由于它们的历史汇率与期末折算汇率不一样，因而存在折算风险。但是，从经济风险的角度来看，西蒙公司价值$31 600 000的固定资产不包含任何未来交易，也就是说不存在再次销售的问题，汇率风险已"沉淀"在该项资产上，因而不需要再在交易风险报告上反映。对价值$11 200 000的存货项目也存在类似的理解和处理。

（4）跨国公司交易风险报告要暴露公司内部交易（Intracompany Trade）所形成的交易，而不像在编制合并报表时那样要将之消除。母公司欠西蒙公司一笔价值$2 000 000瑞典克朗货款。在这笔交易中后者不承担风险，但母公司却承担了价值$2 000 000的外币的交易风险。对这一交易风险，合并风险报告的附注中应予以说明。

（5）与第52号公告的风险报告不同，交易风险报告不需要将以母公司货币计价的交易视为风险交易来报告。在表12-3中，西蒙公司的美元交易被视为是非风险性的。

（6）西蒙公司及其美国母公司的交易风险报告是站在母公司的立场上来确认的，若站在西蒙公司的角度，则不存在瑞典克朗的交易暴露。这一点与折算风险不同。

2）资金流动报告

西蒙公司的财务经理如果只根据交易风险报告进行风险管理，对暴露的加元头寸$9 050 000和瑞典克朗头寸$5 790 000采用售出远期合约的方法来实行套期保值，很有可能是一个错误的决定。因为企业的生产与销售活动具有一定的连续性，而交易风险报告只是一种静态的反映。为了克服这一缺陷，跨国公司可以编制每月或每季的不同币种的资金流动报告，动态地反映交易风险的变动状况。

现在，根据以下条件来编制西蒙公司的资金流动报告。

（1）西蒙公司每年在美国的销售收入为$50 000 000（以美元计价），在加拿大为$36 000 000（以加元计价），另外还有$34 000 000的瑞典克朗销售收入。

（2）每年的瑞典克朗费用为$82 000 000，美元费用为$8 000 000（包括利息、特许权使用费、管理费、股利和购货），加元费用为$22 000 000。

（3）各币种的收入和费用在各个季度是均匀发生的。

根据以上三个条件得出每季度的收入和费用关系，见表12-6（以千美元为单位）。

表12-6　　　　　　　　　**西蒙公司每季度的收入和费用的关系**

项目	瑞典克朗	加元	美元
销售	8 500	9 000	12 500
费用	20 500	5 500	2 000
净收入	（12 000）	3 500	10 500

（4）所有的应收账款和应付账款都在第一季度清算。瑞典克朗和加元的利息费用各为$200 000和$400 000，每6个月支付一次。第二季度将收到加拿大客户的数控机床货款，第三季度将收到瑞典公司的设备调试费，并向美国公司支付微机货款，第四季度向瑞典公司支付钢材货款。

（5）加元的远期外汇购买合约在第四季度到期，升水3%，这表示价值$10 000 000的加元在交割时将付出$10 300 000。

这样，西蒙公司按季度可编制如下资金流动报告，见表12-7。

表12-7　　　　　　　　　　　　西蒙公司资金流动报告　　　　　　　　　　　单位：千美元

时　期	项　目	瑞典克朗	加　元	美　元	所有币种
第一季度	预期收入	17 300[①]	11 400[①]	16 800[①]	45 500[①]
	预期费用	27 040[①]	5 850[①]	4 300[①]	37 190[①]
	净收入	（9 740）	5 550	12 500	8 310
第二季度	预期收入	8 500	16 000[⑤]	12 500	37 000
	预期费用	20 700[②]	5 900[⑥]	2 000	28 600
	净收入	（12 200）	10 100	10 500	8 400
第三季度	预期收入	13 500[③]	9 000	12 500	35 000
	预期费用	20 500	5 500	4 000[⑧]	30 000
	净收入	（7 000）	3 500	8 500	5 000
第四季度	预期收入	8 500	19 000[⑤⑦]	12 500	40 000
	预期费用	21 700[②④]	5 900[⑥]	12 300[⑨]	39 900
	净收入	（13 200）	13 100	200	100
年度总计		（42 140）	32 250	31 700	21 810

注：①包括应收账款和应付账款的清算，例如第一季度瑞典克朗预期收入=8 500+8 800=17 300（千美元），预期费用=20 500+6 540=27 040（千美元）；

②包括每半年支付一次的瑞典克朗利息费用$200 000，预期费用=20 500+200=20 700（千美元）；

③在该季度收到价值$5 000 000的瑞典克朗服务费，预期收入=8 500+5 000=13 500（千美元）；

④该季度需支付价值$1 000 000的瑞典克朗货款，预期费用=20 500+200+1 000=21 700（千美元）；

⑤收到价值$7 000 000的数控机床货款；

⑥包括半年支付一次的加元利息费用$400 000；

⑦加元远期合同在该季度到期，收到$10 000 000的加元现汇；

⑧支付购买微机的$2 000 000美元货款；

⑨需要支付$10 300 000购买在当前汇率下价值$10 000 000的加元。

　　将跨国公司母公司、子公司和分支机构的资金流动报告进行合并，就可获得全球范围内整个公司的资金流动报告，形式与表12-7相同（由于篇幅所限，这里仅以西蒙公司为例说明资金流动报告的编制）。

　　比较表12-3和表12-7可以看到，西蒙公司的瑞典克朗在四个季度的资金流动报告中均处于净缺头寸状态，如果该公司的财务经理按交易风险报告的净多头寸结果进行套期保值以抵消会计风险，那么，这实际上增加了公司的经济风险。

12.2　交易风险的控制

　　交易风险的控制方法主要有契约保值（Contractual Hedges）和经营策略（Operating Strategies）两类。主要的契约保值手段包括在远期市场、货币市场、期货市场和期权市场上的保值，还包括互换协议，如对等贷款、货币互换和信用互换等。跨国公司的经营策略常常要考虑外汇交易风险，因此有些经营策略可用于控制交易风险。这些策略往往和跨国公司财务系统的运作分不开，如定价政策、提前与延期结汇、建立再开票中心等。

12.2.1 契约性套期保值

由于在远期市场、货币市场、期货市场和期权市场上进行的套期保值以及互换协议等都属于契约式的交易，所以这一类保值方法统称为契约性套期保值，也称合约保值。为了说明契约性套期保值如何被用于交易风险的控制，下面举例说明[1]。

假设奥特兰公司3月份向英国亚当斯公司出售一批价值 £ 1 000 000 的数控机床，约定3个月后即6月份付款。奥特兰公司的资本成本为12%，各种套期保值交易相应的报价如下：

即期汇率——$1.5640/ £ 1；

3个月的远期汇率——$1.5540/ £ 1（英镑年贴水2.558%）；

英国3个月期借款利率——年10.0%（季2.5%）；

英国3个月期投资利率——年8.0%（季2.0%）；

美国3个月期借款利率——年8.0%（季2.0%）；

美国3个月期投资利率——年6.0%（季1.5%）；

费城股票交易所6月份看跌期权：合同金额为 £ 31 250，协定汇率为$1.5500/ £ 1，每英镑保险费为2.5美分，每份合同交易费为50美元。

柜台交易市场6月份看跌期权：合约金额为 £ 1 000 000，协定汇率为$1.5500/ £ 1，1.5%的保险费。

据奥特兰公司外汇咨询机构预测，3个月后即期汇率将为$1.5600/ £ 1。

这样，奥特兰公司有四种可供选择的方案：（1）不采取抵补措施；（2）远期市场套期保值；（3）货币市场套期保值；（4）期权市场套期保值。

首先，我们来考察第一种方案。假如奥特兰公司愿意承担外汇风险，它将不采取任何抵补措施。依据外汇咨询机构的预测，奥特兰公司期望3个月后收到 £ 1 000 000×$1.56=1 560 000美元。但这一数目是有风险的。如果英镑跌到$1.45，奥特兰公司就只能收回1 450 000美元。但是，外汇变化是双向的，如果3个月后英镑比预计的还要高，奥特兰公司就将获得超过1 560 000美元的收入。

不采取抵补措施的实质如下：

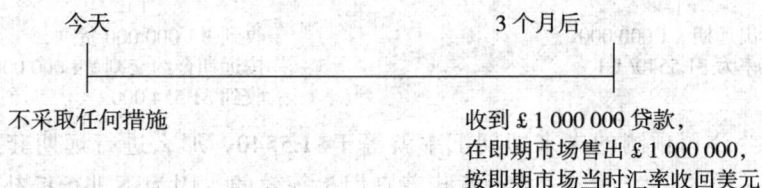

今天	3个月后
不采取任何措施	收到 £ 1 000 000 贷款， 在即期市场售出 £ 1 000 000， 按即期市场当时汇率收回美元

接下来，我们将讨论其他几种方案。

1）远期市场套期保值

远期市场套期保值（Forward Market Hedge）就是利用远期外汇市场，通过签订抵销

---

① EITEMAN, STONEHILL, MOFFETT. Multinational business finance [M]. 8th Edition. Reading, MA: Addison-Wesley Publishing Company, 1998: 193-204. 案例经过改编.

性的远期合约来消除外汇风险，以达到保值的目的。在西方，远期外汇市场不仅能用作抛补外币应收或应付账款以及净资产暴露的工具，还可以用来进行外汇投机。远期市场套期保值可在外币收付结算日明确的情况下使用，也可在收付日期不确切的情况下使用。

远期市场套期保值涉及合约和履行合约的资金来源问题[1]。就合约看，远期外汇合约本质上反映的是这样一种契约关系：在达成协议或签订合约的时候，就规定一方当事人在将来某个特定日期向另一方当事人交割一定数额的某种货币，以换取特定数额的另一种货币。这种合约的基本特征是协议达成之日就已敲定外汇交易的价格和数量，尽管其具体交割要在将来某个时日进行。在达成协议或签订合约时，并不存在现金流动。

履行合约的资金一般有两个来源：现存资金或根据经营业务的约定将在交割日之前收到的资金。在奥特兰公司的例子中，它向英国亚当斯公司的销售所形成的一项应收账款将在3个月之后收到。到了6月份，当亚当斯公司付给它 £1 000 000 后，奥特兰公司就有了履行远期合约的资金。当履约的资金已在手中时或已由经营业务约定时，这种套期保值被认为是"经过抵补的"（Covered）、"完全的"（Perfect）或"轧平的"（Square），此时，套期保值没有余留的外汇风险，它使得现有的或将要收到的资金正好与将要支付的资金相配对。因此，这种性质的套期保值最适合用于规避交易风险。

在另一些情况下，履行外汇远期合约的资金尚无着落，而是要等未来某日到即期外汇市场去购买。由于未来的即期汇率在目前是不确定的，与现存的远期汇率可能存在差异，因此，它的远期头寸是"敞开的"（Open）或"未经过抵补的"（Uncovered）。这种性质的套期保值常常在对折算风险进行抛补时使用。只有当购买日的即期汇率与当初签订合约时的远期汇率一致时，折算风险的抵补才能算得上是全部的或完整的。

如果奥特兰公司选择远期市场来抵补，它就应该在今天（3月份）按3个月远期汇率 $1.5540/ £1 卖出 1 000 000 的远期英镑。这是一种抵补的交易，公司不再有汇率风险。3个月后，公司收到英国进口商的 £1 000 000。根据远期合约，以该数目到银行去办理交割，公司将收到 1 554 000 美元。与不采取任何抵补措施方案下不确定的 1 560 000 美元收入相比，该方案使公司的收入少了 6 000 美元，然而，这却是一种不带风险的收入。事实上，导致这一差异出现的原因是公司对3个月后的汇率预测值与远期市场的标价不同。

对远期市场套期保值的实质可进行如下描述：

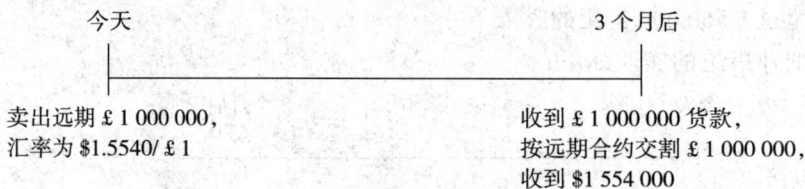

今天	3个月后
卖出远期 £1 000 000， 汇率为 $1.5540/ £1	收到 £1 000 000 货款， 按远期合约交割 £1 000 000， 收到 $1 554 000

如果奥特兰公司预测的未来即期汇率就等于 $1.5540，那么进行远期套期保值与不进行抵补情况是一样的。然而，这并不意味着它们是等效的，因为不进行抵补的结果是一个不确定的值。远期汇率作为未来即期汇率的无偏预测量，并不意味着现在的远期汇率要正好等于未来的即期汇率，只是表明前者高于后者与后者高于前者的概率是一样的。一个市场即使是有效率的，也可能由于政治风险和政府干预等原因而偏离均衡，但是，这并不妨

---

① 陈信华. 外汇经济学 [M]. 上海：立信会计出版社，1994：420-421.

碍远期套期保值被用于减少未来即期汇率变动的风险。

然而，对每一笔涉及外币的交易都进行远期套期保值也是不必要的，因为这里还有一个交易成本的问题，如买入汇率与卖出汇率之间的差价及远期贴水等。就跨国公司来说，它经常有不同币种的外汇风险。在考虑利用远期外汇市场来进行套期保值时，跨国公司往往要分析套期保值的利益与成本的关系，从而能及时判断出这些防范措施是否值得采用。

当使用远期套期保值方法时，还需注意到一个前提，即必须存在远期外汇市场。因为在现实经济生活中，并不是任何货币都有远期市场的。存在远期市场的货币绝大多数是西方国家的可自由兑换的货币及少数几个已走上工业化道路的发展中国家的货币。此外，即使存在远期市场，也不是所有期限的远期交易都能做成。因为不同货币的远期交易所覆盖的期限及所规定的最低成交数量是不一样的。

2）货币市场套期保值

货币市场套期保值（Money Market Hedge），又称"融资套期保值"（Financial Hedge）或"即期套期保值"（Spot Hedge），指的是通过在货币市场上的短期借贷以建立配比性质或抵销性质的债权或债务，从而达到抵补外币应收账款或应付账款所涉及的汇率风险的目的。[①]

与远期市场套期保值一样，货币市场套期保值也涉及合约和履约资金的来源问题。但这里的合约是一个借款协议，它是保证进行货币市场套期保值的企业借入一种货币后将之兑换成另一种货币的约定。履约资金（即还贷资金）有两种来源：来自企业经营或者到即期外汇市场上购买。如果资金来自企业经营，那么，此时在货币市场的套期保值是"经过抵补的"；如果资金目前无着落，需要等借款到期时才到即期外汇市场上购买，则这种套期保值称为"未经过抵补的"或外汇头寸"敞开的"套期保值。

货币市场的套期保值机制与远期市场很相似，不管采用其中的哪一种，公司的收益都与未来汇率变化的影响无关。但是，两者间也存在一定的差异。货币市场的套期保值成本是由两国利率之差决定的，而远期套期保值成本则是远期外汇市场报价的函数。在有效率的市场上，这两种成本应该是几乎相等的，但是，并不是所有的市场都能一直保持有效率。更有甚者，一个企业从两个不同国家的货币市场上借入的借款利率差，还有可能与这两个市场上的无风险国债利率差是不同的。也就是说，利率平价关系不是时刻都存在的。

为了在货币市场上进行套期保值，奥特兰公司应该立即从英国借入英镑，并将借入的英镑马上兑换成美元，3个月后用收到的英镑货款偿还这笔英镑债务。那么，奥特兰公司应从英国借入多少英镑呢？奥特兰公司借入的英镑在3个月后偿还时，连本带利应恰好等于1 000 000英镑，即与将要收到的贷款相等。假定应借入的英镑为X，那么：

1.025X＝£ 1 000 000

X＝£ 975 609.76

奥特兰公司现在应该借入的英镑为£ 975 609.76。3个月后到期时，偿还的利息为£ 24 390.24，本息合计为£ 1 000 000。借到英镑后，奥特兰公司应立即将它在即期市场按$1.5640/£ 1的汇率进行兑换，收到$1 525 854。

为了将远期套期保值和货币市场套期保值进行比较，有必要对奥特兰公司在接下来的

---

① 陈信华. 外汇经济学［M］. 上海：立信会计出版社，1994：434.

3个月中如何运用这笔借款进行分析。因为借款所得资金是在今天就收到，而远期市场抵补情况下的则是在3个月后收到。为便于比较，需要将这两项资金统一到一个时点上，将借款所得资金换算为3个月后的未来值，或将远期合约资金换算为现值。在这里，我们使用的是未来值，这与用现值进行分析得出的结论是一样的。

由于这两种合约本身所涉及的金额一样，因此，对这两种方案进行比较，关键在于看哪种方案能带来更多的美元收益，亦即对借款所得资金多种可能的投资收益率进行考察和比较。

对奥特兰公司来说，在接下来的3个月中，借款所得资金至少有3种可能的投资收益率。第一种情况是，奥特兰公司资金比较充裕，因而可将借款所得资金投放于美国的美元货币市场，年利率为6%；第二种情况是，用借来的英镑资金代替另一笔美元贷款，年利率为8%；第三种情况是，将借款投资于奥特兰公司自己的一般性经营，其收益率按年资本成本12%计算。3个月后这笔借款所得资金的未来价值将有以下三种可能（见表12-8）。

表12-8 资金未来价值

情况	今天的借款金额	投资于	3个月后的未来价值
①	$1 525 854	年6%或季1.5%	$1 548 742
②	$1 525 854	年8%或季2.0%	$1 556 371
③	$1 525 854	年12%或季3.0%	$1 571 630

与远期市场套期保值结果$1 554 000相比较，如果奥特兰公司将借来的资金用于代替另一笔美元贷款（8%）或将它投入企业的商业经营活动（12%），货币市场的套期保值结果将好于远期市场的保值结果；如果奥特兰公司将借来的资金投放于美元货币市场（6%），结果则刚好相反，远期市场保值效果更好。应该说，形成这种差别的原因在于，英美两国的利率差（年利率差2.0%）与3个月的英镑远期贴水（年贴水2.558%）不等。当这种利率平价关系不能维持时，两种套期保值的效果就会有所不同。

对奥特兰公司来说，存在一个临界投资收益率，在该收益率下，远期套期保值与货币市场保值的效果将一样。设r为3个月的投资收益率，当r满足以下等式时即为临界投资收益率：

借款所得资金（1+投资收益率）=远期保值所得

$1 525 854·（1+r）=$1 554 000

r=0.01845

将3个月的投资收益率换算为1年的投资收益率则为7.38%。也就是说，当投资年收益率高于7.38%时，货币市场套期保值有利；当年收益率低于7.38%时，远期市场套期保值有利。

货币市场套期保值的过程如下：

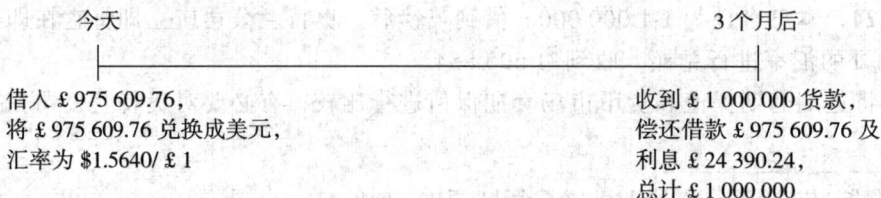

今天	3个月后
借入£975 609.76，将£975 609.76兑换成美元，汇率为$1.5640/£1	收到£1 000 000货款，偿还借款£975 609.76及利息£24 390.24，总计£1 000 000

与远期市场套期保值比较，货币市场的保值有较大的灵活性，它可以使公司较早就能得到本币资金，并有可能在较高的收益水平上加以运用。正是因为货币市场保值能将公司的外汇风险管理与资金的筹措和运用有机地结合起来，因此它更受跨国公司的喜爱和重视。但是，在使用这一方法时，还要注意到资金借贷渠道是否畅通以及政府对这种性质的金融交易是否采取了管制措施等。

3）期权市场套期保值

期权市场套期保值（Options Market Hedge）指的是通过购买外汇看跌期权或看涨期权来达到规避汇率风险的目的。期权的市场风险和信贷风险在买卖双方之间是不对称的。期权出售者面临的市场风险没有下限，但其收益却至多等于所得的期权费；购买者的风险有下限，最多损失其期权交易成本，但其收益却是无上限的。

奥特兰公司可以通过购买看跌期权来抵补£1 000 000的汇率风险。这样奥特兰公司就可以把风险损失限制在一个已知的水平上，同时，保留对英镑升值带来潜在增益进行投机的机会。

根据前面的报价，合同金额为£31 250，协定汇率为$1.5500/£1，每英镑期权价格为2.5美分，每份合同交易费为50美元。奥特兰公司在费城股票交易所购买6月份到期的看跌期权，其成本为：

每份合同的价格（$0.025×£31 250）	$781.25
每份合同交易费	$50.00
每份合同总计成本	$831.25
所需合同数目（£1 000 000/£31 250）	32.00
期权合同总成本（32×$831.25）	$26 600.00

奥特兰公司也可以按协定价格$1.5500/£1和1.50%的保险费从银行购买3个月看跌期权100万英镑，期权成本由奥特兰公司和银行协商为：

期权成本=合同金额×保险费×即期汇率

= £1 000 000×0.015×$1.5640

=$23 460

比较两种结果，奥特兰公司显然应从场外交易购买看跌期权，它比费城股票交易所的购买成本低。

这里，我们仍用未来值来比较各种套期保值方法。因此，需要先计算3个月后的期权成本。同样，投资收益率会有多种可能，这里采用的是奥特兰公司的资本成本12%（每季为3%），3个月后期权成本为：

$23 460×（1+3%）=$24 164

即每英镑期权成本为$0.0242（$24 164/£1 000 000）。

6月份收到£1 000 000，此时这笔款项的美元价格取决于即期汇率的高低。如果此时汇率高于$1.55/£1，则依期权合同，奥特兰公司可以不履约，它可以将英镑在即期市场上兑换成美元。也就是说，奥特兰公司的潜在增益是不存在上限的，这一点与不采取任何抵补措施时一样。比如，此时即期汇率为$1.56/£1，那么，奥特兰公司将得到$1 560 000，扣除交易成本$24 164，净收入为$1 535 836。

但是，当即期汇率低于$1.55/£1时，利用期权保值和不采取抵补措施两者的结果是不同的。这时，奥特兰公司可以履行期权合同，按$1.55/£1卖出£1 000 000，收到$1 550 000，再扣除成本$24 164，获得美元净收入$1 525 836。不管汇率跌到多低，期权合同总能保证奥特兰公司能收到$1 525 836，也就是说，其风险损失有一个下限。但是，在不采取任何抵补措施的情况下，风险损失是没有下限的。

期权市场套期保值有如下过程：

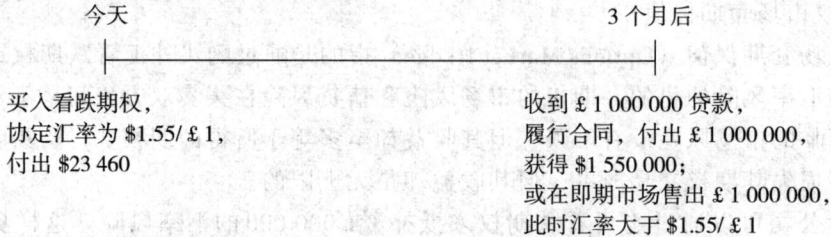

今天   3个月后

|——|

买入看跌期权，   收到£1 000 000贷款，

协定汇率为$1.55/£1，   履行合同，付出£1 000 000，

付出$23 460   获得$1 550 000；

                                            或在即期市场售出£1 000 000，

                                            此时汇率大于$1.55/£1

我们可以在期权抵补和其他几种套期保值方法之间找到等值的临界线，这些临界线把汇率的变化划分为几个区间。依据区间的划分，公司可以为自己找到最佳的保值方案。区间的上界通过期权市场保值和远期市场保值的比较来决定，其等值条件是远期汇率与单位英镑的期权成本之和，即$1.5540+$0.0242=$1.5782。如果即期英镑汇率高于$1.5782，则适宜使用期权方案；如果低于$1.5782，则适宜使用远期方案。

区间的下界则通过期权市场保值与不抵补方案相比较来决定，其等值条件是协定价格与单位期权成本之差，即$1.55-$0.0242=$1.5258。如果即期汇率高于这个值，则不抵补方案效果更好，承担一定的风险有可能获得更多的收益；如果低于这个值，则应采用期权市场的套期保值，因为它存在风险损失的下限。当然，方案的选择最终还是取决于跨国公司对风险和收益的权衡考虑。

如果公司不能确定将来外汇风险形成的时间，或不能肯定它是否发生，如在投标竞争中尚不能肯定是否中标，那么，期权合同将是最好的选择。因为远期市场或期货市场在外汇风险没有实现（如未中标）的情况下，本身就会给公司带来新的外汇风险，而期权合同则可以避免这样。在外汇风险没有实现的情况下，期权合同可以不履行，而最多损失一笔保险费。

下面，我们将这四种套期保值方法用一简图来概括，如图12-2所示。

4）互换协议

外汇互换有多种类型，外汇市场的掉期交易是其中之一，而对等贷款（Back-to-back Loan）、货币互换（Currency Swap）和信用互换（Credit Swap）又属于另一种类型，这是两种性质不同的交易。

（1）对等贷款

对等贷款，又称平行贷款（Parallel Loan）。在对等贷款中，不同国家的当事人双方互相提供贷款，每笔贷款的金额和到期日均相同，且都是以放款方的货币来计价，并按原来的借款货币偿还。20世纪70年代英国实行了外汇管制，对等贷款作为对非居民提供固定利率英镑借款的工具得到了发展。1979年英国外汇管制解除后，对等贷款作为一种创新工具，继续运用于外汇市场上外汇风险的保值。①

_____

① 姜波克. 国际金融业务创新 [M]. 上海：复旦大学出版社，1994：56-57.

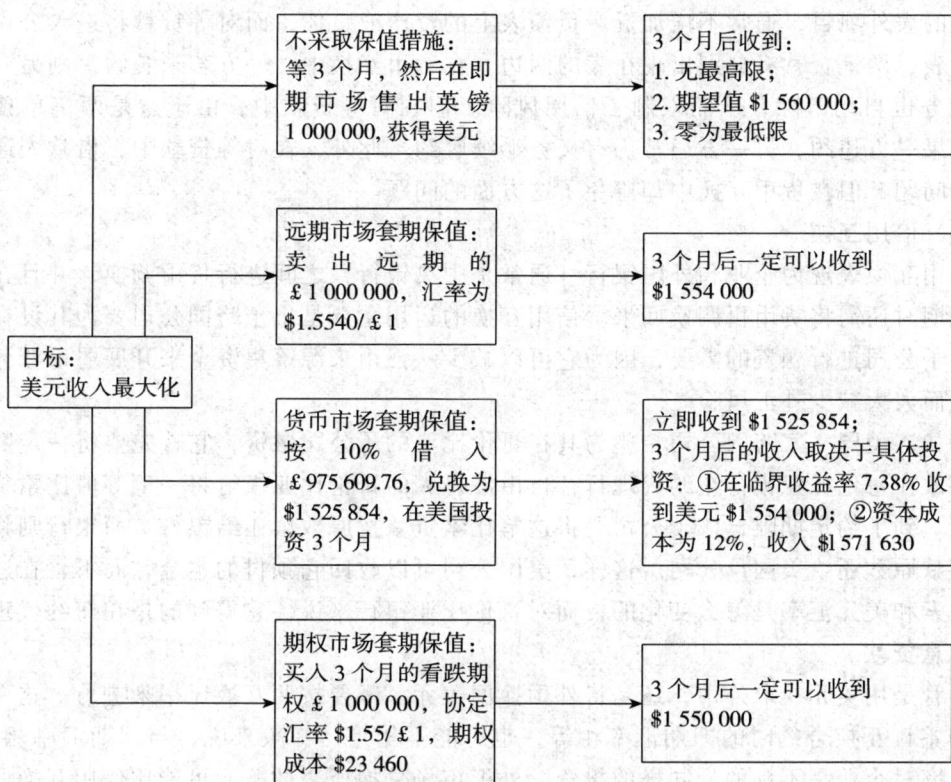

图12-2 四种套期保值方案比较

典型的对等贷款结构如图12-3所示。英国母公司将英镑借给美国公司设在英国的子公司，而美国母公司则将美元借给在美国的英国子公司，从而在英国母子公司间和美国母子公司间达到间接融资的目的。由于两笔贷款等值且期限一样，无须通过外汇市场做币种的转换，即完全避开了外汇市场的介入，因而也就不涉及任何外汇风险，尽管它们有可能以即期利率缔结期初的贷款，且按照相应的远期汇率确定利息的支付以及本金的偿还。这里，远期汇率的运用主要是考虑到两国之间存在的利率差。

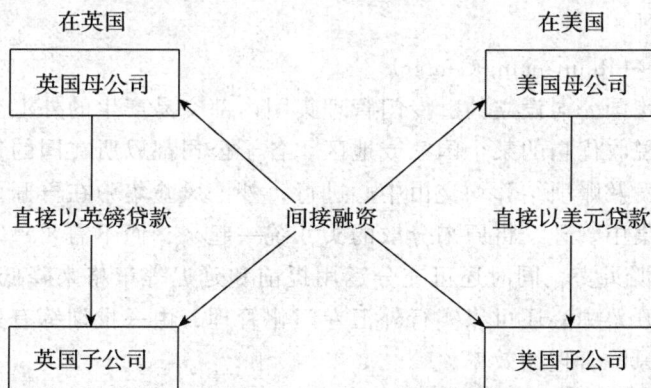

图12-3 对等贷款的结构

（2）货币互换

货币互换作为对等贷款的自然演变，避免了后者存在的一些问题。货币互换作为资产负债表的表外项目，通常不增加资产负债表上的资产或负债，而对等贷款将进入公司的资产负债表，两笔贷款将分别出现在表的两边。在货币互换中，一方若未履约，则另一方的部分义务也自动解除，从而限制了信用风险。但在对等贷款中，由于这是两笔单独的协定，如果一方违约，另一方通常仍有义务继续履约。此外，在对等贷款中，借款人通常涉及退税问题，但在货币互换中却避免了这方面的问题。

（3）信用互换[①]

信用互换表现为企业和外国银行（通常是中央银行）之间进行货币调换，并且在将来约定到期时还需将货币再调换回来。信用互换的运用主要是出于跨国公司要为其设在弱币国家的子公司进行融资的需要，因为它可以减少从强币来源筹集资金来开展弱币业务的需要，从而大大减少外汇风险。

例如，美国一家跨国公司希望为其在哥伦比亚的子公司融资，它首先要将一定数量的美元存放在哥伦比亚银行纽约代理行，再由波哥大的哥伦比亚银行将一笔等值比索贷给该子公司。到了约定期限，该子公司要将这笔比索贷款按原数偿还给银行，而银行则将那笔美元存款原数还给美国母公司。这样，美国公司可以收回它预付的本金，而不管在这段时间内比索和美元汇率是怎么变化的；而对哥伦比亚银行来说，它得到的是在纽约代理行的一笔无息贷款。

不管是用美元换取外币，还是将外币换回美元，都要按照互换比率来进行。这一比率可能与签订互换合约时的即期汇率相等，也可能不相等。一般来说，与即期汇率相比较，互换比率对企业是不利的。同样的投资，外汇市场兑换所需的美元可能比信用互换所需的美元数目要少。而且，外国银行贷款一般还有利息要求。此外，信用互换只能保护投资本金不受汇率影响，但对汇回母公司的投资收益却不起保护作用。

12.2.2 经营策略

外汇交易风险管理除了运用契约保值方法之外，还常常要用到许多经营方面的策略，如定价政策、生产场地的选择、借款货币的选择、款项的提前或延迟、内部资金转移、福费廷的使用、建立再开票中心、制订保值条款以及参加汇率保险等。这些策略中，有很多的策略与跨国公司财务系统的运作有关，相关部分可参见第19章有关内容。这里，我们只简单介绍以下几种：

1）再开票中心（Reinvoicing Center）

再开票中心是跨国公司设立的、专门管理集团内部交易产生的外汇交易风险的一种中介公司，通常设在税收优惠的某个国家或地区。各子公司都以所在国的货币进行交易，子公司之间的发票签发及账项结算均交由中心进行，外汇风险集中在再开票中心。这样，公司就可实行外汇的集中管理，将原来分散的头寸统一起来，而不需要每笔头寸都由分公司向银行直接进行外汇买卖，同时还可充分运用提前和延迟等策略来降低外汇交易的风险。此外，公司通过再开票中心还可以实行外汇专门化管理，由一批训练有素的专家来进行管理，从而提高外汇风险管理的效率。

2）提前与延迟（Leads and Lags）

公司在预期某种货币将要升值或贬值之际，可以对结汇时间进行调整：提前或者推

---

① EITEMAN, STONEHILL, HOFFETT. Multinational business finance [M]. 6th Edition.Reading, MA: Addison-Wesley Publishing Company, Inc., 1992: 217.

迟。例如，当公司预期一笔日元应付账款将升值时，公司就应尽量提前支付，这样，公司可以减少日元升值带来的损失；反之，当一笔美元应付账款面临贬值时，公司应尽量延迟付款。

3）定价政策（Price Policy）

定价政策包括价格变更和交易货币选择两个方面。汇率变动对跨国公司盈利的影响，可以通过商品价格的调整抵销一部分。跨国公司运用较多的是转移价格，即在母公司和子公司之间、子公司与子公司之间，就商品、劳务和技术在内部转移时所规定的价格（关于转移价格部分详见第18章）。这种定价既不以市场供应为基础，也不以市场竞争为前提，而是以跨国公司的全球战略目标为依据，避免汇率风险和税收，谋求利润最大化。

不论是跨国公司子公司之间交易，还是跨国公司与第三方交易，交易货币的选择都是一个十分重要的问题。由于世界各国外汇市场的深度和广度有所不同，在佣金、买卖差价及汇差结构等方面有一定的差异，因此，如果交易货币选择得当，跨国公司在内部交易的过程中就可以减少许多外汇交易方面的费用，增加公司的利润。当公司与第三方进行交易时，交易货币的选择往往是买卖双方讨价还价的一个筹码。一般来说，双方的经济实力以及在交易中的相对地位对交易货币的选择有很大的影响。此外，所选择的货币一般还要求有一个比较发达的相应的远期外汇市场存在。

4）福费廷（Forfaiting）

福费廷是一种中长期的国际贸易融资方式，即在延期付款的大型设备贸易中，出口商把经过进口商承兑的中长期偿付票据（1年以上到5、6年不等的汇票或期票），以无追索权的方式向出口商所在地的银行或大金融公司贴现，以获得融通资金。通过外币票据贴现取得本币，或将取得的外币立即在即期市场上兑换成本币，以保证收汇安全，避免外汇风险。

5）制定保值条款与参加汇率保险[1]

外汇保值条款是在国际经济合同中明文规定的有关汇率风险承担方面的条款。该条款一般规定，从买卖签约成交到货币实际收付结算这段时间里，交易货币若发生超过双方商定的幅度时，应由买卖双方按一定比例共同承担外汇风险的损失。保值条款的形式包括黄金保值条款、外汇保值条款、特别提款权保值条款、其他复合货币保值条款等。

作为"奖出限入"政策的一部分，许多国家的政府都设有专门的机构办理汇率保险业务。参加官方或半官方机构所开办的汇率保险，是控制外汇风险的手段之一。西方发达国家办理此项业务的保险机构有英国的"出口信贷保证局（ECGD）"、德国的"海尔梅斯出口信贷保险公司（Hermes）"、法国的"外贸保险公司（Coface）"、荷兰的"尼德兰信贷保险公司（NCIC）"、美国的"进出口银行（Eximbank）"以及日本的"输出入银行（FCIA）"等。这些保险机构所提供的汇率保险，要求投保人按期缴纳少量的保险费，而作为回报，承保机构要负担全部或部分的汇率变动风险。

---

① 陈信华. 外汇经济学［M］. 上海：立信会计出版社，1994：447-449.

本章小结

　　交易风险指在汇率变动之前所发生的债权–债务关系在汇率变动之后进行清偿时产生的利得或蒙受的损失。这种利得或损失必须计入当期的损益中。

　　一般来说，交易风险主要产生于信用贸易、以外币计价的资金借贷、外汇远期合约交易等几种交易。

　　交易风险程度可以通过交易风险报告和资金流动报告来计量，前者是一种静态的反映，后者则是动态的反映。交易风险的分析往往需要将两者结合起来。

　　交易风险的控制方法主要有契约保值（Contractual Hedges）和经营策略（Operating Strategies）两类。

主要概念与观念

交易风险　契约保值　提前与延期结汇　再开票中心　互换协议　对等贷款

基本训练

□ 知识题

12.1　什么是交易风险？它与会计折算风险有何差异？

12.2　交易风险主要由哪些内容构成？

12.3　如何计量交易风险？

12.4　交易风险的控制方法主要有哪些？

□ 技能题

12.1　设全球公司的交易风险程度见表12-9。相关汇率资料见表12-10。

表12-9　　　　　　　　　　　　　交易风险程度　　　　　　　　　　　　单位：千货币单位

到期日	SKr	C$	US$
第一季度			
收入	100 000	30 000	5 000
支出	107 500	8 000	8 000
净风险程度	（7 500）	22 000	（3 000）

表12-10　　　　　　　　　　　　　相关汇率

项　目	SKr/$	C$/$
目前即期汇率	5.0	2.0
90天远期汇率	5.0505	1.9802
180天远期汇率	5.1020	1.9608

要求：为规避第一季度瑞典克朗交易风险，全球公司应如何利用远期合约进行保值？

12.2 在第1题所提供的资料基础上，如果相关利率资料见表12-11。

表12-11 相关利率

项 目	$	SKr	C$
90天利率	8%	10%	6%
180天利率	8.30%	10.50%	6.20%

要求：如何利用货币市场进行套期保值？

□ 能力题

设美国WX公司3月份在英国承揽一项目。3个月后公司将收到项目工程款£8 000 000。WX公司的资本成本为12%，各种套期保值交易相应的报价如下：

即期汇率为$1.7640/£1；

3个月的远期汇率——$1.7540/£1（英镑年贴水2.2676%）；

英国3个月期借款利率——年10.0%（季2.5%）；

英国3个月期存款利率——年8.0%（季2.0%）；

美国3个月期借款利率——年8.0%（季2.0%）；

美国3个月期存款利率——年6.0%（季1.5%）。

要求：（1）分析WX公司可供选择的套期保值方案。

①远期市场套期保值；

②货币市场套期保值。

（2）什么情况下该公司应采用货币市场套期保值方法？

本篇案例分析

四大行业汇兑损失惨重[①]

2014年6月初以来，人民币阶段升值幅度较大，进一步的升值或需要强劲的基本面数据跟进，但近期的一些经济金融数据表现反复，市场对经济触底回升尚未形成一致预期，美联储加息预期发酵、美元持续上涨也增添了未来人民币汇率走向的不确定性。在此背景下，参与者变得谨慎，选择多看少动，故导致汇价窄幅波动、市场交投清淡。此外，离岸市场人民币汇价已低于在岸价格，继续看多的倾向也不明显。总体来看，人民币汇率或转向一段时间的振荡。

很显然，2015年人民币汇率双向波动实际上已经给相关行业带来影响。有数据显示，上半年汇市终结多年来单边升值的一贯趋势，引发航空、能源、钢铁、矿产等行业及海外业务比重较大的公司半年业绩折戟汇兑损失。

2015年半年报显示，中国石油、中国石化和南方航空上半年的汇兑损失均超过10亿元人民币，分别达到19.11亿元、12.75亿元和10.52亿元。作为中国钢铁行业老大的宝钢，2015年上半年汇兑损失高达2.7亿元，去年同期则为汇兑收益4.7亿元。中国三大航空国航、南航、东航中期业绩均大幅下滑，从汇兑方面看，2014年上半年中国的航空公司汇

---

① 刘夏. 汇兑损失压垮国企利润 阿喀琉斯之踵不能坐视不理 [EB/OL]. [2015-09-10]. http://forex.hexun.com/2014-09-10/168324487.html；佚名. 年内人民币汇率波动加剧 四大行业汇兑损失惨重 [EB/OL]. [2015-09-09]. http://kuaixun.stcn.com/2014/0903/11693183.shtml.

兑损失达 27 亿元，而汇兑收益则高达 41 亿元。不过，上市公司中亦有对汇市转向反应迅速的公司不仅没有在这轮双向波动中折戟，反而颇有收益，比如美的集团 2015 年上半年的汇兑收益就达到 2.23 亿元。有媒体援引数据统计称，上半年共有 704 家 A 股公司遭受汇兑净损失，其中净损失过亿的公司多达 21 家。

这些汇兑损失巨大的企业有一个共性，就是这些企业都有大额的外币带息债务，其中美元债务比重非常高，宝钢、南航和国航的美元负债在整个外币带息债务中的比重超过 70%，东航则高达 96.2%。通过查询可知，整个 2013 年，人民币对美元单边升值 2.8%。人民币保持升值势头时，这些高额的美元债务对于企业来说是利好，这是因为偿还美元债务时企业所需付出的人民币比借入美元时换来的人民币要少，直接通过汇率变化带来了汇兑收益。这些收益与运营无关，纯粹是人民币单边升值带来的附加收益。然而，导致能源及航空类企业出现巨额汇兑损失的原因，是人民币自 2015 年初开始的持续贬值。2015 年初以来，人民币对美元的累计贬值达到 1.5%，4 月 30 日人民币对美元的汇率触及了两年来的最低点 6.2676。2015 年上半年人民币的持续贬值，就像一支利箭，尖锐而迅疾地刺入这些行业巨头的"阿喀琉斯之踵"——汇率风控部门。这一箭直接将很多企业由本应盈利的态势射入了巨额亏损的境地。只是汇率风险就将企业逼入如此绝境，可以说我国企业与国际接轨的道路任重而道远。

案例分析要求

（1）这些公司所面临的外汇风险是什么？

（2）这些公司应该如何及时化解该风险？在以后的经营活动中，这些公司应如何防范此类风险的再次发生？

第4篇
跨国投资管理

【博学慎思】中国对外投资合作发展概览①

2019年，中国对外投资合作面对国际国内新的复杂形势，整体保持健康有序发展，在投资地区分布、行业分布、投资结构、区域合作、对外承包工程规模等领域呈现出新的发展动态。

一、对外投资整体保持健康有序

2019年，面对复杂多变的内外部形势，中国深入贯彻新发展理念和落实高质量发展要求，推动更高水平的对外开放，健全对外投资政策和服务体系，对外投资合作保持健康有序开展。当年中国对外直接投资流量蝉联全球第二，对全球对外投资流量的贡献度连续4年超过10%，存量规模保持全球第三，占全球比重保持稳定。根据《2019年度中国对外直接投资统计公报》，2019年中国全口径对外直接投资1 369.1亿美元，同比减少4.3%，降幅较上年收窄5.3个百分点（如图1所示）。

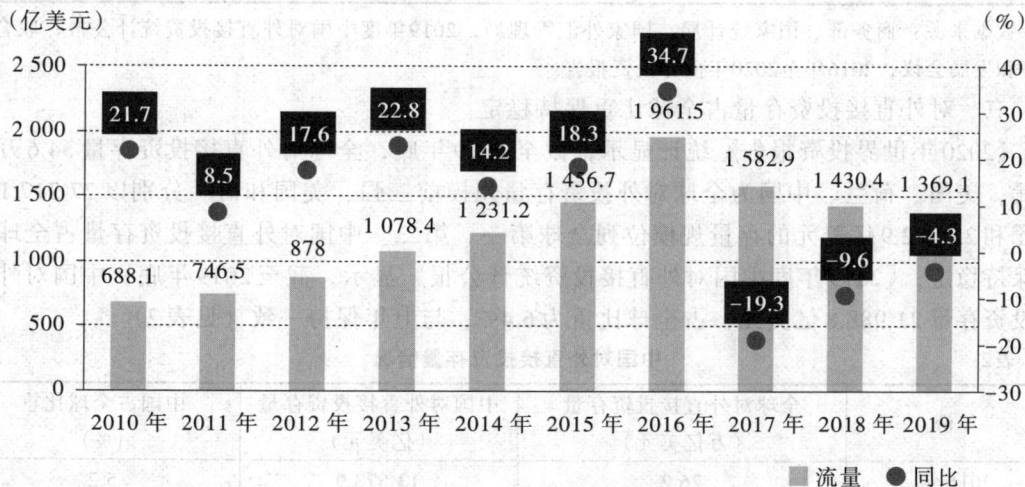

图1　中国全口径对外直接投资金额

数据来源：商务部、国家统计局、国家外汇管理局，2019年度中国对外直接投资统计公报.

---

① 中华人民共和国商务部.中国对外投资合作发展报告2020［EB/OL］.［2021-02-02］. http://images.mofcom.
gov.cn/fec/202102/20210202162924888.pdf.

二、对外直接投资流量稳居全球第二

据联合国贸易和发展会议发布的《2020年世界投资报告》统计，2019年，全球对外直接投资流量扭转上年下跌态势，增长至13 137.7亿美元。尽管同比增加33.2%，但规模依然低于2014—2017年各年水平。

2019年全球对外直接投资流量排名前三甲分别为日本、中国和美国。其中，日本对外直接投资流量2 266.5亿美元，同比上升58.3%，位列第一；中国对外直接投资流量1 369.1亿美元，继续保持全球第二位，连续8年居全球前三（见表1）；美国对外直接投资流量1 249.0亿美元，同比上升237.8%，位列第三。2019年中国对外直接投资流量高出美国120.1亿美元，为日本同期的60.4%，占全球比重为10.4%。

表1　　　　　　　　　　　　中国对外直接投资流量情况

年份	流量（亿美元）	全球占比（%）	全球位次
2010 年	688.1	4.9	5
2011 年	746.5	4.8	6
2012 年	878.0	6.4	3
2013 年	1 078.4	7.8	3
2014 年	1 231.2	9.0	3
2015 年	1 456.7	8.5	2
2016 年	1 961.5	12.7	2
2017 年	1 582.9	9.9	3
2018 年	1 430.4	14.5	2
2019 年	1 369.1	10.4	2

数据来源：商务部、国家统计局、国家外汇管理局，2019年度中国对外直接投资统计公报；联合国贸易和发展会议，2016年至2020年世界投资报告.

三、对外直接投资存量占全球比重保持稳定

《2020年世界投资报告》统计显示，截至2019年底，全球对外直接投资存量34.6万亿美元，美国、荷兰、中国为全球对外投资存量规模前三强，美国和荷兰分别以77 217.1亿美元和25 652.9亿美元的存量规模位列全球第一、第二。中国对外直接投资存量占全球比重保持稳定，《2019年度中国对外直接投资统计公报》显示，截至2019年底，中国对外直接投资存量21 988.8亿美元，占全球比重为6.4%，与上年保持一致（见表2）。

表2　　　　　　　　　　　　中国对外直接投资存量情况

年份	全球对外直接投资存量（万亿美元）	中国对外直接投资存量（亿美元）	中国占全球比重（%）
2016 年	26.2	13 573.9	5.2
2017 年	30.8	18 090.4	5.9
2018 年	31.0	19 822.7	6.4
2019 年	34.6	21 988.8	6.4

数据来源：商务部、国家统计局、国家外汇管理局，2019年度中国对外直接投资统计公报；联合国贸易和发展会议，2020年世界投资报告.

第13章 跨国投资政策与战略

学习目标

通过本章学习，应该达到以下目标：

知识目标：初步了解和掌握跨国公司对外直接投资的基本理论。

技能目标：学会国际投资政策和战略以及投资方式的选择等基本原理与方法。

能力目标：学会分析和思考公司应如何适应国际投资环境的变化，从而合理选择投资战略。

13.1 跨国公司对外直接投资理论

对外直接投资（Foreign Direct Investment，FDI）是指跨国公司在一个或数个国家通过直接投资设厂、建立原材料基地或销售渠道等实物性资产投资手段以获取一定收益的活动。自20世纪50年代以来，跨国公司及其对外直接投资的迅速发展引起西方学者的普遍关注，并形成了各种旨在解释、阐述跨国公司对外直接投资行为的学术流派。[①]

13.1.1 垄断优势学说

1960年，美国学者海墨（Stephen H.Hymer）在他的博士论文《国内企业的国际经营：对外直接投资研究》中首次提出了垄断优势理论。[②]之后又由其导师、美国经济学家金德尔伯格（Charles P.Kindleberger）给予了系统的阐述。[③]海墨认为，传统的国际资本流动理论不能解释对外直接投资，而应从垄断竞争的角度考察对外直接投资。直接投资之所以不同于证券资本流动，是因为它与投资企业对海外子公司各种程度的控制以及与投资企业技术和管理才能的转移相联系。美国企业对海外经营的控制，不只是为了利用它们的各种资产，也是一种消除东道国国内企业竞争的战略行动。金德尔伯格强调市场结构的不完全性和跨国公司的垄断优势。他认为，传统的经济学和贸易理论难以解释为什么在资本追求利润最大化的原则下，会出现跨国公司这种形式的组织。这是因为，一个企业在外国投资、营业，必定会承受比当地企业更高的生产成本和组织成本。为什么这个企业不以出口或技术转让的形式获取利润呢？金德尔伯格和海墨认为，其原因在于市场结构的不完全性，尤

---

① 段先胜，杨秋梅. 外国直接投资［M］. 上海：上海人民出版社，1993：15-20. 原文经过整理.

② HYMER. International operations of national firms：a study of direct foreign investment ［M］. Cambridge，MA：Massachusetts Institute of Technology，1960.

③ KINDLEBERGER. Monopolistic theory of direct foreign investment ［J］. In George Modelski. Transnational corporation and world orders：readings in international political economy. San Francisco，CA：Freeman，1975：57-91.

其是技术和知识市场不完美。比如说，在国际技术转让市场，技术拥有者（卖方）和技术购买者（买方）之间存在信息不对称现象，所以，技术转让涉及许多不确定性。首先，买方在使用某种技术成果之前，只能间接地从卖方那里了解这种技术的有效性，因此，买方不确定他到底支付多少钱购买这一技术才合算。对于卖方来说，如果为了使买方完全相信技术的有效性，他必须将关于这种技术的细节和盘托出，这就等于无偿地转让了技术。这种由于信息的不对称性而产生的交易不确定性，提高了交易成本。而自由市场在这方面却软弱无力。专利系统是用来补偿市场无效性的一种方式，但它本身也存在着许多局限性，因为某些技术或市场知识无法用专利系统来保护。

因此，金德尔伯格和海墨认为，跨国公司之所以存在，是因为它们拥有某些垄断优势。这些垄断优势可以是：（1）对某种专门技术的控制；（2）对某些原材料来源的垄断；（3）经济规模优势；（4）对销售渠道的控制；（5）产品开发和更新能力等。跨国公司可以凭借这些垄断优势，有效地与当地企业竞争，或与当地企业合谋共同赚取超额利润。

13.1.2　国际产品周期学说

这一理论由美国经济学家维农（Raymond Vernon）在1966年《产品周期中的国际投资和国际贸易》一文中提出来的。[①]他认为，一般产品在市场上会经历开发、成长、成熟和滞退四个基本阶段。在不同的阶段，市场营销活动应相应地进行调整，以达到产品、价格、促销方式和销售渠道四者之间的最佳组合。维农把应用于国内市场营销活动的产品周期理论发展为国际产品周期理论。他在分析了产品在其生命周期所经历的四个基本阶段以及相应的市场特性后，得出结论：在国际市场范围内，某一产品所处的生命周期不同，决定了其生产过程和产地的不同，而外国直接投资则是生产过程或产地转移的必然结果。

维农的国际产品周期理论有以下四项基本假设：（1）消费者偏好依据收入的不同而不同；（2）企业之间以及企业与市场之间的沟通或协调成本随着空间距离的增加而增加；（3）产品生产技术和市场营销方法会经历可预料的变化；（4）国际技术转让市场存在不完全性。

维农认为，消费者偏好以及对产品的选择由于收入高低而存在不同的层次。新产品一般是为了满足高收入国家选择性极强的市场而产生的，比如美国市场。由于新产品在其发育成长时期，需要从市场不断得到信息反馈，以改进其性能，所以最初的生产基地一般靠近市场，即在发达的高收入国家。随着产品在市场上逐渐成熟，即进入产品生命周期的第二个阶段，原来开发、生产这种产品的国家开始出口产品到其他发达国家，即拥有类似市场的国家，比如从美国出口到加拿大、英国或西欧市场。而这些发达国家从进口到进口替代，也开始生产这类产品，并出口到发展中国家。在产品生命周期的第四个阶段，即市场滞退阶段，这类产品已经在生产过程或技术方面达到标准化或规范化，市场的反馈信息已不再至关重要。因此，产品的生产成本（如原材料、劳动力成本）因素变得更为重要一些。在这一阶段，发达国家逐渐把生产基地转移到发展中国家，以降低生产成本。在产品生命周期的最后阶段，发展中国家吸取发达国家的生产技术，大批量生产，然后返销到发达国家市场。

维农认为，一种产品在发展中国家的生命周期与在发达国家的生命周期相比要滞后一

① VERNON. International investment and international trade in the product cycle [J]. Quarterly Journal of Economics, 1966, 80（2）: 190-207.

到两个阶段。

国际产品周期学说似乎能解释第二次世界大战前后某些工业跨国公司的投资方向，但它的方法论有两大缺陷。第一，虽然国际产品周期学说可以预测事件发生的前后顺序，但不能量化地描述事件以及各事件之间相隔的时间差。第二，按照国际产品周期学说的观点，企业一般分别考虑以下三种决策：（1）产品开发过程中采用何种投资决策；（2）怎样有效地服务于国外市场；（3）如何与国外企业竞争。而经验事实说明，跨国公司往往同时考虑以上三项决策。

另外，随着世界市场全球化进程的加速，发达国家之间以及发达国家与发展中国家之间对产品需求或偏好的差别愈来愈小。新产品已不再总是在美国市场或发达国家市场产生，被发达国家市场淘汰的产品也不一定会在发展中国家畅销。因此，国际产品周期不再是静态的、事先设置的过程，而是动态的、变化的过程。

维农后期修正了他的国际产品周期学说。修正后的国际产品周期理论重点阐述跨国公司的寡头垄断行为，与克尼克波克的理论相呼应。

13.1.3 寡头垄断行为学说

1973年，克尼克波克（Frederick T.Knickerbocker）出版了《垄断性反应与跨国公司》一书。[①]以工业结构和市场结构分析为理论基础，他在书中对187家美国跨国公司的投资行为进行了分析，并发现在一些寡头垄断性的工业中，外国直接投资在很大程度上取决于各竞争者之间相互的行为约束和反应。

一般来说，市场可以归纳为三种结构：（1）完全竞争性市场（或工业）；（2）紧性寡头垄断市场（或工业）；（3）松性寡头垄断市场（或工业）。

克尼克波克认为，在一个完全竞争性市场（一般其竞争者数目超过20个）中，任何一家公司都无法操纵市场价格。每个竞争者的最佳策略都是根据市场的价格信号来生产。因此，其中某一家的投资行为，不大会直接影响其他竞争者的投资行为。在一个紧性寡头垄断市场（一般其竞争者数目不超过4个）中，两三家公司基本上控制了大部分市场份额，因此，每一家公司都拥有相当程度的垄断势力。在这种局势下，这几家公司相互之间会倾向于合谋而非竞争，共同瓜分市场而不至于因竞争过分激烈导致两败俱伤。因此，只有在一个松性寡头垄断市场中，各竞争者之间战略性的行为才会互相制衡或产生激烈的反应。

后期学者将各种战略性反应归纳为三种情况：（1）跟随先驱者；（2）交换威胁；（3）动态竞争。在第一种情况下，如某一竞争者率先投资进入某一区域，其余的竞争者会跟随而进。在第二种情况下，各竞争者相互侵入对方市场或威胁对方的市场地位，从而导致投资互动现象。在第三种情况下，一旦市场均衡被打破，一系列连锁反应会诱发一个动态过程。只有在新的市场均衡达到以后，这种动态过程才会暂停。

13.1.4 市场内部化学说

市场内部化学说主要是由巴克莱（Peter J.Buckley）、卡森（Mark Casson）和拉格曼（Allan M.Rugman）提出并发展起来的。该学说从国际分工为什么不是通过世界市场而是通过跨国公司来进行这点出发，研究了世界市场的不完全性以及跨国公司的性质，并由此

---

① KNICKERBOCKER. Oligopolistic reaction and multinational enterprise [M]. Boston, MA: Harvard Graduate School of Business Administration，1973：102-123.

揭示了跨国公司对外直接投资的动机及决定因素。其中，市场不完全性及企业的性质是内部化理论的核心内容。①

科斯在他于1937年发表的《企业的性质》一文中曾经指出，市场失灵（Market Failure）等市场不完全性使得企业的交易成本增加，而企业可以通过组织形式、组织内部交易来减少市场交易成本。巴克莱等发展了科斯、威廉姆森的交易成本经济学的基本观点，结合私有财产产权理论、企业理论和市场失灵理论，建立了关于跨国公司对外直接投资行为的交易成本学说，用以解释跨国公司的性质及对外直接投资的动机。内部化理论强调知识等中间产品市场的不完全性。中间产品不仅包括半加工的原材料和零部件，更重要的是包括各种技术、知识、经验、专利、管理技能等。由于所有权的交换涉及交易双方的经济利益，因此，所有权的交换是外部市场交易成本高的主要原因。知识产品的特殊性质使知识产品在交易中只发生使用权的让渡，不发生所有权的让渡，这与一般商品的交换不同，从而导致了知识产品市场的高交易成本。这是导致跨国公司形成的基本原因。

外部市场的自然性和不完全性是相对于效率而言的，因此，进行外国直接投资的跨国公司并不一定需要拥有垄断优势，而只需要创造比外部市场更有效的行政结构或内部市场即可。如前所述，在某种技术转让的过程中，由于技术等知识产品是一种特殊的资产形式，具有在一定时期内的"自然垄断性"、唯一性和共享性等特点，加上交易中只涉及使用权的转让，使得进行技术转让交易的买卖双方面临相当大的不确定性。任何一方采取机会主义的行为，都会使对方蒙受巨大的损失。这种机会主义的行为还可能产生于市场的有限性。许多特殊技术的应用范围很窄，为数不多的买方或卖方也无法形成一个竞争性的市场。因此，在一个不甚完美的外部市场进行技术转让交易，交易成本会比较高。而如果技术的买方或卖方通过行政结构将对方整合在一个组织里，以雇佣关系代替买卖关系，那么再进行技术转让的交易就不会冒太大风险了。由此看来，跨国公司的外国直接投资是为了更有效地转让技术或知识，避免因交易不确定性而导致的高额交易成本。在这种意义下，现代跨国公司不仅仅是通过市场内部化谋取利润，同时还对资源的再分配过程具有积极的意义。

13.1.5　国际生产折中学说

1）外国投资的决定要素

邓宁（John H.Dunning）试图通过综合结构性市场不完全性学说和自然性市场不完全性学说的基本观点，提出一个更一般和更广泛适用的理论模式，以解释跨国公司的存在以及外国直接投资现象。邓宁抽象出决定跨国公司的行为和外国直接投资的三个最基本要素：（1）所有权优势（Ownership）；（2）区位优势（Location）；（3）市场内部化优势（Internalization）。这就是OLI（Ownership-Location-Internalization）模式。

所有权优势包含两部分内容：（1）对有价值资产的拥有。例如，对原材料产地的垄断、对某种生产技术的垄断等。（2）跨国公司有效的行政管理能力。邓宁认为，结构性市场不完全性和自然性市场不完全性对企业所有权优势的作用因企业本身的组织特点、产品特点、市场特点和竞争过程的不同而不同。

区位优势是指不同的国家或地区的劳动力、能源、原材料等生产要素具有不同的价格

① BUCKLEY, CASSON. The future of the multinational enterprise [M]. London: Macmillan, 1976; RUGMAN. Internalization is still a general theory of foreign direct investment [J]. Weltwirtschaftliches Archive, 1985（121）: 570-575.

结构和质量，其通信和交通设施状况也不一样。对外国直接投资来说，有些国家或地区拥有相对的区位优势，因此具有竞争优势。

市场内部化优势的概念相对复杂一点。邓宁认为，跨国公司的所有权优势和区位优势并不是决定进行外国直接投资的充分必要条件。它可以通过出口、技术转让、租赁设备和出售特许经营权等方式来发挥这两种优势，而不需要通过在当地直接生产。跨国公司的国际竞争能力不仅取决于它拥有的各种企业优势，而且取决于企业将这些优势实行内部化的愿望和能力。企业使其优势内部化的动机是避免世界资源配置的外部市场不完全性对企业经营的不利影响，保持和利用企业创新技术的垄断地位。据此，邓宁认为，跨国公司的国际竞争能力既不是来自对技术的占有，也不是来自传统的垄断优势，而是来自技术优势的内部化。

2）外国投资的决策过程

邓宁归纳出外国直接投资两个基本的必要条件：（1）国外生产成本比国内生产成本低；（2）跨国公司的生产成本比当地生产企业低。

当一个企业满足了这两个条件并决定进入国外市场时，其决策过程一般分两步。第一步，决定产品是先在国内生产然后出口到国外市场，还是直接在国外生产。这一步决策取决于国内国外生产成本和运输成本的高低以及关税或非关税贸易障碍等因素，即区位优势。第二步，决定通过市场途径还是行政途径来为国外市场服务。企业可以利用当地的进口商、批发商和零售商为市场服务，也可以纵向向前整合，投资于国外批发和零售渠道并直接服务于当地市场。第一种方式主要通过交易合同来完成，属于市场途径；第二种方式是利用行政手段建立自己的公司，属于行政途径。如果企业决定在当地生产，它也有两种选择：一种是向当地企业出售技术、特许经营权、商标等；另一种是投资当地企业。

13.2　国际直接投资的动机

13.2.1　战略性动机

跨国公司为了实施其全球经营战略，必须借助于对外直接投资这种投资形式。其基本动机在于：

1）获取原材料

对于矿业、种植业等特殊行业，对原材料的需求显然是影响采掘地点、加工或生产活动地点选择的特殊因素。跨国公司一经获得对原材料、加工过程、农产品最终市场及运输的控制，就拥有特殊优势，从而可以避免被人控制并保障其经营安全，同时还可以据此获得更多的利润。另外，通过对原材料产地的直接投资，可以实现原材料供应渠道的多元化，这对担心罢工和政策风险的企业来说尤为重要。这是因为，一方面，企业可以此为筹码来对工会、政府施加压力，从而避免罢工或政府政策改变给企业带来的不利影响；另一方面，拥有多个工厂并由其供应同一种原材料或产品，可以确保企业生产经营活动的正常运转。

2）寻求知识

为使企业尽可能多地掌握新知识、新理念以及新的制造技术和工艺，跨国公司往往以某种方式来学习它想得到的技能,以便日后能利用这些技能。众所周知,先进的技术、技能和信息都是无形资产,具有很强的专用性,很难为他人所模仿和掌握。企业一旦占有这些资产,就会使局外企业难以从这方面进入市场展开竞争,从而形成企业的垄断优势,由此带来丰厚的超额利润。因此,一些跨国公司有意识地到技术先进国家进行投资,以获取这些先进技术。它们通常的做法是:与当地高科技企业合资经营、收购或兼并当地高科技企业或在当地设立高技术实验室等。由于产品更新速度快和技术发展迅猛,因此不断地跟踪技术先进国家的发展水平是绝对必要的。绝大多数企业已经发现,在高科技国家产地设立企业有助于信息的收集。设在当地的分公司(或分支机构)可以密切关注当地企业在制造技术和产品开发方面的最新研究进展,并将之及时反馈给母公司,从而使母公司在产品制造技术和质量管理程序上保持世界级的竞争优势。在技术先进国家设立实验室并雇用当地科学家和工程师吸收当地最新科技成果,也是一种较适宜的做法。根据美国国家科学基金会提供的数字,1986—1987年,美国公司在海外用于研究与开发的支出增加了33%,而在美国国内的这种支出只增加了6%。美国的许多跨国公司在日本、德国、俄罗斯等国家或地区建立研究与开发的新基地。与此同时,许多外资公司也以迅猛的步伐在美国从事有关高价值的研究与设计工作。

3)降低成本

如果竞争对手已在国外拥有生产低成本产品的途径,那么对于一些发达国家的跨国公司来说,紧随竞争对手进行海外投资是其保持母国市场份额的必要条件。这是因为,跨国公司的竞争对手一旦在国外利用当地廉价的原材料和人工生产产品并出口到母国市场,那么将威胁到该跨国公司在母国已拥有的市场份额。为了与竞争对手进行有效竞争并维持其在母国市场的份额,它必须到海外组织生产并销回国内。这就需要该跨国公司提高全球审视能力,在世界范围内找到低成本生产基地或生产技术。事实上,在竞争性行业,公司间的竞争并不是为了获得超额利润,而是为了获取正常的利润和求得生存。为了实现这一目的,各公司都必须不断地抓住每个降低非专有性成本的机会。

4)规模经济

促使跨国投资的一个微妙因素是为了追求规模经济效益。在一些竞争性市场上,产品的价格被迫接近产品的边际成本。因此,在一些固定成本比例相对较高的行业中的企业,必须从事大批量销售以求保本。在这些行业中,生产成本和规模效益对于比较优势的形成起了主要作用。在有些行业,特别是资本密集型行业,由于产品研制需要投入大量的研究与开发费用,因此处于这些行业的企业必须大批量生产并销售产品,这样才能降低单位产品成本,从而达到保本并盈利。这就要求企业有广阔的产品市场,而国内市场毕竟是有限或日趋饱和的,因而也就决定了这些企业将视野移向海外,开辟新的海外市场并占领海外市场,据此提高产品销售量,降低成本,充分发挥有利的经营杠杆作用,提高企业的生产效率和盈利能力,从而实现规模经济效益。

5)稳定国内客户

一些跨国公司进行海外投资是为了稳定其国内客户。当其客户为了避开高关税和出口配额限制而将生产基地转移到进口国或无配额的第三国去生产时,它也必须随其客户在相应国家开设分支机构,以保持其产品或服务的持续性。这是因为,一旦跨国公司不在国外为其客户提供产品或服务,就将促使其客户在东道国选择供应商。而客户所选择的供应商很可能是其国内竞争对手的海外机构，结果往往是使该公司不仅失去海外客户，而且有可能随之失去其在国内的原有客户。因此，一些银行、广告代理商、会计公司、律师事务所等纷纷跟随其国际性客户的海外扩张而在海外设立机构。

13.2.2 行为性动机

跨国公司进行海外投资，有其行为性动机。这些动机主要表现为：担心失去市场、追随竞争对手和回击国内市场的竞争等。

1）担心失去市场

在现今世界经济日趋一体化的时代，不论是原材料市场，还是产品销售市场，都具有市场全球化的特征。新兴的日本跨国公司、发展中国家的跨国公司以及欧美跨国公司之间重新争夺世界市场的竞争日益激烈。各跨国公司为避免市场被竞争对手抢占，纷纷将目光移向海外，进行海外投资，同时迅速占领国际市场。

2）追随竞争对手

外国直接投资在很大程度上取决于各竞争对手之间相互的行为约束和反应，这一点充分体现在寡头垄断市场中。在寡头垄断市场中只有少数大厂商，它们互相警惕地注视着对方的行为。如果有一个厂商率先到海外去投资设立公司，其他几个对手就会相继效仿，追随带头的厂商也到海外去投资。这么做的原因，一方面固然是由于投资利润诱人，但另一方面则是为了保持竞争关系的平衡，否则自己将落后于其他竞争对手，从而难以稳固竞争地位。

3）回击国内市场的竞争

保持母国市场份额的必要条件是寻找降低产品生产成本的途径。特别是对于产品已处于产品生命周期的第四阶段——市场滞退阶段的公司来说，其产品已经在生产过程或技术方面达到标准化和规范化的程度，其在技术上的垄断优势已完全丧失，市场的反馈信息已不再至关重要，而成本价格因素在竞争中则起了决定作用。为了降低成本，跨国公司往往将其生产基地转移到海外，在海外利用当地廉价的原材料和人工生产产品并出口到母国市场，以巩固其在母国已拥有的市场份额，从而与竞争对手进行有效竞争。

13.2.3 经济性动机

除了出于战略性动机和行为性动机外，跨国公司有时也出于发挥其特定优势的动机而进行国外直接投资，如所有权优势、市场内部化优势和区位优势等。根据邓宁的"国际折中学说"，这些特定优势也就构成了企业国外直接投资的经济性动机。

13.3 影响跨国投资战略选择的因素

跨国经营同国内经营毕竟存在着很大的差别。这些差别集中到一点，就是跨国经营企业面临的是由众多国家和地区构成的国际市场，而国内经营企业通常面临的只是单一的国内市场。这表明，跨国经营企业面临更多的市场选择，从而也使企业在选择和确定具体的目标市场时，必须考虑和分析更多的影响因素。这些影响跨国投资战略选择的因素[①]，大致可以从如下方面来认识。

---

① 段云程. 中国企业跨国经营与战略［M］. 北京：中国发展出版社，1995：157-166. 原文经过改写.

13.3.1　国际市场的不完全性

市场的不完全性，是指市场的运行及其体系在功能或结构上的缺陷或失效。除了最终产品市场存在着由于交易成本上升或不确定性增加而引起的不完全性之外，中间产品市场也存在着类似的不完全性。这种不完全性或市场失灵在价格不易准确判定的技术、知识、信息等中间产品市场上更是普遍存在。当这些中间产品进行跨国界的流动和交易时，这类市场不完全所造成的障碍就更为严重。跨国企业正是通过组织体系的跨国界设置和统一的管理手段来协调其中间产品或内部资源的流动与配置，以避免市场不完全对企业经营效率的影响，从而使交易的内部化成为跨国企业产生与发展的重要动力。

除了由交易成本引起的市场不完全性以外，实际上，无论在一国市场还是在国际市场上，都存在着结构性的市场不完全。在国内市场上，由于企业规模竞相扩大而形成垄断或寡占的市场结构，这将可能导致商品和要素市场的不完全。这种市场不完全，势必随着垄断企业或寡占企业的跨国界发展而扩大到国际市场。而在国际市场上，各国政府及其代理组织对经济活动的积极参与和直接干预又将造成另一种结构性的市场不完全。主权国家的政治边界以及各国政府不同的经济政策和法规、制度，使得国际市场分割为不同的国别市场和地区市场。在这些相对分离的国别和地区市场中，商品或要素进入或流出将遇到障碍，市场运行的方式和效率也存在着多种差异。正是国际市场这种结构性的不完全，使得跨国经营企业面临着更为复杂的经营决策。这种结构性市场不完全的存在，使跨国公司在进入国际市场时，首先必须注意不同主权国家之间的差异因素。这些因素至少包括几个方面：

（1）经济发展水平。经济发达程度的不同，决定着不同国家或地区的居民收入水平、消费水平和需求结构，从而决定着市场的规模和类型。同时，经济发展状况还决定着一个国家的社会基础设施、信息服务条件等市场运行环境，从而影响着企业的经营运作。因此，选择进入何种发展水平的国家，是企业跨国经营最基本的决策。

（2）技术基础结构。由于历史和现实的多种因素制约，在不同经济发展水平的国家，甚至在同一发展水平的不同国家里，产业发展的技术基础结构并不相同。这表现在不同国家可能实行着不同的技术规程、技术标准和技术政策。对以制造加工、资源开发等实业投资为其主要活动领域的企业来说，弄清不同国家技术基础构成上的差异从而减少进入障碍和经营风险，是具有重要意义的。

（3）资源供给条件。由于国家边界的存在，大部分经济资源的流动性都是有限的，一些资源（如电力等能源）的供给或运输服务则可能很难进行跨国流动。大多数国家实行的移民管制使劳动力资源也具有很小的流动性。这种行政边界的阻隔造成了不同国家在不同资源上富集程度的差异。以开发获取特定资源为目的的跨国企业，必须弄清不同国家的资源条件，这是自不待言的。而制造加工和服务等行业的跨国经营企业，也应对不同国家劳动力、原材料、能源、交通运输以及资金等资源的供给条件与成本等相关事项有清楚的了解，才不致使自己陷入盲目性。

（4）政治法律体制。这可能是最具差异性的国家因素，这是因为任何两个主权国家在政治体制、法律规则、行政程序和各种政策上很少有完全一致的情况。政治体制和法律规则上的差异，即使是很微小的差异，也将使企业面临不同的经营环境。而这方面的因素对企业来说，既具有必须服从的强制性，又具有难以预料其变化的不确定性。企业对不同国别市场进行选择，必须很细致地研究有关国家的政治体制和法律规则，以明确不同国家制约企业进入并长期经营的政策和法律边界。

（5）社会文化环境。一个国家是特定民族历史形成的政治集合体。不同国家居民不仅可能存在着语言文字的差异，而且可能在社会价值准则、伦理道德观念、宗教信仰、商业习惯和人际交往方式等方面存在着广泛差异。这些因素影响着当地购买者对外国产品和外国投资者的态度，也制约着跨国企业经营人员的活动方式，从而影响着企业的信息成本和经营绩效。一般来说，社会文化环境具有历史连续性和较强的稳定性。因此，跨国经营企业充分研究不同国家的社会文化环境，一方面可以为自己的进入寻找可资利用的有利因素，另一方面可以为自己制定适应当地环境的长期战略提供基本的依据。

13.3.2 区位优势与区位障碍

国家行政权力造成的国际市场不完全对跨国企业的经营发展起着双重作用。一方面，各国政府通过制定关税及其他税收、利率、汇率等政策造成了不同的市场壁垒和市场运行差异，使商品和要素的国际流动面临着不同的区位障碍；另一方面，各国政府为保护本国利益而设置的种种壁垒，又使壁垒后面的不同国家和地区在市场容量、要素供给、资源富集程度等方面出现多种差异，这为跨国企业采用直接投资方式以利用这些差异提供了广阔的机会。跨国企业的全球性经营活动，在很大程度上正是要绕过多种障碍，去获取和利用不同壁垒后面的区位优势。

所谓区位优势，不过是从企业角度所认识的不同国家和地区所拥有的比较优势。它一方面产生于若干缺乏流动性的要素禀赋的分布差异，另一方面则产生于国家主权所形成的市场壁垒。在跨国直接投资普遍发展的条件下，外国企业则可以采用在当地投资兴办子企业的方式来获得和利用这种比较优势。国际市场不完全性的存在造成了区位优势的普遍存在。这既为企业采用直接投资方式进行跨国界发展创造了重要的外部环境，又为企业的市场与投资方向提供了多种可能的选择。

企业的决策原则是趋利避害。跨国经营企业对不同国别或地区市场的选择，当然应该以获得和利用区位优势最多、跨越区位障碍的成本最少为基本准则。跨国企业跨国发展的国别和地区市场的选择，至少应考虑取得如下三个方面的有利因素：

（1）获得壁垒后面的产品市场。国家和地区贸易壁垒的存在增加了产品出口进入的难度和成本，而采用直接投资方式则有利于绕过这种壁垒，进入特定的区位市场。因此，企业应明确地判明壁垒后面是否存在着特定产品的市场和较大的市场容量。这是决定选择与否的基本因素。

（2）获得本国不易获取的经营资源。这里的经营资源是广义的，包括东道国当地蕴藏的稀有自然资源，发达的科学和教育所提供的价格低廉甚至免费的科技信息，发达的资本市场以及丰富且便宜的资本供给，良好的基础结构所提供的能源、运输及其他服务等。这些资源由于本身特点或市场不完全而缺乏流动性，从而构成特定国家的比较优势。尽可能地获得和利用这些区位资源优势，无论对于企业还是对于国家都是必要和有利的。

（3）获得当地政府的政策优惠。由于跨国直接投资可能给受资国带来利益，一些东道国政府出于发展本国经济的长期考虑，常常给予外国投资企业以特别的政策优惠，比如在一定时期内减免所得税或进出口商品关税，给予优先贷款权等。因此，选择这样的国家进入经营，企业不仅能够分享该国的一般意义上的区位比较优势，还可以获得超过当地企业的比较利益。

另外，在国别和地区市场的选择上，还应当特别予以考虑的因素是目标市场国家或地区较长时期内社会政治经济发展的稳定性。如果企业进入社会不稳定的国家，不仅难以取得优势和利益，甚至连资产的安全也难以保证。

13.3.3 行业市场机会与进入障碍

在企业发展方向决策中，国别和地区市场的选择仅仅是第一个层次的决策，相对较为宏观。在国别和地区市场方向大致确定的前提下，还须进行第二个层次的决策分析，即对相关行业市场的因素进行综合考虑和分析。当然，在企业的决策实践中，这两个层次的因素分析和决策总是紧密结合在一起进行的，很难截然分开。

影响市场选择的行业因素，同样应从两个方面来考虑，即市场机会和进入障碍。

1）市场机会分析

分析目标国家或地区特定行业的市场有无长期投资发展的机会，至少应考虑两个比较主要的因素：

（1）行业市场容量。这是特定行业产品的市场需求因素。市场容量，特别是未来较长一段时期内的潜在的市场容量，决定着行业市场的规模和产品的总体销售量，是投资企业首先应予考虑的因素。一般来说，分析行业市场容量，不仅需做定性分析，更应做一些定量分析。

（2）行业发展阶段。这是反映特定国家当地行业生产与供给方面状况的因素。特定行业的发展在不同国家通常处于不同的阶段，比如行业空白期、行业引进与成长期、行业成熟与能力过剩期、行业衰退期等。行业发展处于什么阶段决定着进入企业将会面临什么样的直接竞争状况。一般来说，在存在市场需求的前提下，进入处于行业空白期和衰退期的国家将是可行和有利的。行业生产能力高度发展，本身也在寻找国外市场的国家显然是不应该被选取作为投资进入的目标市场的。

2）进入障碍分析

一个国家的行业进入障碍决定着进入企业将为此支付的成本和代价，因此企业必须慎重比较和分析。跨国投资的行业进入障碍至少包括如下几个方面的因素：

（1）进入企业需承担的额外成本。跨国进入企业比当地现有企业至少要在几个方面支付额外成本：一是一次性投入的垫付资本及其利息支出；二是寻找有利的原材料、流动资金和其他要素供应来源所花的时间和费用；三是为增强市场认识、树立新的品牌商标而需投入的宣传促销费用以及额外的管理控制费用等。这些额外成本的构成同国内行业新进入者的情况并无太大的差异。但由于社会文化环境和语言的差异，二者在费用开支的数量上却有很大的差别。显然，跨国进入企业所花的费用更多。如果跨国经营企业原有生产成本较低而且进入后的预期收益较大，足以在不太长的时间内抵偿这些进入成本后获利，则决定进入仍然是有利的；相反，则只宜放弃对该市场的进入。

（2）当地现有企业的竞争结构与竞争性反应。当地行业原有厂商的竞争结构对跨国投资的新进入者有着直接的影响。若当地行业是寡占或垄断性结构，原有企业易于联合排外，那么进入难度较大；相反，若为原子式的宽松竞争结构，则可能较易进入。此外，进入者新的生产能力将会打破行业现行的竞争与供求均衡格局，因此，当地现有厂商不可避免地会以各种方式对进入作出反应，最常见的反应就是降低产品价格。此外，它们还可能作出提高产品质量、发展产品差异化、提供优惠交易条件、加强促销宣传和其他营销活动等竞争性反应。显然，这些反应和行动不仅会改变进入者的预期收益，也会给进入者造成新的、最初可能没有预计到的行动障碍。因此，进入企业应对这类反应的程度及可能持续的时间作出必要的预测和估算，并据以调整成本与收益的比较预期。

（3）当地政府与社会的态度。当地政府现行和可能采取的产业政策、对外国投资者的政策以及对环境污染和技术标准等方面的政策规定，均可能对进入企业造成不利或有利的影响。尽管不少国家一段时期内采取吸引外资进入的优惠政策，但在对具体行业的管制上，当地政府仍会不可避免地保护本地企业。比如给本地企业以政府补贴、提供优惠贷款等。这种保护随当地政府不同时期的产业政策重点不同而对不同行业表现各异，这显然需要进入企业充分估计政府政策变化可能造成的劣势增加或优势减少的程度。此外，当地社会公众对不同国家的民族情感倾向以及对不同外国产品既有的质量认识和偏好态度等，都可能对跨国进入企业构成或大或小的进入障碍。

一般来说，上述障碍只是进入企业最初可能遇到的不利因素。如果目标市场国家确实很有潜力，企业进入后能取得长期稳定的收益，而且企业也有足够的经济实力来承担进入的成本，那么这些障碍也并不足以阻拦企业的跨国界进入。因此，行业市场因素分析与选择的关键，仍然是收益与成本的比较。

13.4 公司战略与股权策略

跨国公司一旦确定了其全球经营战略，并根据全球经营战略决策决定对外直接投资后，就必须确定其进入东道国的方式。"进入"是指将其所拥有的各项资源（如资金、设备、技术、商标、管理技能等）根据需要组合起来，通过某种方式转移到目标国家，建立由其控制或受其影响的经济实体的过程。因此，"进入"体现了企业有形资产和无形资产的空间转移，"进入"的过程同时也是跨国公司为实施经营战略，在全球范围内配置资源的过程。

13.4.1 跨国经营的进入方式及其选择

邓宁根据其国际生产折中学说将跨国公司的进入方式总结为多种模式，见表13-1。

表13-1　　　　　　　　　　跨国经营的进入方式选择

	所有权优势	内部化优势	区位优势
对外直接投资	√	√	√
出　口	√	√	×
无形资产转让	√	×	×

如前所述，跨国公司通常根据其所拥有的所有权优势、内部化优势和区位优势等情况来选择跨国经营的进入方式。根据表13-1我们可以看出，跨国公司可以选择的进入方式主要有贸易式、契约式和投资式三种方式。

1）贸易式

贸易式是指通过产品的出口所进行的国际化经营活动。出口是企业国际化经营的起点，可进一步分为间接出口和直接出口两种。

（1）间接出口。间接出口是指通过本国的中间商（包括本国的各类进出口公司和其他贸易企业在内的经销商或代理商）出口其产品。在这种情况下，制造商与国外市场无直接联系，也没有涉外业务活动，因而不必专设机构和雇用专职人员经营出口。这样可以节省费用且不承担出口风险，但却无法获得国际化经营的直接经验，信息反馈也不及时，对产品进入国外市场的过程根本无从控制。

（2）直接出口。直接出口是指生产企业（制造商）设立出口部或国际部，向外国的中间商出口其产品，或与国外的零售商甚至用户直接联系，或在国外设立分支机构就地推销产品。因为不论通过上述任何渠道，制造商都直接与国外市场接触，故称直接出口。上述的外国中间商可以是经销商，也可以是代理商。前者与制造商是买卖关系，经销商取得对产品的所有权，在推销过程中自负风险，且通过买卖差价获取利润；后者与制造商是委托关系，代理商不掌握产品所有权，因此只对产品的销售、劳务收取佣金。与间接出口相比，直接出口要求企业支出更多的费用，要设立专门的贸易部门和招募人才，但企业可直接进入国外市场取得国际化的经验，从而及时调整自己的经营策略和方法。

2）契约式

契约式一般是指在不涉及股权的条件下，通过契约转让一项或几项无形资产而进入某一国家的经营方式。这里所说的无形资产是指知识产权，包括专利权、商标权、外观设计权等在内的工业产权和版权两大类。此外，无形资产还包括专有技术。由于在一般的情况下，这种方式不涉及股权或企业产权，故又称为"非股权安排"或"契约安排"。契约式的具体做法有许可（证）协议、特许专营、战略联盟、"交钥匙工程"、管理合同等契约方式。

（1）许可（证）协议。许可（证）协议（Licensing Agreement）是指让渡专利许可、专有技术和商标使用权的协议，其主体是协议当事人即授方与受方，授方又称许可方（Licensor or Assignor），受方又称被许可方（Licensee or Assignee）。许可（证）协议是双方关于技术、商标等权利和义务的文件，经签署后便有法律效力。由于协议双方通常转让的不是无形资产本身的所有权，而是其使用权，故协议中应规定使用的期限、使用费的支付、使用方面的限制条件等。费用支付有两种方式：一种是成笔总付（Lump-sum Payment），订约时算出一笔应付金额，然后分期付款；另一种是提成（Royalty），根据使用该项技术或商标的生产量（或产量）、销售额或利润额来提成。许可（证）协议的有效期通常为5~10年。采用许可（证）协议作为进入方式，其优点是费用低、障碍少、风险小，其缺陷是控制力量弱、机会成本大、潜在竞争强等。

（2）特许专营。特许专营（Franchising）是许可（证）协议的特定形式，供方不仅转让技术和商标（商誉），而且传授统一的经营方法，包括为受方培训人员等。供方为了维护自己的商誉，要求受方严格遵循统一的经营方法，保证产品和服务符合统一规定的标准。特许专营的供方也向受方收取提成费，其有利之处也与许可（证）协议相似，即投资少，政治风险小，进入市场快。它的缺陷则是提成费的收益有限，对被特许方缺乏全面的控制权，而且有可能培养出自己的竞争对手，一旦对手羽翼丰满，供方将完全丧失目标市场。国际特许专营主要流行于广告、保险以及管理咨询行业等。

（3）战略合伙。战略合伙（Strategic Partnerships）是跨国企业在一些对自身发展具有战略意义的项目或领域中建立的合作关系，又称战略联盟（Strategic Alliance）。按照合作协议，有关的跨国企业针对选定的项目，各自投入具有优势的经营资源和能力，加强彼此的薄弱环节，实现优势互补或优势结合。这样既可保证项目的早日成功，又可降低费用，分散风险。常见的合作项目或领域主要是科技开发和市场营销。战略合伙的特点是：首先，合作双方共同开发新产品或者增加生产量，并通过合伙进入对方的世袭"领地"，使各自的市场得以扩大；其次，战略合伙的参加者之间既有合作，又有竞争，即在某些项目或领域中合作，而在其他的主线产品和核心业务上又保持各自的独立性，并继续进行竞争，可以说是竞争中的战略合作，故有人称之为"竞争合作"。战略合伙通过"互补"或"结合"使潜在的资源优势得以发挥，这种互补性是以各自的独立性和实力的对等性为前提的，从而使这样的合作具有一定的稳定性和战略的灵活性。

（4）"交钥匙工程"。"交钥匙工程"（Turnkey Project）合同主要用于成套设备的交易。通常情况下，发展中国家输入技术和设备时，无力单独完成建厂任务，因此与供方（例如发达国家的跨国企业）订立这类合同。该合同指明由供方负责项目的全过程，包括从可行性研究到设计定案，再从采购设备、建厂施工到试车运转和正式投产。只有完成所有这些工作，合同才算履行完毕。在合同执行过程中，受方根据合同规定的工程进度和金额分阶段付款。跨国企业可以利用自己在设计、施工和生产一系列环节中积累的专门知识和经验以及完成项目工程的综合优势，通过签订"交钥匙工程"合同的方式进入目标市场，特别是进入落后的发展中国家。

（5）管理合同。根据管理合同（Mangement Contract），一家企业将其全部的业务交由一家外国公司全权负责并加以管理，该合同通常规定了管理期限和付酬办法。通常有以下几种方法：按利润额或销售额的百分比提取；按每一单位销售额提取固定报酬以及按具体服务支付规定的费用等。管理合同也明确了企业的基本方针和重大决策仍由委托人（受方）自行掌握。

3）投资式

投资式是指通过对目标国直接投资而进入该国的经营方式，具体分为接办和新建两种做法。

（1）接办。接办是指通过收购或兼并的方式对东道国现有企业的投资，可进一步区分为新设合并（Consolidation）和吸收合并（Merger）两种方式。其中，新设合并是指参与合并的公司全部消失，而后成立一家新公司，该新公司接管各个被合并公司的全部资产并承担其全部债务和责任。吸收合并则指将一家或几家公司并入一家续存公司中，该续存公司接管被合并公司的全部资产和业务并承担其全部债务和责任。接办投资的特点是速度快，可直接获得新的市场份额以及便于取得自己所缺乏的经营资源或技术，但同时也具有难以了解被接管企业的全面真实情况、难以正确估计被接管企业的价值以及接管的成功率低等缺点。

（2）新建。新建（Greenfield Investment）包括新建独资海外子公司和与当地人合资新建合营企业两种方式。独资海外子公司是由母公司全资投入与经营，并根据东道国法律在当地注册登记的独立法人。海外子公司具有以下特点：拥有东道国"国籍"和独立法人资格、享受东道国当地政府给予的税收减免等优惠、受到的经营限制较少等。而合营企业又分为股权式合营企业和契约式合营企业两类。其中，股权式合营企业，又称合资企业，是外国投资者与当地企业以现金、厂房设备、知识产权、管理技能、土地等形式在东道国共同投资、共同管理、共担风险、共享利润的法人实体，它在东道国注册并受东道国法律的保护和管理。合资企业主要采取有限责任公司和股份有限公司两种法律形式。契约式合营企业，又称合作经营企业，其特点在于以合同而非股权的形式构成合作各方的权利与义务的基础。

13.4.2　跨国公司战略与最优股权策略

这里我们所讨论的跨国公司战略主要体现为企业的股权策略的选择问题。一个公司的股权策略显然要考虑其应否与当地合伙人合资经营并衡量合资经营的利弊得失。合资经营的利弊分析见表13-2。

表13-2　　　　　　　　　　　　　　　合资经营的利弊分析

优　点	缺　点
可以取得：	冲突面：
当地资本	营销规划
当地管理技能	股利政策
确保原材料来源	利润的再投资
训练有素的人工	
营销能力	出口到第三国
设立销售网络	原材料及零部件的来源
先进技术	
有助于取得：	转移定价
政府的支持	
当地货币贷款	管理选择及报酬分配
税收优惠	
进口的保证	
减少政治风险	

尽管合资经营具有各种潜在的利益，但仍有一些企业避免与当地合伙人进行合作，尤其是那些为了在定价、营销、质量管理以及生产政策等方面实行全球性严格控制的企业，它们往往希望避免合资经营。这是因为如果当地合伙人所能提供的资源（包括资金、营销技能等）在这类国际化经营中相当丰富，那么跨国公司的控制权有可能会被削弱。各跨国公司通常会根据其战略动机对是否进行合资经营作出不同的选择。

对寻求产品差别化的公司来说，当营销被用作阻止其他竞争对手进入的屏障时，那么其对营销战略的各要素实施控制就显得相当重要。像可口可乐等在营销方面与当地企业进行合营的跨国公司，有时会与当地合营伙伴在广告支出、分销渠道、定价策略等问题上发生冲突。这些冲突带来的损失是巨大的，甚至抵销了合营的利润。因此，这些跨国公司中的大多数公司已经发现，只要母公司可以控制生产质量标准，那么它们就可以在产品的制造阶段参与合营，并通过自己的全资销售子公司出售其产品，这样就可以同时实现占领市场和扩大销售利润的目标。

对寻求生产合理化的公司来说，为了充分利用规模经济的优势，必须对分布在不同国家、处于不同生产阶段、从事不同零部件生产的各工厂在专业化程度和生产规模上提出集中管理的策略。这一策略要求集中计划和协调，而不将生产决策权下放给下属子公司。因此在合资经营的情况下就很难避免在转移定价、各企业之间的产品及市场分配、质量控制等方面产生冲突和摩擦。

为了确保原材料供应和避免受寡头控制，一些公司通常力图维持其对原材料的控制。尤其对处在消耗自然性资源行业中的公司来说，由于其生产具有固定成本高、边际成本低的特点，因此各竞争者之间更容易进行合资经营。这种股权上的联合可以使公司在行业中具有相同的成本结构和经营风险，从而可以避免在需求不畅时各寡头之间的轮番压价竞争所带来的冲击。

对于寻求研究与开发的公司，它们希望通过合营来及时地吸收对方的新技术、新工艺、新管理和营销技能。但对寻求知识产权保护而进行跨国投资的公司来说，为了实现其对知识产权的严格控制，它们倾向于拒绝进行合资经营。

本章小结

对外直接投资（Foreign Direct Investment，FDI）是指跨国公司在一个或数个国家通过直接投资设厂、建立原材料基地或销售渠道等实物性资产的投资手段以获取一定收益的活动。自20世纪50年代以来，跨国公司及其对外直接投资的迅速发展引起西方学者的普遍关注，并形成了垄断优势学说、国际产品周期学说、寡头垄断行为学说、市场内部化学说及国际生产折中学说等各种旨在解释并阐述跨国公司对外直接投资行为的学术流派。

国际直接投资的动机包括获取原材料、寻求知识、降低成本、规模经济、稳定国内客户等战略性动机，以担心失去市场、追随竞争对手和回击国内市场的竞争等为代表的行为性动机以及出于发挥其特定优势而进行国外直接投资的经济性动机。

跨国经营同国内经营毕竟存在着很大的差别。跨国经营企业面临更多的市场选择，从而使企业在选择和确定具体的目标市场时，必须考虑和分析国际市场的不完全性、区位优势与区位障碍、行业市场机会与进入障碍等更多的影响因素。

跨国公司一旦确定其全球经营战略，并根据全球经营战略决策决定对外直接投资后，就必须确定其进入东道国的方式。"进入"是指将其所拥有的各项资源（如资金、设备、技术、商标、管理技能等）根据需要组合起来，通过某种方式转移到目标国家，建立由其控制或受其影响的经济实体的过程。因此，"进入"体现了企业有形资产和无形资产的空间转移，同时也是一个跨国公司为实施其经营战略，在全球范围内配置资源的过程。跨国企业可以选择的进入方式主要有贸易式、契约式和投资式三种方式。

主要概念与观念

对外直接投资　垄断优势学说　国际产品周期学说　寡头垄断行为学说　市场内部化学说　国际生产折中学说

基本训练

□ 知识题

13.1　跨国公司为什么要进行对外直接投资？学术界有哪些学术流派？

13.2　垄断优势理论的主要观点是什么？

13.3　如何利用科斯关于企业性质的理论解释跨国公司的对外直接投资行为？

13.4　影响跨国投资战略选择的主要因素有哪些？

13.5　什么是跨国公司的"进入"方式？如何结合国际生产折中学说分析进入方式的选择？

□ 技能题

跨国公司海外直接投资有哪几种理论？具体分析国际生产折中学说的基本原理。

□ 能力题

2015年5月29日，经资源整合后全新的北京飞机维修工程有限公司（简称"新Ameco"）在京举行揭牌仪式。该公司由中国国际航空股份有限公司（简称"中国国航"）和德国汉莎航空公司（简称"德国汉莎"）合资经营，其中中国国航持股75%、德国汉莎持股25%。新Ameco是在原中国国航工程技术分公司和原北京飞机维修工程有限公司（简称"原Ameco"）基础上整合资源组建的，拥有员工11 000余人，总部设在北京，持有中国民航局（CAAC）、美国联邦航空局（FAA）、欧洲航空安全局（EASA）以及其他近30个国家或地区颁发的维修许可证，下辖北京基地和成都、重庆、杭州、天津、呼和浩特、上海、贵阳、武汉和广州9个分公司，160多个国内外维修站点，拥有多座大型机库和先进的飞机维修设施设备，具有辐射国内外的维修服务网络。原Ameco成立于1989年，由中国国航和德国汉莎合资经营，是中国民航合资最早、规模最大的民用飞机综合维修企业，在国内和国际三方客户提供基地维护和重维修方面享有较高的国际信誉和品牌影响力。新公司组建后，将继续发挥双方在管理、技术及第三方市场上的优势，有效协调资源，优化业务结构，提供飞机大修、航线维护、发动机修理、附件修理、公务机改装等维修业务，以及技术、培训、航材、人员、市场等方面的服务，努力成为客户认可、具备卓越信誉和世界竞争力的航空维修企业。①

要求：请查阅中国国航与德国汉莎25年来的合作历程，并据此分析比较合资经营的利弊。

---

① 佚名. 全新Ameco揭牌　国航持股75%与汉莎合资经营［EB/OL］.［2015-05-29］. http://news.carnoc.com/list/315/315113.html.

第14章 | 跨国资本预算

学习目标

通过本章学习，应该达到以下目标：

知识目标：初步了解和掌握跨国资本预算的基本特性及其与国内投资项目资本预算的异同点。

技能目标：学会跨国资本预算的基本原理与方法。

能力目标：学会分析和思考跨国投资项目如何受各种因素变动的影响以及在投资项目的评估和选择中应如何合理决策。

14.1 跨国资本预算的基本特性及主体选择

14.1.1 跨国资本预算的基本特性

跨国投资项目是否可行，关键的一步是对投资项目进行科学的经济评价，着重研究经济上是否可行。跨国投资项目的经济评价，其原理类似于国内投资项目的经济评价。但由于跨国投资项目处于其他国家，其社会经济环境与国内不同，涉及的可变性因素更多，情况更加复杂，因而跨国投资项目经济评价也就具有其自身的特殊性。与国内投资项目的经济评价相比，跨国投资项目经济评价有以下基本特性：

（1）对跨国投资项目进行经济评价必须区分投资项目本身的现金流量和母公司的现金流量，从而有助于从总公司着眼分析和评价跨国投资项目对公司整体所作的贡献。

（2）跨国生产经营会涉及不同国家和地区的多种货币体系，这些货币体系在各自的资金市场上会形成不同的利率并具有不同的增减变动情况。同时，它们在各自国家和地区也会形成不同的通货膨胀率并具有不同的增减变动情况。不同货币之间汇率的增减变动又在很大程度上受到相关货币的利率和通货膨胀率增减变动的影响。因此，跨国投资项目的经济评价必须考虑各国不同的通货膨胀水平及不可预期的外汇汇率变动对公司竞争地位的影响，以及由此引起的公司现金流量的变动。

（3）跨国投资项目有可能会获得特定的筹资机会，如在当地借款或在不完全金融市场上发行证券等，因此很难将投资项目与其筹资行为区分开来。

（4）跨国生产经营涉及不同国家和地区的不同税制。这些国家和地区的税率（关税、所得税等）高低不同，并具有不同的增减变动情况。同时，跨国生产经营还涉及不同的外汇管制、进出口管制等方面，这些管制的政策可能具有不同的变动趋向。因此，跨国投资项目的实际现金流量受现金汇回母公司的形式（如利息、本金、管理费、股利等）的影响，同时也受当地政府干预程度及金融市场财务功能的影响。

（5）跨国投资和生产经营会涉及不同国家和地区的不同投资风险和经营风险，且其风险程度具有不同的增减变动情况。因此，跨国投资项目的经济评价必须考虑投资风险及经营风险等因素对现金流量的影响。

由此可见，跨国投资项目的经济评价问题，实际上就是投资项目经济评价的一般原理和方法如何结合跨国经营活动的环境和条件进行具体应用的问题。

14.1.2 跨国投资项目经济评价的主体选择问题

跨国投资项目经济评价首先碰到的一个问题是经济评价的主体选择问题：是以子公司为主体进行经济评价还是以总公司为主体进行经济评价？由于受税制、外汇管制、汇率变动、跨国公司内部的财务结算制度以及出口替代等因素的影响，同一跨国投资项目从不同主体出发进行经济评价，其现金流量差异很大，因而评价结果也不同。因此，主体的选择至关重要。

通过跨国投资而在国外形成的子公司是具有较强独立性的经济实体，因此，从子公司这一主体出发，对投资项目本身建成投产后能否取得相应的经济效益独立地进行经济评价，这是必不可少的。以子公司为主体进行经济评价，其所用的方法和原理同一般国内投资项目的经济评价基本相同。经济理论认为，一个投资项目的价值取决于投资者可以得到的未来现金流量的现值。因此，跨国公司及其股东作为投资者，从总公司的角度分析和评价跨国投资项目——在国外创建一个子公司——对公司整体收益的影响，也是必然之事。因此，跨国公司应以母公司为主体，从全局出发对跨国投资项目进行经济评价，并以此作为项目取舍的主要依据。以母公司为主体进行的经济评价，其主要特点则集中体现在从总公司着眼，如何正确评价它对公司整体所作贡献的大小。

14.2 跨国投资项目现金流量的确定及经济评价指标

14.2.1 跨国投资项目现金流量构成及其计量

1）原始投资

一个投资项目的原始投资额，通常由厂房、机器设备等项目的投资支出构成。跨国投资项目的原始投资，是由总公司提供的现金、设备、机器和其他资产组成，一般以总公司所在国的货币单位表示。

在确定跨国投资项目的原始投资额时，还应考虑"冻结资金"的动用问题，即在拟创建子公司的所在国原有一笔属于总公司的资金被冻结，不能换成自由外汇汇回总公司，现总公司因在该国创建一个子公司，使该笔被冻结的资金即可解冻并为该子公司所使用，则该"冻结资金"应从原始投资额中扣减。具体扣减办法有：

（1）如该项资金别无他用，即"机会成本"等于零，则可按其"面值"从原始投资额中扣减。

（2）如该项资金还有其他用途，例如出租给他人使用并取得一定的租金收入，则应以此类收入作为使用原"冻结资金"的机会成本，将之计入原始投资额中。其基本做法是：先将这项租金收入按投资项目预计的寿命期换算为现值，从解冻资产的面值中扣减；再以其余额作为从原始投资额中扣减的数额。这部分解冻资金应换算为总公司所在国的货币单位表示。

据此，原始投资包括三个方面：

（1）母公司提供的以母公司所在国货币计算的固定资产等，以 $I_{0(H)}$ 表示。

（2）东道国金融机构提供的以东道国货币计价的初始投资，即垫支的"运转资本"以"$I_{0(L)}$"表示。为了汇总计算原始投资总额，这部分贷款要按即期汇率 S_0（H/L）计算。

（3）解冻并为该项目所使用的冻结资金，以总公司所在国货币单位表示，即 $UF \times S_0$（H/L）。

上述各项可总括为：

$$I_{0(H)} + I_{0(L)} \times S_0（H/L）- UF \times S_0（H/L）$$

2）项目可汇回的税后现金流量

投资于国外子公司的建设项目，建成投产以后，在生产经营中形成的现金流入包括子公司直接在其所在国销售产品形成的现金流入和子公司对所在国以外的第三国销售产品形成的现金流入等。计算经营现金流量面临的另一个问题是出口替代问题。国外子公司的设立，可能会取代跨国公司总公司某一项目的原有出口额，因此，必须计算投资项目对公司整体的实际增量现金流量，公司间交易尽量以公平价值反映。所以，在计算可汇回总公司的现金流量时，应在上述现金流量的基础上，扣减由子公司取代原总公司对子公司所在国及所在国以外的第三国的产品出口，从而使总公司丧失部分市场，并因此丧失原先可以实现的利润。经过调整后的净额，就构成可汇回总公司的现金流量，方可视为子公司对总公司的实际贡献。至于子公司在生产经营中所形成的可汇回总公司的现金流量能否视为总公司的现金流入，则取决于子公司所在国的法律制度。如果子公司所在国政府对此无特殊限制，可以自由汇出，则子公司所实现的净现金流量即构成项目的可汇回的现金流量，可视为总公司的现金流入，按全额计算。如果子公司所在国政府的法律对外国利润的汇出制定了某些限制性条款，则基于法律规定而不能汇出的部分，应从子公司实现的净现金流量中扣减。此时，从总公司看，子公司实现净现金流量可视为总公司现金流入的部分，但不能按全额计算，而只能按子公司所在国政府法律允许的可汇出数计算。由于子公司直接在其所在国销售产品形成的现金流入和子公司对所在国以外的第三国销售产品形成的现金流入，一般以当地的货币单位表示，因此，在计算 APV 时应按某种标准将其换算为总公司所在国的货币单位表示。具体表述为：

（1）子公司直接在其所在国销售产品形成的现金流入（CF_t^{*1}），按 S_t（H/L）的汇率换算为母公司货币单位后，应扣减由它替代总公司对该国出口产品导致总公司因丧失这部分市场而丧失的原先可以实现的利润，这部分利润以母公司货币单位表现为 L_t^{*1}。其计算公式为：

$$\sum_{t=1}^{N}\left\{\frac{[CF_t^{*1} \times S_t(H/L) - L_t^{*1}](1 - T)}{(1 + R_t)^t}\right\}$$

（2）子公司对所在国以外的第三国销售产品形成的现金流入（CF_t^{*2}），按预计 t 期以其他国家货币每单位对母公司货币的比率表示的汇率 S_t（H/O），换算为母国货币单位后，应扣减由它替代总公司对该第三国出口产品导致总公司因丧失这部分市场而丧失的原先可以实现的利润（L_t^{*2}）。其计算公式为：

$$\sum_{t=1}^{N} \left\{ \frac{[CF_t^{*2} \times S_t(H/O) - L_t^{*2}](1 - T)}{(1 + R_1)^t} \right\}$$

（3）子公司因使用总公司提供的专利和其他专业技术服务而应支付给总公司的补偿费，按 S_t（H/L）的汇率换算为母国货币单位。其计算公式应表示为：

$$\sum_{t=1}^{N} \frac{CF_t^{*3} \times S_t(H/L)}{(1 + R_2)^t}$$

3）正常借款形成的税收节约额

项目建成投产后，子公司正常的经营活动所需周转使用的"营运资本"，通常是由子公司所在国银行提供的贷款。如果子公司所在国银行不提供贷款，就要由总公司提供所需资金，由此增强了总公司的借贷能力。子公司因使用总公司的借贷而应支付相应的利息，此类借款的利息按总公司所在国当期市场利率计算，由此形成的税金节约额也就构成了总公司的现金流入的组成部分，应按相应的折现率计算其现值。

如果企业确有借款能力，那么无论企业在该投资项目上是否充分利用其借款能力，都以企业实际的借款能力计算确定的应享受的税收节约额，并将其视为该投资项目的收益。因此，该税收节约额应根据企业借款能力、按最优资本结构计算确定，利率应为国内金融市场的借款利率。例如，某企业的海外投资项目总额为 1 000 万美元，企业以最优资本结构 50%进行举债融资，那么项目的借款能力即为 500 万美元（1 000 万美元×50%）。无论企业在该投资项目上的实际借款是否大于 500 万美元，每年由此形成的税收节约额均为 500 万美元借款能力所应产生的利息支出可以给企业带来的相应的税收节约额。这是因为，在本例中，如果企业仅借 200 万美元，那么剩余的 300 万美元借款能力可以用于其他项目，因而可以从其他项目得到相应的税收节约额，以弥补本项目所丧失的税收节约额。其计算公式表示为：

$$\sum_{t=1}^{N} \frac{iBC_0 T \times S_t(H/L)}{(1 + R_3)^t}$$

4）子公司所在国提供的优惠财务安排

子公司所在国政府为鼓励国外投资依法提供的种种优惠待遇，大多数会自动地在项目的现金流量中得到反映，而不必单独进行调整。由于"优惠的财务安排"而对总公司形成的利息上的节约额，可视为总公司的一种收益。这种由子公司所在国银行为项目建成投产后需周转使用的"营运资本"提供的优惠借款而形成的优惠数，可根据用子公司货币单位表示的借款面额（CL）与该项借款以后逐期偿还数（LP_t）按总公司所在国利率换算为现值之和的差额来计算。其中，该项借款以后逐期偿还数按总公司需负担的利率（R_4）进行折现。可用公式列示如下：

$$S_0(H/L) \times \left[CL - \sum_{t=1}^{N} \frac{LP_t}{(1 + R_4)^t} \right]$$

5）内部资金转移所确定的现金流量

跨国公司通常根据企业总体税收情况，通过内部资金转移的方式实施使跨国公司内部整体税负减少和递延的政策，或根据公司现金头寸情况，利用内部转移价格实现公司内部的资金转移。这种利用内部转移价格形成的子公司项目的额外资金转移，无论其目的是额外资金转移，还是税负降低，都表现为跨国公司对外直接投资的净现金流量的增加。但是，转让价格产生的额外资金转移或税负降低面临着较大的不确定性，因而应选用较高的折现率进行折现。通常情况下，只有在根据初始投资、可汇出现金流量以及优惠贷款三个因素计算确定的调整后现值（APV）小于零时，亦即拟建项目仍不具可行性时，才需作额外资金转移和税负降低的调整。额外资金转移和税负降低的表达式为：

$$\sum_{t=1}^{N} \frac{S_t(H/L) \times ATTS_t}{(1+R_5)^t}$$

6）项目终值的预计

跨国投资项目的终值的处理方法与国内投资项目有所不同，其处理方法有以下几种：

（1）如果子公司所在国政府规定，投资项目在经过一定年限后，所在国政府只支付一个象征性的代价，便可将该项目收归所在国所有，则APV的计算可以不考虑项目终值的调整问题。

（2）将项目的预算期终了以后尚可经营的年份视为正常的继续经营期，并假定预算终止年形成的净现金流量将在以后尚可经营的年份继续发生。那么，可用"年金法"按子公司所在国的利率将预算期终止以后尚可继续经营的年份的各年所产生的净现金流量换算为预期终止时的年金现值，作为项目的终值，并以它作为"转让价格"，将项目的所有权转让给当地投资者。

（3）不将项目的预算期终了以后的年份看作正常的继续经营期，而是把项目预算期的终值看作项目转入"清理"时的价值，从而把项目估计到预算期终点时的"可变现价值（清理价值）"作为项目的终值，并以它作为"转让价格"，将项目的所有权转让给当地投资者。

14.2.2 跨国投资项目经济评价指标及其原理

"净现值"（NPV）和"内部收益率"（IRR）作为投资项目的经济评价基本指标，对国内投资项目和跨国投资项目都是通用的。净现值的基本原理是：将投资项目的预计现金流量按某一基准贴现率贴现从而进行投资项目的选择，通常以公司加权平均资本成本作为基准贴现率。这是因为，其基本假定是：各个投资项目的财务结构和经营风险水平是相同的。但是，在国际投资中，由于筹资行为与投资项目密切联系，子公司由于各种原因可能拥有不同于母公司的独立的财务结构，因此，不加区别地运用母公司的加权平均资本成本对跨国投资项目的现金流量进行贴现，显然是不适宜的。所以，以总公司为主体对跨国投资项目进行经济评价，必须将"净现值"指标改造为"调整后现值"（Adjusted Present Value，APV）指标，才能更好地适应跨国投资项目的特点和要求。调整后现值法具有以下主要特点：

（1）根据其系统风险的特性，对投资项目的现金流量进行分类。

（2）按不同类别的现金流量分别进行折现，而不是对所有的现金流量统一进行折现。

（3）同第（1）点相联系，对不同类别的现金流量可区别不同情况采用不同的折现率进行折现，而不是按一个统一的折现率进行折现。

（4）投资项目的效益性可分段测算。如前段的测算已显示出经济上可行，后段追加的有利部分可不必进行计算。

（5）总体上有较大的可容性与可塑性，能更好地适应跨国投资项目经济评价的具体需要。

根据这一特点，将前面所述的调整后现值的计算公式扩展为如下公式：

$$APV = -\left[I_{0(H)} + I_{0(L)} \times S_0(H/L) - UF \times S_0(H/L)\right] +$$

$$\sum_{t=1}^{N}\left\{\frac{[CF_t^{*1} \times S_t(H/L) - L_t^{*1}](1-T)}{(1+R_1)^t}\right\} + \sum_{t=1}^{N}\left\{\frac{[CF_t^{*2} \times S_t(H/O) - L_t^{*2}](1-T)}{(1+R_1)^t}\right\} +$$

$$\sum_{t=1}^{N}\left\{\frac{CF_t^{*3} \times S_t(H/L)}{(1+R_2)^t}\right\} + \sum_{t=1}^{N}\frac{iBC_0T \times S_t(H/L)}{(1+R_3)^t} + S_0(H/L) \times \left[CL - \sum_{t=1}^{N}\frac{LP_t}{(1+R_4)^t}\right] +$$

$$\sum_{t=1}^{N}\frac{S_t(H/L) \times ATTS_t^*}{(1+R_5)^t} + \frac{S_t(H/L)(SV_t)}{(1+R_1)^t}$$

其中：$I_{0(H)}$ 代表原始投资中直接用总公司所在国货币单位表示的部分。

$I_{0(L)}$ 代表原始投资中直接用子公司所在国货币单位表示的部分。

$S_0(H/L)$ 代表用子公司所在国货币每单位对总公司所在国货币的比率表示的 0 期的即期汇率。

UF 代表用子公司所在国货币单位表现的"解冻资金"的"面值"，该式中假定使用该项"解冻资金"的机会成本等于 0。

CF_t^{*1} 代表子公司在其所在国销售产品预计于 t 期形成的净现金流量（用子公司所在国的货币单位表示）。

$S_t(H/L)$ 代表预计 t 期以子公司所在国货币每单位对总公司所在国货币的比率来表示的汇率。

L_t^{*1} 代表 t 期内用总公司所在国货币单位表示的总公司原先对子公司所在国产品的出口被替代而丧失的利润。

T 代表所得税税率（取子公司所在国与总公司所在国所得税税率中的较高者）。

CF_t^{*2} 代表子公司在其所在国以外的其他国家销售产品预计 t 期形成的净现金流量（用子公司所在国的货币单位表示）。

$S_t(H/O)$ 代表预计 t 期以其他国家货币每单位对总公司所在国货币的比率来表示的汇率。

L_t^{*2} 代表 t 期内用总公司所在国货币单位表示的总公司原先对其他国家产品的出口被替代而丧失的利润。

R_1 代表将子公司在其所在国和其他国家销售产品形成的净现金流量换算为现值所用的折现率。该折现率是考虑了在子公司所在国投资可能承担的风险程度的折现率。这里所说的风险，包括子公司所在国对外国公司利润的汇出施加限制，使之不能自由汇出而产生的风险。

CF_t^{*3} 代表用总公司所在国货币单位表示的预计子公司根据合约应于 t 期付给总公司的专利费等而形成的现金流量。因为专利费等是列入子公司生产经营成本的一个项目，所以这一项现金流量不存在扣减总公司所得税的问题。

R_2 代表将 CF_t^{*3} 换算为现值所用的折现率。由于依据合约规定，子公司逐年将 CF_t^{*3} 汇回总公司，其金额基本上是固定的。作为子公司成本补偿的资金转移（从子公司所在国转移到总公司），子公司所在国对 CF_t^{*3} 的限制性也减少。也就是说，总的不确定性降低了。这意味着这部分现金流量包含的风险程度较低，因而使 $R_2 < R_1$。

N 代表项目预计的"寿命期"。

i 代表跨国公司总公司所在国金融市场的借款利率。

BC_0 代表以子公司所在国货币单位表示的投资项目借款能力。

R_3 代表正常借款能力形成的税收节约额所用的折现率。

CL 代表用子公司所在国货币单位表示的优惠借款的面值（偿还数）。

LP_t 表示该项贷款逐期的偿还数。

R_4 代表将各年发生的"借款偿还数"换算为现值所用的折现率。

$ATTS_t$ 代表第 t 年的额外资金转移和税负降低。

R_5 代表一个较高的折现率。

SV_t 代表项目的终值。

14.2.3 现金流量信息的收集

1）现金流量的分类方法

如前所述，我们可以看出：调整后现值是以按照系统风险的特性对投资项目的现金流量进行分类为基础而计算的，由此使决策者便于对不同类别的现金流量区别不同情况采用不同的折现率进行折现，而不是按一个统一的折现率进行折现，从而更好地体现了股东财富最大化的理财目标。

据此，跨国公司投资项目的现金流量可进一步区分为以下两大类：（1）按现金流量各要素的来源分类；（2）按现金流量对汇率的敏感性分类。

按现金流量各要素的来源分类的目的在于，充分利用公司多元的有关各现金流量构成要素的信息来源。公司内部的各种管理团体都分别拥有有关投资项目及其现金流量的特别信息。有组织地归集信息这种合作方法，有利于丰富资本预算分析的信息基础，同时也有助于分析人员考虑跨国公司的所有权优势、区位优势和内部化优势如何形成跨国投资项目的现金流量的来源。换言之，这是将跨国公司海外直接投资理论与资本预算理论有机联系起来的一种重要途径。

按现金流量对汇率变动的敏感性分类的目的在于，充分利用外部金融环境变动对差量现金流量的实际购买力的影响等有关方面的各种信息。

上述各种现金流量分类方法及其现金流量数据在 APV 中的应用，可以综合反映于图 14-1 中。

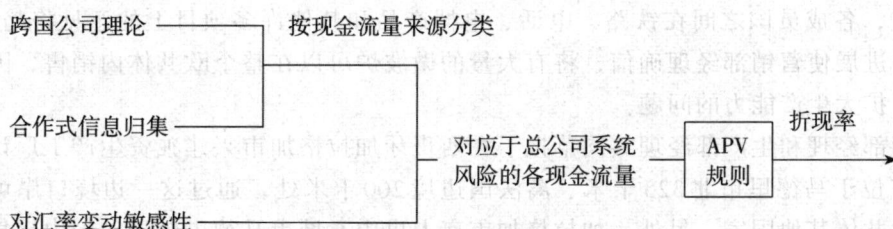

图14-1 现金流量要素辨认图

资本预算对企业提出的一项基本要求是，必须准确地辨认投资项目所产生的差量现金流量及其可汇回总公司的现金流量部分。只有可汇回的差量现金流量才是最终归属于跨国公司股东的，因而也就构成了投资项目评价的基础。

2）差量现金流量的分类

投资项目的现金流量将受许多复杂的企业特定优势（所有权和内部化优势）和子公

司区位优势因素影响，因为这些现金流量产生于企业内部处于不同的地理位置的子公司及组织单位（部门）。根据现金流量各构成要素的来源分类，差量现金流量可分为以下几类：

（1）不论投资项目位于什么地方，也不管其筹资方式怎样，都可以根据投资项目本身来独立预计现金流量。这些现金流量包括由销售收入及经营性成本形成的现金流量。

（2）由项目所在地的子公司产生的现金流量。例如，当地人工工资及子公司中雇用当地管理人员的支出等成本因素。

（3）由于跨国公司全球体系中的其他地区和项目的存在而产生的现金流量的变动额。这些现金流量是由项目对项目本身及其所在国以外的跨国公司的其他部门的影响所产生的，因此，它们的产生不取决于项目本身的特性及项目所在国的区位。这些现金流量一般通过跨国公司的全球税负或资金头寸的调整来实现，因而往往产生于投资项目所在国以外的其他子公司。

（4）前述三类现金流量中可汇回总公司的（或因项目的存在而给总公司带来的）现金流量。

（5）各现金流量来源所形成的总公司差量现金流量之和。它们是归属于股东的现金流量，因而也是投资项目经济评价的基础。

14.3　跨国投资项目评价例解

14.3.1　基本资料

设甲公司为美国中西部的一家厨房电器生产企业，专门生产适用于小家庭的中小型微波炉。近年来已经通过设在马德里的销售部将微波炉出口西班牙。由于西欧各国家用电器的规格型号不同，因此，如果没有相应转换装置，那么甲公司销往西班牙的微波炉就难以销往欧洲其他国家。故该营销部目前专做西班牙市场，年销售量为 9 600 件，并将以 5%的速度增长。

该公司营销部经理一直关注欧共体一体化进程。自 1992 年底起，欧共体 15 个成员国之间所有限制商品、服务、人员和资本自由流动的障碍已被取消，而且随着一体化进程的不断推进，各成员国之间在铁路、电话、电器产品和其他许多项目上的意见将趋于一致。所有这些进展使营销部经理确信，将有大量的微波炉可以在整个欧共体内销售，因此需要探讨一下扩大生产能力的问题。

营销部经理和生产部经理共同草拟了在西班牙加拉格加市兴建独资生产工厂计划。加拉格加市位于马德里市北 325 千米、离法国边境 200 千米处，通过这一边境口岸可以将产品销往欧共体其他国家。另外，加拉格加市离人口中心城市马德里较近，国内销售不成问题。将厂址选在加拉格加市的另一原因在于：西班牙政府已经承诺，如果将厂址选在加拉格加市，政府将以较优惠的利率为厂房建设提供较大比例的融资安排。由于西班牙目前的失业率高达 19%，因此，任何产业都将有助于改善就业状况。甲公司管理层已要求财务经理对该计划是否可行进行论证。如果在加拉格加市建设生产厂房，那么甲公司不必再向欧洲国家出口产品。有关资料如下：

（1）目前出口西班牙的产品每件售价$185，其中每件贡献毛益为$35。

（2）销售预测表明，如果在西班牙设厂生产，则生产经营的第一年可在整个欧共体销售28 000件，以后每年成长率估计为12%。所有销售都将用西班牙货币比塞塔（Ptas）开票。

（3）估计西班牙工厂开始生产后，每件定价将为Ptas25 900，单位生产成本为Ptas20 500。

（4）西班牙货币比塞塔对美元的汇率是：Ptas140=$1.00。估计在可预期的未来，西班牙的通货膨胀率将以每年7%的速度增长，而美国的长期年通货膨胀率将以每年3%的速度增加。产品的销售价格和成本也将随通货膨胀的变动而同步变动。甲公司估计未来汇率的变化将与购买力平价条件（PPP）预测一致。

（5）估计建造厂房的资本支出（建设成本）将为Ptas620 000 000。该项资本支出将形成$1 770 000的借款能力。甲公司马德里销售部门可将其经营累积的Ptas70 000 000资金作为该项目建设成本的部分资金来源。西班牙与美国之间公司边际税率为35%。所累积的资金在政府给予特殊税收优惠政策的销售活动初期赚取，应按20%的边际税率课税。如果汇回美国，将按35%的边际税率课税，但在西班牙缴纳的税金可以从国外已交税金中抵免。

（6）西班牙政府允许厂房按8年的期限计提折旧（包括在此期间的额外投资）。期末，设备的市场价值难以估计，但甲公司相信在这个寿命期的厂房应该状况良好而且应有一个合理的市场价值。

（7）这一计划的诱人之处在于西班牙政府愿意提供特殊的融资安排。如果厂房建在加拉格加市，甲公司可按6%的年利率取得Ptas450 000 000的借款。该公司美元和比塞塔的正常借款利率分别为8%和14%。该优惠借款计划要求在8年内分期等额偿还贷款本金。

（8）该公司全部权益筹资的资本成本（美元）为11%。

14.3.2 计算步骤

根据以上基本资料，我们可以采用下列步骤来计算该投资项目的APV。

1）预测未来8年的汇率

根据购买力平价理论预测Ptas对美元的汇率变化。由于现行汇率（以美元表示）为：$S_0=1/140=\$0.007143/Ptas1$，由题意可知：$i_F=7\%$，$i_H=3\%$，利用公式计算如下（结果见表14-1）：

表14-1　　　　　　　　　　未来8年的汇率预测

第n年底	0	1	2	3	4	5	6	7	8
$/Ptas	0.007143	0.006876	0.006619	0.006371	0.006133	0.005904	0.005683	0.005471	0.005266

$(1+i_H)^t/(1+i_F)^t=F/e_0$

$F=e_0(1+i_H)^t/(1+i_F)^t=0.007143\times(1+3\%)^t\div(1+7\%)^t$

2）计算直接销售所形成的现金流量

（1）由题意可知，第一年公司的销售量为28 000件，以后每年按12%的速度增长，因此各年销售量为：$28\,000\times(1+12\%)^{t-1}$。

（2）第一年单位产品贡献毛益为：Ptas25 900-Ptas20 500=Ptas5 400。由于每年的通货膨胀率为7%，因此各年的正常贡献毛益为：$Ptas5\,400\times(1+7\%)^{t-1}$。

（3）据此计算确定的直接销售所形成的现金流量，见表14-2。

表14-2　　　　　　　　　　直接销售所形成的现金流量计算表

项目	1	2	3	4	5	6	7	8
销售量	28 000	31 360	35 123	39 338	44 059	49 346	55 267	61 899
单位产品贡献毛益（Ptas）	5 400	5 778	6 182	6 615	7 078	7 574	8 104	8 671
销售利润（Ptas）	151 200 000	181 198 080	217 130 386	260 220 870	311 849 602	373 746 604	447 883 768	536 726 229
汇率（$/Ptas）	0.006876	0.006619	0.006371	0.006133	0.005904	0.005683	0.005471	0.005266
销售形成的现金流量（$）	1 039 651	1 199 350	1 383 338	1 595 935	1 841 160	2 124 002	2 450 372	2 826 400

3）计算替代出口所丧失的现金流量

（1）由于公司原来在西班牙的年销售量为9 600件，并以每年5%的速度增长。因此，在以后各年公司替代原出口销售量为：9 600（1+5%）'。

（2）公司原出口产品的单位产品贡献毛益为$35，而美国的通货膨胀率为3%。因此，以后各年出口替代所丧失单位产品贡献毛益为：$35（1+3%）'。

（3）据此计算确定的出口替代所丧失的现金流量见表14-3。

表14-3　　　　　　　　　　出口替代所丧失的现金流量计算表

项目	1	2	3	4	5	6	7	8
原出口销售量（件）	10 080	10 584	11 113	11 669	12 252	12 865	13 508	14 184
单位贡献毛益（$）	36.05	37.13	38.25	39.39	40.57	41.79	43.04	44.33
替代出口所丧失的现金流量（$）	363 384	392 984	425 072	459 642	497 064	537 628	581 384	628 777

4）计算确定销售所形成的现金流量及其现值

根据表14-2、表14-3所计算的资料，即可计算确定销售所形成的现金流量及其现值，见表14-4。

由表14-4可以得出，销售所形成的现金流量的现值为$4 038 120。

5）计算确定折旧所形成的税收节约额及其现值

根据题意，投资项目按直线折旧法计提折旧，因此，年折旧额为：

D_t=Ptas620 000 000/8=Ptas77 500 000

表14-4 销售所形成的现金流量及其现值计算表

项目	1	2	3	4	5	6	7	8
销售形成的现金流量（A）（$）	1 039 651	1 199 350	1 383 338	1 595 935	1 841 160	2 124 002	2 450 372	2 826 400
替代出口所丧失的现金流量（B）（$）	363 384	392 984	425 072	459 642	497 064	537 628	581 384	628 777
现金流量（A−B）（$）	676 267	806 366	958 266	1 136 293	1 344 096	1 586 374	1 868 988	2 197 623
税后现金流量（A−B）(1−0.35)（$）	439 574	524 138	622 873	738 590	873 662	1 031 143	1 214 842	1 428 455
(P/F, 11%, n)	0.9009	0.8116	0.7312	0.6587	0.5935	0.5346	0.4817	0.4339
现值（$）	396 012	425 390	455 445	486 510	518 518	551 249	585 189	619 807

结合相应的汇率和税率，即可计算确定税收节约额及其现值，见表14-5。

表14-5 折旧所形成的税收节约额及其现值计算表

项目	1	2	3	4	5	6	7	8
年折旧额（Ptas）	77 500 000	77 500 000	77 500 000	77 500 000	77 500 000	77 500 000	77 500 000	77 500 000
汇率（$/Ptas）	0.006876	0.006619	0.006371	0.006133	0.005904	0.005683	0.005471	0.005266
折旧额（$）	532 890	512 973	493 753	475 308	457 560	440 433	424 003	408 115
税率	0.35	0.35	0.35	0.35	0.35	0.35	0.35	0.35
税收节约额（$）	186 512	179 541	172 814	166 358	160 146	154 152	148 401	142 840
(P/F, 8%, n)	0.9259	0.8573	0.7938	0.7350	0.6806	0.6302	0.5835	0.5403
现值（$）	172 691	153 920	137 179	122 273	108 995	97 146	86 592	77 176

由表14-5可以得出，折旧所形成的税收节约额的现值为$955 972，加上直接销售所形成的现金流量现值$4 038 120，即可得到项目可汇回现金流量的现值为$4 994 092（$955 972+$4 038 120）。

6）计算确定优惠财务安排所形成的现金流量

（1）计算确定借款逐年偿还数的现值，见表14-6。

表14-6 　　　　　　　　　　借款逐年偿还数及其现值计算表

项目	1	2	3	4	5	6	7	8
年本金偿付额（Ptas）	56 250 000	56 250 000	56 250 000	56 250 000	56 250 000	56 250 000	56 250 000	56 250 000
利息（Ptas）	27 000 000	23 625 000	20 250 000	16 875 000	13 500 000	10 125 000	6 750 000	3 375 000
还本付息之和（Ptas）	83 250 000	79 875 000	76 500 000	73 125 000	69 750 000	66 375 000	63 000 000	59 625 000
汇率（\$/Ptas）	0.006876	0.006619	0.006371	0.006133	0.005904	0.005683	0.005471	0.005266
还本付息额（\$）	572 427	528 693	487 382	448 476	411 804	377 209	344 673	313 985
(P/F, 8%, n)	0.9259	0.8573	0.7938	0.7350	0.6806	0.6302	0.5835	0.5403
现值（\$）	530 010	453 249	386 884	329 630	280 274	237 717	201 117	169 646

由表14-6可知，借款逐年偿还数的现值为\$2 588 527。

（2）优惠财务安排所形成的税收节约额的现值为：

Ptas450 000 000×\$0.007143÷Ptas1-\$2 588 527=\$625 823

7）计算确定正常借款所形成的税收节约额及其现值

根据前述的原理可知，如果企业确有借款能力，那么无论企业在该投资项目上是否充分利用其借款能力，每年都以企业正常借款能力（按最优资本结构计算确定的）来计算利息支出所形成的税收节约额，利率应为国内金融市场的借款利率。

由资料可以得出，公司最优负债比例为：

［\$1 770 000÷（Ptas620 000 000×0.007143）］×100%=40%

由于项目的负债比例为：Ptas450 000 000÷Ptas620 000 000=73%，因此，与由项目形成的借款能力相联系的税收节约比例为：

40%÷73%=55%=0.55

即为：

\$1 770 000 ×Ptas 140÷\$1=Ptas247 800 000

Ptas247 800 000÷Ptas450 000 000=55%

Ptas450 000 000 × 6% × （Ptas247 800 000÷Ptas450 000 000）=Ptas247 800 000 × 6%=i BC_0

由于正常借款能力占企业负债总额的55%，因此，正常借款能力的利息支出可按负债利息支出的55%计算确定，并据此确定其相应的税收节约额及其现值，见表14-7。

由表14-7可知，正常借款所形成的税收节约额的现值为\$116 672。

8）计算投资项目的APV

由题意可知，用美元表示的项目原始投资额为：

I_0S_0（H/L）=\$0.007143÷Ptas1×Ptas620 000 000=\$4 428 660

而解冻资金（限制汇回资金）为：

UFS_0（H/L）=\$0.007143÷Ptas1×（0.35-0.20）×Ptas70 000 000÷（1-0.20）=\$93 752

根据上述步骤计算的数据，即可计算确定该投资项目的调整后现值：

表14-7 正常借款税收节约额及其现值计算表

	1	2	3	4	5	6	7	8
利息（Ptas）（A）	27 000 000	23 625 000	20 250 000	16 875 000	13 500 000	10 125 000	6 750 000	3 375 000
税收节约百分比（B）	0.55	0.55	0.55	0.55	0.55	0.55	0.55	0.55
所得税税率（C）	0.35	0.35	0.35	0.35	0.35	0.35	0.35	0.35
汇率（$/Ptas）（D）	0.006876	0.006619	0.006371	0.006133	0.005904	0.005683	0.005471	0.005266
税收节约额（$）（A×B×C×D）	35 738	30 102	24 835	19 923	15 343	11 077	7 109	3 421
(P/F, 8%, n)	0.9259	0.8573	0.7938	0.7350	0.6806	0.6302	0.5835	0.5403
现值（$）	33 090	25 806	19 714	14 643	10 442	6 981	4 148	1 848

APV=$4 038 120+$955 972+$625 823+$116 672+$93 752−$4 428 660

=$1 401 679

由于APV为1 401 679美元，大于零，因此，该投资项目可行。

本章小结

跨国投资项目的经济评价问题，实际上就是投资项目经济评价的一般原理和方法在跨国经营活动的环境和条件下具体应用的问题。经济评价的主体选择问题，即是以子公司为主体进行经济评价还是以总公司为主体进行经济评价的问题。这是跨国投资项目经济评价的首要问题。以子公司为主体进行经济评价，其所用的方法和原理同一般国内投资项目的经济评价基本相同。以母公司为主体进行经济评价，其主要特点则集中体现在从总公司着眼，如何正确评价投资项目对公司整体所作贡献的大小。因而，必须将"净现值"指标改造为"调整后现值"（Adjusted Present Value，APV）指标，才能更好地适应跨国投资项目的特点和要求。调整后现值法具有以下主要特点：（1）根据其系统风险的特性，对投资项目的现金流量进行分类；（2）按不同类别的现金流量分别进行折现，而不是对所有现金流量统一进行折现；（3）同第（1）点相联系，对不同类别的现金流量可区别不同情况采用不同的折现率进行折现，而不是按一个统一的折现率进行折现；（4）投资项目的效益性可分段测算，如前段的测算已显示出经济上可行，后段追加的有利部分可不必进行计算；（5）总体上有较大的可容性与可塑性，能更好地适应跨国投资项目经济评价的具体需要等。

调整后现值的计算公式扩展如下：

$$APV=-\left[I_{0(H)}+I_{0(L)}\times S_0（H/L）-UF\times S_0（H/L）\right]+$$

$$\sum_{t=1}^{N}\left\{\frac{[CF_t^{*1}\times S_t(H/L)-L_t^{*1}](1-T)}{(1+R_1)^t}\right\}+\sum_{t=1}^{N}\left\{\frac{[CF_t^{*2}\times S_t(H/O)-L_t^{*2}](1-T)}{(1+R_1)^t}\right\}+$$

$$\sum_{t=1}^{N}\left\{\frac{CF_t^{*3}\times S_t(H/L)}{(1+R_2)^t}\right\}+\sum_{t=1}^{N}\frac{iBC_0T\times S_t(H/L)}{(1+R_3)^t}+S_0（H/L）\times\left[CL-\sum_{t=1}^{N}\frac{LP_t}{(1+R_4)^t}\right]+$$

$$\sum_{t=1}^{N}\frac{S_t(H/L)\times ATTS_t^*}{(1+R_5)^t}+\frac{S_t(H/L)(SV_t)}{(1+R_1)^t}$$

主要概念与观念

调整后现值　可汇回现金流量　冻结资金　优惠财务安排

基本训练

□ 知识题

14.1　跨国投资项目的基本特性是什么？

14.2　跨国投资项目经济评价的复杂性主要体现在何处？

14.3　如何计算确定可汇回现金流量？

14.4　跨国投资项目原始投资额的确定与单纯的国内项目有何不同？应如何计算确定？

□ 技能题

甲公司（制造企业）通过其设在英国的生产工厂将所生产的产品销往整个欧洲和北美洲（美国和加拿大）。按其现有生产能力，甲公司尚难于每年对美国市场提供225 000磅的产品。这一供应量在一定程度上限制了其设在波士顿的销售部向美国西部市场的拓展。甲公司认为，如果在美国单独设厂生产产品，则可以满足整个美国市场和加拿大市场的需求。加拿大市场现在年销售量为130 000磅。甲公司目前估计北美市场初期需求量为780 000磅，以后每年按5%的增长率发展。美国生产工厂可以替代英国生产工厂向美国市场和加拿大市场提供产品。

甲公司目前向北美出口每磅产品可实现利润3英镑。美国生产工厂一旦投入营运，甲公司预期最初每磅可以定价7.7美元，这个价格可以实现营业利润4.4美元/磅。产品价格和营业成本随美国物价变动而变动。未来几年美国通货膨胀率预计为3%。在英国，长期通货膨胀率预计为5%，现行即期汇率为$1.50/£1.00。甲公司认为，PPP是预测远期汇率的最佳手段。

工厂建设成本预计$15 000 000，甲公司计划有效利用负债与权益筹集该资金。工厂可以使甲公司新增借款能力£1 200 000，该公司计划借款也是这个数。新厂所在地政府愿意以7.75%的年利率提供5年期贷款$3 000 000，贷款本金在贷款期内分期等额偿还。在这一点上，甲公司对于是通过发行当地债券还是发行欧元债券筹集所需的余额负债有些犹豫不定。它肯定可以按10%的年利率借到英镑，也可以按9.5%的年利率借到美元。甲公司预计其全部权益的资本成本为15%。

美国税收当局允许甲公司按5年对新厂计提折旧。

甲公司并不期望得到任何税收优惠。英国与美国的所得税税率都为35%，所以，可以不考虑转移定价策略的影响。

要求：请问甲公司应否在美国建设新厂？

□ 能力题

英国甲公司（制造企业）准备在美国单独设厂生产产品，以满足整个美国市场和加拿大市场的需求。未来几年美国通货膨胀率预计为3%，英国长期通货膨胀率预计为5%。现行即期汇率为\$1.50/£1.00。甲公司认为，购买力平价是预测远期汇率的最佳手段。

设工厂建设成本预计为\$7 000 000，甲公司计划有效利用负债与权益筹集该资金。工厂可以使甲公司新增借款能力£2 000 000。新厂所在地政府愿意以7.75%的年利率提供5年期贷款\$1 500 000，贷款本金在贷款期内分期等额偿还。所得税税率为40%。

要求：请计算借款所形成的税收节约额。

第15章 | 政治风险的计量与控制

学习目标

通过本章学习，应该达到以下目标：

知识目标：初步了解和掌握政治风险的基本含义及基本表现形式。

技能目标：掌握政治风险的计量方法和手段。

能力目标：学会分析和思考如何利用各种策略来防范政治风险。

15.1 政治风险的含义及分类

15.1.1 政治风险的含义

由于跨国公司往往在各种政治制度（体制）之内或它们之间从事经营活动，因而不可避免地要承受政治风险。无论在发展中国家还是在发达国家，跨国公司面临的政治风险不仅在种类上而且在程度上都有增无减。货币控制、子公司被征用、税法变更、当地生产的附加要求等都是政治风险的不同表现形式。然而，这些风险却有一个共同的特征，即皆因国家对企业经营活动的干预而难以辨认。

政治风险是指因东道国发生政治事件或者东道国与母国甚至与第三国政治关系发生变化而引起的对跨国公司价值产生影响的可能性。从理论上讲，政治风险对跨国公司的影响可能是积极的，也可能是消极的。但在实务上，管理层通常将注意力集中在可能的消极事件上。

政治风险管理是指公司为了评估不可预见的政治事件发生的可能性、预测这些事件的发生将对公司产生何种影响以及如何防止此类事件的发生给企业带来的损失或利用此类事件为企业获取盈利等所采取的各种措施。

15.1.2 政治风险的分类

各跨国公司面临的政治风险可从两个层次进行分类[①]（如图15-1所示）。

宏观政治风险，又称特定国家风险，即对一个国家中的所有外国公司不论其组织形式如何都将产生影响的政治风险。此类风险的受险主体主要是根据自身对某特定国家风险的判断而将向该国提供其所有贷款的国际银行等金融机构。微观政治风险，又称特定企业风险，即只对某一行业、企业或项目产生影响的政治风险。微观政治风险主要涉及国际性公司。

---

① KOBRIN. Managing political risk assessment: strategic response to environmental change [M]. Berkley, WA: University of California Press, 1982: 35.

$$
政治风险
\begin{cases}
第一层次 \begin{cases} 宏观政治风险 \\ 微观政治风险 \end{cases} \\
第二层次 \begin{cases} 资产产权型政治风险 \\ 企业经营型政治风险 \end{cases}
\end{cases}
$$

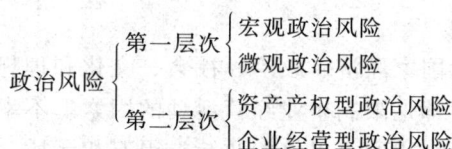

图15-1 政治风险

资产产权型政治风险，是指只影响资产产权的政治事件所产生的风险。例如，全部或部分剥夺外国公司的资产所有权的事件。企业经营型政治风险，是指只影响企业经营甚至企业现金流量和投资收益的事件所产生的风险。政治风险的传统观点如图15-2所示。[①]

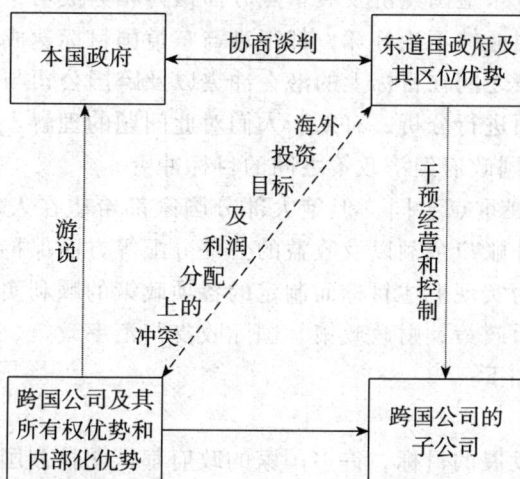

图15-2 政治风险的传统观点

图15-2概述了政治风险的成因在于跨国公司与东道国政府在目标和经营方式上的冲突。双方产生冲突的经济基础在于对跨国公司的资源配置和跨国公司在东道国境内及全球化经营所得盈利的分配的控制。双方产生争议的关键在于盈利是因所有权优势还是区位优势而产生，应由跨国公司还是东道国政府得到此类收益。该图同时也指出了，面对政治风险时，跨国公司可以选择直接与东道国政府协商谈判或通过游说本国政府进行政治风险管理的策略。

15.2 政治风险的形成原因

跨国公司海外投资所面临的政治风险主要来自跨国公司与东道国政府之间目标上的冲突，以及东道国政府的有关法规与跨国公司经营上的冲突。[②]

15.2.1 跨国公司与东道国政府之间在目标上的冲突

历史上，跨国公司与东道国政府在目标上的冲突主要集中在：跨国公司是否对东道国经济的发展、东道国国际收支状况以及东道国货币的外汇价值产生影响；跨国公司是否侵犯了东道国国家主权；跨国公司是否对关键产业实施了控制；跨国公司是否拥有股权和控制当地股；东道国政府是否应该对出口进行控制；应该使用当地还是外国的经理与劳工以

① HOLAND. International financial management [M]. 2nd Edition.Cambridge, MA: Blackwill Publishers, 1993: 241-242.
② EITEMAN, STONEHILL, MOFFETT. Multinational business finance [M]. 6th Edition. Reading, MA: Addison-Wesley Publishing Company, 1992: 466-479.

及对自然资源的掠夺等问题。

对跨国公司来说，包括国家经济、政治、社会、文化和理想目标以及实现它们的各种政治工具等在内的各个方面都是限制企业经营活动的因素。不幸的是，东道国政府的各项政策通常并不明朗，甚至两个或两个以上的政策显得互相矛盾。存在此类模糊不清的现象的原因在于，国家经济发展重点的安排与执行尚不科学。跨国公司必须学会适应这些模糊现象，同时必须牢记的一件重要事情是：它们必须能够预测并适应东道国政府不断变化的优先考虑的经济发展重点以及随之产生的各种不断变化的政策工具。

尽管跨国公司在适应东道国经济发展重点方面做得相当成功，但东道国政府仍会对此存在矛盾心理。跨国公司业绩不论好坏，都很难与东道国目标达成一致。因此，对跨国公司与东道国政府经济政策之间在目标上的潜在冲突以及跨国公司与东道国政府非经济政策之间的目标冲突这两方面进行分析，有助于人们对此问题的理解。

1）跨国公司与东道国政府经济政策之间的目标冲突

虽然各国的经济发展重点不同，但绝大部分国家都希望在人均 GNP、人均收入、充分就业、价格稳定、对外账户余额以及收益的公平分配等方面保持持续增长。跨国公司的经营有时会对当地政府为实现上述目标而制定的各项政策的顺利实施形成冲击。可能产生冲突的方面主要包括货币政策、财政政策、国际收支与汇率政策、经济保护主义政策和经济发展政策等。现分述如下：

（1）货币政策

为了实现国家经济发展的目标，许多国家的政府都试图控制国内信贷和长期资本的成本和来源。跨国公司设在这些国家的子公司也要受到相同的货币和信贷限制条件的约束。然而，子公司通常仍然可以在遵守法律的前提下避开这些财务性限制条款。例如，如果当地信贷变得过于昂贵，或因紧缩的国家货币政策而难以取得资金时，子公司可以通过母公司或兄弟子公司筹集额外资金。因此，跨国公司的子公司能够如期执行其用资计划，但当地规模较小的竞争者则因缺乏外部筹资的途径而受到限制。

当跨国公司为购买当地公司或执行一项大的新投资而将巨额外汇转换成当地货币时，东道国的国家货币政策也将受到冲击。跨国公司有时可能为了避开一个或多个其他国家所发生的外汇危机而超额持有营运资本或暂时持有投机资金。这些活动都将使当地货币的供给迅速增加，由此要求当地中央银行进行公开市场业务或其他操作，以解决这一资金问题。因此，跨国公司的各种活动被视为冲击了东道国的货币政策。

（2）财政政策

跨国公司的经营还可能影响东道国政府的财政收入和财政支出。就收入方面而言，为吸引外国投资者到该国投资而实行的税收减让使政府不能获得未来所需的财政收入。在政府首脑更替后，后任政府如果认为前任政府所承诺的税收减让是一种失误，那么它们就有可能对此政策予以否认或取消。就支出方面而言，跨国公司新建的投资项目可能要求当地政府在道路、公共设施、学校和卫生机构等配套工程方面增加投入，而政府则有可能因收入拮据而难以提供此类配套设施。当跨国公司为它们提供这些条件时，跨国公司就会有"家长作风"或"经济侵略"之嫌疑。

（3）国际收支与汇率政策

由于存在国际收支与汇率的问题，许多国家的政府通常会对企业的经营实施管制措施，特别是实行经常性通货膨胀政策的拉美各国。这些国家通常对不同种类的进出口采用多重汇率、进口许可证、进口存款制、要求延长信用期融资进口以及在可能的情况下向海外信贷机构筹集在外债务等政策。外汇管制（包括当地货币的不可兑换）使跨国公司的冻结资金因当地通货膨胀而受到严重的侵蚀。因此，跨国公司必须了解东道国政府如何根据国际收支情况对其货币的压力而可能作出的政策及政策的结果。

（4）经济保护主义政策

有时在国际收支平衡政策和经济政策的引导下，经济保护主义会促使限制进口的各种因素出现。在过去30年中，虽然经过关贸总协定（GATT）的各种谈判已使关税的一般水平有所降低，但非关税壁垒等依然存在。由于非关税壁垒通常以健康、安全或卫生要求的形式出现，故一般难以辨认。非关税壁垒的主要种类见表15-1。[①]

表15-1　　　　　　　　　　　　　　非关税壁垒的主要种类

1.对贸易的特别限制：限制各种进口数量或设置加大进口难度的进口程序
（1）进口限额，即对特定时期的特定进口产品的数量或价值加以限制
（2）许可证要求，即贸易之前必须满足的各种许可证要求
（3）产品的国内外比率限制
（4）设置等于或高于国内价格的最低进口价格
（5）没收产于特定国家的禁止产品
2.海关及报关手续包括不一致的评估、结关手续和评估费用
（1）根据海关官员的判断以随意的标准对进口货物进行评估
（2）对售价低于国内市价的进口产品实施反倾销对策
（3）不一致的关税分类
（4）超负荷的文件要求
（5）征收足以弥补报关手续费用的手续费
3.在维护健康、安全和质量名义下，实施过度严格或差别性标准
（1）在不同国家之间采用不平等的质量标准要求
（2）采用不同国家的认可标准或测试方法
（3）对包装和标志标准采用过度严格或差别性方式
4.政府参与贸易
（1）政府无视产品相对价格和质量而达成各种使国内产品比进口产品处于有利地位的政策
（2）政府直接或通过税收、出口信贷等条件提供出口补贴
（3）用进口国征收的反倾销税抵销出口国提供的出口补贴
（4）对国内所有生产者（包括出口商和面向国内消费的生产者）提供各种国内援助项目
5.对进口实施收费
（1）预缴进口保证金规定，即要求进口商在进口之前必须向外汇管理机构指定的银行存入一笔相当于进口商品价值某一比例（有时是100%）的无息存款（保证金）
（2）国境税调整，即对进口商品征收等同于国内产品的国境税，并在其出口时予以退税
（3）征收管理费用
（4）征收各种附加税
（5）进口信用证歧视政策
（6）差价税
6.其他非关税壁垒
（1）在进口国的要求下，出口国实施"自愿"出口配额制
（2）市场销售协议

---

① CAO. Non-tariff barriers to U.S. manufactured exports [J]. Columbia Journal of World Business，1980：93-102.

（5）经济发展政策

保护"幼稚产业"通常被用作实施保护性关税或限制外国投资的理由，从而使许多未发展成熟的行业能在较长时期内受到保护。除此之外，有一些法规要求对众多的产业领域实行禁止外国投资或少数股权限制，还有一些规定要求当地人担任经理。尽管这些规定在目标导向性国家政策方面有一定的优点，但它们通常会阻止跨国公司实现全球化、优化生产以及降低成本和价格的目标。

尽管海外直接投资通常被视为有助于经济的发展，并为许多发展中国家所渴求，但这种愿望的实现通常不可避免地形成了"双重经济"。与外国企业有关联的当地居民（作为雇员或供应商）可以发家致富或成为精英阶层，而与外国企业或正在开发的行业无关的其他当地居民则仍处于原有的贫穷状况，这样有可能会导致两个社会阶层的出现。

2）跨国公司与东道国政府非经济政策之间的目标冲突

即使东道国内各种政治集团都认为海外直接投资对国家有好处，但也有一些人会从非经济的角度对此加以反对。在非经济政策方面，跨国公司与东道国政府的目标冲突则集中体现在四个方面：一是经济侵略；二是国家安全和对外政策；三是跨国公司与当地的社会转型不协调；四是与东道国的宗教和文化传统不相容。现对这四个方面分述如下：

（1）经济侵略

许多殖民地国家普遍认为，跨国公司是一种新的经济侵略形式。尽管有些国家政府的政策与企业的跨国投资相互独立，但确实也有一些国家通过政策扶植本国企业的海外投资，以此作为其增强经济的手段。因此，一般地，当跨国公司过多地涉足了东道国的经济命脉，特别是来自同一母国的跨国公司形成了这样的实力，将会引发侵占东道国经济或侵犯东道国国家经济主权的嫌疑。

（2）国家安全和对外政策

有时，东道国会警觉地认识到，一个国家的关键产业掌握在外国人手中将影响国家安全和对外政策的独立性。例如，法国曾阻止美国公司在法国的计算机、电子和其他与国防有关的产业中占据支配地位；美国也曾于1987年出于国家安全的考虑禁止了日本企业对一家美国公司的收购。

（3）社会转型

在东道国的社会转型时期，外国投资者与东道国政府的目标冲突往往最为强烈。

（4）宗教和文化传统

东道国的宗教和文化传统与跨国公司的母国不同，也会引起双方在目标上的冲突。

15.2.2 可能与跨国公司经营产生冲突的东道国政府各项法规

各国政府为达成其战略目标所实施的一些法规常常有意无意地限制了跨国公司的经营。这些具有很大潜在矛盾的法规就其性质可分为非歧视性法规、歧视性法规和财富剥夺性法规。

非歧视性法规通常较温和且并不特意反对外方控制企业的经营。这类法规对各类外国投资企业和东道国国内企业有着同等的影响。例如，要求最高管理职位和董事会的成员必须由本国人担任；设置有利于东道国税基的转移定价的规则；必须建设社会公共设施的要求；出口行业在国内销售必须按规定价格销售；确保补贴特定产品的当地消费以及产品达到一定国产化率的要求等。

歧视性法规给予本国企业以某些特权和优势。其内容通常出于保护较弱的本国厂商免遭当地经营的外国公司打击的需要而制定的。例如，对外国厂商占支配地位的产业实行国有化；合资企业中外方持股比率不得超过50%；对外国投资企业征收额外税费；要求外国公司必须通过政府有关机构招收员工并按高于本地企业的标准发放工资等。

财富剥夺性法规是指导致跨国公司部分或全部经济损失的法规。此类法规不仅可能来自东道国，而且可能来自跨国公司的母国。在东道国方面，财富剥夺性法规可能涉及整个产业的国有化或单个企业的征用，也可能涉及强制性的价格控制、再投资和产品销售限制等。母国法规对跨国公司形成的财富剥夺性效应主要是指母国出于其政治利益或感情上的因素考虑而置公司的国际竞争地位于不顾，从而牺牲了跨国公司的经济利益。

15.3　政治风险的计量

政治风险的计量主要有两种基本方法：宏观法和微观法。在宏观层面上，企业力图了解东道国政策的稳定性和东道国政府对外国投资者的态度；在微观层面上，企业则试图分析其特定的经营活动是否与东道国现行政策相冲突。然而，最为困难的任务是，预测东道国经济发展重点的变化、执行新确定的经济发展重点的各项法规以及这些变化对企业经营活动可能产生的影响。

1）政治稳定性

宏观政治风险分析是一个急需研究的课题。政治风险研究的内容通常包括有问题国家在历史上的稳定性、目前的骚乱或不满意现象、经济稳定性迹象以及文化与宗教活动的趋势等。宏观政治风险评估和预测的资料来源于当地报纸、电台和电视节目、各种出版物以及专家的咨询意见等。

目前已有一些商业性和学术性政治风险预测模型，这些模型通常可以提供对各国政治风险程度进行量化的国家风险指数。这类指数通常以各种（或一些）当地政治体制的稳定性指标为依据。

政治风险主要通过各国政治风险指数进行预测。政治风险指数一般根据政府更迭的频率、暴力活动水平（每一定人口数暴力死亡人数）、武装暴动次数以及与相邻国家的边界纠纷和冲突等有关当地政治体制的稳定性的一些指标计算。政治风险指数的基本功能在于预测现行的体制是否能延续到将来以及东道国政府是否愿意而且能够兑现对外国投资者的承诺。大部分公司相信，政治稳定性越大，则意味着投资环境越安全。

常用的计量指标有：政治稳定性指数（Political System Stability Index，PSSI）和经营环境风险指数（Business Environmental Risk Index，BERI）两种。

首先估计一些会改变一国投资获利前景的政治事件的发生概率，然后分别计算社会经济特征指数、社会冲突指数和政治过程指数，最后将3个指数加总得出有关政治稳定性的整体指标。其中，社会经济特征指数用于度量人口异质程度（种族、宗教、阶层等的差别）和未来经济增长前景；社会冲突指数用于估计一国暴力活动及其变化的可能性；政治过程指数用于预测政治力量对比变动情况以及和平过渡的可能性。

经营环境风险指数则是一种包括经济、社会和政治等各种因素在内的指标。它把有关专家的主观评分加总起来从而得到各个国家和地区的政治风险评级，见表15-2。

表15-2   **BERI等级表（2013年第3次）**

国家和地区	投资环境评分	等级	国家和地区	投资环境评分	等级
新加坡	77	1A	俄罗斯	46	2C
瑞士	74	1A	捷克	44	3A
中国台湾	72	1B	土耳其	44	3A
挪威	71	1B	印度尼西亚	42	3A
德国	68	1B	西班牙	42	3A
奥地利	66	1B	越南	42	3A
荷兰	66	1B	泰国	41	3A
加拿大	63	1C	匈牙利	41	3A
芬兰	60	1C	意大利	41	3A
比利时	60	1C	南非	41	3A
瑞典	60	1C	印度	40	3A
丹麦	58	1C	波兰	40	3A
美国	58	1C	哥伦比亚	40	3A
中国大陆	58	1C	秘鲁	40	3A
韩国	58	1C	巴西	39	3B
爱尔兰	56	1C	阿根廷	38	3B
日本	55	1C	墨西哥	36	3B
马来西亚	55	1C	伊朗	36	3B
澳大利亚	55	1C	葡萄牙	36	3B
沙特阿拉伯	55	2A	委内瑞拉	35	3B
智利	54	2C	罗马尼亚	35	4A
法国	54	2C	乌克兰	34	4A
英国	52	2C	巴基斯坦	30	4A
哈萨克斯坦	49	2B	埃及	29	4A
菲律宾	49	2B	希腊	27	4A

另一些常用的政治风险指标包括各种经济因素和主观因素等。

经济因素是从经济方面来度量政治风险的指数，通常用通货膨胀、国际收支赤字或盈余、人均GNP的水平和增长率等指标来衡量政治风险。这类政治风险指标的主要作用是明确该国经济是正常的还是需要作出大量的政策调整。例如，通过征用来增加财政收入或中止货币的自由兑换来改善国际收支。一般而言，一个国家的经济前景越好，其发生伤害外国公司的政治和社会骚动的可能性也就越小。

许多主观因素是依据人们对于特定国家对私营企业的态度的一般感性认识来衡量政治风险的主观性指标。例如，某一国家对私营企业是持被动接受还是积极欢迎的态度。

2）企业特定风险的预测

尽管诸如BERI之类的政治风险预测评估模型日益复杂化，但其有用性问题仍然存在。首先，政治不稳定本身并不一定导致政治风险。例如，拉美国家的政府更迭较为频繁，但绝大多数跨国公司仍在拉美国家继续开展其经营活动而不受干扰。

然而，这些指标最重要的弱点在于其基本假定：同一国度内的所有外国企业都面临着同等程度的政治风险。这显然与美、英跨国公司在第二次世界大战后的实证事实不相符合。事实表明，在同一国度内的不同外国公司因其对风险的敏感性、技术水平以及子公司间的垂直一体化程度的不同而受东道国政治或法规变化的影响程度也不尽相同。表15-3列示了不同行业集团的国有化情况。[①]

表15-3　　　　　　　　不同行业集团的国有化情况（1960—1974）

行　业	被征用数	百分比（%）
石油	84	12.0
勘探	38	18.0
公用事业与交通	17	4.0
保险与银行	33	4.0
制造业	30	1.2
农业	19	*
销售与服务	16	*
土地、财产与建筑	23	*

注：*表示数据不明。

同样的政治事件，在使有些企业受害的同时，却使另一些企业受益。由于政治风险对每个企业具有不同的含义，因此，通用性政治风险指标对于随机选取的企业有多大的价值值得怀疑。公司的特定经营和财务特征在很大程度上决定了公司对政治风险的敏感性，因此也就决定了其对海外投资价值的影响。

由此可见，从跨国公司的角度出发，计量东道国政治稳定性仅是第一步，因为其最终目标在于预测政治性变化对特定企业经营活动的影响程度。企业特定风险的评估和预测，其核心在于分析项目的产品或业务的特点和经营模式，识别可能出现的政治风险的类型。

① BRADLEY. Managing against expropriation [J]. Harvard Business Review, 1977: 75-83.转引自：SHAPIRO. Multinational financial management [M]. 4th Edition.Boston, MA：Allyn and Bacon, 1992：510.

15.4　政治风险管理对策

即使是全面系统地进行了政治稳定性和企业特定风险的最佳评估和预测，跨国公司仍然难以保证实际的政治和经济情况将不发生意料之外的变化。因此，有必要事先做好防范措施，以便将此类潜在变化带来的破坏性风险降低到最小。

各种防范性措施可分为三大类：投资前策略、经营性策略和征用后策略等。[①]

1）投资前策略

在投资前，政治风险一旦确定，跨国公司即可采取回避、保险、特许协定和调整投资策略等互不排斥的对策。

（1）回避

应对政治风险最简单的办法是回避风险。当东道国的政治前景不确定时，跨国公司放弃原定投资计划是十分自然的。但是，正如任何政府的决策都会对公司的盈利能力产生影响一样，无论在哪个国家投资都面临着某种程度的政治风险。因此，回避风险是不太现实的。

问题的关键在于跨国公司愿意容忍多大程度的政治风险，以及希望获得多大的投资收益用于抵补风险。放弃去政治不稳定的国家投资，往往等于放弃可望得到的潜在的高投资收益，同时也放弃了控制政治风险的任何努力。而事实上，企业经营本身就是要承担风险的。如果这些风险可以识别，那么只要通过有效地控制风险，即可得到相应的补偿。

（2）保险

与回避风险相对应的一种可供选择的方案就是保险。在具有政治性风险的领域中，如果对各种资产进行了投保，那么企业可以集中精力管理其经营业务而不必过问政治风险。许多发达国家向其本国公司的各种海外资产提供政治风险保险服务。在美国，政府通过海外私人投资公司（OPIC）为美国的投资者提供政治风险的保险。在德国，海外投资保险业务则由"黑姆斯信用保险公司"（Hermes Kreditversicherungs A.G.）和"德国信托与监察公司"（Deutsche Revisions and Treuhandei A.G.）两家公营公司经营。日本于1956年和1957年分别建立了"海外投资原有资本保险"和"海外投资利润保险"两种制度。1970年5月，日本政府将上述两种制度合并为统一的海外投资保险制度，并将海外投资保险业务交由通商产业省主管。而世界上最大的私营政治风险保险机构是英国的伦敦劳合社（Lloyd's of London）。就承保人而言，海外投资政治风险保险相比商业风险保险具有以下特征：①仅对被保险人的财产或权利由于政治因素而遭受的损害负赔偿责任；②政治风险事故发生后，保险标的物不一定遭受损毁或灭失；③政治风险的承保人通常以一个国家、一个地区作为一个危险单位来考虑其责任范围。在美国，根据海外投资保险制度的规定，投保人必须符合以下条件才能被允许投保：①经东道国事先批准同意投保；②新项目的投资或旧企业因进行重大扩建、更新设备而吸收的新投资；③投资于同美国事先签定有投资保证协议的"不发达国家"中国民收入较低的国家。政治风险的投保范围包括禁止货币兑换、征用、战乱和营业中断等引起的损失。禁止货币兑换险是指投保人在保险期内作为投

---

① SHAPIRO. Multinational financial management［M］. 4th Edition.Boston，MA；Allyn and Bacon，1992：518-528.

资的收益或利润而获得的当地货币或者因变卖投资企业财产而获得的当地货币，如遇东道国禁止将这些货币兑换成美元，应由海外私人投资公司用美元予以兑换。承保此类风险的主要前提条件是，在签订保险合同时东道国法令并无禁兑规定。征用险是指在保险期内，投保人的投保资产由于东道国政府采取国有化、征收、逐渐征收或没收措施而遭受部分或全部损失，应由海外私人投资公司负责赔偿。战乱险是指在保险期内，投保人在东道国的投资资产由于当地发生战争、革命、暴动或骚乱而受到的损害，应由海外私人投资公司负责赔偿。营业中断险则指由于发生上述各类风险事故，致使投资人投保的某项营业暂时中断从而遭受损失，这个损失应由海外私人投资公司给予赔偿。

若完全依赖于投保来规避政治风险亦存在两个问题：第一，收益和保险存在不对称性；第二，投资的经济价值是以未来现金流量的现值计量的，但是跨国公司只能对其投资的资本进行投保。所以，保险对海外投资项目可能遭受的损失的补偿并不是完全的。

（3）协商投资环境

除保险外，有些跨国公司试图在决定投资之前，通过与东道国政府进行谈判，就双方的权利和义务达成协议。这类协议载明了跨国企业可在当地经营的各种规则，通常称之为特许协定（Concession Agreement）。这些特许协定在投资于不发达国家特别是宗主国的殖民地的企业之间普遍使用，因而其带有一种特权和掠夺的内涵。一旦这些国家独立或政府更迭，这些特许协定也将变更。

特许协定主要涉及一个投资项目将享受的各种政策及应遵守的规则，主要包括股利、特许权使用费和管理费的汇出，转移定价，出口，社会保障和福利设施建设，税收待遇，进入当地市场特别是资本市场融资的可能性，股权成分要求，在东道国市场销售时的价格控制，原材料和部件的当地采购以及争议仲裁条款等内容。

特许协定至今仍在使用，但在第三世界国家的地位日益下降，其较高的障碍率已使许多公司寻求更为积极的政治风险管理政策。

（4）投资策略调整

一旦跨国公司决定在某一国家进行投资，它就试图通过增加东道国干预公司经营的成本的途径来使其所承担的政治风险最小化。这类行为主要包括调整经营策略和财务策略两种，目的在于使海外项目的价值与跨国公司的继续控制相联系。具体包括：

①控制市场或原料供给。此类策略的关键在于使处于东道国的当地子公司的产品市场和原料供给主要依靠跨国公司或其他兄弟子公司，从而提高征用成本，进而增加东道国政府的征用难度。例如，克莱斯勒公司严密控制着汽车关键部件的供应，只把50%的非关键部件放在秘鲁生产。所以，在其他外国产权被秘鲁政府国有化后，克莱斯勒仍维持着其在秘鲁的总装厂的经营。

②限制技术转移。跨国公司也可以将研究和开发设施以及专利技术的使用留在母国，从而提高东道国实行国有化的成本。但这一策略能否成功，取决于其他获得许可证的跨国公司是否同样不向被国有化的子公司提供同一技术。此外，使用全球统一的商标也是一种策略，它可以使被征用后的消费品生产企业因缺乏公众认同的商标而遭受明显的损失。

③改变融资渠道。在减少权益资本的同时，相应扩大当地债务比例，从而达到抵御风险的目的。这一策略的依据是：若企业的资金主要通过东道国的银行贷款取得，则可使东道国政府因考虑银行资金的回收问题而慎重行事。另外，公司还可以通过向东道国以外的

其他各国或国际的金融机构进行融资。这种策略将使东道国的任何国有化行为或不良行为置于国际监督之下，从而会引起国际社会的反应。

④分享所有权。与当地投资者分享所有权可以使当地人士与企业的利益结合在一起，发生政治事件时很可能获得当地人士的关照和保护。

2）经营性策略

一旦跨国公司对一个海外项目进行了投资，它对政治风险的防范和抵御能力就会大大下降，但并不意味着它对政治风险完全无能为力。公司仍可通过至少五种策略来尽可能减少政治风险所带来的损失。这些策略包括：

（1）有计划撤资

假如投资后政治风险明显增加，公司可以在一定期间内安排向当地的投资者转让全部或部分股权，以减少风险资产。但此类有计划撤资可能难以做到使各方面都满意。能否得到满意的转让价格也是不确定的。如果预定出让价格且项目的盈利能力差，那么当地投资者的购买意愿低。而且在转让谈判期间若有征用的威胁，也很难实现公平的转让价格。

（2）短期利润最大化

跨国公司也可以设法从东道国的经营中提走尽可能多的现金，从而达到减少当地投资额的目的。其具体做法有递延维修费用，削减投资至维持一定产量生产所需的最低水平，紧缩营销费用，生产低质商品，制定较高的价格以及取消培训计划等。这些行为将使短期内的现金流入量达到最大，而完全不考虑对公司长期盈利能力的影响。当然，这种短期利润最大化行为有可能会激起东道国征用的强烈欲望。所以，跨国公司需谨慎确定现金流出的时间表，以免影响与东道国政府的关系。

（3）改变征用的成本效益比率

如果东道国政府的征用行为目标是理性的，即征用后的经济效益要大于所付出的成本，则跨国公司可以采用能够减少当地所有权的优势的策略来预防征用。具体措施包括在当地建立研究和开发机构、为子公司产品开拓出口市场、训练当地经理和员工、扩大生产设施以及生产一系列进口替代产品等。但由于上述措施中有一些同时还具有降低征用成本的作用，故在实际操作中还要注意平衡。提高征用成本的措施主要是控制出口市场、运输线路、技术、商标以及在其他国家制造的部件的生产。

（4）发展当地的利益相关者

发展当地的利益相关者是一项比较积极的策略。如果东道国当地的个人或团体对子公司能否继续作为跨国公司一部分存在利害关系，则可切实削弱被征用的风险。潜在的既得利益者包括消费者、原材料供应者、公司的当地雇员、当地银行及合营企业的合伙人等。政府征用由于可能会改变产品的品质或影响供应商的生产计划而引起消费者和供应商的抗议。跨国公司子公司在当地银行借款会使银行关注征用对其现金流量和债务清偿的影响。跨国公司子公司与当地的私人投资者合伙经营也可以为其提供一定的保护。据调查，与当地合伙人联合创办的合营企业被国有化的比例甚至比全资子公司还要高10倍。后者被国有化的原因往往是其某些部门的投资受法规限制而不得不与政府合营，而这些部门又是国有化的重点。

（5）适应性调整

适应性调整是不试图抵制潜在的征用，而是把征用看成是不可避免的。一旦发生征用，跨国公司将改用特许证和管理合同的方式从公司的资源中获利。例如，一些产油国在对采油业实行国有化后仍与外国公司签订管理合同，从而使跨国公司可以继续开展开采、提炼和销售活动。从这个角度来看，盈利并不一定非要拥有或控制某项资产，例如厂房、油井等。

3）征用后策略

通常情况下，东道国对外资企业的征用都会提前发出通告。在获得将被征用的消息之后到实际征用前的一段时间里，公司应当到政府部门进行游说，争取政府放弃对其征用的决定。但说服工作通常难以奏效，这样就需要开始实施理性谈判等征用后的对策。豪斯金认为，征用后的对策可分为以下四个依次递进的部分[①]：

（1）理性谈判

一旦征用发生，继续谈判的价值就会大幅下降。这一时期谈判的目的在于：通过对东道国政府的说服工作，使之认识到征用是一个错误的决策，从而放弃征用而与跨国公司保持原有合约。企业可以说明其将继续为东道国提供的种种未来经济利益或者分析征用将给东道国带来的严重后果。当然，东道国政府也有可能已对征用的利弊得失作过分析，并认为结果是可接受的。在这种情况下，跨国公司再做说服工作事实上也不会有效果。只有当东道国政府将征用作为取得公司让步的谈判手段时，此种策略方可奏效。

（2）施加压力

在让步也无法保住跨国公司的产权的时候，公司就要试着集结自己能够调动和运用的各种力量来对东道国政府施加压力。政治力量是跨国公司可以运用的资源之一，具体措施主要是支持反对征用的政治团体和争取母国政府的支持。控制关键部件供应、出口市场、技术和管理技能等是跨国公司可以运用的主要经济力量。当东道国政府在征用前已经认真考虑过这些可能性并已制定了相应对策时，经济力量的运用也无法改变其实施征用的决心。

（3）寻求法律保护

在进行理性谈判和施加压力的同时，公司可以开始寻求法律的保护。法律的保护途径可能来自东道国、母国和国际机构。当东道国司法系统独立且执行公正原则时，在东道国申请法律仲裁的速度最快、成本最低。若东道国无法合理解决该问题，公司可以在一定条件下寻求母国法律的保护。例如，1871年智利总统阿连德没收了美国克奈柯特公司在智利的铜矿之后，美国的法院允许克奈柯特公司没收智利航空公司停在纽约机场的飞机并关闭该航线作为报复。另外，1966年在世界银行倡导下成立的国际投资争端仲裁中心（International Center for Settlement of Investment Disputes），也可作为寻求保护的场所，国际投资争端仲裁中心提供调解和有约束力的仲裁。

（4）放弃保持产权努力

当前面三种对策都无效时，跨国公司只好放弃继续持有产权的努力，力争获得较高的补偿以及通过合同方式继续从被征用的企业中获利。由于东道国经营资源方面的缺乏，往往还需要与跨国公司签订管理合同。于是，跨国公司可能会根据代理合同像过去一样经营着被征用企业的出口或根据管理合同向被征用企业提供技术和管理技能。所以，所有权的

---

① HOSKINS. How to counter expropriation [J]. Harvard Business Review, 1970: 102–112. 转引自：SHAPIRO. Multinational financial management [M]. 4th Edition.Boston, MA: Allyn and Bacon, 1992: 527–528.

放弃并不等于盈利机会的丧失，关键的是财产能否继续创造现金流量。

本章小结

政治风险是指因东道国发生政治事件以及东道国与母国甚至第三国政治关系发生变化从而对跨国公司价值产生影响的可能性。

政治风险管理是指公司为了评估不可预见政治事件发生的可能性、预测这些事件的发生将对公司产生何种影响，以及如何防止因此类事件的发生而给企业带来的损失或利用此类事件为企业获取盈利等所采取的各种措施。跨国公司海外投资所面临的政治风险主要来自跨国公司与东道国政府在目标上的冲突以及东道国政府的有关法规与跨国公司经营上的冲突。

政治风险的计量主要有两种基本方法：宏观法和微观法。政治风险管理的各种防范性措施可分为三大类：投资前策略、经营性策略和征用后策略等。在投资前，政治风险一旦确定，跨国公司可采取回避、保险、特许协定和调整投资策略等互不排斥的对策。一旦跨国公司对一个海外项目进行了投资，它对政治风险的防范和抵御能力就会大大下降，但并不意味着完全无能为力。公司仍可通过有计划撤资、短期利润最大化、改变征用的成本效益比率、发展当地的利益相关者和适应性调整等五种策略来尽可能减少政治风险所带来的损失。发生征用后则可采用理性谈判、施加压力、寻求法律保护以及放弃保持产权努力等对策。

主要概念与观念

政治风险　政治风险管理　资产产权型政治风险　企业经营型政治风险

基本训练

□ 知识题

15.1　政治风险如何分类？各有什么特点？

15.2　政治风险的评估手段有哪些？如何进行评估？

15.3　如何防范和抵御政治风险？其基本手段有哪些？

□ 技能题

请说出政治风险有哪些形成原因？

□ 能力题

缅军内战升级，流弹落在云南省境内，造成5人死亡，9人受伤。但也正是在这种背景下，中国正在实施"走出去"战略，因此中国企业"走出去"也不得不警惕政治黑天鹅风险。

2013年中国提出"一带一路"倡议，随后提出与之配套的"中印缅孟经济走廊"和"中巴经济走廊"。这两个配套举措，是要将"一带一路"从陆上联通。在"一带一路"中，缅甸虽不是核心节点，却也是局部重要节点。

同时，中国又先后规划了近10条主要油气运输线路，包括中缅油气管线、中哈油气管线、中土油气管线、巴基斯坦石油管线、东南亚运输线路、南海海上运输线路、非洲油气运输线路和中东油气运输管线、北线（从中哈边境、中俄边境等进口）。在这些油气管线的规划中，中缅油气管线就是其中重要布局之一。

但自2012年缅甸修改外国投资法后，中国对缅甸的投资直线下滑。2013财政年度（2013年4月至2014年3月）中国对缅甸的直接投资骤减至2012财政年度的10%以下。2013年中国在缅甸全年投资额在2 000万美元上下，锐减至2012财政年度（约4亿美元）的1/20，与高峰时期的2010财政年度（约82亿美元）相比，还不到1%。

在投资额排名上，中国4年来首次让出第一宝座，跌至10名左右。而且中缅密松大坝工程和中缅合资的莱比塘铜矿项目被叫停，中缅皎漂—昆明铁路工程计划被取消。中国社科院世界经济与政治研究所国际投资研究室副主任王永中表示，中国企业海外投资应警惕政治黑天鹅风险。[1]

要求：请搜集近期中国投资遭遇的海外政治风险，据此分析说明中国企业海外投资过程中应如何设计政治风险的经营性防范策略。

本篇案例分析

宝钢"扫矿"副作用[2]

2014年4月9日，有消息称，宝钢集团有限公司有望收购WestPilbara铁矿石项目部分股权，该项目价值74亿澳元。对此，业内人士大多表示出了担忧，"现在国内整个产能过剩的大格局并没有发生太大的变化，贸然在海外开拓，说不定会带来一定的副作用"。

作为国内钢铁行业的巨头，宝钢从来不缺乏对市场敏锐的嗅觉。在政府层面多次鼓励国内企业海外"买矿"之后，宝钢似乎又走在了行业的前列。宝钢在2013年年报中也曾表态，未来将加大海外资源开发寻源力度，力争在海外资源投资领域取得重大突破。"公司海外资源开发主要聚焦在澳大利亚、非洲等区域的矿石等主原料资源。"宝钢股份总经理戴志浩在业绩说明会上补充道。

据了解，此次宝钢希望参与的WestPilbara铁矿石项目为澳大利亚API公司一处铁矿石项目，澳大利亚Aquila资源有限公司持有API一半股权，剩余股权由铁矿石公司AMCI和韩国浦项制铁分别持有。值得注意的是，宝钢集团目前拥有Aquila公司19.8%的股权。Aquila是澳大利亚市值排名第4的综合性矿业公司，经营业务有铁矿石、煤炭和锰矿。其储备足以实现3 250万吨铁矿石和1 140万吨煤的年开采量，若达产，将能满足2 000万吨钢产量所需，接近宝钢集团目前钢产量的一半。

"宝钢要参与澳大利亚铁矿石项目，主要是为了进一步降低原料采购的成本，尽管从今年年报来看宝钢的业绩并不差，但是在当前大环境疲软的情况下，控制原料成本至关重要；另一方面，宝钢的湛江项目也将于后年正式投产，这同样也需要大量的铁矿石储备。""我的钢铁网"分析师沈一冰说。

宝钢股份发布的2013年年报显示，去年实现营业收入1 896.88亿元，同比下降0.76%；归属于上市公司股东的净利润58.18亿元，同比下降42.33%。虽然其业绩为国内

---

① 佚名. 缅甸内战 中国在缅甸这些投资可能受影响［EB/OL］.［2015-03-17］. http://finance.qq.com/a/20150317/059761.htm.
② 佚名. 宝钢"扫矿"副作用［N］. 华夏时报，2014-04-12.

钢企最优，但截至 2014 年 3 月 31 日，宝钢股份股价为 3.85 元/股，较每股净资产 6.71 元为 "破净" 状态。值得说明的是，其股价 "破净" 格局已经持续近 3 年。"对于股价破净原因，主要结论还是公司所在行业的背景，即在目前的市场环境下造成的。" 戴志浩表示。

宝钢的海外布局吸引了外界的诸多关注，但是市场上对此举的效果仍然是说法不一。"澳大利亚的这个铁矿石项目会给宝钢带来一定的负担。" 一位长期从事铁矿石行业研究的业内人士告诉记者，"API 希望以合适的价格退出这处铁矿石项目，浦项制铁在 2010 年以近 2 亿澳元入股 API，如今公司本身负债沉重，因此也希望清理非核心资产，它们很乐意将部分股权转让给宝钢"。多位行业分析师也表示，尽管澳大利亚的铁矿石项目能为宝钢带来充足的原料供应，但是该项目本身严重的负债将让宝钢背上不小的包袱，而且现在国内整个产能过剩的大格局并没有发生太大的变化，贸然的海外开拓说不定会带来一定的副作用。

单从现有的海外权益矿角度来看，当前的现状同样不容乐观。据业内人士估算，目前澳矿的成本每吨在 30~40 美元，如果成本吨价为 50~60 美元，仍然有利可图。与此形成对照的是，我国境外投资的铁精矿离岸成本为每吨 80 美元，到岸成本每吨在 90 美元以上。中信泰富此前在西澳的投资项目也说明了这一问题，其成本价格已经达到每吨 100 美元，再加上运输费用和澳元波动，运回来也毫无成本优势，亏不亏都要开采，非常尴尬。

实际上，即使从国家层面上来说，宝钢的行为也和此前国家倡导的海外开拓方式不太一致。据了解，中钢协常务副秘书长李新创日前对外表示，中国可能会从自己拥有的非洲项目进口更多铁矿石，而不是进口更多的巴西和澳大利亚传统供应商的铁矿石。另外，徐乐江也曾经在 2012 年底表示，"中国铁矿石对外依存度已经接近七成，全球铁矿石供需结构可能在 2014 年逆转，或许会使国内的铁矿石需求方在谈判桌上有更多的'筹码'"。但进入 2014 年之后，宝钢集团却主动接洽全球大型铁矿石股权，其中的缘由也让诸多业内人士摸不着头脑。

尽管钢企在海外 "找矿" 充满风险，而钢铁行业又是全球市场上贸易壁垒最为严苛的行业，但是实际上，诸多有实力的钢企已经逐步启动自己新一轮的布局。2014 年 2 月，武钢利比里亚邦矿（以下简称 "邦矿"）首船 5 万吨铁精矿正式起航离港运回武钢。据悉，这一矿业项目投产以来已生产铁精矿 12.5 万吨。据武钢相关负责人介绍，邦矿是武钢主导开发的第一座海外矿山，2013 年 7 月底投产后，该项目生产逐步稳定，产量、质量稳步提升，生产经营走上正轨。武钢中非（中国香港）矿业有限公司相关负责人也曾公开表示，邦矿预计 2014 年四季度正式达产到 100 万吨。除此之外，武钢在利比里亚、加拿大、巴西等国家拥有多个铁矿石项目，掌控铁矿石权益 400 多亿吨，是全球钢铁制造商中矿石资源的最大拥有者。

"大型钢企依靠在海外的投资，获取了大量稳定的铁矿石资源，而中小钢企因为规模小、流动资金不足，很难从中获益，因此国内的矿山海外布局还是需要谨慎。" 一位业内人士提醒。

案例分析要求

(1) 宝钢的投资策略是什么？

(2) 宝钢投资方案评价与国内项目的差异在哪里？

(3) 宝钢投资该项目应考虑哪些风险？

第5篇
跨国营运资本管理①

【博学慎思】财务管理：数出一孔，数据之美②

自2013年IFS子项目R&A（报告与分析）推行完成上线后，华为报告的及时性、准确性得到大幅提高，财务报告、管理报告两套报告的初稿在3天内出具，终稿在5天内出具，年度报告终稿在10天内出具。当然，R&A主要解决的是管理报告的问题。要知道，这可是涉及7 212亿元年度营业收入、19.4万人、170多个国家和地区的庞大业务。财务报告同时按照中国会计准则、国际会计准则、当地国家的会计准则三套会计准则出具；管理报告同时按区域、产品、客户三个维度出具。

整个报告的关键指标被做成了"仪表盘"，有权限的管理者可以动态监控公司的关键指标达成情况。这样一来，经营管理的及时性、准确性就得到了有力保障。

华为时任集团CFO、现任董事长梁华认为，每提前一天出具财务报告、管理报告的价值是以亿元计的。笔者开始对这句话不太理解，后来看了公司财报才明白：以2010年1 825亿元的营业收入计，一年有365天，意味着华为每天的营业收入为5亿元。提早一天出具财务报告，业务主管就提早掌握了过去经营的实际数据（而不是预测数据），就有更充足的时间对接下来的工作作出更周密、细致的部署，不用习惯性等待财务结账了。这就是财务提前出具报告对业务的价值。所以说，提早一天出具报告的价值是以亿元计的。按当时的营业收入，提前一天出具报告的价值为5亿元。2018年，华为的营业收入为7 212亿元，每天创造的价值约达19.8亿元。

如何及时、准确、高效地出具报告，以满足不同角色、不同视角的使用者的需求呢？答案是捋清业务底层逻辑，构建数据架构，搭建核算系统，智慧出具报告。财务报告的高效、准确、完整，以及管理报告对管理决策的及时支撑，离不开高度集成的全球结账管理系统和iSee系统。

1998年，华为启动财务"四统一"变革，即统一编码、统一流程、统一制度、统一监控。2005年，华为在全球建立了5个财务共享中心。华为的全球集中支付中心也在深圳落成，它提升了账务的运作效率与监控质量，保障了海外业务在迅速扩张中获得核算支撑。

截至2019年12月，华为在全球有7个账务共享中心：（1）成都共享中心，负责中国

---

① 夏皮罗. 跨国公司财务管理基础 [M]. 蒋屏，等译. 北京：中国人民大学出版社，2006.
② 何绍茂. 华为战略财务讲义 [M]. 北京：中信出版集团，2020：309-315.

地区部和北美地区部的账务核算;(2)深圳共享中心,负责中东地区部和独联体国家的账务核算;(3)马来西亚共享中心,负责南太地区部和日本代表处(含韩国)的账务核算;(4)罗马尼亚共享中心,负责西欧地区部和东北欧地区部的账务核算;(5)毛里求斯共享中心,负责南部非洲地区部和北部非洲地区部的账务核算;(6)阿根廷共享中心,负责美洲地区的账务核算;(7)巴西共享中心,负责巴西代表处的账务核算。

由于这些共享中心分布在全球不同时区,因此,它们可以不受时差影响,实现"日不落"循环结账。华为CFO孟晚舟在"却顾所来径,苍苍横翠微——2017年新年致辞"中提到,华为的账务核算已经实现了全球7×24小时循环结账机制。华为利用全球7个账务共享中心的时差优势,在同一数据平台、同一结账规则下,通过共享中心传递结账作业,极大地缩短了结账的日历天数。24小时系统自动滚动调度结账数据,让170多个系统实现了无缝衔接,每小时能处理4 000万行数据。共享中心"日不落"地循环结账,以最快的速度支撑着130多个代表处经营数据的及时获取。华为要求全球259家子公司均要按照本地会计准则、中国会计准则、国际会计准则的要求,分别出具三种会计准则下的财务报告;子公司还要按照产品、区域、事业群(BG)、客户群等维度出具责任中心经营报告。两套报告都要在5天之内完成高质量输出。

高质量输出报告的背后,是IFS变革的成果。自2007年IFS项目群正式启动以来,华为相继启动了13个项目。R&A是其中一个项目,它解决了高质量管理报告支撑集团高层经营决策的问题。R&A这个项目很有代表性。笔者将它从启动到上线应用的全过程提炼为以下三点:(1)历时4年,2009年启动,2013年上线。(2)超强阵容:副总裁1人,总监级主管7人,资深专家50多人,IBM高端顾问10多人。(3)仅"责任中心"方案定稿,就经过了董事会与财委会的三次讨论和EMT的两次表决(EMT是华为董事会治理下的最高经营决策层)。

完成R&A项目后,华为有了一个"仪表盘",它能及时、准确地反映公司经营状况。高层管理者应如何驾驭这艘超级航母,进而动态监控公司的经营状况,并及时作出关键决策?

其实早在2003年,财经就开发了报告分析平台。但由于缺乏架构规划,多年来,该平台堆叠了2 000多个补丁程序。一方面,无序建设导致核算效率非常低,财经人员在结账日要连夜加班,艰难收集、上报数据。各经营单元的月度经营总结会总要到次月月中甚至次月下半月才能召开,被戏称为"追悼(倒)会"。另一方面,数据的内在逻辑很难辨识出来,面对业务部门的质疑,财经人员也经常解释不清楚数据的由来。核算与报告已经成为财经的心头之痛。2005年,华为财经管理团队到IBM总部拜访学习,其报告分析平台让现场的财经高管大开眼界。于是,财经高管决定将R&A作为IFS变革的重点项目。

核算与报告平台是开展财经业务的基石。华为决定重构财务核算与报告平台。2009年底,R&A从财务、经营管理、流程IT等部门抽调核算方案专家,还从海外抽调了一批负责需求的识别和沟通的业务主管。最后,华为组建了超强阵容。项目历时4年,历经4任项目经理。最终,iSee系统成功上线。其中艰辛,可谓一言难尽。随着iSee系统的成功上线,财经业务全面开启了财经数字化建设的新篇章。新的核算与报告平台大幅提升了财经自身的数据核算能力(集团报告发布周期从6天减少为5天,每年新核算需求的实现周期从5个月缩短到1个月),也具备了对前端数据源质量的分析和定位能力。iSee系统上线后，R&A业务团队整建制保留，负责平台的持续建设。在之后的几年里，项目组不断扩充 iSee 的数据底座，不断引入新的数据分析和数据挖掘工具来强化数据应用。2015年，华为在资金领域首次引入大数据技术，大数据技术能预测集团中长期现金流，其准确率达到95%。

像 R&A 这样的 IFS 变革项目群，华为总共有13个。从2007年到2014年，变革持续了近8年。实际上，IFS 变革项目于2014年阶段性关闭后，华为便启动了 PB&F 项目。这个项目从战略规划、业务计划、全面预算、滚动预测、管理核算到绩效考核，覆盖了从战略制定到执行的端到端闭环管理的各个环节。笔者自2014年起全程参与了该变革项目，任该项目的方案经理，先后兼任中东地区部、东南亚地区部、俄罗斯地区部等区域的推行经理，负责方案在地区部和代表处层面的适配落地。

华为的变革分为三步：第一步是小范围试点，总结经验教训，优化方案；第二步是扩大推行范围，继续总结优化；第三步是在全球推行，IT 固化。

以笔者亲身参与的 PB&F 项目为例，该项目最初在中东地区部和南太地区部两个地区部管辖的15个代表处试点；2015年起，该项目在东南亚地区部、俄罗斯地区部等6个地区部及下辖代表处推行；2016年，该项目覆盖全球剩余地区部的所有代表处；2017年，该项目继续巩固成果。

2018年，在 PB&F 项目已有变革成果的基础上，华为启动 IBF（集成预算预测）变革项目。华为不断自我批判，促进项目迭代优化，不断激活组织，从未放弃苦练内功、提升能力。

第16章 跨国营运资本的存量管理

学习目标

通过本章学习，应该达到以下目标：

知识目标：初步了解和掌握跨国现金管理的基本运作方法及优点。

技能目标：学会跨国公司现金、应收账款及存货的管理方法与策略。

能力目标：学会如何处理好各种资产的组合关系，使总公司及其各分（子）公司在流动资产上的占用实现最优配置以及应如何选择跨国公司的短期资金来源（流动负债）渠道。

16.1 概 述

营运资本通常指"净营运资本"（Net Working Capital），即流动资产扣除流动负债后的余额。在任何一个企业中，流动负债只是流动资产的一个临时性的资金来源。流动资产大于流动负债的部分，则来源于业主权益或长期负债。换言之，营运资本就是企业从业主（股东）和长期债权人那里取得的资金中可用于维持其日常生产经营业务的部分。这一部分资金的来源是否充足，运用是否合理，数额是否适当，决定着企业的日常生产经营活动能否顺利而有效地开展。

跨国公司面向国际市场，其经营和财务活动涉及各国不同的政治、经济、法律、社会和文化背景等方面。因此，相对于一般企业而言，跨国公司营运资本的管理有其特殊性。从总体上看，跨国营运资本的管理主要包括两个方面，即"存量"的管理和"流量"的管理。

从"存量"的角度看，公司管理的重点在于：（1）如何处理好各种资产的组合关系，使总公司及其各分（子）公司在流动资产上的占用实现最优配置。换言之，现金、应收账款及存货等项目究竟维持何种水平最为适当？（2）跨国公司的短期资金来源（流动负债）渠道应如何选择？选择何种币种？应维持何种水平最为适当？

从"流量"的角度看，公司管理的中心任务在于保证公司内部资金转移的合理性，即从整体看，如何根据多变的经济环境，合理调度资金，使之达到最适当的流量、流向和时机，以最大限度地提高公司的整体效益。

在跨国经营条件下，存量营运资本的管理具有一些特殊性。这主要表现在：跨国公司通过对外直接投资而形成的流动资产分布于世界各地；海外子公司可以在国外资金市场上为流动资产筹措资金；这些流动资产大都属于货币性项目（如现金、应收账款等），它们要承受国际金融市场汇率变动及通货膨胀的风险。此外，世界各国税收制度和外汇管理制度的巨大差异，也给存量营运资本的管理带来了许多困难。

对于各子（分）公司来说，其财务管理部门必须在充分考虑东道国的经济环境、政局稳定程度及行业特点的基础之上，结合自身的经营目标和经营思想，正确地选择流动资产管理策略和流动负债管理策略。而对于母公司（总公司）来说，则应该保持较高的流动比率或较为充足的营运资本存量。这是因为：（1）跨国公司从事跨国经营，多变的经济环境决定了它们比一般企业具有更高的风险，因此只有维持一个较高的营运资本存量，才能使母公司股东和债权人的利益得以保障。（2）母公司保持较高的流动比率或较为充足的营运资本存量，可以有效地支持海外子公司的发展。如果某子公司因营运资本短缺而面临偿债风险，那么母公司就可以将资金从总部调往该子公司，以缓解子公司的偿债压力。

一般认为，母（总）公司和海外各子（分）公司在制定营运资本存量管理策略时，应互相配合，统一协调，使跨国公司总体的营运资本管理策略具有风险适中或者略显稳健的特征。

16.2 跨国现金管理

在跨国经营条件下，国际金融市场汇率变动及通货膨胀的风险对现金的管理提出了严峻的挑战；但与此同时，跨国公司可以通过其遍布全球的分支机构参与世界各地的资本市场，这为提高短期投资效益提供了机会。相对于一般企业而言，跨国公司的现金管理很具有特色。

16.2.1 跨国公司置存现金的目的

现金是可以立即投入流通的交换媒介。本章所论述的现金包括库存现金、活期银行存款以及可以立即变现的有价证券、可转让存单等。总的来讲，跨国公司置存现金的主要目的在于满足其交易性需要、预防性需要和投机性需要。

1）交易性需要（Transaction Purpose）

交易性需要是指应付日常业务开支的需要。尽管企业会经常取得业务收入，但不可能总是在数量和时间上恰好合乎支出的需要。若不维持适当的现金余额，企业的营业活动很难正常进行下去。

2）预防性需要（Precautionary Purpose）

预防性需要是指防止意外支出（即非预期的预算外现金支出）的需要。企业的现金收支数额难以十分准确地预测出来，故公司应置存若干现金以防发生意外的支付。采用稳健型营运资本管理策略的公司，往往置存数额较大的预防性现金。

3）投机性需要（Speculative Purpose）

投机性需要是指置存现金用于不寻常的购买机会的需要，如从预期的有价证券价格变动中得到好处。鉴于大多数跨国公司不是出于投机的目的而持有现金，故本节着重讨论因交易动机和预防动机而置存的现金。

16.2.2 跨国公司现金管理的目标

根据持有现金的上述动机及跨国现金管理的外部条件，可将跨国公司现金管理的目标概括如下：

1）以最适当的现金支持公司在全球范围内的生产经营活动

现金置存过少，将不能应付业务开支；但如果置存过量，就会使这些资金无法参与正常的盈利过程而使企业遭受损失。企业现金管理的重要职责之一，就是要在资产的流动性和盈利性之间作出抉择。

2）尽量避免通货膨胀和汇率变动所带来的损失

持有过多现金可能因持续通货膨胀而使货币遭受贬值；如果企业置存的是"软货币"，则将承受汇率变动的风险。因此，币种的选择是跨国现金管理的一项重要决策。

3）从整体上提高现金调度、使用和储存的经济效益

由于各国银行存款的利率和短期投资的收益率不同，存放在不同地点或投资于不同证券上的现金则会产生不同的报酬。因此，跨国公司应选择最有利的存放地点和投资形式，最大限度地提高现金收益率，以部分地弥补持有现金的损失。

16.2.3 实施集权型的现金管理体制

在跨国公司总部及其遍布全球的众多子公司中，应该由谁来负责现金的管理工作呢？这就需要研究现金的管理体制问题。

跨国现金管理的体制有分权型管理体制和集权型管理体制之分。在分权型管理体制下，母公司及其下属子公司各自保持交易性需要和预防性需要的现金。当下属子公司在日常经营活动中出现现金的暂时多余或不足时，由它们在当地的金融市场上通过短期投资或短期融资自行解决，总部一般不加干涉。在目前跨国公司的现金管理实践中，分权型体制应用不多，集权型体制的应用则比较流行。下面我们着重讨论集权型体制的主要特征及优缺点和实施过程。

1）集权型现金管理体制的特征

集权型现金管理体制的特征主要有两个：

（1）集中存储

跨国公司的各个分支机构只保持为满足其交易性需要的现金，而应付意外支出的现金需要量则由公司总部集中管理，形成预防性现金存储总库。当子公司的现金存量因发生意外支出而不敷用时，总库立即为它们拨付所需资金。可见，现金的集中存储主要是围绕"预防性现金需要量"而进行的。

（2）跨国调度

由于生产经营季节性或其他周期性因素的作用，各子公司日常的实际现金收支往往难以达到均衡，因而各日的实际现金存量总是围绕预先核定的"交易需要量"上下波动的。例如，集中采购可能会引起现金存量的暂时性多余。对于这种暂时性的现金余缺，总部可从全局出发进行现金的跨国平衡调度。可见，跨国调度主要是围绕"交易性现金需要量"而进行的。

2）集权型现金管理体制的优缺点

（1）集权型现金管理体制的优点

①现金的集中管理，降低了公司平时保持现金的总额，使整个公司能以较少量的现金持有量维持正常的生产和经营，从而降低了持有总成本，提高了公司的盈利能力。

②这种体制可以促进公司内部现金管理的专业化，提高管理效率。总部根据它从国际

金融市场上获取的及时完备的信息，对集中的现金择优投放，统筹管理，从而最大限度地提高现金收益率。

③公司总部现金管理人员由于统揽公司的经营全局，可以发现各分部难以发现的问题和机会。

④在集权型现金管理体制下，一切决策都以全局利益为最高准则，这有利于全球经营战略的设计与实施，并可有效地抑制局部最优化倾向。

⑤这种体制可以降低或分散风险。当东道国政府征用资金或限制资金转移时，集权型现金管理体制能最大限度地减少公司损失。

⑥这种体制能使跨国公司在法律和行政约束范围内，最大程度地利用转移定价机制，增强公司的盈利能力。

⑦这种体制能使跨国公司在全球范围内保持较高的弹性和应变能力。

正是因为存在上述种种优点，所以即使在当今国际金融市场存在许多不确定因素并处于不完整状态的情况下，集权型现金管理体制仍得到了普遍应用，并且现金管理的集中化程度呈现出愈来愈高的趋势。

（2）集权型现金管理体制的缺点

①这种体制容易引发跨国公司内部的矛盾。不管是集中存储，还是跨国调度，都将不可避免地削弱各子公司在现金管理及调度方面的自主权。因此，如果不在业绩评价制度上采取相应的改进措施，那么集权型现金管理体制可能会受到子公司经理人员的抵制。

②这种体制可能会恶化跨国公司与某些银行的关系，因为不管是集中存储，还是跨国调度，都可能会增加某些银行的业务活动，而相应地减少其他银行的营业机会。

③这种体制的顺利实施，还有赖于各东道国的外汇管理体制。例如，有些子公司设在货币不能自由兑换、现金不能自由汇出的发展中国家，这给现金的集中管理带来了操作上的困难。

鉴于此，在设计集权型现金管理体制时，应尽量避免现金管理的所有方面和一切问题均由总部包揽和控制，而应该使各子公司在现金调度方面保留一定程度的自主权。

3）集权型现金管理体制的实施过程

跨国公司要实行集权型现金管理体制，一般要执行下列基本程序：

（1）设立中央现金总库。总库通常应设在国际金融中心所在地或者"免税港"（Tax Haven），因为那里的政治与经济稳定，有健全的金融市场，资本流动不受限制，国际通信设施完备。

（2）在公司总部组织一个专门的现金管理机构，负责中央现金总库的管理和调度。该机构必须拥有优秀的财务专家和大量的信息情报。

（3）核定各子公司的交易性和预防性现金需要量。这通常以各子公司编制的现金预算或历史数据作为核定依据。

（4）集中存储。各子公司只保持满足交易性需要的现金，预防性需要现金则汇往中央现金总库。

（5）跨国调度。中央现金管理机构在日常管理中通过各种通信手段迅速获知各子公司的实际现金余额，将其与各子公司事先核定的"交易需要量"进行比较，确定多余和不足。暂时多余的现金划归总库，由总库作出就地投资、调出投资或投至其他子公司的决策，暂缺的现金由总库补充。

16.2.4 实例

[例16-1]①设欧洲某跨国公司将其现金管理中心设在总部伦敦，由它负责中央现金总库的管理和调度。该公司下属的四个经营子公司分别设在英国、法国、德国及意大利。每天，当各国的银行营业结束时，各子公司必须通过电报或电传将当日的现金余额报告给现金管理中心。各子公司的现金余额均按同一种货币单位进行汇报。在本例中，我们假设美元是该公司指定的报告用货币，各子公司的当地货币余额都必须按现金管理中心经理指定的汇率折算成美元。

上述4个子公司的现金日报分别见表16-1、表16-2、表16-3、表16-4。在这些现金日报中，除了载有当日末的现金余额之外，还包括了对此后5日的现金预测。根据此表可知，意大利子公司在2022年8月12日的现金余额为$400 000。这表明，它在这一天即使另有$400 000的额外支出，也不会出现现金短缺。法国子公司在该日的现金余额却是一个负数（-$150 000），这可能是通过向银行透支或者向现金总库借款来解决的。英国子公司和德国子公司的现金余额分别是$100 000和$350 000。

表16-1   意大利子公司现金日报   单位：千美元

日期：<u>2022年8月12日</u>

地点：<u>意大利</u>

现金余额：<u>+400</u>

5日观测

日 期	收 入	支 出	净 额
+1	240	340	-100
+2	400	275	+125
+3	480	205	+275
+4	90	240	-150
+5	300	245	+55

期间净额：+205

根据各子公司呈送的个别现金日报，现金管理中心还可汇总编制如表16-5所示的"现金状况一览表"。该表显示了各子公司每日营业终了时的实际现金余额、事先确定的最低现金余额（即交易性现金需要量）以及现金的多余或不足。根据此表可知，在8月12日营业终了时，意大利子公司和德国子公司的实际现金余额均超过了其正常的交易需要量。英国子公司虽有现金余额$100 000，但仍然比正常的交易需要量少$25 000。法国子公司则一共短缺$250 000。然而从整个跨国公司来看，8月12日的现金仍然多余$75 000。

---

① SHAPIRO. Multinational financial management [M]. 2nd Edition. Boston, MA: Allyn and Bacon, 1994: 298-301. 案例经过改写.

| 表16-2 | | 法国子公司现金日报 | | 单位：千美元 |

日期：<u>2022年8月12日</u>

地点：<u>法国</u>

现金余额：<u>-150</u>

5日观测

日 期	收 入	支 出	净 额
+1	400	200	+200
+2	125	225	-100
+3	300	700	-400
+4	275	275	0
+5	250	100	+150

期间净额：-150

| 表16-3 | | 英国子公司现金日报 | | 单位：千美元 |

日期：<u>2022年8月12日</u>

地点：<u>英国</u>

现金余额：<u>+100</u>

5日观测

日 期	收 入	支 出	净 额
+1	100	50	+50
+2	260	110	+150
+3	150	350	-200
+4	300	50	+250
+5	200	300	-100

期间净额：+150

　　现金日报中的5日现金预测（见表16-1至表16-4）具有重要作用。它可以帮助现金管理中心的经理人员确定短期借款或短期投资的到期日，也可以帮助他们作出合理的现金调度决策。如在本例中，意大利子公司在8月12日的营业终了时有多余的现金$250 000（见表16-5），但它预计第二天有$100 000的现金不足（见表16-1）。据此，有两种方案可供现金管理中心选择：

　　第一种方案是，通知意大利子公司于8月12日将多余的现金$250 000汇往总库（或其他子公司），第二天，总库或其他子公司再将其中的$100 000汇回该公司，以弥补其预计的现金不足。

表16-4　　　　　　　　　　　德国子公司现金日报　　　　　　　　单位：千美元

日期：<u>2022年8月12日</u>

地点：<u>德国</u>

现金余额：<u>+350</u>

5日观测

日　期	收　入	支　出	净　额
+1	430	50	+380
+2	360	760	−400
+3	500	370	+130
+4	750	230	+520
+5	450	120	+330

期间净额：+960

表16-5　　　　　　　　现金状况一览表（2022年8月12日）　　　　　　单位：千美元

子公司	日终现金余额	所需最低现金余额	现金多余或不足
意大利	+400	150	+250
法国	−150	100	−250
英国	+100	125	−25
德国	+350	250	+100
公司总计			+75

　　第二种方案是，通知意大利子公司只将$150 000的多余现金汇往总库（或其他子公司），其余的$100 000可在意大利做一夜投资。

　　显然，如果欧洲各地的投资收益率相差不大，则第二种方案更为可行，因为该方案发生的现金调度成本（如外汇兑换和汇寄成本）要比第一种方案低。

　　现金管理中心进行跨国间现金平衡调度的方法多种多样，选择使用哪种平衡调度方法要视不同金融市场上投资和融资利率的高低、不同货币之间的汇率变动情况以及现金调度成本等因素而定。在本例中，我们假设伦敦现金管理中心于8月12日签发的综合现金调度指令如下：

　　意大利子公司：将$150 000现金直接汇往法国子公司，另外的$100 000就地进行一夜投资。

　　德国子公司：将$100 000现金直接汇往法国子公司。

　　法国子公司：从意大利公司获取现金$150 000，从德国子公司获取现金$100 000。

　　英国子公司：直接从总库获取现金$25 000。

　　上述综合现金调度指令可用图16-1表示。

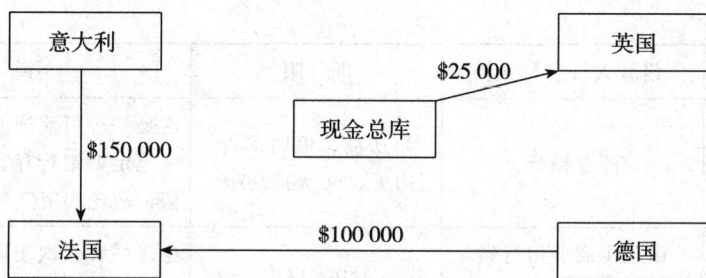

图16-1 综合现金调度示意图

16.2.5 实现现金的合理布局

在集权型现金管理体制下，跨国公司的所有现金都被视作一个整体，即使各子公司持有用于满足交易性需要的现金，也不过是将整体现金按计划在世界各地以各种不同的货币形式存放。因此，总部的现金管理中心必须能够及时取得各国货币市场及外汇市场的相关信息，将跨国公司的现金总额在各种可能性之间进行分配，以实现现金的合理布局。现金的布局主要包括以下两个方面：

（1）币种的选择，即应以何种货币（本国货币、外币；软货币、硬货币）持有现金。

（2）货币市场工具的选择，即应以何种形式的货币市场工具（活期存款、有价证券、可转让存单等）持有现金。

对于币种的选择，当然以持有硬货币为佳。如果东道国的货币不能自由兑换或自由汇出，则应尽量减少这些子公司持有的当地货币现金余额。如果某个子公司在日常交易中确实需要某种软货币，则其所持有的该种货币也应该以仅能勉强应付交易需要为限。

其实，对于同一种货币，如果以不同的货币市场工具持有，其产生的收益率也大不相同。在跨国经营条件下，可供选择的短期货币市场工具很多。表16-6[①]列示了国际金融市场上主要的货币市场工具的简要情况。

表16-6　　　　　　　　　　　**主要货币市场工具一览表**

工　具	借款人（发行人）	期　限	说　明
国库券	中央政府	1年以内	最安全，流动性也最强
联邦资金（美国）	法定存款准备金临时不足的美国商业银行	一夜到3天	适于大额款项（100万美元或者更多）的短期投资
政府机关票据（美国）	政府机构	30天到270天	收益率略高于国库券
活期存款	商业银行	即期	政府有时对银行利率施加限制
定期存款	商业银行	可协商	政府有时会限制利率和期限
非银行金融机构存款	非银行金融机构	可协商	通常比银行存款的利率高

---

① SHAPIRO. Multinational financial management［M］. 2nd Edition.Boston，MA：Allyn and Bacon，1994：291. 表格经过改编.

工　具	借款人（发行人）	期　限	说　明
定期存单	商业银行	可协商，但通常为30天、60天或90天	这是一种可流通的票据，它代表了一笔定期银行存款，因为它可以转售，故比一般定期存款的流动性强
银行承兑汇票	由某个商业银行做担保的交易票据	180天以内	这是一种仅次于国库券的高质量投资工具
商业票据	信誉卓著的大公司	30天到120天	这是一种可以流通的无担保本票，在所有主要货币市场上均可见到
临时公司贷款	公司	可协商	收益率较高，但流动性差，因为这种贷款只有在到期日才能收回

在选择货币市场工具时，除了要考虑其各自的收益率、流动性及风险情况外，还应该视各个金融市场的具体情况而定。在不同的金融市场上，可供选择的货币市场工具的种类和数量有所不同。很多国家的货币市场对外国公司的投资选择施加种种限制，只有少数一些市场，如美国货币市场和欧洲货币市场，才是真正自由和国际性的。

16.3　跨国应收账款的管理

16.3.1　应收账款管理的目标

将适量资金投放于应收账款，能增强企业竞争力，保持或扩大现有的市场占有率，但应收账款过多，势必会增加成本（如持有应收账款的机会成本、管理成本及坏账损失成本等），减少收益。应收账款管理的主要目标，就是要在采用赊销策略所增加的盈利和由此所付出的代价之间进行权衡，以便在充分发挥应收账款功能的基础上降低应收账款投资的成本。

16.3.2　影响跨国公司应收账款存量水平的因素

跨国公司应收账款的存量水平（即应收账款的资金占用水平）主要受以下因素的影响：

（1）同行业竞争。跨国公司为了能使自己在竞争激烈的国际市场上取胜，不得不以各种优惠条件来吸引世界各地的消费者，赊销即为达到这一目的的重要手段。竞争愈激烈，赊销愈广泛，公司在应收账款方面占用的资金就越大。

（2）公司的信用政策。信用政策包括信用期限、信用标准和现金折扣政策。信用期限是公司为顾客规定的最长付款期间；信用标准是指顾客获得企业的商业信用所应具备的条件；现金折扣是公司为吸引顾客及早付款而在商品价格上所做的扣减。如果公司的信用期限较长、信用标准宽松、现金折扣率较低，则在应收账款上占用的资金就越大，但销量会随之增加；反之，应收账款上的资金占用水平就越低，但销量会减少。

（3）公司的业绩评价标准。在会计上，赊销会使企业的应收账款和销售额同时增加。某些跨国公司在对各子公司的销售经理进行业绩评价时，是仅以销售额为标准的，而对应收账款的资金占用量及质量（即应收账款的风险水平）则置之不理。这种评价方法会使子公司的销售经理们盲目扩大赊销，从而使应收账款的存量水平居高不下。

（4）其他因素。经济周期、产品质量、需求的季节变化等因素，均会影响跨国公司应收账款的存量水平。

16.3.3　跨国公司应收账款的类型

跨国公司的应收账款主要在两种不同类型的交易过程中产生：一是与独立于公司的经济组织和个人之间的买卖；二是公司内部各成员单位之间的买卖。由于在不同交易过程中发生的应收账款具有不同的特点或效果，因此下面拟对它们分别进行论述。

1）独立顾客的应收账款管理

跨国公司向公司集团以外的独立客户出售商品和转让技术时，其未能及时收取或不准备立即收取的款项，就形成了公司外部的应收账款。对独立顾客的应收账款管理，主要从以下几个方面着手：

（1）选择有利的交易货币

国内销售通常都用本国货币来结算，但在跨国销售的情况下，可供选择的交易货币有三种，即出口商货币、进口商货币和第三国货币。为了避免外汇交易风险，出口商通常希望以硬货币来结算，而进口商通常采用软货币来付款。如果双方掌握相同的信息，从而对有关货币之间的汇率变动趋向有着相同的预期，则双方可能会在币种的选择上讨价还价。出口商为取得硬货币，有可能在价格或付款条件方面作出让步，而买方可能以支付较高价格或尽快付款的条件来争取以软货币付款。讨价还价的结果可能使双方共同承担风险，而各方承担风险的大小取决于它们在谈判中的地位和实力。

如果交易双方对备选货币的汇率变动趋向有着相反的预期，则通常不需要讨价还价。例如，日本某出口商向德国出口一批商品，该出口商预测在信用期限内日元有升值趋势，希望以日元来标价和开票；而德国进口商则认为日元有贬值趋势，故希望能以日元支付货款。在这种情况下，双方对币种的选择可谓"不约而同"，该笔交易自然很容易达成。

以上只是就一般情况而言，在某些特殊情况下，即使交易双方对备选货币的汇率变动有着相同的预期，但谈判的结果也可能偏离正常情况。例如，如果出口商已经有以某种软货币计量的债务，而交易对方又不愿意以硬货币成交，则出口商也可能选用该种软货币作为交易货币，然后用到期收回的货款直接偿还以同种货币计量的债务。这种做法对出口商来说没有明显的损失，当然，它是以放弃可能的外汇变动利得为代价的。

（2）确定合理的信用政策

如前所述，企业为顾客提供的信用政策越优惠，其产品或商品的销售额就越大。但优惠的信用政策也可能会带来一些不利的后果，如应收账款管理成本的增加，坏账损失的提高以及由于货币贬值而引起的应收账款实际价值的减少等。因此，企业在对原来的信用政策进行修订时，必须进行相应的成本效益分析。这种分析一般包括以下五个步骤：

第一步，计算原有的信用政策所带来的信用成本；

第二步，计算新的信用政策所带来的信用成本；

第三步，利用第一步和第二步所得出的数据，计算新的信用政策所导致的增量成本；

第四步，不考虑信用成本，计算新的信用政策所带来的增量收益；

第五步，如果增量利润大于增量成本，则新的信用政策可行，否则不可行。

[例16-2]^①设瑞典一家子公司目前的情况是：年销售额为$1 000 000，平均信用期为90天。为了进一步扩大销售，该子公司拟将信用期限由90天延长到120天。预计信用期延长后，每年的销售额会比原来提高6%，即$60 000。与该部分增量销售收入相应的增量销售成本为$35 000。已知每月的融资成本为1%。此外，预计瑞典克朗平均每90天贬值1.5%。拟议中的信用扩展措施是否可行？

①计算原来的信用政策所带来的信用成本。

如果只考虑融资成本，将在90天后收回的1美元应收账款在目前的价值大约是：

$1×（1-1%×3）=$0.97

如果再将瑞典克朗贬值的因素考虑在内，则上述1美元应收账款的当前价值变为：

$0.97×（1-1.5%）=$0.955

这说明，持有瑞典克朗应收账款3个月所发生的信用成本为$0.045（$1-$0.955），因此在原来的信用政策下，每年发生的信用成本为：

$1 000 000×4.5%=$45 000

②计算新的信用政策所带来的信用成本。

如果只考虑融资成本，那么将在120天后收回的1美元应收账款在目前的价值是：

$1×（1-1%×4）=$0.96

如果将瑞典克朗贬值的因素也考虑在内，并且假设瑞典克朗将在第4个月贬值d_4，则上述1美元应收账款的当前价值变为：

$0.96×（1-1.5%-d_4）=$0.946-$0.96 d_4$

这说明，持有价值为1美元的瑞典克朗应收账款4个月所发生的信用成本为：

$1-（$0.946-$0.96 d_4）=$0.054+$0.96 d_4$

故在新的信用政策下，每年发生的信用成本为：

（$1 000 000+$60 000）×（$0.054+0.96 d_4$）=$57 240+$1 017 600 d_4$

③计算新的信用政策所导致的增量成本。

（$57 240+$1 017 600 d_4$）-$45 000=$12 240+$1 017 600 d_4$

④计算新的信用政策所带来的增量利润：

$60 000-$35 000=$25 000

⑤只有在增量利润大于增量成本的情况下，拟议中的信用扩展措施方为可行，故令：

$25 000>$12 240+$1 017 600 d_4$

得出$d_4<1.25\%$。

2）公司内部应收账款的管理

在跨国公司内部，某成员单位向其他成员单位出售物品和转让技术等，其未立即收取或不准备立即收取的款项，就形成了公司内部的应收账款。由于公司内部各成员单位的生产经营活动都应以实现公司全局利益最大化为目标，所以交易双方在选择开票货币和确定支付条件时，必须充分考虑公司在全球范围内的税务规划、财力配置和资金调动。在很多情况下，内部应收账款结算的时间可以因整个公司的利益而提前或推迟。这种做法不仅人为地改变了各子公司应收账款的资金占用水平，而且可以有效地实现资金转移，达到税负最小、风险最小和利润最大的目的。

---

① SHAPIRO. Multinational financial management [M]. 2nd Edition.Boston, MA: Allyn and Bacon, 1994: 304. 案例经过改写.

16.4 跨国公司存货的管理

16.4.1 影响跨国公司存货管理的特殊因素

存货是指企业在生产经营过程中为销售或者耗用而储备的各种物资。在企业尚无法全面推行适时生产系统（Just-in-time Production System）的情况下，加强存货的规划和控制仍然是现代企业财务管理中的一个重要内容。

跨国公司存货的管理，同样要遵循国内企业运用的"经济订货量""保险储备量"等计算公式所体现的基本原理。但是一般来讲，跨国公司的存货管理要比国内企业复杂得多，这主要是因为：

（1）跨国公司的大多数国外子公司在通货膨胀的环境下从事经营活动，故币值变动因素迫使跨国公司改变传统的存货管理策略。

（2）对于那些主要依靠进口存货的子公司来说，存货的供应要跨越国界，运输距离遥远，到货时间可能受多种不确定性因素（如政治动乱、灾害天气以及突发性的港口罢工等）的影响。此外，存货的进口还要遵守有关国家的外汇管理制度和进出口条例。所有这些因素，都会使跨国公司的存货管理呈现出一些特色。

16.4.2 跨国公司的存货管理策略

如前所述，在通货膨胀条件下，跨国公司管理层被迫改变传统的存货管理观念，从而使存货的规划与控制呈现出一些特色。这主要表现在：跨国公司必须根据各子公司所在国的货币贬值情况，分别确定库存存量，并经常地进行调整。

在那些存在持续通货膨胀的发展中国家，远期外汇市场往往不健全或不存在，并且通常实行严格的外汇管制，如规定本国货币不能自由兑换成硬通货，也不能自由汇出。在这种情况下，财务经理就应该预测公司所在国货币贬值的程度，并相应地增加进口存货的库存数量。这是因为在货币贬值后，存货按当地货币表示的进口成本将大为增加。当然，存货的超前购置会带来较高的资金占用成本和仓储费用，因此，存货应否超前购置需要进行具体的成本效益分析。

设加拿大某家母公司在巴西设立了一个子公司，该子公司在生产中需用的某种零部件均从加拿大进口。该种部件的目前单位价格为C\$100，预计这一单价每月上涨0.5%。这种部件储存于子公司仓库，每月的保险和仓储成本（不包括存货占有资金的机会成本）为用加元（C\$）表示的存货采购成本的1%。

再设巴西子公司有多余的雷亚尔（巴西货币单位）现金，这部分现金若不用于进口零部件，则每月的短期投资收入为2%。但预计雷亚尔将对加元发生相对贬值，其贬值率为：最近3个月每月3%，第4个月2%，从第5个月起每月1%。那么，这种零部件是否应该超前购置？

不难看出，巴西子公司拥有的雷亚尔现金用于进口零部件的名义机会成本为2%，但考虑到雷亚尔将逐月发生贬值，用于进口零部件的真正机会成本为名义机会成本（2%）与预期贬值率之差，见表16-7。

将每月的实际机会成本与每月1%的保险与仓储成本相加，便得出用加元表示的"每月持有成本"和"累计持有成本"，见表16-8。

表16-7   现金的机会成本

月　份	名义机会成本（%）	预期贬值率（%）	真正机会成本（%）
1	2	3	−1
2	2	3	−1
3	2	3	−1
4	2	2	0
5	2	1	1
6	2	1	1

表16-8   现金的持有成本

月　份	真正机会成本（%）	保险与仓储成本（%）	每月持有成本（%）	累计持有成本（%）	累计价格上涨（%）
1	−1	1	0	0	0.0
2	−1	1	0	0	0.5
3	−1	1	0	0	1.0
4	0	1	1	1	1.5
5	1	1	2	3	2.0
6	1	1	2	5	2.5

　　从表16-8可以看到，如果巴西子公司目前用雷亚尔现金按现行汇率兑换成加元，然后按每件C\$100的价格进口4个月用量的零部件，在经济上较为合算。这是因为，这批部件进口后，在第1到第3个月，每月的持有成本为0，故该部件的实际单位成本只有C\$100；在第4个月，持有成本为1%，故该部件的实际单位成本为C\$101。如果不是这样，而是按需用量逐月进口，那么除了第1个月的实际单位成本为C\$100外，第2个月的实际单位成本为C\$100.5，第3个月为C\$101，第4个月为C\$101.5，在经济上更不合算。但是，从第5个月起，采用逐月进口的办法，就比预先进口储存备用更为合算。

　　在子公司预测所在国货币将要贬值而增加库存，但实际上货币并未贬值的情况下，子公司应尽快采取措施将库存减少到合理水平，防止预测偏差可能造成的重大损失。

16.5　流动负债的管理

16.5.1　流动负债管理的一般策略

　　流动负债，又称短期融资，是企业流动资产的临时性资金来源。流动负债的高低直接影响企业营运资本存量的多寡，故流动负债的管理是企业营运资本管理的一个重要方面。从总体上看，流动负债管理策略可以分为稳健型和激进型两种。

1）稳健型流动负债管理策略

这种策略要求尽量缩小企业资金来源中流动负债的数额，主张用长期负债或权益资本为流动资产进行筹资。根据这种策略所作出的筹资安排，会使企业产生较高的资金成本（因为一般而言，长期负债的资金成本要高于短期负债，而权益资本的资金成本又高于长期负债），从而减少了企业利润。然而，最大限度地缩小资金来源中流动负债的数额，可减小企业到期不能偿付或重新取得短期借款的风险。因此，这种策略的主要特点是低风险、低报酬。

2）激进型流动负债管理策略

该策略要求尽量利用流动负债为流动资产筹集资金。这一策略并非排除长期负债在企业资本结构中的存在，只是主张长期举债的目的应是为固定资产筹资。该策略的筹资成本较低，但会使企业经常面临偿还到期债务的局面，因而具有较大的财务风险。因此，这种策略的主要特点是高风险、高报酬。

财务管理部门应根据企业的经营环境、经营思想以及自身的特点选择合适的流动负债管理策略。由于跨国经营的环境和条件具有复杂多变性，跨国公司的流动负债管理较之一般国内企业要复杂得多，财务管理人员应根据国际金融市场的信息，在综合分析不同货币之间汇率变动和不同资金市场利率升降的基本趋势的基础上，寻找适当的短期资金来源渠道，选择合适币种，维持最优的流动负债水平，使企业的日常经营活动得以顺利而有效的开展。

16.5.2 短期融资的主要手段

下面我们简要地讨论跨国公司的几种典型的短期融资手段。这些手段主要包括：应付账款、短期借款和商业票据。

1）应付账款

如果甲企业以赊购方式向乙企业进货，预定于若干天后付款，那么对于甲企业来说，这笔交易形成了一项负债，在账簿上记录为应付账款。应付账款是企业筹集短期资金的重要方式。跨国公司所属各子（分）公司的应付账款主要在两种不同类型的交易过程中产生：一是跨国公司的某成员单位与公司外部的其他经济组织或个人之间的买卖；二是跨国公司内部各成员单位之间的买卖。我们称前者为外部应付款，后者为内部应付款。

（1）外部应付款的管理

跨国公司在向公司集团以外的独立经济组织或个人赊购商品时，应注意选择有利的交易货币。为了避免可能出现的外汇交易风险，跨国公司最好争取以软货币付款，但这可能有损供货商的利益。因此买卖双方可能要在币种选择问题上进行讨价还价。

（2）内部应付款的管理

对于公司内部各成员单位之间的交易而形成的内部应付款，其管理与外部应付款显然不同。如前所述，公司内部各成员单位的生产经营活动都是以实现公司全局利益最大化为目标的，所以公司内部应付款的管理应重点考虑公司在全球范围内的财力配置和资金调动。在很多情况下，内部往来账款的结算时间可以根据整个公司的利益而提前或推迟。大量事实说明，提前或推迟付款是跨国公司内部各成员单位融通短期资金的一种行之有效的手段。有关这一问题的详细论述见下一章。

2）短期借款

对跨国公司的任何一个成员单位来说，其短期借款主要来源于两个方面：一是由公司内部其他成员单位提供的贷款；二是由商业银行（或其他金融中介）提供的贷款。我们称前者为公司内部借贷款，称后者为短期银行借款。

（1）公司内部借贷款

母子公司间或子公司相互之间借贷款项，可以迅速地达到资金融通的目的。此外，通过内部借贷款，还可以充分利用各子（分）公司东道国外汇制度及税收制度的差异，转移资金，达到逃避外汇管制或者在税负上避重就轻的目的。我们将在下一章具体论述公司内部借贷款的几种典型形式。

（2）短期银行借款

由商业银行提供的贷款在企业的短期资金来源中占有举足轻重的地位。一般来说，这种贷款是无担保的信用贷款。在发放这种贷款时，银行常要求借款企业出具相应的票据（本票），作为到期还款的书面保证。大部分借款票据的期限都是90天。到期日，借款企业要么清偿借款，要么请求银行对贷款给予"展期"（即借新还旧）。对贷款进行定期"滚动"或"展期"，可以使银行加强对贷款资金运用的控制。为了防止这种短期信贷被企业用作长期融资手段，银行通常要在贷款协议中附加"清偿条款"（Cleanup Clause），这一条款要求企业在一年之中至少有30天的时间对银行完全无债务。

下面我们简要地讨论几种短期银行借款的具体形式：

①定期贷款（Term Loans）。这是一种无担保的直接贷款，贷款期限通常为90天。此种贷款通常是企业在特殊情况下借入的，到期连本带息一次性偿还。定期贷款通常由银行逐笔审核确定，有关贷款条款通常载于由借款企业签署的本票中。一般来说，申请此种贷款的企业对银行信用的需求是临时性的或非经常性的。

②信用额度（Line of Credit）。如果企业对银行信用的需求是经常性的，那么逐笔从银行申请定期贷款会加大借款的成本。在这种情况下，最好使用信用额度。信用额度是银行事先核准同意的在一定期限内将向企业提供贷款的最高限额。在信用额度之内，企业可随时根据需要向银行办理借款，并可在现金充裕的时候随时向银行归还贷款。在信用额度贷款协议下，银行并不承担在最高贷款限额之内必须向企业提供贷款的法定义务。但是，在一般情况下，除非银行和借款企业中有一方已陷入财务困境，否则银行会在最高限额之内向企业提供贷款。信用额度协议的期限一般为一年。在下一年，银行可根据企业经营状况的好坏重新调整其信用额度。

③周转信用协议（Revolving Credit Agreement）。周转信用协议与信用额度极为相似，所不同的是，周转信用协议往往是大公司使用的正式信用额度。在最高贷款限额之内，银行负有随时应企业的要求向其提供贷款的法定义务。正因为如此，在周转信用协议下，借款企业不仅要对其实际使用的贷款额支付利息费用，而且要对未使用的信用额度支付一定的"承诺费用"（Commitment Fee），以补偿银行作出承诺后不能赚得贷款利息的损失。每年的承诺费用率通常在0.125%~0.5%。周转信用协议通常每两三年重新修订一次。

④透支（Overdrafts）。存款人签发的支票数值超过其存款结余称为透支。在许多国家，商业银行通过准许透支而向企业提供贷款。企业在透支时，需事前与银行洽妥，由银行批准一个透支限额（Overdraft Lines），否则企业所开的支票将被视为"空头支票"而遭拒付。

⑤贴现（Discounting）。有时候企业向顾客销售了商品，但未能在成交之日收取现金，而是收到由顾客出具或承兑的约定在一定时期后付款的商业汇票。企业在收到该票据以后，若在票据未到期之前急需资金，可持该票据向其开户银行申请贴现。银行在办理票据贴现时，要向申请贴现的企业收取一定的贴现利息，并以票据到期值扣除贴现利息后的金额向企业提供贷款。票据到期时，银行持票据向票据载明的付款人索取相当于票据到期值的款项。可见，应收票据产生于商业信用，但在贴现时又转化为银行信用。企业（持票人）通过贴现方式获得了短期融资来源。

3）商业票据（Commercial Paper）

商业票据是公司为了筹措短期资金，以贴现方式出售给机构投资者（或其他公司）的一种短期无担保本票。由于这种票据无担保，仅以公司的信誉作保证，故发行者往往是规模巨大的、信誉卓著的大公司。有关资料表明，发行商业票据是最受跨国公司欢迎的短期融资方式之一。

商业票据的期限较短，一般不超过270天。大多数商业票据的期限在20至45天之间。虽然有的商业票据发行面额只有\$25 000或\$50 000，但大多数商业票据的发行面额都在\$100 000以上。[①]

与银行借款相比，大公司通过发行商业票据可以节省为数可观的利息成本。在美国，由于商业票据通常是直接售给大的机构投资者，故美国证券交易委员会（SEC）并不要求发行者事先进行核准登记，无疑大大节省了商业票据发行的时间。

除利息之外，发行商业票据还会发生一些非利息成本（Noninterest Cost），这些成本主要是：

（1）备用信贷额（Back-up Lines of Credit）的费用

因为商业票据的平均期限很短，所以如果发行者在票据到期日之前陷入财务困境，则很可能无法按时清偿票据。针对这一风险，发行公司可能事先与商业银行签订备用信贷额协议，在发行公司到期无法从其他来源取得资金清偿票据时，由银行对其提供相应的贷款。企业取得备用信贷额度的费用通常以"补偿余额"（Compensating Balances）的方式支付，即发行者必须在银行账户中保留一定金额的无息资金。有时候备用信贷额的费用是按信用额度的0.375%~0.75%直接支付的。

（2）支付给商业银行的费用（Fees to Commercial Banks）

商业票据的发行、偿付以及借新还旧等工作往往由商业银行来代理，发行公司为此要支付一定的费用。

（3）信用评估费用（Rating Service Fee）

这是发行公司支付给信用评估机构的报酬。每年的信用评估费为\$5 000~\$25 000。

本章小结

从总体上看，跨国公司营运资本的管理主要包括"存量"管理和"流量"管理两个方面。"存量"管理的重点在于：如何处理好各种资产的组合关系，使总公司及其各分

---

① 张亦春. 金融市场与投资［M］. 厦门：厦门大学出版社，1990：51.

（子）公司在流动资产上的占用实现最优配置以及跨国公司的短期资金来源（流动负债）渠道、币种、维持水平的选择。

跨国现金管理的体制有分权型和集权型之分。在目前跨国公司的现金管理实践中，分权型体制应用不多，而集权型体制则最为流行。集权型现金管理体制的特征主要为集中存储和跨国调度。跨国应收账款管理目标是在采用赊销策略所增加的盈利和由此所付出的代价之间进行权衡，以便在充分发挥应收账款功能的基础上降低应收账款投资的成本。跨国公司的应收账款主要在两种不同类型的交易过程中产生：一是与独立于公司的经济组织和个人之间的买卖；二是公司内部各成员单位之间的买卖。其中对独立顾客的应收账款管理，主要从选择有利的交易货币和确定合理的信用政策两个方面着手。跨国公司存货管理的特色主要表现在：跨国公司必须根据各子公司所在国的货币贬值情况，分别确定库存存量，并经常地进行调整。

短期融资的主要手段主要包括：应付账款、短期借款和商业票据。

主要概念与观念

集中存储　跨国调度　中央现金总库　内部借款

基本训练

□ 知识题

16.1　集权型现金管理体制有哪些主要特征？其优缺点是什么？

16.2　如何有效实施集权型现金管理体制？

16.3　跨国公司应收账款如何分类？其管理各有什么特点？

16.4　跨国公司存货管理与国内企业的存货管理有何不同？

□ 技能题

设F公司为设在加拿大的一家跨国公司，它在巴基斯坦和意大利有两家分公司。母公司允许两家分公司隔夜持有C\$1 000 000的现金头寸，超过部分没有加拿大财务管理部门的指令必须汇回加拿大。出于资金规划成本的考虑，隔夜资金（当天汇出第二天汇回的资金）不必汇回加拿大，持有期如果超过两天则必须汇回德国。如果现金余额超过C\$5 000 000，公司就将其投资于货币市场。有关资料见表16-9。

表16-9　　　　　　　　　　　F公司有关资料　　　　　　　　　　　单位：千加元

项目	加拿大总公司	巴基斯坦分公司	意大利分公司
当天下班现金余额	6 000	5 000	5 000
所需最低现金余额	5 000	1 000	1 000
预期收回（+）或支出（-）			
+1天	+3 000	-2 000	+5 000
+2天	—	+1 000	-3 000
+3天	-5 000	-3 000	+2 000

要求：请根据该公司的政策要求设计资金转移计划。

□ 能力题

E公司母公司和分公司的相关资料见表16-10。

表16-10　　　　　　　　　　　E公司相关资料　　　　　　　　　单位：千英镑

项　目	英国总公司	加拿大分公司	瑞士分公司	法国分公司
当天下班现金余额	+150	+600	−250	+500
所需最低现金余额	200	125	250	200
预期收回（+）或支出（−）				
+1 天	−100	+300	−100	−300
+2 天	+50	+250	−50	+200
+3 天	+50	+150	+50	+300

要求：请据此设计公司的资金转移计划。

第17章 跨国营运资本的流量管理

学习目标

通过本章学习，应该达到以下目标：

知识目标：初步了解和掌握跨国资金流动的原理。

技能目标：掌握跨国营运资本流量管理的基本方法。

能力目标：学会如何灵活运用内部转移机制和方法，使资金和利润在公司内部各部分之间按照最合适的流量、流向和时机进行运转，从而最大限度地提高公司整体效益。

17.1 跨国营运资本流量管理概述

17.1.1 跨国营运资本流量管理的目标

在跨国公司内部，由于存在着投资关系、借贷关系、服务关系和买卖关系等而形成了种类繁多、数额庞大的跨国资金流动。跨国资金的流动方式及其管理，在很大程度上影响着资金的配置和使用效益。从财务管理的角度看，跨国公司的显著特征就在于通过各种内部转移机制和方法使资金和利润在公司内部各部分之间流动。因此，跨国营运资本流量管理的目标可以概括为：在跨国公司总部的统一协调下，使营运资本按照最合适的流量、流向和时机进行运转，从而最大限度地提高公司整体效益。

17.1.2 跨国公司内部资金流动的种类

跨国公司的内部资金流动，主要有以下几种形式：

（1）由股权投资而造成的资金流动：

①母公司（或子公司）对子公司进行股权投资；

②子公司向母公司（或子公司）支付股利。

（2）由公司内部借贷款而形成的资金流动：

①母公司（或子公司）对子公司进行贷款投资；

②子公司向母公司（或子公司）支付利息。

（3）由公司内部的"无形"贸易而形成的资金流动：

①母公司（或子公司）将其所拥有的知识产权和专有技术授予子公司使用，子公司为此向母公司（子公司）支付特许使用费；

②母公司向子公司提供专业性服务，子公司为此而向母公司支付专业服务费；

③母公司将其在跨国经营过程中所发生的一般管理费用按预定的方法在各子公司之间

平均摊派，各子公司分别向母公司支付相应的份额。

（4）由公司内部商品交易及贷款结算而形成的资金流动。

17.1.3 跨国公司内部资金流动的限制因素

虽然跨越国界的母子公司之间基于股权关系而在经营和管理上存在着控制和被控制、领导与被领导的关系，但是在法律形式上，它们分别处于不同政府的管辖之下，是独立的实体，受不同政治和法律制度的制约。因而，跨越国界的资金流动必然存在着种种障碍。限制跨国公司内部资金流动的因素一般有：

（1）东道国的外汇管理制度。当东道国政府缺乏外汇，同时又不能向外借款或吸引新的外资时，常在管理外汇上，规定本国通货不能自由兑换，完全封锁资金转移，或者规定所有资金外移均需政府批准，或者限制股利汇出、债务偿还、权利金和劳务费等资金转移的数额和时机。

（2）东道国的税收制度。针对跨国公司灵活多变的内部资金调拨策略，各东道国政府的税法都作出了相应的限制性规定。例如，有些国家对跨国子公司的资金流出课以重税。因此，对跨国公司来说，它所要考虑的不仅仅是某一国的纳税规定，而是要根据各个国家的纳税规定来决定自己的资金转移机制和方法。

（3）政治因素。例如，若东道国政府发生社会动乱或政府变动，子公司的资金就可能被强制冻结或没收。

（4）成本因素。将资金由一种货币兑换成另一种货币，或者将资金由一国调往另一国，必然会发生相应的兑换成本或转移成本。如果资金转移规模庞大，这些成本的数额可能比较大。因此，跨国公司在作出资金调拨策略时，应进行相应的"成本-效益"分析。

总之，各国政治、经济、法律和文化背景的巨大差异以及其他复杂多变的因素，使跨国公司内部资金的自由调拨受到了一定的限制。但从另一角度来说，这些限制因素恰恰又提高了跨国财务系统的价值。面对这些不利因素，精明的财务人员通过合理的决策来影响公司内部资金流动的流量和方向，从而达到成本最低、税负最小、风险最低、效益最大的目的。

由于不同形式的跨国资金流动所涉及的机制、方法和相关的限制因素不一样，其所产生的经济效果也截然不同。为最大限度地提高公司的整体效益，必须对不同形式的资金流动施以不同的管理对策。本章以下各节将分项具体说明。

17.2 股权投资与股利汇出

对外直接投资即股权投资是跨国经营活动的起点。股权投资使股本由母公司（或子公司）流向子公司，而作为投资报酬的股利则由子公司流回母公司（或子公司）。

17.2.1 股权投资

股权投资包括母公司直接对子公司的投资和子公司之间的相互投资。

1）母公司对子公司的直接投资

跨国公司对外直接投资而形成的海外分支机构主要有分公司和子公司两种形式。其中，分公司是总公司在海外的附属机构，在东道国不具有法人资格；而子公司则是相对独立的经济实体，在东道国具有独立的法人地位，它又可以分为独资子公司、控股合资子公司和非控股合资子公司三种具体形式。上述几种股权方式的具体选择方法已在第13章做了详细介绍，此处不再赘述。

母公司对海外子公司进行股权投资有利于加强对子公司的控制，降低资金供应成本，增强子公司的举债能力。但其缺点也是很明显的，这主要表现为股本的返还及股利支付最容易受到东道国的管制和冻结。

2）子公司之间的相互投资

子公司之间的相互投资，可能是子公司因极为紧密的业务联系而走向一体化的结果，也可能是由于其他原因而造成的。如某个子公司是由母公司和其他子公司共同投资创建的。虽然子公司之间相互进行股权投资的做法较为普遍，但一般认为，母公司应尽力对此加以限制，因为相互投资可能会带来许多弊端。例如：

（1）由于各子公司都是相对独立的经济实体，那么投资子公司就有可能利用它对被投资子公司的控股权从事有利于其本身但有损跨国公司整体利益的活动；

（2）被投资子公司的收益要经过多次征税和多次跨国转移才能最终到达母公司，这不但增加了跨国公司总体的纳税负担，而且增加了资金的跨国转移风险。

17.2.2　股利汇出

股利汇出是资金从国外子公司转至母公司的最常见方式。例如，有资料表明，在汇往母公司的所有款项中，股利汇款占了50%以上。同国内公司相比，决定跨国公司股利分配策略的因素更为复杂。一般有以下几个方面：

1）税收因素

东道国的税收制度对跨国公司的股利政策有着显著影响。有资料显示，对大约60%的跨国公司来说，税负最小化是股利政策的重要目标。

大多数国家都对汇往国外的股利征收预提税（Withholding Tax），有些国家则对股利汇出额规定上限。例如，以注册资本的一定比例作为股利汇出的最高界线，超过此线则额外征税。另外一些国家（如德国）还对公司的留存收益和已分配收益（已宣布股利）按不同的税率征收所得税。对此，跨国公司应该根据各子公司所在国的具体规定，制定灵活多变的股息分配策略，使跨国公司的整体税负达到最低。现举简例说明如下：

[例17-1]①设美国的一家跨国公司希望以收取股利的形式从国外子公司调回资金100万美元。它的3个子公司分别设在德国、爱尔兰和法国，每个子公司本年度的税前收益均为200万美元，因此，它们都有能力为母公司提供100万美元的资金。

在德国，对留存收益和已分配收益（即股利）分别按51%和15%的税率征收所得税，并且对汇出境外的股利征收25%的预提税。在爱尔兰，为了鼓励出口，政府规定出口利润在15年内免征所得税。假设本例中爱尔兰子公司的利润均来自出口，它既不交纳所得税，也不交纳预提税。在法国，公司利润按50%的税率交纳所得税，汇出的股利则按10%的税率交纳预提税。

现在，美国母公司面临的决策是：要使税负最小，应向哪一子公司收取股利？

表17-1简要分析和比较了从每个子公司收取股利100万美元所要承担的税负。结果表明，从德国子公司汇回100万美元的股利，所发生的税收成本最低。这与德国政府对留

① SHAPIRO. Multinational financial management [M]. 2nd Edition.Boston, MA: Allyn and Bacon, 1994：335-337. 案例经过改写.

存收益课以重税有关。

表17-1　　　　　　　　　　　　　　不同股利政策的税负比较

子公司	股利额	东道国所得税（如果支付了股利）	东道国预提税	美国所得税（46%）	税款合计（如果支付了股利）	东道国所得税（如果没有支付股利）	全球税负（如果支付了股利）
德国子公司	$1 000 000	$150 000 510 000 $660 000	$250 000	0	$910 000	$1 020 000	$1 910 000
爱尔兰子公司	$1 000 000	0	0	$460 000	$460 000	0	$2 480 000
法国子公司	$1 000 000	$1 000 000	$100 000	0	$1 100 000	$1 000 000	$2 120 000

备注：

应交美国所得税的计算：

税前利润=$2 000 000

应交东道国所得税=$1 000 000×0.51+$1 000 000×0.15=$660 000

税后利润=$1 340 000

支付给美国母公司的股利=$1 000 000

减：预提税（25%）=$250 000

美国母公司实收股利=$750 000

外国税收抵免：

a.对预提税直接抵免=$250 000

b.间接外国税收抵免：

外国税收×已付股利/税后利润=$660 000×$1 000 000÷$1 340 000=$492 537

外国税收抵免额=$250 000+$492 537=$742 537

包含在美国母公司所得中的数额：

收取的毛股利=$1 000 000

已付的国外间接税=$492 537

合计=$1 492 537

美国所得税（46%）=$686 567

减：外国税收抵免额=$742 537

美国税收净成本=$-55 970

应付美国所得税=0

　　需要补充说明的是，在很多情况下，子公司从国外汇回的股利并不是全部用于母公司的股利分配，而是大部分成为母公司的留存收益，作为对外投资的资本。因此，如果母国的所得税税率高于子公司所在国，并且东道国对股利汇出课以重税，那么将该子公司的利润留在东道国扩大投资（或直接进行对外投资）往往更为有利。

　　2）外汇风险因素

　　如果东道国的货币有贬值趋势，则子公司应通过加大股利分配率使多余资金及早移至母公司;反之,如果子公司当地货币有升值趋势,在其他条件允许的情况下,则可少分配股利或推迟宣布股利,如果已经宣布,也可以用贷款方式返还给子公司。

3)政治风险

若东道国政治风险高,子公司的资金被没收或冻结的可能性就大,此时,母公司应要求子公司通过加大股利分配将结余资金转移出境;若东道国政治风险低,子公司在当地的投资机会多,则应少分配股利,尽可能提高子公司自有资本的比例。但在正常情况下,跨国子公司应维持一个稳定的股利支付率,因为股利支付率是否稳定是东道国政府衡量跨国公司有无抽走资金以致损害本国外汇储备的一个标准。

4)子公司的状况

跨国公司在对各海外子公司制定股利分配策略时,应充分考虑它们各自的具体情况,不能搞"一刀切"。子公司的状况主要包括以下几个方面:

(1)子公司的财务状况。如果子公司的流动资金比例较高,营运资本较充足,在其他条件允许的情况下,将闲置资金以股利形式汇回母公司统一支配不失为一个良好的策略;但如果子公司的营运资本运转困难,并且急需扩大经营规模或追加投资,向当地银行借款又受到限制,则应该缩小股利分配比例,以平衡资本结构,改善财务状况。

(2)子公司设立时间的长短。一般来说,子公司设立的时间越长,越接近其寿命期,其在东道国投资的机会就越少。在这种情况下,应该提高股利支付率,加快资金向母公司的转移。

(3)子公司管理者的意向。少交多留,扩大留存收益会增强子公司在跨国公司内部的相对地位,因此子公司的管理者可能以种种理由抵制上交股利。母公司在对子公司进行业绩评价时,应充分考虑子公司在留存收益上的占用成本。

(4)东道国的政策和当地合营者的意愿。东道国政府往往希望跨国子公司在本国经营所获取的利润尽可能转化为再投资,用于扩大再生产,以利于本国经济的进一步发展。因此,它们往往对股利的汇出施以不同程度的限制。如果子公司的经营利润大部分或全部汇回母公司,则往往被东道国认为是一种不友好的、投机取巧的行为,从而遭到它们公开或隐蔽的报复和非难。在外汇资金短缺的发展中国家,情况更是如此。

此外,跨国子公司的股利分配策略可能与该子公司的股权密切相关。一般而言,分公司或全资子公司的股利分配策略可由母(总)公司全权操纵,而对合资子公司来说,其股利分配策略应充分考虑当地合营者的意愿。由于当地合营者一般不会从跨国公司基于全球目标而采取的资金调拨策略中得到好处,故而它们很可能与跨国公司在股利分配问题上发生争执。例如,对于某些子公司,跨国公司因着眼于长期利润或全局利益而希望它们的股利分配率定得低一些,而当地合营者则着眼于短期利润或因惧怕风险而希望股利分配率定得高一些,并保持相对稳定。此时,股利分配陷入了两难状态:股利分配率太低,当地股东就会不满,从而影响子公司在东道国的形象或市场价值;股利分配率定得太高,则会失去筹资的灵活性,而且在以后营业不景气的年度再降低股利分配率将会非常困难。为了避免陷入这种两难状态,跨国公司最好能在子公司创立时就确定一个比较均衡、能够为东道国政府和当地合营者所接受的股利分配策略,前后一贯地执行,这样比随意改变股利汇回比率所遇到的困难要少得多。

17.3 公司内部借贷款

母子公司间和子公司相互之间借贷款项，除了出于资金融通的目的以外，最主要的是有意识地利用各子公司东道国外汇制度及税收制度之差别，转移资金，达到逃避外汇管制或在税负上避重就轻的目的。本节将讨论几种典型的公司内部贷款形式。

17.3.1 直接贷款

1）直接贷款（Direct Loans）的优点

在上一节提到，母公司直接对子公司进行股权投资，有利于加强对子公司的控制，增强子公司在当地的举债能力。但有些东道国不仅限制当地子公司的股利汇出，而且对资本的回收进行更为严格的管制。因此，很多跨国公司减少了对这些国家的股权投资额，而是以母公司（或其他子公司）直接向该地区贷款的方式供应资金。相对于股权投资而言，直接贷款的优点主要表现在：

（1）虽然很多国家对当地跨国子公司的资本抽回和股利汇出施以严格限制，但却很难找到合适的理由来限制子公司向其母公司偿付贷款本金和利息。因此，在合理的限度内，母公司以收取贷款本息的名义将子公司的闲置资金调回本部，一般不会引起东道国政府的公开反对或报复。

（2）如果母公司已经对某个子公司提供了直接贷款，而在日后又打算降低该子公司的产权比例，从而增强其在当地金融市场的举债能力，那么，母公司可以很容易地将贷款投资转化为股权投资。

（3）贷款有固定利率、固定付息期和偿还期，因此对母公司来说，现金流入量是稳定的，而股利则因子公司的收益状况和其他条件而定。

（4）直接贷款在节税或避税方面比股权投资有利得多。这主要表现在：

①对借款子公司来说，利息支出是一项正常的财务费用，它可以作为收入的抵减项目而降低应税利润并相应地减少在东道国交纳的所得税；而股利支出通常是企业税后利润的分配，因而没有"节税"的效果。

②虽然许多国家对外国投资者在本国所获取的利息收入也要征收预提税，但在很多情况下，利息的预提税税率比股利的预提税税率低。

③对母公司来说，它从海外子公司收回的贷款本金在性质上不属于应税收益，因而在母国无须交纳所得税。但如果母公司从国外收取了股利，那么：

A.在母国所得税税率高于子公司所在国税率，并且无法从别处获取多余的额外税收抵免额（Foreign Tax Credit）[①]的情况下，母公司将向本国政府补交税款；

B.在母国所得税税率低于子公司所在国税率，股利被征收了很重的预提税，由此而产生的多余国外税收抵免额又不能用于别处的情况下，跨国公司承担的总体税负可能会更高。

2）直接贷款的阻力

用直接贷款的方式为子公司提供资金虽然具有上述种种优点，但该方式的利用也并不是毫无约束的。直接贷款所受到的阻力主要来自以下两个方面：

① 有关税收抵免额的问题，详见第18章。

（1）从东道国方面看，针对某些跨国公司滥用直接贷款代替股权投资的现象，一些东道国对当地子公司的债务和资本比例作出了相应的限制，或者对不同行业和不同经营规模的企业规定了最低限度的注册资本额。如果跨国公司对子公司的股权投资份额太小，东道国政府会认为这是一种不友好的、投机取巧的行为，从而可能会对贷款本金的返还和利息的支付严加限制。有些东道国政府还将跨国子公司在当地的借款额限定在其股本总额的一定比例之内。当地银行出于贷款安全性的考虑，也可能主动对子公司的债务产权比例作出限制。此外，如果子公司的股本比例太低，则很可能在报表上呈现出很高的产权收益率或者每股收益额（EPS），这样，东道国政府就可能以此为借口，要求子公司在当地承担更多的社会义务，甚至会对其利润加以管制，劳工方面也可能会提出改善劳动条件、增加工资和福利的要求。

（2）从母国方面看，因为母公司从国外子公司收回的贷款本金不属于应税收益而无须在母国纳税，所以如果母公司对其国外子公司的直接贷款过多而股权投资过低，那么母国政府的税务当局可能会认为这是母公司逃避国内税收的一种行为，从而会采取相应的限制措施。例如，在美国，如果国外子公司的债务产权比高于4:1，那么国内税收局（IRS）就可能将母公司收回的贷款本金视为"推定股利"（Constructive Dividends），并按相应的税率予以课税。1962年的美国税收法案还规定，母公司对子公司的直接贷款必须具有固定的利率和固定的偿还计划。如果贷款合同不够正式，那么收回的本金和利息将视同股利进行征税。

针对来自东道国和母国方面的诸种阻力，许多跨国公司改进了传统的直接贷款方式，进而出现了若干较为间接和灵活的贷款形式，其中最重要的是"联接贷款"和"背对背贷款"，详见下文。

17.3.2 联接贷款

1）联接贷款（Link Loans）的程序

联接贷款是母子公司间或者两个子公司间通过一个金融中介（通常是一个大型的跨国银行）而进行的间接贷款，其一般程序如下：母公司（或某个子公司）将一笔资金存入A国的某家跨国银行，该银行通过其设在B国的分行将等值资金贷给当地的借款子公司。在这一贷款程序中，跨国银行的贷款是完全没有风险的，因为母公司（或借出款项的子公司）就其在该银行的存款提供了100%的担保。通常，借款子公司付给跨国银行的利息略高于跨国银行付给母公司（或借出款项的子公司）的利息，其中的"利差"（在美国，这一利差至少为2%）在用来补偿银行的有关费用后便形成银行的利润。由于联接贷款是由一个中介银行出面来沟通的，所以通常又称为"出面贷款"（Fronting Loans）。

2）联接贷款的优点

与直接贷款相比，联接贷款有以下几个优点：

（1）在联接贷款方式下，即使在实行严格外汇管制或发生政治动乱的国家，一般也不限制当地跨国子公司按贷款协定和还款计划向跨国银行支付本金和利息，否则会严重损害该国的国际信用形象，从而不利于其以后的国际交往。而在直接贷款方式下，如果东道国政府出于民族利益的考虑而限制跨国子公司向母公司支付贷款本息，一般不会对该国的形象造成显著影响；相反，这种限制可能还会在国内赢得广泛的民众支持。

（2）在联接贷款方式下，从表面上看，借款的子公司好像是凭借自己的实力从一家大型银行取得了贷款，这种"假象"会提高该子公司在东道国的声望或信用地位。

（3）联接贷款能使已被"冻结"的资金得到有效利用。

17.3.3　背对背贷款

联接贷款是通过某个中介银行沟通的内部贷款形式，而背对背贷款（Back-to-back Loans）则是在银行体系之外进行的。现举一简例说明背对背贷款的运作程序：

假定一家英国母公司A准备向其设在荷兰的子公司a注入一笔资金；与此同时，另一家荷兰母公司B准备向其设在英国的子公司b注入一笔资金。为了避免复杂耗时的外汇审批手续以及不必要的外汇交易和转移成本，A公司和B公司达成了一项背对背贷款协议。该协议规定：在英国，A公司向b子公司提供英镑贷款；在荷兰，B公司向a子公司提供荷兰盾贷款。两笔贷款的价值相等，期限相同。到期时，借款方分别向各自的贷款方偿还本金。这一程序如图17-1所示。

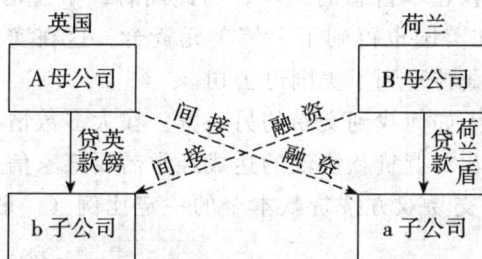

图17-1　背对背贷款的程序

在上述背对背贷款程序下，A公司和B公司承担的信用风险均为0，因为这两笔贷款价值相等（按即期汇率换算），期限相同，方向相反，从而形成了互相牵制、互为担保的格局。例如，如果b子公司到期不能偿还A公司的英镑贷款，那么A公司就有权通知它的子公司a拒绝偿还B公司等值的荷兰盾贷款；反之亦然①。为了有效地维持这种相互牵制的格局，背对背贷款协议中往往订有如何处理币值波动的条款。该条款可能规定：如果某一方贷出的货币发生相对贬值，那么它应该向对方增加用该种货币表示的贷款金额，以保证双方取得的贷款价值相等。例如在上例中，如果英镑发生相对贬值，A公司就应该增加它对b子公司的英镑贷款；如果荷兰盾发生相对贬值，B公司就应该增加它对a子公司的荷兰盾贷款。虽然这种条款可能会导致在贷款期限内2笔贷款的本金经常发生变动，但它并没有引起外汇风险的增加，这是因为在贷款到期日，借款方式分别以原先贷入的货币向各自的贷款方归还本金。

利用背对背贷款，也可以使已被冻结的资金得到"激活"和有效利用。现举简例说明如下：

设有两个跨国公司E和F，其母公司均设在美国。E公司在哥伦比亚设有一家子公司e，F公司也在哥伦比亚设有一家子公司f。目前，子公司e在哥伦比亚有多余的比索（哥伦比亚货币单位）现金，但由于哥伦比亚实行外汇管制，该笔资金无法汇回母公司；子公司f却急需一笔比索现金，但其母公司F不愿意直接以贷款的形式为f子公司提供资金，因为其担心日后哥伦比亚政府对公司内部贷款的偿还施加限制。两家跨国公司可用背对背贷款解决上述矛盾，即在哥伦比亚，子公司e将多余的比索现金按商定的利率贷给f子公司；

---

①　如果某一方违约，另一方却仍须履约而不能自动抵销，那么这种贷款形式称为平行贷款（Parallel Loan）。

在美国，F公司将等值的美元按商定的利率和相同的期限贷给E公司。到期日，借款方分别向各自的贷款方归还本金。这一程序可由图17-2表示。

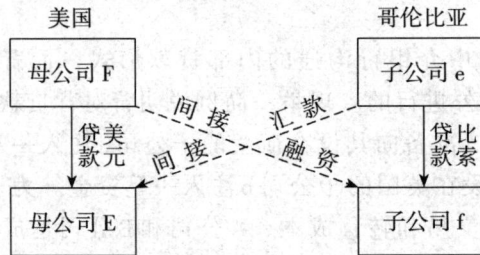

图17-2　利用背对背贷款逃避外汇管制

通过背对背贷款，F公司既在实质上解决了子公司f的资金需求，又避免了承担哥伦比亚政府限制公司内部贷款还本付息的风险；与此同时，子公司e已被冻结的比索现金得以"解冻"，其母公司E在美国也得到了一笔美元资金，这在实质上相当于子公司e以迂回曲折的方式将其多余资金转移到了美国母公司。

背对背贷款的困难在于如何找到交易的另一方。在大多数情况下，一方直接寻找另一方往往非常困难。因此，背对背贷款协议的达成经常需要某家信息灵通的金融机构，而该金融机构通常也要分别向交易双方按贷款本金的一定比例（一般为0.25%~0.5%）收取介绍费。

17.4　特许使用费、专业服务费和母公司管理费

在跨国经营活动中，母公司将其知识产权或专有技术授予子公司使用，或者为子公司提供专业性和管理性服务，子公司为此向母公司支付特许使用费、专业服务费和管理费，这是资金从子公司向母公司转移的重要形式。

17.4.1　特许使用费（Royalties）

1）许可证合同（Licensing Contract）

为了能在激烈的市场竞争中取胜，跨国公司以其雄厚的资金和精良的人力资源为后盾，广泛研制、开发和应用新技术，并将技术输出与资本输出结合起来，在海外投资设厂，攫取高额利润。据统计，在美国的技术贸易收入中，有80%来自本国跨国公司向其海外子公司的技术输出。

跨国公司技术输出的主要方式是：通过签订"许可证合同"，母公司将其拥有的知识产权（包括专利权、商标权和版权）和专有技术授予子公司，允许子公司在合同约定的范围内使用其技术，制造和销售合同规定的产品，并按约定的方式支付使用代价，即"特许使用费"。在许可证合同中，提供技术的一方（通常是母公司）称为许可方（Licensor），接受或使用技术的一方（通常是子公司）则称为引进方（Licensee）。

2）提成

子公司向母公司支付特许使用费，通常是以提成的方式进行的。在许可证合同中，往往仅约定提成的年限、提成的基础、提成的比例、交费的币种或时间，一般不规定提成费的具体数额。按照惯例，这一具体数额取决于引进方实施技术后所产生的实际经济效果。

（1）提成的年限。提成的年限即母公司收取特许使用费的期限。提成年限主要与所转让技术的性质有关，普通技术提成年限较短，高精尖技术提成年限较长。在技术贸易实践中，提成年限多在5~8年。但有时候，跨国公司为了防止东道国可能发生的外汇管制和货币贬值，故意在许可证合同中将提成年限定得较短，而将提成率定得较高，以加速资金从子公司向母公司的转移。

（2）提成的基础。计算提成费（特许使用费）的基础通常有三种，即产量、价格和利润。

①按产量提成。这种提成方式的主要特点是：提成费按子公司的实际产量来计算（即每一单位产品给付规定的金额），它不受产品成本、价格及销售状况的影响。在子公司生产比较稳定的情况下，这种提成方式可以使母公司收到的特许使用费保持相对稳定。

②按价格提成。采用此种方式时，应明确约定以何种价格作为提成的基础。在实践中提成价主要有三种，其中将净销售价作为提成的基础，已成为国际上公认的一种提成方式。净销售价一般是指从商品的发票价格中扣除销售折扣、包装费、运输费、保险费、进出口关税和销售税等项目之后的净额。

③按利润提成。母公司将按子公司实施技术后实际产生的利润来提取特许使用费。这种方式将子公司的利润与母公司的提成费收入紧密联系起来，从而使得母公司的收益状况具有较大的不确定性。

（3）提成率。它是提成费在引进实施技术后所生产的产品的产值、售价或利润中所占的比例。提成率通常与技术的复杂程度、产量、销售额、提成年限等多种因素有关。此外，提成率还可能受到跨国公司的内部资金安置和调拨策略的影响。例如，如果母公司预计子公司所在国的政治风险和外汇风险较高，则可能通过加大提成率的方式尽快将资金从子公司转移至母公司。据调查，美国各个行业最普遍的提成率为净销售价的5%。

（4）交费的币种和时间。事先明确交费的币种和时间，可以使母公司合理预计其现金流量，并对可能发生的外汇风险采取相应的防范措施。

3）特许使用费方式的优点

子公司以支付特许使用费的方式向母公司转移资金，主要有以下优点：

（1）因为特许使用费在许可证合同中具有明确的支付标准，故由此而形成的资金从子公司向母公司转移时，东道国一般无法施加限制。在实行严格外汇管制的国家（如拉丁美洲国家），当地子公司经常以支付特许使用费的名义打破东道国政府的资金封锁。

（2）特许使用费属于子公司的正常营业费用，因而可以抵减应在东道国交纳的所得税，同时该所得税可以在母公司所在国得到抵免。如果子公司不是以特许使用费的形式而是以股利的形式向母公司转移资金，那么在分派股利之前，需要在当地交纳所得税；在股利汇出之时，还要在东道国交纳预提税。这样，如果东道国的联合税率（含所得税税率和预提税税率）高于母国的所得税税率，那么该项股利已在东道国交纳的税金就可能无法在母国得到完全抵免，从而使得跨国公司的整体税负加重了[①]。

17.4.2　专业服务费（Fees）和母公司管理费（Home Office Overhead）

专业服务费是母公司向子公司提供修理、安装、人员培训、技术指导和咨询等专业性

---

① 有关税收抵免的问题请读者参阅第18章。

服务而向子公司收取的补偿费。由于专业服务费是针对向某子公司提供的特定服务而收取的，故一般是按服务的类型、时间和等级确定费用的支付标准。

母公司管理费是母公司对跨国经营活动进行全面管理而发生的一般性费用，如现金的集中管理成本、宣传或公关费用、最高管理层的工薪费用等。母公司管理费通常按预定的标准或比例在各子公司之间平均摊派。由于专业服务费和母公司管理费不像专利权、商标权、版权和专有技术的特许使用费那样明确和具体，故常常会受到东道国政府和当地合营者的密切监督，过高的收费标准必然会遭到它们的反对。但是，这些费用的收取，一般没有可比的外部标准作参考，因此，只要总公司与子公司之间事先为此签订明确的书面协定，并且前后一贯地执行，东道国政府也就难以提出不同意见。

17.5 公司内部商品交易及货款结算

跨国公司在全球范围内追求生产合理化的一个明显结果是公司内部交易规模日趋庞大。这种庞大的公司内部交易，一方面表现为原料、零部件及产成品在公司内部的转移，另一方面表现为数额庞大的内部应收应付款项及事后结算所造成的巨额现金流动。如何采取灵活多变的策略对这部分资金流动进行卓有成效的管理，是跨国营运资本流量管理中的一个重要课题。以下从几个重要的方面进行讨论。

17.5.1 开票货币（Invoicing Currency）

跨国公司的某个成员单位在向其他成员单位出售货物时，其面临的第一个问题便是：应选择何种货币来开具发货票？

跨国公司在向公司外部的独立顾客销售商品时，总是希望以硬货币来收款，而买方则总是希望以软货币来付款。但这个规则对跨国公司内部的商品交易来说往往并不适用。因为公司内部各个成员单位的生产经营活动都应以实现公司全局利益最大化为目标，所以内部商品交易开票货币的选择，应当充分考虑公司在全球范围内的利润规划、税务规划及资金安置。大量事实证明，开票货币的正确选择，可以使跨国公司的总体税负达到最低，同时也能有效地避开东道国的外汇管制。

1）最低税负

如果预计在商品交易日到账款结算日之间，有关货币之间的汇率将发生相对波动，那么卖方子公司或者买方子公司的账上将可能出现汇兑损益。如果是汇兑利得，则要在东道国交纳所得税；如果是汇兑损失，则可以从税前盈利中扣除，从而抵减应在东道国交纳的所得税。因此，若从公司总体税负最小化来考虑，开票货币的选择应遵循下列原则：使汇兑利得出现在低税率的国家，使汇兑损失出现在高税率的国家。

例如，若瑞典子公司向加拿大子公司销售零部件，应如何选择开票货币？

（1）如果以加元为开票货币，那么对加拿大子公司来说，该笔交易不属于"外币交易"，因而在其账上不会产生汇兑损益；但对以瑞典克朗为功能货币的瑞典子公司来说，该笔交易属于外币交易，因此加元对瑞典克朗的升值将会使瑞典子公司的账上呈现出一笔外汇利得。为了便于与下文作比较，我们假定该笔外汇利得用母公司货币来表示，为 X 美元。那么，该笔利得在瑞典需要交纳的所得税相当于 Xt_s 美元。

（2）如果以瑞典克朗作为开票货币，那么瑞典子公司的账上将不会出现汇兑损益。但对以加元为功能货币的加拿大子公司来说，瑞典克朗对马克的相对贬值将会使加拿大子公司账上呈现出一笔外汇利得，该笔外汇利得若用母公司货币表示，仍为 X 美元。因此，该笔利得应在加拿大交纳的所得税为 Xt_g 美元。

对比以上两种情况下的所得税金额，不难得出以下结论：为使公司的总体税负最低，在 $t_g>t_s$ 的情况下，应选择加元为开票货币；在 $t_s>t_g$ 的情况下，应以瑞典克朗为开票货币。

表17-2用一些具体的数字证明了上述结论，读者可参照上文的叙述对比此表进行分析。

表17-2　　　　　　　　　　　　　　开票货币的税负效应

假设：

加拿大子公司适用的所得税税率为50%；

瑞典子公司适用的所得税税率为40%；

瑞典子公司要向加拿大子公司销售 1 000 000 美元的商品；

基础汇率（C\$1=US\$0.5，SKr1=US\$0.20）

以瑞典克朗作为开票货币：	以加元作为开票货币：
瑞典子公司 $\xrightarrow[\text{SKr5 000 000}]{\text{商品}}$ 加拿大子公司	瑞典子公司 $\xrightarrow[\text{C\$2 000 000}]{\text{商品}}$ 加拿大子公司
汇率变动 C\$1=US\$0.55	SKr1=US\$0.20
以瑞典克朗作为开票货币：	以加拿大加元作为开票货币：
瑞典子公司 $\xrightarrow[\substack{\text{SKr5 000 000}\\\text{C\$1 818 182}}]{\text{商品}}$ 加拿大子公司	瑞典子公司 $\xrightarrow[\substack{\text{C\$2 000 000}\\\text{SKr5 000 000}}]{\text{商品}}$ 加拿大子公司
汇率变动前加拿大子公司的进货成本=C\$2 000 000	汇率变动前瑞典子公司的销售收入=SKr5 000 000
汇率变动后加拿大子公司的进货成本=C\$1 818 182	汇率变动后瑞典子公司的销售收入=SKr5 500 000
加拿大子公司的外汇利得=C\$181 818	瑞典子公司的外汇利得=SKr500 000
增加的所得税（50%）=C\$90 909	增加的所得税（40%）=SKr200 000
=\$50 000	=\$40 000

可见，用加拿大加元作为开票货币，可以节约所得税=\$50 000-\$40 000=\$10 000

若加拿大子公司向瑞典子公司销售零部件，其他条件不变，则应如何选择开票货币呢？

（1）若以加元为开票货币，则加拿大子公司不会产生汇兑损益；但对瑞典克朗来说，加元对瑞典克朗的升值将会使瑞典子公司的账上产生一笔汇兑损失。该笔汇兑损失若用母公司货币来表示，则为 X 美元。显然，这笔损失可以使瑞典子公司少交所得税 Xt_s 美元。

（2）若以瑞典克朗为开票货币，则瑞典子公司不会产生汇兑损益；但是瑞典克朗对加元的相对贬值将会使加拿大子公司的账上产生一笔汇兑损失。该笔汇兑损失若用母公司货币表示，仍为 X 美元。那么，这笔损失将会使加拿大子公司少交所得税 Xt_g 美元。

对比以上两种情况下的所得税抵减额，不难得出下列结论：为使公司总体税负最低，在 $t_g>t_s$ 的情况下，应以瑞典克朗为开票货币；在 $t_s>t_g$ 的情况下应以加元为开票货币。

2）避开外汇管制

正确选择开票货币还能使跨国公司转移被东道国封锁的资金。举例说明：

设A子公司所在国实行严格外汇管制，限制利润汇出。预计该国货币将发生持续贬值。那么，在该子公司日常的进口和出口业务中，应如何选择开票货币才能有效地从该国转移资金？

（1）如果是A子公司从其他子公司（或母公司）进口货物，则最好以硬货币开票。因为在当地货币发生相对贬值的条件下，A子公司在结算日需要付出更多的当地货币才能买到原定数额的硬货币，这会使其进口成本增加，而利润额减少，从而达到从该东道国调回资本的目的。

（2）如果是A子公司向其他子公司（或母公司）出口货物，则最好以当地货币（即A子公司所在国货币）开票。在当地货币发生相对贬值的条件下，A子公司在结算日收到的原定数额的当地货币的实际价值（即实际购买力）已经降低，而买方子公司的账上将会出现一笔汇兑利得，这实质上是以隐蔽的方式将A子公司的一部分利润转移到了买方子公司。

17.5.2　转移定价（Transfer Pricing）

公司内部商品交易所涉及的另一个重要问题是如何确定合理的转让价格。在很多情况下，这种转让价格不是取决于市场供求关系，而是由公司总部上层经理人员根据跨国公司的全球战略目标人为确定的。合理的转让价格可以使跨国公司内部的资金按照最适当的流量、流向和时机转移，从而取得最大的整体经济效益。转移定价是目前跨国公司内部实现资金转移的最常用方式，它涉及的内容较为繁杂，我们将在第19章做较为深入的探讨。

17.5.3　提前或延迟结算（Leads and Lags）

1）什么是提前或延迟

公司内部的商品交易必然会产生相应的内部往来账款。合理安排这些往来账款的结算时间，是实现公司内部资金融通或转移的有效手段。在很多情况下，内部往来账款结算的时间可以因整个公司的利益而提前或延迟（提前就是在信用到期之前结算，延迟就是在信用到期之后结算）。例如，设跨国公司的两个子公司之间因购销货物而发生相应的应收应付款项。假设卖方资金充裕，若按时收到货款则可将其存入银行，收取存款利息；但是此时买方子公司资金短缺，若要求其按时付款，就必须从银行借入款项，从而增加利息费用。银行贷款的利息往往高于银行存款的利息，这样卖方子公司的利息收入并不足以补偿买方子公司的利息费用，那么，就跨国公司整体而言，其发生了一笔不应有的支出。在这种情况下，母公司往往要求买方推迟付款，以节约利息支出。相反，如果卖方资金短缺而买方资金充裕，母公司则往往要求买方提前付款。

2）实例

假定某跨国公司的美国子公司与德国子公司之间的商业往来账款可以提前或延迟90天结算（正常信用期限为120天）。设德国子公司欠美国子公司200万美元。两国的实际银行存款和借款利率（已剔除所得税的影响）见表17-3。

表17-3　利率表

国　家	借款利率	存款利率
美国	3.8%	2.9%
德国	3.6%	2.7%

从表17-3可以看出，德国借款利率较为便宜，如逢资金短缺，应在德国借款；而存款利率则是美国较高，因此，如逢资金充裕，则在美国存款较为合算。现在，我们分四种情况加以说明：

（1）假定两个公司的资金都很充裕。

此时德国子公司应提前90天还款给美国子公司。因为美国存款利率较高，将多余现金存放在美国银行比存放在德国银行更为合算。提前付款90天，可使跨国公司得到的净利息收益为：

$2 000 000×（2.9%-2.7%）×90÷360=$1 000

（2）假定两个子公司都很拮据，靠借款维持业务。

此时，德国子公司也应提前90天还款给美国子公司。因为德国借款利率低，在德国借款比在美国借款更为合算。提前付款90天，使跨国公司节约的利息费用为：

$2 000 000×（3.8%-3.6%）×90÷360=$1 000

（3）假定德国子公司资金充裕，美国子公司资金短缺。

此时，德国子公司也应提前90天付款给美国子公司。因为德国的存款利率（2.7%）远低于美国的借款利率（3.8%）。提前付款90天，使德国子公司丧失的利息收益（机会成本）为：

$2 000 000×2.7%×90÷360=$13 500

但美国子公司由于提前收款而节约的银行借款利息费用为：

$2 000 000×3.8%×90÷360=$19 000

所以，提前付款90天，可使该跨国公司净节约利息费用$5 500（$19 000-$13 500）。

（4）假定德国子公司资金短缺，美国子公司资金充裕。

此时，德国子公司应推迟90天还款给美国子公司，因为德国的借款利率（3.6%）远比美国的存款利率（2.9%）高。推迟付款90天，使德国子公司节约的利息费用为：

$2 000 000×3.6%×90÷360=$18 000

但美国子公司由于推迟收款而"丧失"的银行存款利息收益为：

$2 000 000×2.9%×90÷360=$14 500

所以，推迟付款90天可使该跨国公司净节约利息费用$3 500（$18 000-$14 500）。

由上例可知，跨国公司通过内部商业往来账款的提前或推迟结算，有效地融通了短期资金，实现了内部资金的转移，而公司的整体收益也由此得以提高。

3）政府对提前或延迟结算的限制

提前或延迟结算无疑会影响东道国结汇和付汇的时间，所以东道国政府的外汇管理部门不可能对此持完全放任的态度。从一国政府的角度看，提前或延迟主要有以下四种形式：

（1）出口提前（Export Lead），即本国出口商提前向国外买方收取货款；

（2）出口延迟（Export Lag），即本国出口商推迟向国外买方收取货款；

（3）进口提前（Import Lead），即本国进口商提前向国外卖方支付货款；

（4）进口延迟（Import Lag），即本国进口商推迟向国外卖方支付货款。

那些外汇储备短缺的国家（尤其是发展中国家）往往鼓励出口提前和进口延迟，因为出口提前会导致外汇资金的加速流入，而进口延迟则会导致外汇资金的推迟流出，从而使该国的国际收支状况得以改善。相反，对于出口延迟和进口提前，缺乏外汇资金的东道国政府往往会施加不同程度的限制，因为出口延迟使外汇资金流入该国的日期推迟了，而进口提前却加速了外汇资金的流出，从而可能对东道国的国际收支状况产生不利影响。

17.5.4 内部多边净额结算制度（Multilateral Netting System）

1）什么是多边净额结算

错综交叉的公司内部交易，经常使得某个子公司对其他子公司来说既是债权人，又是债务人。这种庞大的内部债权债务在清算时，必然会造成巨额的跨国现金流动和多次的货币兑换，从而发生大量的现金转移成本、货币转换成本以及在途汇款的机会成本。这些成本通常占到现金总流量的0.25%~1%。为了降低资金跨国流动的代价，跨国公司总是千方百计地缩减内部现金流动的总规模，它们所采用的主要方法是内部多边净额结算制度，即在清算之前，跨国公司先对其内部各成员单位之间的债权债务进行综合调度、相互冲销，从而使得某些子公司在冲销后的净债权债务变为0，而其余的子公司剩下的要么是净债权，要么是净债务；然后，命令负有净债务的子公司直接清偿持有净债权的公司。这种做法将使公司内部往来账款的结算成本降至最低。

2）实例

设某国跨国公司内部各成员单位之间的债权债务如图17-3所示（金额单位为千美元）。图中箭头指向债权人，箭尾指向债务人。

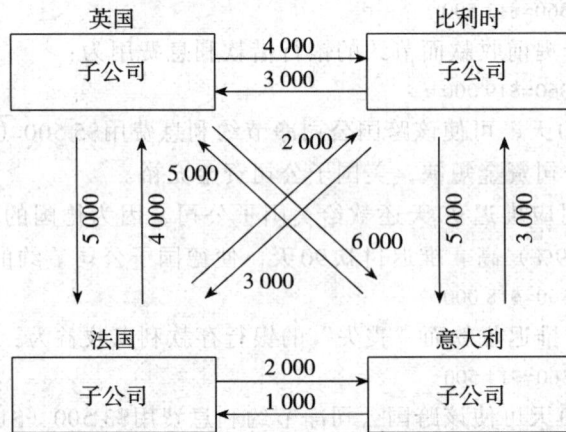

图17-3　多边清算前的债权债务

为了便于冲销，我们首先根据图17-3编制"应收应付款矩阵表"，见表17-4。

表17-4　　　　　　　　　　　　　　　　应收应付款矩阵表　　　　　　　　　　　　　　单位：千美元

应收单位	应付单位				应收款合计
	英国子公司	比利时子公司	法国子公司	意大利子公司	
英国子公司	—	3 000	4 000	5 000	12 000
比利时子公司	4 000	—	2 000	3 000	9 000
法国子公司	5 000	3 000	—	1 000	9 000
意大利子公司	6 000	5 000	2 000	—	13 000
应付款合计	15 000	11 000	8 000	9 000	43 000

由表17-4可知，若不进行相互冲销，那么该公司内部各成员单位为逐笔结清相互之间的债权债务而导致的现金流动总规模为$43 000 000。如果现金转移成本和货币转换成本为现金总流量的0.5%，则发生的全部结算成本为$215 000（$43 000 000×0.5%）。

如果根据表17-4对该公司内部的往来账款进行相互冲销，则可得到表17-5。

表17-5 应收应付款净额表 单位：千美元

单 位	应付款	应收款	净应付款	净应收款
英国子公司	15 000	12 000	3 000	—
比利时子公司	11 000	9 000	2 000	—
法国子公司	8 000	9 000	—	1 000
意大利子公司	9 000	13 000	—	4 000
合计	43 000	43 000	5 000	5 000

由表17-5可知，在内部往来账款进行相互冲销后，英国子公司和比利时子公司变成了净债务人，而法国子公司和意大利子公司变成了净债权人。下文给出了两种有效的清算方式：

（1）令净债务人将款项汇至现金总库，然后由现金总库将款项汇给各净债权人，如图17-4所示（金额单位为千美元）。

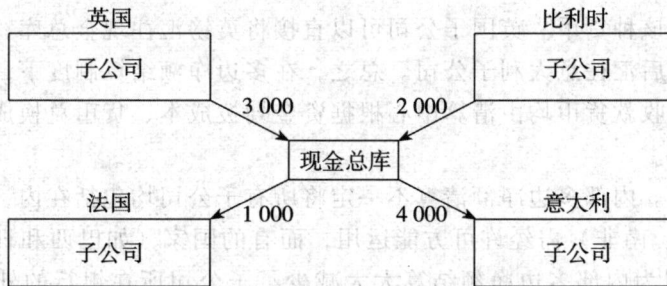

图17-4 通过现金总库的最终清算

（2）令英国子公司直接向意大利子公司汇款$3 000 000，比利时子公司分别向法国子公司和意大利子公司汇款$1 000 000，如图17-5所示（金额单位为千美元）。

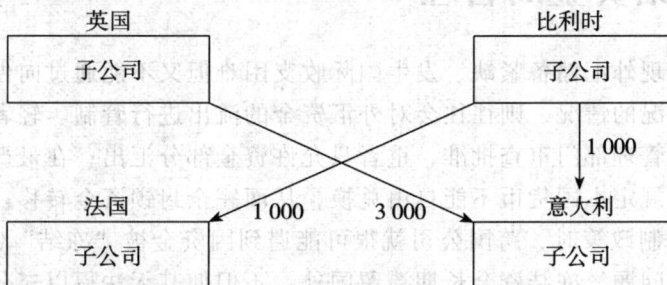

图17-5 不通过现金总库的最终结算

在第一种清算方式下，现金流动总规模由冲销前的$43 000 000降到了$10 000 000（$3 000 000+$2 000 000+$1 000 000+$4 000 000），而结算成本则由原来的$215 000降到了$50 000（$10 000 000×0.5%）。

在第二种清算方式下，现金流动总量规模由冲销前的$43 000 000降到了$5 000 000（$3 000 000+$1 000 000+$10 000 000），而结算成本则由原来的$215 000降到了$25 000（$5 000 000×0.5%）。因此，如果只考虑算成本而不考虑其他因素，第二种清算方式更经济一些。

3）需要注意的几个问题

（1）清算机构。要实施内部多边净额结算制度，首先应在跨国公司内部设立一个清算中心，由它负责定期收集各个子公司的债权债务信息，并对这些内部往来账款进行综合调度，相互冲销，确定结算净额，并发出清算指令。有些跨国公司的内部设立了"再开票中心"（Reinvoicing Center），由它集中经办各子公司的购销业务，在这种情况下，公司内部的债权债务信息会自动汇集于该中心，因此以它作为内部往来账款的清算机构更为合适。

（2）清算日的选择。选择月末的某一天作为内部多边净额结算的日期是较为理想的，这就要求内部交易发生时适当调整信用期限，使信用到期日与预定的清算日相吻合。当然，如果条件允许，也可以通过内部往来账款的提前或推迟支付来达到这一目的。在很多大型公司，为了充分发挥多边净额结算的潜在效益，通常在一个月之内选择几个特定的日期作为清算日。

（3）付款货币。为了便于公司内部各项债权债务的直接冲抵，在冲抵之前需要将各项内部往来账款按清算日的汇率统一换算为某一种货币（通常是使用最多的货币）来表示。例如，在上例中，我们将各项内部往来账款统一用美元来表示。然而，净债务人在实际付款时却不一定使用该种货币。英国子公司可以直接将英镑汇往现金总库，然后由总库将其兑换为意大利里拉后汇往意大利子公司。总之，在多边净额结算制度下，净债务人的付款货币和净债权人的收款货币均由清算中心根据资金划拨成本、货币兑换成本以及各个子公司的具体情况而定。

（4）清算范围。内部多边净额清算不一定将所有子公司均包括在内，因为在许多国家（如意大利、挪威、南非）需经许可方能运用，而有的国家（如巴西和日本）则根本不允许采用。此外，因为内部多边净额结算大大减少了子公司所在银行的外汇业务和结算业务，所以该制度经常会受到某些银行的抵制。

17.6 冻结资金的管理

东道国如果出现外汇储备紧缺、发生国际收支困难但又不能通过向外借款或吸收外资来改善国际收支状况的情况，则往往会对外汇资金的流出进行管制。轻者要求一切外汇流出需报经当地外汇管理部门审查批准，重者只允许资金部分汇出；在最严重的情况下，东道国政府可能强行规定本国货币不能自由兑换，从而完全封锁资金转移。因此，在东道国推行严格的外汇管制政策时，跨国公司就很可能遇到因资金被"冻结"（Blocked）在国外而无法调回使用的问题。冻结资金长期滞留国外，不但使其无法得以充分利用，而且其实际价值很可能因东道国的货币贬值而受到侵蚀。因此，在东道国政府千方百计地限制外汇资金流出的同时，跨国公司也在想方设法地对冻结资金采取各种可能的预防和善后措施。冻结资金的有效管理，可分为投资之前、冻结之前和冻结之后三个阶段。

17.6.1　投资之前的策略

在决定向一国投资之前，必须对资金被冻结的可能性、范围和程度作出充分的调查和评估，并将其作为一个重要的因素纳入项目的经济评价中。一般来说，冻结的资金会降低投资方案的预期净现值和内部收益率。该项投资方案是否可行最终取决于资金冻结后的预期收益率是否会超过同等风险条件下的必要投资收益率。

如果在资金可能被冻结的情况下，投资项目仍然可行，那么跨国公司应预先对该项投资的各个重要方面作出富有远见的安排，以增加未来资金转移的弹性并且降低资金被冻结的潜在危害。可以采取的策略有：

（1）预先同其他子公司建立广泛的贸易联系。这样做可使跨国公司在日后能够通过内部转移定价机制从该国转移资金。此外，广泛的内部贸易往来也便于日后"提前或延迟"策略的实施。

（2）向该子公司转让知识产权、专业技术等，并在双方签订的许可证合同中约定特许使用费的计算依据及付费方式。这样，即使在东道国严格限制股利汇出的情况下，跨国公司也有可能从国外收到稳定的特许使用费收入。

（3）用贷款投资代替股权投资。如前所述，与股利汇出和股本返还相比，东道国可能更愿意允许贷款的偿还。如果母公司初始资本全部为股权资本，日后投资的收回就可能很困难。

（4）加大当地货币借款的比重。这种做法可使该子公司免受当地货币贬值的风险。此外，当地融资比重越大，需要向母公司汇回的利润就越小，故即使在东道国禁止股利汇回的情况下，跨国公司也不致遭受太大的损失。

（5）利用特殊的融资安排，如货币互换、联接贷款、背对背贷款等。这些融资策略已在前面的章节做了详细论述，此处从略。

（6）与东道国达成特别协议。如果投资项目属于东道国优先鼓励发展的行业（如无线电通信、半导体制造、试验设备等），对东道国很具有吸引力，则跨国公司可以以此为筹码与东道国政府事先达成一项资金遣返和防止冻结的协定。

17.6.2　冻结之前的策略

进入生产经营期以后，跨国公司必须密切注意东道国的国际收支状况和宏观金融政策的变化。当有迹象表明该国政府可能会采取严格的外汇管制手段来改善其日益恶化的国际收支状况时，跨国公司必须尽快采取一切可行的资金转移手段（如转移定价、提前或推迟结算），将多余资金从该国调出，只保留最低限度的维持生产经营所必需的资金。当然，跨国公司在从该国抽离资金时，最好以隐蔽的方式进行，否则很可能会增加其面临的政治风险，或者招致资金的提前冻结。

17.6.3　冻结之后的策略

在跨国经营条件下，资金被冻结并不是一种罕见的现象。如何使已被冻结的资金"解冻"或"激活"，是跨国公司的财务经理们所面临的难题之一。下文给出了一些较为可行和有效的资金转移措施：

（1）转移定价。

（2）提前或延迟结算。

（3）利用联接贷款。

（4）利用背对背贷款。

（5）以冻结资金支付服务于公司整体的费用。例如，如果巴西子公司的资金被冻结了，可以视具体情况采取以下措施：

①在巴西建立服务于公司整体的研究开发机构，并以冻结的雷亚尔现金支付其经费；母公司也可将大量高级科技人员送往巴西，以补充当地的科研力量，而这些人员的工薪和差旅费全部以雷亚尔现金支付。

②在巴西当地雇用一支服务于公司整体的建筑工程公司，它可以在全球范围内提供建筑与设计服务，但其全部费用均以巴西货币雷亚尔来支付。

③由巴西子公司承办跨国公司的各种会议，并以雷亚尔现金支付经费。

④将公司职员送往巴西度假，并以雷亚尔现金支付他们的假日工资或度假补贴。

⑤如果可能的话，母公司应该鼓励公司职员尽量乘坐巴西航空公司的飞机，而机票则由巴西子公司用雷亚尔现金来购买。

上述活动对巴西来说是有利的，因为它有利于增加巴西政府的出口收入，并为巴西增加以出口为导向的工作机会。同时，跨国公司也通过这些活动有效地利用了已被冻结的雷亚尔现金。

（6）用易货贸易、补偿贸易的方式，通过内含的转移定价机制转移资金。例如在上例中，巴西子公司可动用雷亚尔现金购买当地的棉纺织品，然后用以交换实际价值较低的母公司的商品；母公司收到实际价值较高的棉纺织品后，在本国市场上安排销售，并最终收回现金。这样，巴西子公司的一部分冻结资金就以隐蔽的方式转移到了母国。

如果上述种种资金转移策略不能完全消除冻结资金，即仍有部分冻结资金实在无法"解冻"，则应在当地进行再投资，以确保这部分资金的实际价值不会因当地货币贬值而遭到侵蚀。这种被迫再投资可分为短期投资和长期投资。

（1）短期投资

如果预计资金冻结只是暂时的，就应该在当地进行短期投资，以便在资金"解冻"后迅速将它们遣回。可供选择的短期投资形式有：

①投资于当地货币市场工具，如购买企业债券、国库券、定期存单等。然而，在实行外汇管制的国家，金融市场往往不健全，货币市场工具不但种类和数量较少，而且流通性极差，某些货币市场工具的实际收益率还有可能低于当地的通货膨胀率。在这种情况下，跨国公司就应该考虑其他短期投资形式。

②提前购置存货。在通货膨胀条件下，存货可以起到保值的作用。虽然存货的提前购置会导致较高的资金占用成本和仓储费用，但在当地货币大幅贬值后，存货的增溢价值往往会超过这些成本和费用。

③向当地的其他公司提供短期贷款。在通货膨胀率较高和实行外汇管制的国家，政府往往严格控制银行放款的规模，从而经常发生"信用短缺"的现象。跨国公司若趁机将冻结资金贷给当地的其他公司使用，可能会赚取较高的利息收入。

（2）长期投资

如果跨国公司无法在资金被冻结的国家进行短期投资，或者它仍然希望在该东道国做长期经营的打算，那么它就应该考虑如何利用冻结资金进行长期投资。可供选择的长期投资形式有：

①扩大现有的生产规模；

②兴办新的生产投资项目；

③收购濒临破产的企业；

④购买公司并不需用的土地、写字楼或通用厂房等，以达到资金保值和增值的目的。

本章小结

在跨国公司内部，由于存在投资关系、借贷关系、服务关系和买卖关系等而形成了种类繁多、数额庞大的跨国资金流动，主要有：（1）由股权投资而造成的资金流动（股权投资与支付股利）；（2）由公司内部借贷款而形成的资金流动（贷款投资及支付利息）；（3）由公司内部的"无形"贸易而形成的资金流动（特许使用费、专业服务费、母公司管理费用）；（4）由公司内部商品交易及贷款结算而形成的资金流动等。其中，内部借款主要包括直接贷款、联接贷款、背对背贷款等形式。公司内部商品交易及货款结算则主要采用开票货币、转移定价、提前或延迟结算、内部多边净额结算制度等方法。跨国公司遇到资金被"冻结"时，跨国公司总是想方设法采取各种可能的预防和善后措施。冻结资金的有效管理，可分为投资之前、冻结之前和冻结之后三个阶段。

主要概念与观念

直接贷款　联接贷款　背对背贷款　转移定价　提前或延迟结算　多边净额结算制度

基本训练

□ 知识题

17.1　跨国公司内部资金流动的主要形式有哪些？具体包括什么内容？

17.2　跨国公司内部借款的主要形式是什么？各自的优缺点是什么？

17.3　跨国公司因内部的"无形"贸易而形成的资金流动主要有哪些形式？各自的计量基础如何确定？

17.4　面对公司内部商品交易所产生的货款结算，跨国公司一般采用哪些方法进行结算？

17.5　什么是多边净额结算？其运作程序包括什么？

□ 技能题

17.1　设A国的一家跨国公司希望以收取股利的形式从国外子公司调回资金100万美元。它的3个子公司分别设在B、C和D国，每个子公司本年度的税前收益均为200万美元，因此，它们都有能力为母公司提供100万美元的资金。

在A国，对留存收益和股利分别按50%和36%的税率征收所得税，而且对汇出境外的股利征收10%的预提税。在B国，为了鼓励出口，政府规定出口利润在15年内免征所得税。假设C国子公司的利润均来自出口，它既不交纳所得税，也不交纳预提税。在D国，公司利润按45%的税率交纳所得税，汇出的股利则按10%的税率交纳预提税。

要求：A国母公司要使税负最小，应向哪一子公司收取股利？

17.2　设子公司甲位于A国（税率为50%），子公司乙位于B国（税率为30%），甲公司向乙公司购买一批产品，转移价格原本为$100 000，乙公司生产产品的成本为$60 000，而甲公司将产品卖给非关联企业的公平价格为$160 000，假设甲、乙公司的营业费用各为$10 000。假定跨国公司为了降低公司整体税负，将甲公司的转移价格提高到$130 000。

要求：请计算分析这一策略将使公司整体税负降低多少？

17.3　如果在17.2的基础上，A国政府对甲公司进口的产品征收10%的进口税。

要求：请计算分析这一策略将使公司整体税负降低多少？

17.4　假定甲国子公司和乙国子公司两地的存款与贷款利率见表17-6。

表17-6　　　　　　　　　　　存贷款利率

子公司	银行存款利率	银行贷款利率
甲国	6.4%	8%
乙国	7%	9%

设甲国子公司向乙国子公司购入2 000 000元的货物，赊销期可视情况提前或延期90天，那么如何根据两个子公司的资金余缺状况进行组合，并据此作出提前或延期结算的决策？

□ 能力题

设某美国公司有子公司分别设于英国、德国、法国及瑞士，各子公司之间的资金转移情况如图17-6所示。

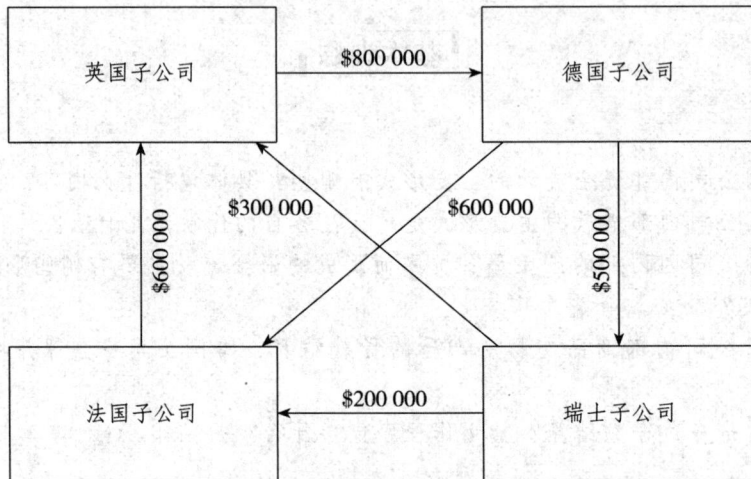

图17-6　资金转移情况

要求：请编制多边净额结算矩阵，并提出多边净额结算策略。

本篇案例分析

四川长虹彻底解决APEX债务遗留[①]

为彻底解决美国APEX公司应收债权等相关遗留问题，四川长虹（600839）公告称拟将对APEX公司的剩余债权，以4.24亿元的价格转让给大股东四川长虹电子集团有限公司。

---

① 王瑾. 彻底解决APEX公司债务遗留　四川长虹大股东4亿元收购债权 [N]. 证券时报，2011-11-30.

此次交易标的为四川长虹拥有的对APEX公司的剩余债权，包括应收账款净额（不包含已计提的坏账准备部分）、尚未确定抵债金额的APEX商标权、其他抵债资产和权利。截至2010年12月31日，经公司财务部门确认，公司对APEX应收账款账面余额27.16亿元，计提坏账准备22.92亿元，净额4.24亿元。此次交易完成后，若后续公司收回APEX公司全部或部分欠款，长虹集团享有此次交易金额对应的受偿权。

资料显示，四川长虹于2001年9月开始与APEX公司合作，向APEX公司销售电视机、DVD机等视听产品，由于APEX公司出现财务困难，拖欠公司货款无力全额兑付，导致双方发生诉讼。

2004年经股东大会决议，四川长虹对截至2004年末应收APEX公司的货款余额4.64亿美元计提了坏账准备3.14亿美元，计提的坏账准备占该项应收账款的67.66%。

2005年4月，长虹在2004年年报中确认亏损36.81亿元，创下沪深证券市场创建以来上市公司年度亏损之最。

2005年7月，APEX公司向四川长虹提供了包括不动产、APEX公司以及季龙粉持有的中华数据广播控股有限公司股权和APEX商标等三部分资产抵押，作为其部分欠款的担保。

通过与APEX公司达成并履行《和解框架协议》及2006年与长虹集团实施资产置换后，截至2008年底公司账面应收APEX公司账款余额27.16亿元，计提坏账准备22.92亿元，账面净值为4.24亿元。2009年以来，APEX应收账款回收未取得新的进展，截至2010年底四川长虹对APEX公司应收账款净值仍为4.24亿元。

四川长虹称，此次关联交易有利于彻底解决APEX公司应收债权等相关遗留问题，通过本次债权转让，公司将具有不确定性的应收债权转让出公司，同时公司获得现金流入，资产结构和质量将得到优化，财务指标将明显改善。

同日，四川长虹公告，拟公开出让所持有的深圳长虹科技有限责任公司70%股权，转让价格不低于经资产评估公司评估后的评估价值2.05亿元。公告称，此次交易有利于公司聚焦资源发展核心产业，提高公司资产使用效率，按评估价值测算，此次股权转让扣除公司初始投资成本后实现投资收益约1.38亿元。股权转让完成后，四川长虹将不再持有深圳长虹的股权。

案例分析要求

（1）请搜集相关资料，分析说明长虹的国际应收账款的形成原因。

（2）在未来实际工作中，我们应如何正确处理此类事项？

第6篇
跨国经营的业绩评价与控制

【博学慎思】瑞士退出银行保密 "剑指"跨境逃税①

传统"避税天堂"瑞士和国际重要离岸金融中心新加坡宣布同意签署银行间自动交换信息标准的宣言，银行保护客户隐私的传统自此走向终结，全球打击逃避税行为取得重大突破，各国联动整治跨境逃避税行为已成为不可逆转的趋势。

2014年5月7日，瑞士政府发表声明，表示支持经济合作与发展组织关于实施银行间自动交换信息标准的宣言。声明称，瑞士决定签署该宣言，凸显瑞士通过信息自动交换打击税务欺诈和逃税行为的决心。有分析人士就此指出，全球加强打击跨境逃避税行为已成为不可逆转的趋势，瑞士银行保密制度将走向终结。

银行间自动交换信息标准由经合组织提出，旨在通过让银行信息在各国司法部门之间自动交换以打击逃避税行为。根据该标准，各国和各司法管辖区有权从辖区内的金融机构收集所有金融信息，并每年与其他政府和辖区自动进行信息交换。

2014年2月，二十国集团财长会议通过了这一标准。5月6日，在经合组织年度部长会议上，包括瑞士在内的该组织34个成员国和巴西、中国、新加坡等13个国家共同签署了关于实施该标准的宣言。经合组织称，将进一步细化这一标准的实施规则，并推动其在9月的二十国集团财长和央行行长会议后正式开始实施。

经合组织秘书长古里亚表示，逃避税行为被视为犯罪并造成诸多影响，有损国家公权力，也损害公众对平等以及对财税体系的信心。这一宣言的签署表明，越来越多的国家同意实施银行间信息交换的全球标准，是在共同打击逃避税行为方面迈出的重要一步。

有分析人士指出，随着经合组织成员国、传统"避税天堂"瑞士以及作为国际重要离岸金融中心的新加坡同意遵守这一标准，银行保护客户隐私的传统将走向终结。签署该宣言，就意味着该国将接受这一新标准，承诺在该标准下提交外国客户的账户信息。作为世界最大离岸金融中心的瑞士在签署宣言后，将无法再为外国账户保密。这将是全球打击逃避税行为的重大突破，有助于揭开纳税人的隐秘账户，为打击逃避税和税务欺诈提供有力

---

① 陈建. 瑞士退出银行保密 "剑指"跨境逃税 [N]. 经济日报，2014-05-09 (4).

支持。

　　为客户严格保密曾是瑞士银行引以为傲的优势。根据1934年通过的《联邦银行法》，除非有确凿信息证明存款人有犯罪行为，否则其账户信息将受到永久保护，瑞士银行不得向包括政府在内的第三方透露关于该客户的任何信息。瑞士银行因此赢得全球客户信赖，吸收离岸财富逾2万亿美元。但与此同时，瑞士也因其银行业缺乏透明度、涉嫌帮助客户逃避税而被指责为"避税天堂"。迫于欧盟和美国的强大压力，瑞士开始逐渐减少对其银行保密制度的政治支持。2018年，瑞士税务当局根据金融账户的涉税信息自动交换标准，与一些国家和地区的税务机构交换了大约200万条信息；2021年，瑞士已经实现了与数百个国家和地区金融账户的涉税信息自动交换。

　　瑞士政府的最新举措无疑有助于全球打击逃避税行为，但同时会否重创本国银行业，也备受外界关注。有分析人士认为，一旦其长达80年左右历史的银行保密制度瓦解，瑞士银行将因大量客户流失而遭受沉重打击。不过，瑞士银行普遍都已预见到了这一天的到来。不少瑞士私人银行未雨绸缪，已经开始针对位于德国、法国、英国、意大利等的"在岸"分行网点加大投资力度，有的还把业务重心转向东亚和中东地区的新兴市场。有着百年底蕴的瑞士银行业相信，即使放弃银行保密传统，自己也能够以世界一流的服务与技能吸引到有价值的新客户群，培育起强大的新竞争优势。

第18章 | 国际税务管理

学习目标

通过本章学习，应该达到以下目标：

知识目标：初步了解和掌握各国税制的特点、税收管辖权的基本类型和实施原则以及国际重复征税的产生及其原因。

技能目标：熟练掌握避免国际重复征税的方法及具体操作以及这些方法的适用范围。

能力目标：学会分析和思考国际避税的基本原理及方式。

18.1 世界各国主要税种的分类

目前，世界各国的税收制度一般为复税制。在复税制下，税种不是单一的，而是多样的。这些税种主次分明，既相互区别又密切相关。本着求同存异的原则，依一定的标准将五花八门的税种进行分门别类，是考察各国税制的基础和前提。税种分类的标准和方法很多，但根据课税对象的性质所进行的分类是世界各国最常用的分类方法。这一方法将各税种归纳为三大类，即所得税、商品税和财产税。

18.1.1 所得税

所得税是指以纳税人的所得额或收益为课税对象的税收，主要包括个人所得税、公司所得税和社会保险税等。这里，我们主要考察公司所得税。目前，各国普遍实行的公司所得税制度主要有以下三种类型[1]：

1）课税制

这种制度将公司和股东视作不同的法律实体，分别课征所得税，即公司就其应税利润交纳公司所得税，税后利润分配给股东时，股东再就其分得的股息交纳股息所得税。这种制度使公司的收益被重复征税。

2）双税率制

这种制度对公司的未分配利润和已分配利润分别实行两种不同的税率。例如，在挪威，对未分配的利润按50.8%的税率征税，而对已分配的利润则按23%的税率征税。

3）合并制

这种制度的特点是将公司和股东作为一个整体来对待。公司首先就其收益按一定的税

---

① 王传伦. 国际税收 [M]. 北京：中国人民大学出版社，1992：21-22.

率交纳公司所得税，但股东在就其收取的股息交纳个人所得税时，税务部门可以把公司所得税的相应部分视为股东已经交纳，并从股东的个人所得税中予以免除或抵减。这种做法在很大程度上缓解了对公司利润的重复征税。

18.1.2　商品税

商品税是指以商品的流转额为课税对象的税收，如消费税、销售税、增值税、关税等。

1）消费税

消费税是以消费品的流转额为课税对象的各种税收的总称。征收消费税的主要意图在于调节消费结构和引导消费方向，取得财政收入只是其次要目的。

2）销售税

销售税，有时又称营业税，是以商品的销售收入额（营业收入额）为课税对象的税。销售税有一般销售税和特种销售税之分。一般销售税不区分商品的具体流通环节，只要商品转手一次，就按毛收入额征一次税。特种销售税是选择一个或几个特殊的流通环节来课征的销售税，故它又可以进一步分为产制销售税、批发销售税和零售销售税等。

3）增值税

增值税是以工商企业生产经营中的增值额为课税对象的税收。增值税的课征范围几乎包括原材料采购、生产、批发、零售以及进出口的所有环节。

4）关税

关税是以进出国境的商品流转额为课税对象的一种税收。按课税商品在国境上的不同流向，可将关税分为进口税、出口税和过境税。

18.1.3　财产税

财产税是指以纳税人的财产数量和价值额为课税对象的税收。以课征范围为标准，财产税可分为一般财产税和个别财产税。

1）一般财产税

其是以某一时点纳税人所有财产的总值或净值为课税对象的税收，如财富税、资本税、继承税等。

2）个别财产税

其是以具体存在的某项财产（如某块土地、某幢房屋和某艘船舶等）为课税对象的税收，如土地税、房产税和车船税。

上文对所得税、商品税和财产税的特征和范围做了简要叙述。在这三类税收中，所得税和财产税中的一般财产税通常被统称为"对人税"，因为它们的课税对象（即某一纳税人的收益、所得和一般财产价值）都是抽象的，并不与某个具体的物直接相联系，而是与纳税人直接相联系。而商品税和财产税中的个别财产税一般统称为"对物税"，因为它们的课税对象（即某个具体商品或某项具体财产）总是与具体征收的目的物直接相联系。

18.2　税收管辖权

随着国际经济合作和交往的迅速发展而出现的纳税人收入的国际化，促使税收分配关系越出了一国的疆界而进入了国际范围。跨国公司在世界范围内从事生产经营活动，很可能同时有多个国家对其行使税收管辖权，从而使它同时成为多个国家的纳税义务人。本节将叙述税收管辖权的基本类型和实施规则。

18.2.1 税收管辖权的基本分类

税收管辖权（Tax Jurisdiction）是一国政府在征税方面所拥有的管理权力，它是国家主权在税收领域中的体现。一个国家的税收管辖权，可以按属人和属地两种原则来确立。

1）按属人原则（Principle of Person）确立的税收管辖权

根据属人原则，一国政府可以对本国所有的居（公）民（包括自然人居民和法人居民）行使管辖权。按这一原则确立起来的税收管辖权，称为居（公）民管辖权（Residen Jurisdiction or Citizen Jurisdiction）。在一个实行居（公）民管辖权的国家里，它对本国居（公）民在世界范围内所取得或拥有的收入或财产行使课税权；相反，它对非本国居（公）民的所得或财产不征税，即使这些所得或财产中有一部分甚至全部来源于或存在于本国领土范围以内。

2）按属地原则（Principle of Territoriality）确立的税收管辖权

根据属地原则，一国政府可以在其所属领土疆域的全部空间（包括领陆、领海和领空）内行使管辖权。按这一原则确立的税收管辖权，称为地域管辖权（Area Jurisdiction）。在实行地域管辖权的国家里，它只对纳税人来源于或存在于本国领土以内的所得或财产课税，即使这个纳税人是一个外国居（公）民也不例外；相反，它对来源于或存在于本国领土以外的所得或财产就不征税，即使这些所得或财产为本国居（公）民所取得或拥有，亦不例外。由于地域管辖权以所得财产是否来源于或存在于本国境内为依据来确定纳税义务，故通常又称为"收入来源地管辖权"（Source Jurisdiction）。

税收管辖权是国家主权的一个重要组成部分，任何一个国家都可根据本国的具体情况选择税收管辖权的类型。目前，单一行使居民管辖权或单一行使地域管辖权的国家或地区很少，大部分国家或地区都是两种税收管辖权并用，换言之，既要求本国居（公）民就其在全球范围内所取得或拥有的所得或财产承担全面纳税义务，又要求非本国居（公）民就其在本国领土范围内所取得或拥有的所得或财产承担有限纳税责任。

18.2.2 税收管辖权的实施规则[①]

1）居（公）民管辖权的实施规则

一国政府在行使居（公）民管辖权时，首先要确定某个自然人或法人是否具有该国的居（公）民身份。目前就居（公）民身份的确认而言，各国采用的标准主要有以下三种：

（1）登记注册地标准。按照这一标准，如果某个公司是按照本国的法律在本国登记注册的，那么它就是本国的法人居民或称"居民公司"。本国政府有权对该居民公司来源于或存在于世界范围内的所得或财产进行课税。

（2）实际管理控制中心所在地标准。按照这一标准，如果某一公司的实际管理机构和控制中心设在本国，那么，该公司就是本国的居民公司，它对本国负有全面纳税义务。那么，应该如何识别某个公司的实际管理控制中心所在地呢？一般从以下几个方面判断：公司董事会开会的地点、公司保管各种账簿的地点、公司公布分红的地点、股东大会召开的地点等。

---

① 杨斌. 比较税收制度——兼论我国现行税制的完善 [M]. 福州：福建人民出版社，1993：483-492.

（3）总机构所在地标准。按照这一标准，如果某个公司的总机构设在本国，它就是本国的居民公司，从而对本国负有全面纳税义务。总机构一般是指负责企业的重大经营决策和全部经营活动，并统一核算企业盈亏的总公司、总店、总事务所等。

需要说明的是，许多国家在确认法人的居民身份时，往往不只采用一个标准，而是同时采纳两种或两种以上的标准。例如，日本同时采纳注册登记地标准和总机构所在地标准；英国和澳大利亚均同时采纳注册登记地标准和实际管理控制中心所在地标准。

由于法人居民身份的确认标准在世界范围内相差很大，因此，在某些情况下，一个公司可能同时被两个或三个国家认定为"居民公司"。例如，假定甲国采用的是登记注册地标准，乙国采用的是总机构所在地标准。如果某个公司恰好是在甲国登记注册的，而其总机构却设在乙国，那么该公司就同时变成甲、乙两国的居民公司，从而对这两个国家同时承担全面纳税义务。对该公司来说，这显然有失公平。当出现这种情况时，只能通过有关国家双方协商去解决了。

2）地域管辖权的实施规则

在两种税收管辖权并用的情况下，一国政府对本国的居民公司行使居民管辖权，对它们来源于全球范围内的所得征税；而对那些不具有本国居民身份的公司，即非居民公司，则只能行使地域管辖权，即仅对它们来源于本国境内的收益课税。但是，非居民公司所取得的收益应该具备什么样的条件，才能被视为来源于本国境内呢？这就涉及所得来源地的确定原则问题。一个跨国法人从其非居住国（收入来源国）获取的所得，主要有营业所得、股息、利息和特许权使用费收益等，下文将分别对这些所得的来源地确认问题进行分析。

（1）营业所得来源地的确定

营业所得又称营业利润，是指企业从事其主要经营业务所获取的综合性所得。目前，世界各国通常以"常设机构"（Permanent Establishment）原则来确定是否应对非居民公司行使地域管辖权。根据这一原则，一国政府仅对非居民公司通过设在本国境内的常设机构所获取的营业利润征税；相反，如果这家非居民公司在本国并未设立常设机构，或者它所获得的营业利润与该常设机构无关，那么就不能认为这些利润来源于本国境内，因而本国政府就不能对这个非居民公司行使地域管辖权。例如，甲国某汽车公司销售给乙国一辆汽车，取得营业利润\$30 000。如果甲国的这家汽车公司并未在乙国设立常设机构，而是直接销售给乙国进口商的，那么乙国政府就不能认为这\$30 000的营业利润来自本国境内，从而就不能对此行使地域管辖权征税。相反，如果上述营业利润是通过甲国汽车公司设立在乙国的分公司（常设机构）销售而取得的，乙国就有权对其征税。

那么，究竟什么是常设机构呢？一般认为，常设机构是指一家企业在某一国境内进行全部或部分活动的固定场所，如管理场所、分支机构（分公司、分店）、办事处、工厂或车间、矿场、作业场所、油气井、建筑工地等。

常设机构有以下三个特征：第一，有一个从事营业活动的场所，诸如房屋场地或机器设备等设施；第二，这个营业场所不是临时性的，而是具有相对的固定性或永久性；第三，这个场所应该是企业全部或部分营业活动的场所。

至于那些专门用于储存和陈列商品、为搜集情报进行市场调研、为其总机构提供准备性和辅助性服务的场所，不能视为常设机构。

接下来的问题是：应该如何确定常设机构的营业所得。国际上通常有两种方法可供选择：

①直接法（Direct Method）。从法律上讲，常设机构只是总公司或总机构的派出机构，它本身不具备独立的法人资格，但直接法却将其视为独立分设的企业，要求其按正常交易原则（Arm's Length Principle）与总机构和其他常设机构进行交易，并且保存独立完整的账册，以反映其真实的收入、费用和经营利润。因此，直接法的主要特点是对常设机构的利润实行独立核算。

②间接法（Indirect Method）。间接法以法律事实为依据，认为总机构与其国外常设机构是在世界范围内产生共同利润的一个法人经济实体，所以应按一定的规则和公式，将这个实体的总利润（Grossprofit）在总机构与国外各常设机构之间分配。各常设机构分别以其分配的利润作为应税所得，向其各自的所在国（收入来源国）办理纳税申报。

（2）投资所得来源地的确定

这里所说的投资所得，主要包括股息、利息、特许权使用费等收益。其中，股息收益是股东凭借其投资股份所获取的投资报酬，利息收益是债权人凭借债权所获取的报酬，特许权使用费收益则是通过转让专利权、商标权、版权或专有技术等的特许使用权而取得的报酬。通常情况下，股东无须在其投资的所在国出场，债权人无须在其债务人的所在国出场，特许使用权转让者也无须在特许权受让者的所在国出场，就可以获取收益。那么，这类所得的来源地应该如何确认呢？对于这个问题，有以下两种截然不同的观点：

第一种观点认为，此类投资额所得来源于投资者的投资、债权人的贷款和特许使用权转让者转让的使用权。没有这些投资、贷款和转让使用权的行为发生，股息、利息和特许权使用费收益也就无从产生。因此，应该以股东、债权人和特许权转让方的居住国（其居民身份所属国）作为此类所得的来源地，由这些居住国独占行使居（公）民管辖权征税，非居住国不得行使地域管辖权。例如，甲国的A公司（居民公司）购买了乙国B公司的股票，并收到了B公司分派的股息。由于甲国是A公司的居住国，所以应该认为，甲国是A公司股息收益的来源地，并由甲国独占征税。持上述观点的往往是发达国家，因为这些国家大部分是资本输出国，其本国居民对外投资颇多。

第二种观点认为，此类所得是来源于被投资者、债务者和特许使用者受让者的支付。没有它们的支付，收益从何而来？因此，应该以支付股息、利息和特许权使用费的国家作为此类所得的来源地，并由这些支付国行使地域管辖权征税。例如，甲国的C公司向乙国的D公司提供了一笔贷款，D公司为此向C公司支付了利息。因为利息是从乙国支付的，所以应该认为乙国是C公司利息收益的来源地，因而应由乙国对该笔利息行使地域管辖权征税。持上述观点的往往是发展中国家，因为这些国家大部分是资本输入国。

目前，上述第二种观点得到了较多的支持并得到了较为普遍的应用。但此类所得的支付国在行使地域管辖权时，往往也会作出适当的让步，做法是：适当降低对这些所得课税所适用的税率，以便使投资者（包括股东、债权人和特许使用权转让方）的居住国在行使居民管辖权时也能征得一部分税款。

那么，支付国如何对非居民公司从本国取得的投资所得行使地域管辖权征税呢？比较流行的做法是：如果非居民公司已在本国（指支付国）设立了常设机构，并且它所取得的股息、利息和特许权使用费收益与该常设机构有实际联系，那么就应该将这些收益并入该常设机构的利润中，按一般的企业所得税税率征税。如果非居民公司没有在本国境内设立常设机构，那么本国政府将对该公司从本国境内获取的此类投资收益征收预提所得税（Witholding Tax）。预提所得税往往以实际支付此类所得的被投资企业、债务人和特许使用权受让方作为代扣代缴义务人。表18-1列示了一些国家适用于外国投资者的预提所得税税率[①]。

表18-1 　　　　　　　　　　　　某些国家的预提所得税税率

国家	股利（%）	特许权使用费（%）	利息（%）
澳大利亚	30	46	10
巴西	25	25	25
加拿大	25	25	25
法国	25	33.33	45
前联邦德国	25	25	0
意大利	32.4	30	15
日本	20	20	20
墨西哥	21	42	42
荷兰	25	0	0
瑞士	35	0	35
英国	0	30	30
美国	30	30	30

18.3　国际重复征税的产生及免除

18.3.1　国际重复征税的产生

1）国际重复征税（International Double Taxation）的概念

目前，国际上对国际重复征税的概念，尚未形成完全一致的看法，但比较流行的观点是：国际重复征税，是指两个或两个以上的国家，在同一时期内，对同一跨国纳税人或不同纳税人的同一征税对象或税源征收相同或类似的税收。[②]

2）国际重复征税的类型及产生的原因

（1）法律性重复征税

法律性重复征税，又称狭义的重复征税，是指不同国家对于同一跨国纳税人的同一课税对象所进行的重复征税。总的来说，法律性重复征税所产生的根本原因在于不同国家之间税收管辖权的冲突，具体表现为以下三个方面：

①居民管辖权与地域管辖权的重叠。在上一节已经提到，当今世界的现实是绝大多数

---

①　常勋. 国际会计［M］. 上海：上海人民出版社，1990：233.
②　王传伦. 国际税收［M］. 北京：中国人民大学出版社，1992：39.

国家既行使居民管辖权又行使地域管辖权。这是产生法律性重复征税最重要的原因。举例来说，假定甲国的A公司（它是甲国的居民）在乙国设立了一个办事处（常设机构），并在乙国取得一部分收益。在这种情况下，一方面，乙国政府会根据地域管辖权对A公司来源于乙国的这部分收益课征所得税；另一方面，因为A公司是甲国的居民公司，所以甲国政府会通过行使居民管辖权，对A公司来源于世界各地的所得包括从乙国取得的收益课征所得税。这样，A公司在乙国取得的同一笔收益，就被甲国和乙国分别课征了一次所得税。

②不同国家居民身份确认标准的不同。上一节也已提到，目前对居民身份的确认还没有一个国际统一的标准。就法人居民身份的确认而言，有的国家采用登记注册地标准，有的国家采用实际管理控制中心所在地标准，有的国家则采用总机构标准。由于存在这种差异，一个公司有可能同时被两个或三个国家认定为居民公司，从而使得该公司同时对这两个国家或三个国家承担了全面纳税义务，导致了重复征税问题的发生。

③不同国家所得来源地确认标准的不同。在行使地域管辖权过程中，如果不同的国家对营业所得、投资所得和其他所得的来源地有不同的判断标准，那么就可能引起法律性重复征税的发生。不过这种现象较为少见。

（2）经济性重复征税

经济性重复征税即不同的国家对不同纳税人的同一税源所进行的重复征税。例如，甲国的母公司A在乙国设立了一家子公司B，这两个公司分别在其所在国取得法人地位和"居民"身份，从而是两个互为独立的纳税主体。子公司B作为乙国的居民，必须首先就其当年取得的全部利润向乙国政府交纳所得税，然后从税后利润中向母公司A分派股利；母公司A收到这部分已税股利后，还要并入自己的所得中，再向甲国政府交纳所得税。从经济渊源上看，母公司A分得的股息最终来自子公司B所取得的利润。因此，对A、B两个不同纳税主体的同一税源发生了重复征税。经济性重复征税主要发生在控股公司与被控股子公司之间。

3）国际重复征税的危害

国际重复征税违反了税收的公平原则，造成了跨国投资者的额外负担，削弱了其国际竞争能力，从而影响了其再投资的积极性；它阻碍了商品、资金、劳务、人才、技术的国际流动，既不利于资源在国际范围内的合理配置和有效利用，也不利于国际经济的合作与发展。所以，避免和消除国际重复征税是各国政府和跨国投资者的共同愿望和要求。

18.3.2 国际重复征税的免除

在国际上，免除国际重复征税的方式主要有两种：一种是单边方式，即一国政府在本国税法中单方面地作出规定，对本国居民纳税人来源于国外并已被外国政府征税的所得采取免除重复征税的措施。另一种方式是双边或多边方式，即有关国家通过双边或多边的谈判，以缔结双边或多边税收协定的方式免除国际重复征税。目前，无论在各国税法中，还是在国际税收协定中，为免除国际重复征税而采用的具体方法主要有扣除法、免税法和抵免法。下面我们从居住国政府的角度来讨论这些方法。

1）扣除法（Method of Tax Deduction）

扣除法是指一国政府在行使居民管辖权时，允许本国居民将其已经缴纳给外国政府的所得税，作为费用从来自世界范围内的应税总收益中扣除，并以扣除后的余额为基础计算应向本国政府缴纳的所得税。用公式表示如下：

$$\text{一国政府应向本国居民征收的所得税}=\left(\text{该居民来自世界范围内的总收益}-\text{该居民就其境外所得已交外国政府所得税额}\right)\times\text{本国税率}$$

以下举例说明：

[例 18-1] 假定设在居住国甲国的总公司在某一纳税年度所获取的收益额为 \$8 000 000，它设在非居住国乙国的分公司于同年获取的收益额为\$2 000 000。已知甲国的所得税税率为50%，乙国的所得税税率为40%。分析如下：

（1）若不采取任何免除国际重复征税的方法，则该公司承担的总税负计算如下：

向乙国纳税=\$2 000 000×40%=\$800 000

向甲国纳税=（\$8 000 000+\$2 000 000）×50%=\$5 000 000

总税负=\$5 800 000

在这种情况下，该公司在乙国取得的收益\$2 000 000被征了两次税，实际税率高达90%（40%+50%）。

（2）在扣除法下，该公司承担的总税负计算如下：

向乙国纳税=\$2 000 000×40%=\$800 000

向甲国纳税=（\$8 000 000+\$2 000 000-\$800 000）×50%=\$4 600 000

总税负=\$5 400 000

（3）扣除法下免除的乙国税额：

\$5 800 000-\$5400 000=\$400 000

由此可见，在扣除法下，居住国甲国给予免除的，是该跨国纳税人已交非居住国乙国的所得税额与本国税率的乘积\$400 000（\$800 000×50%），而不是在乙国的实交税额。因此，扣除法只是减轻了重复征税，而没有完全消除重复征税。所以，实行扣除法的国家为数甚少。

2）免税法（Method of Tax Exemption）

免税法就是一国政府对本国居民来源于国外并已由外国政府按属地原则征税的那部分所得，完全放弃行使居民管辖权，从而免予征收本国所得税。不难看出，免税法是以承认另一国（非居住国）地域管辖权的独占地位为前提的。用公式表示如下：

$$\text{一国政府应向本国居民征收的所得税}=\left(\text{该居民来自世界范围内的总收益}-\text{来源于国外并已由外国政府征税的收益额}\right)\times\text{本国税率}$$

上式在大多数情况下也可以简化为：

一国政府应向本国居民征收的所得税=该居民来源于本国的所得×本国税率

仍沿用 [例 18-1] 进行说明。在免税法下，该公司承担的总税负计算如下：

向乙国纳税=\$2 000 000×40%=\$800 000

向甲国纳税=\$8 000 000×50%=\$4 000 000

总税负=\$4 800 000

可见，采用这种方法，该公司从乙国取得的收益额在甲国可以完全免征所得税，从而使其总税负大大降低。但是，这一方法使乙国独占了\$2 000 000利润的税收管辖权，从而使甲国的税收受到了影响。

正是因为免税法有可能使居住国政府少征一部分税款，所以实行免税法的国家在规定对本国居民来自国外的收益免税的同时，往往还附加一些限制性条款。如法国政府规定，给予免税的国外利润，必须在东道国交纳所得税后全数汇回母国，并在股东之间进行分配，否则不予免税。这一规定的意图在于鼓励国外汇款，改善本国国际收支状况，促进本国经济发展。

3）抵免法（Method of Tax Credit）

抵免法是指一国政府根据本国居民纳税人的全球收益计算出应纳税额后，对于该居民已向外国政府交纳的税款允许在本国税法规定的限度内从本国应纳税中抵免。"在本国税法规定的限度内"，是指外国税收的抵免额不得超过国外所得额按本国税法规定税率计算的应纳税额。例如，在 [例18-1] 中，该公司已向乙国交纳的税款为$8 000 000，它并没有超过来源于乙国的收益按甲国（居住国）的税率计算的应纳税额$1 000 000（$2 000 000×50%），所以，该公司在向甲国政府办理纳税申报时已交纳的乙国税款$8 000 000可以全部得以抵免。具体来说，该公司应向甲国政府交纳税款为：

（$8 000 000+$2 000 000）×50%-$ 8 000 000=$4 200 000

抵免法与扣除法的主要区别在于：前者把国外已纳税款直接作为纳税人对居住国税务负债的扣除数，后者则是把国外已纳税款作为应税收益的扣除数。抵免法与免税法的主要区别在于：前者对本国居民在世界范围内取得的全部收益一并计税，然后将国外已纳税款从本国应纳税额中全部或部分地予以抵免；后者则对本国居民来源于外国的收益完全放弃居民管辖权，免予征税。

综上所述，抵免法的基本原则是承认收入来源地税收管辖权的优先地位，但不承认它的独占；如果收入来源国实际上并未向跨国纳税人征收所得税，居住国则会根据本国税法征税。正是因为抵免法既承认了非居住国政府的地域管辖权，又考虑了居住国政府的居民管辖权，同时还基本免除了跨国纳税人的税负重叠，所以它为世界上大多数国家所采用。按照不同的抵免方式和适用范围，抵免法可以进一步划分为直接抵免法和间接抵免法，我们将在18.4和18.5分别进行论述。

18.4 直接抵免法

18.4.1 直接抵免法的适用范围

直接抵免法（Method of Direct Credit）适用于同一经济实体的跨国纳税人。具体来说，它适用于位于居住国的总公司与位于非居住国的分公司（或其他形式的常设机构）之间的税收抵免关系。如前所述，分公司是总公司在国外的附属机构或派出机构，它在东道国不具备独立的法人地位。换言之，总公司与分公司属于同一个法人经济实体。正因为如此，分公司已在东道国交纳的所得税，可以视同总公司直接交纳的，因而可以直接用来抵免总公司应交居住国政府的所得税。这就是本节将要介绍的直接抵免法。由于母公司与其国外子公司不属于同一个法人经济实体，故不能适用直接抵免法。

18.4.2 直接抵免法的一般计算

直接抵免法下，总公司应交居住国政府所得税的计算步骤如下（为了便于理解，我们暂且假设总公司只有一个外国分公司，总公司及其分公司都适用比例税率）：

1）计算抵免限额（Limit of Tax Credit）

抵免限额是指分公司在东道国取得的收益按总公司居住国的税率计算的应纳税额。用公式表示为：

抵免限额=分公司的收益×总公司居住国的税率

2）确定总公司居住国允许直接抵免的国外已纳税款（即"允许抵免额"）

确认允许抵免额的方法是：将分公司实际已向东道国政府交纳的税款与上文得出的"抵免限额"进行对比，以二者之中较小者作为"允许抵免额"，用公式表示为：

允许抵免额=min{分公司已交东道国政府的税额，抵免限额}

这说明，在抵免法下，外国税收的抵免额不得超过国外所得按本国（居住国）税率计算的应纳税额。

3）计算总公司应向其居住国政府交纳的所得税

公式为：

$$\begin{matrix}\text{总公司应交居住国}\\\text{政府所得税}\end{matrix} = \left(\begin{matrix}\text{来源于居住国的}\\\text{收益}\end{matrix} + \begin{matrix}\text{来源于国外}\\\text{分公司的收益}\end{matrix}\right) \times \begin{matrix}\text{居住国}\\\text{的税率}\end{matrix} - \begin{matrix}\text{允许}\\\text{抵免额}\end{matrix}$$

[例18-2] 设甲国某一总公司于某纳税年度获取的收益额为\$7 000 000（不包括国外分公司的收益），它设在乙国的分公司于同年获取的收益为\$1 000 000。下面，我们分三种情况来说明在直接抵免法下总公司应交居住国政府所得税的计算过程。

（1）设甲国的所得税税率为50%，乙国的所得税税率为40%。分公司已交乙国政府所得税\$400 000（\$1 000 000×40%）。总公司应交甲国政府所得税的计算步骤如下：

①抵免限额=\$1 000 000×50%= \$500 000

②允许抵免额=min {\$400 000，\$500 000} = \$400 000

③应交甲国所得税=（\$7 000 000+\$1 000 000）×50%-\$400 000=\$3 600 000

上面的计算说明，在甲国（居住国）税率大于乙国（非居住国）税率的情况下，分公司已交乙国政府所得税\$400 000可以全部得到抵免。总公司应向甲国政府交纳的所得税款\$3 600 000实际上包括两个部分：一部分是来自甲国的利润应纳的税款\$3 500 000（\$7 000 000×50%）；另一部分则是来自乙国的利润应向甲国政府补交的差额税款\$100 000（\$1 000 000×50%-\$400 000）。

（2）设甲、乙两国的所得税税率均为30%。分公司已交乙国政府所得税\$300 000（\$1 000 000×30%）。总公司应交甲国政府所得税的计算步骤如下：

①抵免限额=\$1 000 000×30%=\$300 000

②允许抵免额= min {\$300 000，\$300 000} =\$300000

③应交甲国所得税=（\$7 000 000+\$1 000 000）×30%-\$300 000=\$2 100 000

上面的计算说明，在甲国与乙国税率相等的情况下，分公司已交乙国政府所得税也可以全部得到抵免。但是，由于分公司已交乙国政府所得税正好与抵免限额相等，所以甲国政府对来源于乙国分公司的收益行使居民管辖权可补交的税额为零。

（3）设甲国的所得税税率为30%，乙国的所得税税率为40%，分公司已交乙国政府所得税\$400 000（\$1 000 000×40%）。总公司应交甲国政府所得税的计算步骤如下：

①抵免限额=\$1 000 000×30% =\$300 000

②允许抵免额=min {\$400 000，\$300 000} = \$300 000

③应交甲国所得税=（\$7 000 000+\$1 000 000）×30%-\$300 000= \$2 100 000

上面的计算说明，当甲国税率小于乙国税率时，在分公司实际已向乙国政府交纳的所得税$400 000中，只有不超过抵免限额$300 000的部分才可以得到抵免，超过抵免限额的部分$100 000（$400 000-$300 000）则不能抵免。这是因为，居住国甲国所承担的责任是免除跨国纳税人国际税负重叠，但它不能代替跨国纳税人承担非居住国乙国所规定的那部分较高的税负。

18.4.3 综合限额抵免法与分国限额抵免法

前面我们讨论了在仅有一个国外分公司的情况下，总公司应交居住国政府所得税的计算步骤。但实际上，一个总公司很可能同时在几个国家设有分公司，这些分公司也在各自的东道国交纳了所得税。在这种情况下，总公司应交居住国政府所得税的计算就有两种方法可供选择，即综合限额抵免法和分国限额抵免法。二者的区别主要表现在对外国税收抵免限额的计算上。在综合限额抵免法下，居住国政府将本国居民来自各个非居住国的所得汇总相加，并按本国税率计算出一个统一的抵免限额。在分国限额抵免法下，居住国政府对本国居民来自每一个非居住国的所得分别计算出各自的抵免限额。现举例说明如下：

[例18-3] 设甲国某一总公司A在乙国有一个分公司B，在丙国有一个分公司C。某一纳税年度的有关情况见表18-2。

表18-2   相关情况

国别	企业	应税收益	所在国税率	已纳外国税款
甲国	总公司A	$6 000 000	40%	
乙国	分公司B	$3 000 000	50%	$1 500 000
丙国	分公司C	$1 000 000	30%	$300 000

下面我们分别讨论在综合限额抵免法和分国限额抵免法下，总公司应交居住国所得税的计算步骤和方法。

1）综合限额抵免法

（1）计算综合抵免限额。公式为：

$$\text{综合抵免限额} = \text{抵免前按全球应税收益计算的应交居住国政府所得税} \times \frac{\text{来自所有非居住国的应税收益}}{\text{全球应税收益}}$$

当居住国税率为比例税率时，上式可简化为：

综合抵免限额=来自所有非居住国的应税收益×居住国税率

在 [例18-3] 中，

综合抵免限额=（$3 000 000+$1 000 000）×40%=$1 600 000

（2）确定总公司居住国允许抵免的国外已纳税款，即"允许抵免额"。确定允许抵免额的方法是：将各分公司实际已交各东道政府税款之和与上文得出的综合抵免限额进行对比，以二者之中较小者作为"允许抵免额"。用公式表示为：

允许抵免额=min{各分公司实际已交各东道国政府税款之和，综合抵免限额}

在 [例18-3] 中，

各分公司实际已交各东道国政府税款之和=$1 500 000+$300 000=$1 800 000

允许抵免额=min{$1 800 000，$1 600 000}=$1 600 000

（3）计算总公司应交居住国政府所得税。公式为：

总公司应交居住国政府所得税=抵免前按全球应税收益计算的应交居住国所得税-允许抵免额

在［例18-3］中，

总公司应交居住国（甲国）政府所得税=（$6 000 000+$3 000 000+$1 000 000）×40%-$1 600 000
                                    =$2 400 000

2）分国限额抵免法

（1）计算分国抵免限额，即对来自每一个国外分公司的所得按总公司居住国税率分别计算出各自的抵免限额。公式是：

分国抵免限额=国外应税所得额×本国税率

如果总公司居住国采用比例税率，上式可简化为：

分国抵免限额=来自某一非居住国的应税收益×居住国税率

在［例18-3］中，

已交乙国政府所得税的抵免限额=$3 000 000×40%=$1 200 000

已交丙国政府所得税的抵免限额=$1 000 000×40%=$400 000

（2）分别确定居住国允许抵免的已交各非居住国的所得税额。公式为：

$$\text{允许抵免的已交某一非居住国的所得税额}=\min\{\text{实际已交该非居住国的税款, 已交该非居住国所得税的抵免限额}\}$$

在［例18-3］中，

允许抵免的已交乙国的所得税额=min{$1 500 000，$1 200 000}=$1 200 000

允许抵免的已交丙国的所得税额=min{$300 000，$400 000}=$300 000

（3）计算总公司应交纳的居住国政府的所得税。公式为：

$$\text{总公司应交居住国政府所得税}=\text{抵免前按全球应税收益计算的应交居住国所得税}-\text{允许抵免的各非居住国税款之和}$$

在［例18-3］中，

总公司应交居住国政府所得税=（$6 000 000+$3 000 000+$1 000 000）×40%-（$1 200 000+$300 000）
                           =$2 500 000

对比以上两种方法不难发现，在跨国纳税人已交某一外国的所得税超过了抵免限额，而已交另一外国的所得税未达到抵免限额的情况下，采用综合限额抵免法比采用分国限额抵免法对跨国纳税人更为有利。这是因为，在综合限额抵免法下，跨国纳税人可以利用它在某一外国的不足限额去抵免另一外国的超限额，从而使一部分甚至全部超限额的外国所得税都能在当年得到抵免。

其实，即使跨国纳税人只在外国设置一个分公司的情况下，也可能会存在类似的以不足限额去抵免超限额的问题。这是因为，某些非居住国政府实行分类所得税，对同一分公司的某些收益（如利息、股息和特许权使用费收入等）按较低的税率征税，从而可能产生不足限额；而对其他项目则按较高的税率征税，从而可能产生超限额。在这种情况下，跨国纳税人就可能会以低税率项目的不足限额去抵免高税率项目的超限额，从而降低了其应向居住国政府交纳的所得税。针对这一问题，某些居住国政府在确定外国税收抵免限额时采用了分项限额法，即将跨国纳税人的某些低税率项目与其余项目分开，单独计算其抵免限额。计算分项限额的基本原理与方法同上文所述的分国限额相类似，此处不再赘述。

18.5 间接抵免法

18.5.1 间接抵免法的适用范围

上一节所述的直接抵免法是用以免除法律性重复征税的方法，它所涉及的是同一个经济实体内部整体与部分即总公司和分公司之间的税收抵免关系。本节将要阐述的间接抵免法（Method of Indirect Credit）则是用以免除经济性重复征税的方法，它适用于跨国母子公司之间的税收抵免。

如果一个公司通过掌握另一公司的股份得以参与或控制其业务经营，那么前者就是后者的母公司，而后者则是前者的子公司。按照母公司持有子公司股份的多少，子公司可以分为全资子公司、控股合资子公司和非控股合资子公司三类。根据美国的有关法律，如果一个公司持有另一公司有表决权股票10%或10%以上，那么前者就是后者的母公司，后者则成为前者的子公司。但有些国家（如法国）的法律则规定，一个公司要成为另一公司的母公司，必须掌握其50%以上的股份。

子公司在东道国具有独立的法人地位，因而母公司与子公司并不是同一个单位，而是两个独立的法人经济实体。子公司的独立性主要表现在，它有自己的公司名称和公司章程，可以独立召集股东大会和董事会，具有独立的资产和资本，以自己的名义独立地进行各类经营活动等。在这种情况下，母公司在计算应交本国政府所得税的时候，就不能把外国子公司的收益视同自己的收益全部加以合并。这是因为，在子公司取得的收益中，有一部分属于其他股东。这样一来，子公司已交东道国政府的所得税，也就不能用来直接抵免母公司应交本国政府的所得税额。

母、子公司虽然属于两个不同的法人实体，但它们在经济上又存在着一定关联。作为投资者，母公司每年都从子公司的收益中取得一部分股息。这部分股息是子公司在交纳了东道国政府的所得税以后从税后利润中支付的。母公司在收到这部分股利后将其并入自己的收益，再向其居住国政府交纳所得税。这样就发生了18.3所讲的"经济性重复征税"。对于这种重复征税，只能用间接抵免法来给予免除。

18.5.2 间接抵免法的计算

在间接抵免法下，母公司应交居住国政府所得税的计算步骤如下：

1）计算属于母公司的外国子公司所得

如上所述，母公司往往只持有子公司的部分股份，所以子公司的所得自然不能全部归属于母公司。那么，应该并入母公司的子公司所得只能通过母公司实际收到的股利间接地推算或还原出来。用公式表示为：

$$\text{属于母公司的外国子公司所得} = \text{母公司所获股息} + \left(\text{外国子公司所得税} \times \frac{\text{母公司所获股息}}{\text{外国子公司的税后所得}}\right)$$

如果外国子公司采用的是比例税率，上式可简化为：

$$\text{属于母公司的外国子公司所得} = \frac{\text{母公司所获股息}}{1 - \text{外国子公司的所得税税率}}$$

2）计算应属母公司承担的外国子公司的所得税（即母公司所获股息已交外国所得税额）

既然母公司不能把子公司的所得全部并入其本身的所得，那么，子公司已交东道国政府的所得税也不能全部由母公司来承担，而应由母公司承担的外国子公司所得税也只能通过母公司的股利收益间接地推算出来。公式如下：

$$\frac{应属母公司承担的}{外国子公司所得税}=外国子公司所得\times\frac{母公司所获股息}{外国子公司的税后所得}\times 子公司所得税税率$$

如果外国子公司采用的是比例税率，上式可简化为：

$$\frac{应属母公司承担的}{外国子公司所得税}=\frac{母公司所获股息}{1-子公司所得税税率}\times 子公司所得税税率$$

3）计算抵免限额

公式如下：

抵免限额＝属于母公司的外国子公司所得×母公司所在国税率

4）确定母公司所在国允许母公司予以间接抵免的外国子公司已交所得税额（即"允许抵免额"）

将应属于母公司承担的外国子公司所得税（见第2步）与抵免限额（见第3步）相对比，以二者之中较小者作为"允许抵免额"，用公式表示为：

允许抵免额＝min{应属母公司承担的外国子公司所得税，抵免限额}

5）计算母公司应交居住国政府所得税

公式如下：

$$\frac{母公司应交居住国}{政府所得税}=(\frac{母公司本身}{的所得}+\frac{属于母公司的}{外国子公司所得})\times\frac{母公司}{所在国税率}-\frac{允许}{抵免额}$$

[例18-4] 假定甲国的母公司A在某一纳税年度的应税所得为\$8 000 000，它设在乙国的子公司B在同一年度的应税所得为\$5 000 000。已知甲、乙两国的所得税税率分别为40%和30%，子公司B向乙国政府交纳所得税\$1 500 000（\$5 000 000×30%）。此外，它还从税后利润中向母公司A分派了\$1400 000的股利。下面用间接抵免法计算母公司A应向其居住国甲国交纳的所得税（见表18-3）。

表18-3   计算过程

计算步骤	计算公式	计算结果
1.属于母公司A的外国子公司B所得	\$1 400 000÷（1-30%）	\$2 000 000
2.应属母公司A承担的外国子公司B所得税	\$1 400 000÷（1-30%）×30%	\$600 000
3.抵免限额	\$2 000 000×40%	\$800 000
4.允许抵免额	min {\$600 000，\$800 000}	\$600 000
5.母公司A应交居住国（甲）所得税	(\$8 000 000+\$2 000 000) ×40%-\$600 000	\$3 400 000

在本例中，应属母公司A承担的子公司B已交所得税额\$600 000全部得到了间接抵免。

为了便于读者理解，上文在阐述间接抵免法时没有考虑预提所得税问题。但是，按照惯例，子公司在向其母公司分派股利时，子公司所在国政府还要对母公司所获股利行使地域管辖权，征收预提所得税。预提所得税的纳税义务人是母公司，但往往以支付股利的子公司为代扣代缴义务人。既然这部分预提所得税是由同一法人经济实体的母公司所承担的，那么，母国政府在对母公司的包括股息收益在内的全部所得征税时，就要另行采用直接抵免法，对重复课征的这部分预提所得税给予免除。

仍以［例18-4］为例说明如下：

假定乙国政府对甲国母公司A的股利收益为\$1 400 000，按25%的税率征收了\$350 000（\$1 400 000×25%）的预提所得税，其他条件不变。在这种情况下，A公司应向其所在国甲国交纳的所得税计算如下：

（1）计算甲国政府允许直接抵免的母公司A已交乙国政府预提所得税的税额。

①抵免限额=\$1 400 000×40%=\$560 000

②母公司A实际已交乙国政府预提所得税=\$350 000

③允许直接抵免的已交乙国政府预提所得税=min ｛350 000，560 000｝=\$350 000

（2）对［例18-4］中的第5步（见前面的计算）进行调整，重新计算母公司A应向甲国政府交纳的所得税：

母公司A应交甲国所得税=（\$8 000 000+\$2 000 000）×40%-（\$600 000+\$350 000）=\$3 050 000

上面的计算说明，在未进行任何抵免之前，甲国政府对母公司A的全球所得\$10 000 000（包括A公司本身的所得\$8 000 000以及属于A公司的B子公司所得\$2 000 000）共应征税\$4 000 000（\$10 000 000×40%），从中扣除允许给予间接抵免的子公司B已交所得税额\$600 000以及允许给予直接抵免的母公司A已交乙国政府预提所得税\$350 000之后，甲国政府还要向母公司A净征所得税\$3 050 000。

18.6　国际避税的概念及常见的避税方式

18.6.1　国际避税的概念

国际避税（International Tax Avoidance），是指跨国纳税人利用各国税法的差别或漏洞以及有关税收协定的条款，采取种种公开的合法手段（如变更纳税人身份、改变经营地点或经营方式），以尽量减轻其国际纳税义务的行为。针对国际避税，各国税务当局一般通过采取完善税法以堵塞税法漏洞，或者对税收协定作出相应的补充规定等措施来加以解决。

与国际避税既相互联系又相互区别的另一个概念是国际逃税（International Tax Evasion）。国际逃税，是指跨国纳税人利用国际税收管理合作的困难和漏洞，采取种种隐蔽的非法手段（如匿报收入和财产，虚报成本和费用，伪造、涂改、销毁账册或票据，从事地下经济活动等）逃避国际纳税义务的行为。针对国际逃税，各国税务当局根据其国内税法或国际税收协定的规定，采取严厉措施，轻则要求补税和另处罚金，重则追究法律责任。

由此可见，国际避税与国际逃税的主要区别在于：前者是以合法的手段进行的，后者则是以非法的手段进行的。

国际避税的起因是多种多样的。跨国纳税人减轻税收负担，争取高额利润的意图是国际避税产生的主观原因。国际避税产生的客观原因，则主要是由于各国的税收制度存在差异。这些差异主要体现在：各国实行的税收管辖权不同，税率高低不一，税基有宽有窄，税收优惠有多有少，税收征管水平高低有别等。

18.6.2 常见的国际避税方式

跨国纳税人采用的避税方式多种多样，层出不穷。跨国公司常用的避税方式主要有以下几种：

1）避免成为高税国的居民公司

如果一家跨国公司被某个国家认定为居民公司，它就要对这个国家（居住国）承担全面纳税义务。换言之，跨国公司是哪个国家的法人居民，就要把来自全球各地的所得汇总到该国纳税。显然，高税国的居民公司比低税国的居民公司承担了更多的纳税义务。跨国公司可通过避免成为高税国居民公司的方式来减轻其国际税收负担。由于各国对法人居民身份的确认标准存在较大差异，所以避免成为高税国居民公司的手段亦各不相同。

在适用"登记注册地标准"的国家，判断某一跨国企业是否为本国居民的唯一准绳，就是要看该企业是否按照本国的法律在本国登记注册。例如，美国就是采用登记注册地标准的国家；一家跨国公司若想避免成为美国的居民公司，它就不应该在美国注册登记；如果已在美国登记注册，则可撤销这一登记，改在低税或免税的国家或地区办理注册登记。

在适用"实际管理控制中心所在地标准"的国家，判定某一跨国企业是否为本国居民的主要标准，就是要看该公司的实际管理和控制中心是否设在本国。而对实际管理和控制中心的识别，则是结合某些外部条件来进行的（见18.2）。因此，跨国公司若想避免成为某一高税国的居民公司，可以通过巧妙的安排，设法在该国消除使之成为实际管理控制中心所在地的象征因素，例如不在该国召开股东大会和董事会，不在该国保存公司账册和公布公司盈余分配方案，不从该国发出经营决策指令等。

在适用"总机构标准"的国家，判断某一跨国企业是否为本国居民的主要标准，就是要看该公司的总机构是否设在本国。一个跨国公司若想避免成为此类国家的居民公司，就不应该将其总公司、总店或总事务所等设在该类国家。若已设立，可将总机构从所在国迁出，或者将总机构改变为分支机构。

如果一个国家对法人居民身份的确认采用了两种或两种以上的标准，那么，跨国公司只有对症下药、并用若干方法，才能避免成为这一国家的居民公司。

2）利用延期纳税的规定

延期纳税是指在奉行属人原则、实行居民管辖权的国家，对本国居民公司设在国外的子公司所取得的利润等收入，在没有以股利等形式汇回母公司之前，对母公司不就其国外子公司的利润征税。母公司只有在收到子公司汇回的股利时，才向本国政府申报所得税。可见，母国政府对国外子公司的利润处理，采用的是现金收付制原则。

那么，应该如何利用这种延期纳税的规定呢？母公司可以在低税国或避税地建立一个子公司（最好是全资子公司），然后通过运用各种利润转移手段（如转移定价机制），使该子公司形成和积累大量的利润。这些利润长期积累在该子公司而不予分配，或者有意拖延一段时间后才以股利形式汇回母公司。这样一来，对于处于高税国的母公司来说，它就可以相应地推迟向本国政府交纳税款的时间，这无异于使该公司获得了一笔无息贷款。

3）选择有利的国外经营形式

当一家跨国公司决定在国外投资和从事营业活动时，通常有两种经营形式可供选择，即建立常设机构和组建子公司。其中，常设机构多以分支机构形式为主，如分公司、分店、分行、分所等。在选择国外经营形式时，不仅应考虑税收因素，而且应考虑其他各种非税收因素。单从税收负担方面而言，选择分支机构和子公司各有利弊。

（1）选择分支机构在税收负担方面的有利条件

一般说来，分支机构在税收负担方面具有下列有利条件：

①由于分支机构只是总公司在国外的附属单位或派出机构，因而无须在东道国履行复杂的注册手续，也不用交纳资本注册税和相应的印花税。

②由于总公司与分支机构属于同一个法人经济实体，所以分支机构向总公司支付的利息和特许权使用费等不需向东道国政府交纳预提所得税。

③分支机构不是独立的法人，故往往可以不公布或少公布财务资料，这样就易于逃避东道国税务机构的监督。

④按照国际税收惯例，国外分支机构的经营亏损可用以抵销总公司的全球利润。分支机构在建立之初往往会出现亏损，用这些亏损去冲抵总公司的利润，就可以降低总公司在其居住国的税收负担。

⑤可以利用避免国际重复征税的有利形式，如免税方法等。

（2）选择分支机构在税收方面的不利条件

选择分支机构在税收方面的不利条件如下：

①因为分支机构没有独立的法人地位，故往往无资格享受东道国政府为子公司提供的免税期或其他税收优惠措施。

②由于总公司与分支机构属于同一经济实体，所以有关税务当局对它们之间发生的交易格外留神，这就限制了它们对转移定价机制的自由运用。

③一旦分支机构取得利润，总公司就要在同一纳税年度内将这些利润向其母国纳税。这样一来，在外国税率低于母国税率的情况下，就无法获取延期纳税的好处。

④如果分支机构在日后转变为子公司，就可能要对由此产生的资本利得纳税。

子公司在税收方面的利弊与分支机构恰好相反，即分支机构的有利条件是子公司的不利条件，而分支机构的不利条件正好是子公司的有利条件。正因为两种经营形式各有利弊，所以跨国公司在进行国外投资决策时应该反复权衡，综合考虑，作出最有利的选择。一种较为常见的避税方案是：在国外经营的初期选择分支机构的形式，以便用分支机构开业初期的亏损冲抵总公司的应税利润。当分支机构由亏转盈之后，再及时转变为子公司，以便享受延期纳税的好处。

4）利用国际税收协定避税

如前所述，为了达到消除国际重复征税的目的，有关国家相互之间签订了双边协定。在这些税收协定中，缔约国双方往往都要作出相应的约束或让步，如降低来源国对居住国居民投资所得的预提所得税税率，或对某些项目所得减税或免税等。这些优惠规定只有缔约国居民才有资格享受。然而，非缔约国的居民（即本来无资格享受协定待遇的第三国居民）可以通过各种巧妙的安排，从另外两个国家签订的税收协定中谋取利益。现举例说明如下：

［例18-5］设甲国的A公司打算在丙国建立一家全资子公司C，因为甲、丙两国尚未缔结税收协定，所以A公司每年从子公司C收取股利时，将按高达30%的税率向丙国政府交纳预提所得税。假设甲国和乙国、乙国和丙国之间分别缔结了税收协定。其中，甲国和乙国缔结的税收协定规定，甲国居民来源于乙国的股利所得降为按5%的税率交纳预提所

得税，而乙国和丙国缔结的税收协定则规定，乙国居民来源于丙国的股息所得可以免征预提所得税。

甲国的 A 公司为减轻其股利收益在丙国承担的税负，可以在乙国组建一个子公司 B（乙国的居民），并使 B 公司持有丙国 C 公司的全部股份。这样，B 公司在向 C 公司收取股利时无须向丙国交纳预提所得税。然后，B 公司将收取的股息转付给甲国的母公司 A，而根据甲、乙两国之间的税收协定，这些股息仅需向乙国交纳 5% 的预提所得税。可见，B 公司的介入，使得甲国的 A 公司来源于丙国所得的总税负大大减轻了。显然，A 公司组建 B 公司的真正意图，并不是出于生产经营的实际需要，而是为了利用甲、乙和乙、丙两个双边税收协定，获取在丙国本来得不到的税收利益。

5）利用公司内部借贷款避税

在第 17 章，我们已对此做了较为详细的论述，此处从简。

6）利用转移定价机制避税

我们将在 18.7 对此做较为详细的探讨。

7）利用国际避税地避税

我们将在 18.8 讨论这个问题。

18.7 转让定价策略

18.7.1 无关联企业与关联企业

1）无关联企业（Nonrelated Enterprises）

如果两个或两个以上的企业在管理、控制或资本等方面彼此无任何联系，或者相互参股的程度较低，这些企业就称为无关联企业。

2）关联企业（Related Enterprises）

如果两个或两个以上的企业在管理、控制或资本等方面存在直接或间接的联系，并达到一定程度，这些企业就称为关联企业。具体来说，关联企业是指具有以下关系之一的企业：

（1）在资金、经营和购销等方面存在直接或间接的拥有或控制关系；

（2）直接或间接地同为第三者所拥有或控制；

（3）其他在利益上相关联的关系。

根据上面的解释，在跨国公司内部，母公司与其子公司（孙公司）之间、总公司与其分支机构之间、同属于一个母公司的各子公司（孙公司）之间以及同属于一个总公司的各分支机构之间等，都存在直接或间接的联系，因而均属于关联企业。

18.7.2 两类交易和不同的价格

跨国公司将其日常经济活动中所进行的交易分为两类并相应地采取了两种不同的交易价格。这两类交易为跨国公司与无关联企业之间发生的交易往来、跨国公司内部各关联企业之间发生的交易往来。

1）跨国公司与无关联企业之间发生的交易往来

由于跨国公司与外部无关联企业在管理、控制或资本等方面是无关联的，所以它们各自的经济利益也是相互独立的。它们之间的交易往来，如商品购销、借贷款、无形资产的转让、劳务的提供或接受等，一般会根据市场行情和标准进行计价或收费。这种由市场机制和供求关系决定的交易价格，称为正常交易价格（Arm's Length Prices），又称独立竞争价格、独立企业价格等。

2）跨国公司内部各关联企业之间发生的交易往来

由于专业分工与协作的需要，在一个跨国集团内部各关联企业之间必然会发生大量的转让交易。例如，甲国子公司A为乙国子公司B提供原材料，子公司B将生产出来的零部件提供给丙国母公司，由母公司加工装配后卖给市场上的无关联顾客。由于这些关联企业有着共同的利益并处于统一控制之下，所以它们之间各种交易的计价往往不受市场机制和供求关系的影响，而是由总部管理层根据跨国公司的全球战略目标人为确定的。这种基于共同利益的需要、经过有意安排的、可能会背离正常市场价格的各种内部交易价格或费用收取标准，就是"转让价格"（Transfer Price）。转让价格的制定过程则称为"转让定价"。转让定价，又称转移定价，是跨国公司实施全球一体化战略和实现公司总体目标的有效工具。合理地利用转移定价机制，可以使跨国公司内部的资金转移达到最适当的流量、流向和时机，从而取得最高的整体经济效益。

18.7.3 转让定价的主要动机和手段

总的来说，跨国公司利用转让定价机制的主要动机有两个，即税务动机和非税务动机。

1）税务动机

跨国转移定价的税务动机主要着眼于减轻跨国公司的整体税负。此处的"税负"主要包括公司所得税和关税。

（1）减少公司总体的所得税

①通过有形产品（如原材料、半成品、零部件）的转让定价，调整跨国集团内部各关联企业之间的利润分布，以利用各国所得税税率的差异，减少公司总体的所得税额。具体方法是：使高税率国的关联企业高价转入或低价卖出，使低税率国的企业低价转入或高价卖出，从而使利润的大部分甚至全部转至低税率国家。现举例说明如下：

[例18-6]设甲国的A公司在乙国设立了一个全资子公司B。A公司每月生产100 000个电路板，单位生产成本为\$10。这些电路板全部销售给子公司B，正常单位售价为\$15。子公司B收到这些电路板后，再按\$22的单位售价卖给无关联顾客。已知甲国所得税税率为30%，乙国所得税税率为50%，因为甲国税率比乙国税率低，所以A公司决定将转让给B公司的电路板的单位售价提高到\$18。按正常价格和高价进行内部交易的结果见表18-4。

从表18-4可以看出，在A公司按正常价格向子公司B转让电路板的情况下，A公司支付的所得税为\$120 000，子公司B支付的所得税为\$300 000，母子公司的总体税负为\$420 000。如果A公司按人为抬高的价格向子公司B转让电路板，则A公司支付的所得税为\$210 000，子公司B支付的所得税为\$150 000，母子公司的总体税负为\$360 000，合并净收益则为\$640 000。可见，这一转让定价策略使母子公司的总体税负降低了\$60 000。

②通过无形资产（如专利权、商标权、版权和专有技术等）的转让定价，减少公司整体的所得税额。前面已经讲到，无形资产在跨国公司内部转让时，按惯例要由出让方授予受让方特许使用权，并收取特许权使用费，使用费通常按每单位产品支付一定的金额或者以净销售收入的一定百分比计算。因为无形资产的转让不同于有形产品的交易，它具有独特、专有、一次性交易的特点，很少能找到可以比较的公平交易价格，所以无形资产的转

表18-4   转让定价的税负效应   单位：千美元

项目	A	B	A+B
按正常价格转让：			
销货收入	1 500	2 200	2 200
销货成本	1 000	1 500	1 000
毛利	500	700	1 200
其他费用	100	100	200
税前利润	400	600	1 000
所得税（A30%，B50%）	120	300	420
净收益	280	300	580
按高价转让：			
销货收入	1 800	2 200	2 200
销货成本	1 000	1 800	1 000
毛利	800	400	1 200
其他费用	100	100	200
税前利润	700	300	1 000
所得税（A30%，B50%）	210	150	360
净收益	490	150	640

让定价成为母公司用以调节资金流向的理想渠道。例如，在母公司向子公司转让无形资产时，它可以向高税国的子公司索取较高的特许权使用费以减少其应税利润，而对于低税国的子公司则可以采取相反的定价策略。

③通过劳务费用的分摊，减少公司整体的所得税额。这里所说的劳务费用包括专业服务费和母公司管理费等。专业服务费是母公司向子公司提供修理、安装、人员培训和咨询等专业性服务而向子公司收取的补偿费；母公司管理费是母公司对跨国经营活动进行全面管理所发生的一般性费用，这种费用也要按一定标准分摊给子公司。跨国公司通常采用与有形产品转让定价类似的原理和方法，以人为索取专业服务费和分摊管理费的形式将利润从高税率国转移到低税率国。

除以上几个方面外，跨国公司还可以通过其他方面的转让定价，如内部贷款利率的确定和租赁安排等，达到降低公司整体所得税负的目的。这方面的转让定价所涉及的基本原理与上述几个方面基本相同，此处不再赘述。

（2）减少公司总体的进出口关税

目前世界上大多数国家对进口产品征收关税，少数国家对特定出口商品也征收关税。如果关税是从价计征的，那么采用低价进出口的方法会降低关税。但是，如果同时达到公司所得税最小化与关税最小化这两个目标，则可能会发生矛盾。例如，甲国所得税税率很高，宜采用高价进口策略，但如果该国的关税税率也很高，那么高价进口就会带来较大的关税支出。

因此，对于关税和所得税税率两者皆高的国家，跨国公司在确定转移价格时需要进行权衡，以使所得税和关税的总额最小。

2）非税务动机

合理地利用转让定价机制，不仅能使跨国公司的整体税负达到最低，而且可以在公司生产经营的其他诸方面产生预期的积极效果。总的来说，跨国转移定价的非税务动机主要包括以下几个方面：

（1）避免或减轻通货膨胀的影响。通货膨胀会使企业货币性资产的购买力不断降低，进而侵蚀企业的财务能力。因此，设在高通货膨胀国家的子公司（或分支机构），应尽量保持最低限度的净货币性资产。国外子（分）公司的利润一般必须在年终结算后才能汇回母（总）公司，在此之前，如果预期某子（分）公司所在国货币将会大幅度贬值，那么母（总）公司就可以在平时对该子（分）公司实行"高进低出"的转移定价策略，提前将它的利润转移出来。

（2）避开外汇管制。如果东道国政府外汇管制过严，造成利润不能自由汇出，此时跨国公司就可能会采用转移定价来应对这种管制。例如，公司总部让该东道国子公司提高来自母公司的产品的进口价，可起到提高子公司产品名义核算成本、降低子公司账面利润的作用，从而达到调出利润的目的。此外，跨国公司还可利用向子公司提供高利贷款的方式，使子公司支付高额利息，从而将资金调出，达到避开东道国外汇管制的目的。

有一种现象值得我们注意：有些发展中国家的税率极低，但是在这些国家的外国公司却想方设法将它们的资金和利润转移出境。从追求税负最低的观点来看，这种现象似乎有些反常。但从避开外汇管制的角度看，这种做法是合情合理的。因为大多数发展中国家都制定了较为严格的外汇管制政策，有的跨国公司宁可将利润转移到高税国以避开发展中国家的外汇管制，也不愿为了降低税负而将资金或利润"冻结"在这些发展中国家。

（3）避免或减少投资的政治风险。当母（总）公司预计海外子（分）公司的资产面临着被东道国政府国有化或没收的风险时，就可能利用转让定价机制，对该子（分）公司实行"高价转入，低价转出"的策略，使该子（分）公司陷入财务赤字状态，达到逐渐耗空子（分）公司过去积蓄，实现从该东道国调回资本的目的。

（4）获取竞争优势。如果某一国外子（分）公司在市场上遇到了强大的竞争对手，跨国公司便可利用转移定价机制，以人为压低的价格向该子（分）公司供货，以使它能够在市场上进行低价竞销，最终击败竞争对手。此外，如果母（总）公司在国外建立了一个新公司，它可以向新设公司低价供应原材料、零部件和半成品，而以高价收购其制成品，这样就会使新设公司呈现出盈利可观的良好形象，从而有助于其迅速站稳脚跟，打开市场。

（5）调节子（分）公司的账面利润。跨国公司可以通过转让价格的高低来影响（调低或调高）子公司的账面利润水平，从而达到预期的目的。例如，某子公司需要在东道国筹集资金，因而希望表现出良好的获利能力和财务状况，以便能在当地资本市场上取得有利的地位，这时母公司就可以对子公司采取"低进高出"（即低价转入，高价转出）的定价策略，达到夸大该子公司盈利水平和改善其财务状况的目的。

但是，在某些情况下，母（总）公司需要隐藏子（分）公司的获利能力。这是因为，如果子公司获利丰厚，那么东道国政府就可能要求子公司在当地承担更多的社会义务，甚至可能对其过高的利润加以管制；在劳工方面可能会提出改善劳动条件、增加工资和福利的要求；新的竞争者也可能因受到高利润的吸引而打入本行业，造成竞争加剧等。在这种情况下，母（总）公司就可以通过对该子（分）公司实行"高进低出"的转让定价策略来降低子公司的过高盈利额，从而避免发生一些对跨国公司不利的情况。

（6）从合营企业中多捞好处。如果海外子公司是以合营企业的形式设立的，那么利润分配必然会涉及东道国的当地合营者。显然，合营企业经营得再好，母公司充其量也只能从形成的税后利润中分得一部分，当地合营者有权按其股权份额分享合营企业的利润。为了能从合营企业中多捞好处，母公司就可能在合营企业的最终利润形成之前，利用转让定价机制将合营企业的利润转移到其他独资子公司去。因此，在合营企业中，转让价格总是合营各方共同关注的敏感问题，许多矛盾也是由此产生的。

18.7.4　转让定价的限制因素

从上面的叙述可以看出，转让定价可以从多方面促进跨国公司总体目标的实现，它是跨国公司实施全球一体化战略的重要工具。但是，这并不意味着跨国公司可以无所顾忌地利用转让定价这一手段实现诸种目的。相反，转移价格的制定要受到许多外部因素和内部因素的制约。

1）约束转让定价的外部因素

转让定价会引起各国间的利益冲突和矛盾，这些矛盾表现为跨国公司与母国政府的矛盾、跨国公司与东道国政府的矛盾、母国政府与东道国政府的矛盾等。例如，抬高和压低转让价格可能会损害某个国家的税收权力，而使另一些国家在税收上得益，偏离正常水平的转让价格会损害子公司与东道国政府的关系，甚至会引起后者的报复。为了限制转让价格的随意使用，各国政府都对转移定价采取了相应的对策。控制转让价格运用的主要原则是"独立竞争交易"原则，即"局外价格"原则。根据这一原则，跨国公司内部两个成员单位之间的交易活动，应该被视为两个互无关系、处于相互竞争状态中的独立单位的交易，其内部交易价格应按两个独立单位讨价还价的局外价格确定。这些对策控制并缩小了跨国公司利用转让定价的范围。

2）约束转让定价的内部因素

转让定价机制可能会引发跨国公司内部各成员单位之间的利益冲突，因为人为制定的转让价格往往歪曲了各子（分）公司的经营成果，从而使跨国公司的业绩评价难以做到公平、合理。因此，转让价格的运用常常受到某些子公司经理人员和雇员的抵制。此外，如果子公司是以合营企业的形式出现的，转让价格的运用则很可能与当地合营者的利益相冲突。如果这种冲突难以调和，该子公司的持续经营就会受到威胁。

18.8　国际避税地

18.8.1　国际避税地的含义及特征

避税地（Tax Heavens），又称避税港或避税乐园，是跨国公司从事国际避税活动的重要场所。对于避税地的内涵及外延，至今尚未形成完全一致的看法。广义上，可以把避税地的定义简单归纳为一句话：避税地，是指通过免税或压低税率等办法，为跨国投资者提供特别优越的税收环境的国家和地区。

一般来说，避税地具有以下主要特征：（1）税率明显偏低，或者应税收益的范围偏窄；（2）常常放弃双边对等的原则，单方面给予税收上的特殊便利；（3）有着严格的保守银行秘密和商业秘密的传统；（4）本身财政预算支出不沉重，不必依靠重税；（5）实行宽松的海关条例、银行管理条例、工商企业管理办法和外汇管理办法等；（6）有一个安定的政治环境；（7）通信设施完备，交通便利；（8）往往是很小的国家或地区，在地理位置上靠近欧、美、澳各经济发达国家。

18.8.2 国际避税地的分类

国际避税地通常可分为以下四种类型：

（1）完全不开征所得税和一般财产税的国家和地区，如巴哈马、百慕大、开曼群岛、新赫布里底、特克斯和凯科斯群岛等。

（2）只征收较低的所得税和一般财产税的国家和地区，如瑞士、列支敦士登、所罗门群岛、英属维尔京群岛、新加坡等。

（3）完全放弃居民管辖权，只行使地域管辖权的国家和地区，如中国香港、巴拿马、马来西亚、阿根廷、委内瑞拉、海地、利比里亚等。

（4）实行正常的税收制度，但提供某些特殊税收优惠的国家和地区，如希腊、卢森堡、荷兰、爱尔兰、菲律宾等。

18.8.3 利用国际避税地从事避税活动的主要方法

在18.6，我们曾简单介绍了几种跨国公司常用的避税方式，许多避税方式是与国际避税地息息相关的。这里，我们专门从国际避税地的角度进一步探讨国际避税问题。

跨国纳税人利用国际避税地避税的主要手段是在避税地建立所谓的"基地公司"（Base Company），通过虚构的中介业务，并借助于低进高出的转移定价机制，向基地公司转移财产、利润和其他所得，以减轻或规避母公司或其他子公司所在国的高税负担。

跨国公司在避税地设立基地公司往往并不是基于工商业经营活动的真实需要，所以"信箱公司"（或称招牌公司或影子公司）便成为基地公司的基本形式。"信箱公司是指在基地国（即避税地）完成登记注册手续，具有法人资格，但并没有组织机构，也不从事真实营业活动，而仅仅存在于注册文件上，有一个信箱号，或在某个办公室外挂块牌子的公司"[①]。信箱公司的主要作用是把跨国公司在其他国家和地区的经营活动中产生的营业收入和其他所得通过虚构的中介业务归集在自己的名下，以达到避税的目的。在实践中，信箱公司的表现形式多种多样，在此仅讨论几种典型的形式。

1）贸易公司

贸易公司是指从事商品和劳务交易的公司，其主要职能是为跨国集团内部的商品和劳务交易开发票，通过虚构的贸易活动将高税国公司的利润转移到避税地。

例如，甲国的母公司分别在乙国和丙国设有A子公司和B子公司。A公司负责生产并向B公司提供零部件，而B公司则将这些零部件装配成某种电器产品，假定甲、乙、丙三国税负都很高。为了减轻税负，甲国母公司可以先在避税地丁国建立一个贸易公司C，由

---

① 葛惟熹. 国际税收学 [M]. 北京：中国财政经济出版社，2000：285.

C公司出面以人为压低的价格购买A公司的零部件，再以人为抬高的价格转手卖给B公司。在这一购销活动中，A公司的零部件并没有被转运到丁国，而是仍然直接从乙国运往B公司，C公司只是在账面上作出了购买和出售这些零部件的记录。显然，C公司的介入，致使A公司的销货收入下降，从而减少了其在乙国的应税收益；同时，B公司则因零部件进口成本提高而使应税收益减少。这样，本来应该体现在乙国和丙国的利润，大部分随着低进高出的转移价格注入了丁国C公司的账户。这些利润在丁国（避税地）只需交纳很少的所得税甚至完全不用交纳所得税。如果C公司用积累起来的利润在当地购置房地产，可能会享受到少交或免交房地产税的好处。如果出售这些房地产，还可能会避免财产收益原本应交纳的资本利得税。当然，母公司还可以指示C公司将其所积累的资金以贷款或投资等方式转移到母公司或其他子公司，这样就可能会享受有关国家利息抵税或投资优惠之类的待遇。

2）控股公司

控股公司，是指为了控制而并非投资目的，拥有其他一个或多个公司大部分股票或股份的公司。控股公司的收入主要是从子公司取得的股息以及出售股份或股票所产生的资本利得。下面，我们通过一个例子[①]来说明控股公司的避税功能。

例如，中国香港某母公司在美国建立了一家子公司，按照美国税法规定，美国子公司支付给香港母公司的股利要按30%的税率交纳预提所得税。为了减轻这笔税负，香港母公司可以先在荷兰建立一家控股公司，并使该控股公司拥有这家美国子公司。美国与荷兰之间订有税收条约。该条约规定，美国子公司支付给其荷兰母公司的股息按5%的税率交纳预提所得税。荷兰对控股公司收取的股息则不征税。由此可见，控股公司的介入，使公司集团的整体税负大大降低。

避税地控股公司利用自己有利的免税条件，可以发挥一种"转盘"作用，即通过将积累起来的资金在避税地或其他地区进行再投资，赚取更多的免税收入。控股公司也可以将积累起来的资金以贷款或投资等方式置于其母公司或其他子公司的支配之下，这样就可能使"借款人"享受到有关国家利息抵税或投资优惠之类的待遇。

3）金融公司

很多跨国公司在其内部设有金融公司。这些金融公司既可以充当公司集团内部借款与贷款的中介机构，为其不同成员从一国向另一国转送贷款，又可以向无关联企业提供正常贷款，以赚取利息收入。跨国公司在避税地建立金融公司，可以使利息所得少纳税或不纳税，而有利的税收协定则可能使利息支付国不征或少征预提所得税。

4）信托公司

有些跨国公司在避税地设立信托公司，并把远在避税地之外的财产虚设为避税地的信托财产，从而使这些财产的实际经营所得"名正言顺"地挂在信托公司的名下，以达到少纳税和不纳税的目的。

---

① 王铁军. 国际避税与反避税［M］. 3版. 北京：中国财政经济出版社，1987：110.

本章小结

目前，世界各国的税收制度一般为复税制。在复税制下，根据课税对象的性质可将各税种归纳为所得税、商品税和财产税等三大类。

税收管辖权是一国政府在征税方面所拥有的管理权力，它是国家主权在税收领域中的体现。一个国家的税收管辖权可以按属人和属地两种原则来确立。

两个或两个以上的国家在同一时期内，对同一跨国纳税人或不同纳税人的同一征税对象或税源征收相同或类似的税收就会产生国际重复征税现象。国际重复征税主要有法律性重复征税和经济性重复征税。在国际上，免除国际重复征税的方式主要有单边和双边或多边方式两种。为免除国际重复征税而采用的具体方法主要有扣除法、免除法和抵免法。按照不同的抵免方式和适用范围，抵免法可以进一步划分为直接抵免法和间接抵免法。直接抵免法适用于同一经济实体的跨国纳税人，即适用于位于居住国的总公司与位于非居住国的分公司（或其他形式的常设机构）之间的税收抵免。间接抵免法则是用以免除经济性重复征税的方法，适用于跨国母子公司之间的税收抵免。

国际避税是指跨国纳税人利用各国税法的差别或漏洞以及有关税收协定的条款，采取种种公开的合法手段，以尽量减轻其国际纳税义务的行为。针对国际避税，各国税务当局一般通过完善税法以堵塞税法漏洞，或者对税收协定作出相应的补充规定等措施来加以解决。

转让定价是跨国公司实施全球一体化战略和实现公司总体目标的有效工具。合理地利用转移定价机制，可以使跨国公司内部的资金转移达到最适当的流量、流向和时机，从而取得最高的整体经济效益。跨国公司利用转让定价机制的主要动机有税务和非税务动机两类。跨国转移定价的税务动机主要着眼于减轻跨国公司的整体税负（所得税和关税）。跨国转移定价的非税务动机主要包括避免或减轻通货膨胀的影响，避开外汇管制，避免或减少投资的政治风险，获取竞争优势，调节子（分）公司的账面利润，从合营企业中多捞好处等。

通过免税或压低税率等办法，为跨国投资者提供特别优越的税收环境的国家和地区称为避税地。跨国纳税人利用国际避税地避税的主要手段是：在避税地建立所谓的"基地公司"（Base Company），通过虚构的中介业务，并借助于低进高出的转移定价机制，向基地公司转移财产、利润和其他所得，以减轻或规避母公司或其他子公司所在国的高税负担。

主要概念与观念

税收管辖权 国际重复征税 直接抵免法 间接抵免法 转让定价 国际避税

基本训练

□ 知识题

18.1 什么是属人原则、属地原则以及居民税收管辖权和地域税收管辖权？它们之间的关系如何?

18.2 对同一跨国纳税人的国际重复征税是怎样发生的?试举例说明。

18.3 什么是法律性国际重复征税的减除?

18.4 试比较说明免税法、扣除法和抵免法三种避免国际重复征税方法的异同。

□ 技能题

18.1 设甲公司是设立在A国的总公司,当年在A国获取的收益额为\$5 000 000,它设立在B国的分公司于同年获取的收益为\$2 000 000。假设:

(1) A国的所得税税率为40%,B国的所得税税率为30%;

(2) A国的所得税税率为30%,B国的所得税税率为30%;

(3) A国的所得税税率为30%,B国的所得税税率为40%。

要求:请分别计算甲公司应向A国交纳的所得税额。

18.2 假定美国的母公司A在某一纳税年度的应税所得为\$300 000,它设在法国的子公司B在同一年度的应税所得为\$200 000。已知美国、法国两国的所得税税率分别为40%和30%。A公司拥有B公司50%的股权。法国对汇出股息征收10%的预提税。

要求:请计算母公司A应向居住国美国交纳的所得税额。

18.3 设有关资料见表18—5。

表18—5 相关资料

国 别	公 司	拥有下属公司股权	当年所得	所得税税率	预提税税率	股利分配率
A国	母公司	50%	\$1000 000	40%		
B国	子公司	50%	\$800 000	35%	0	100%
C国	孙公司		\$600 000	30%	0	100%

要求:计算母公司应向A国交纳的所得税额。

□ 能力题

18.1 设M公司是设立在中国的总公司,当年在本国获取的收益额为130万元;它设在乙国的分公司于同年获取的收益为70万元。设中国的所得税税率为25%,乙国的所得税税率为30%。

要求:请采用直接抵免法来计算M公司应向中国交纳的所得税额。

18.2 假定美国的母公司A在某一纳税年度的应税所得为\$300 000,它设在法国的子公司B在同一年度的应税所得为\$200 000。已知美国、法国两国的所得税税率分别为40%和30%。A公司拥有B公司50%的股权。

要求:请采用间接抵免法计算母公司A应向居住国美国交纳的所得税额。

第19章 | 跨国经营的业绩评价

学习目标

通过本章学习，应该达到以下目标：

知识目标：初步了解和掌握跨国经营业绩评价的主要特点及基本形式。

技能目标：学会跨国经营业绩评价的基本指标及其设计原理，了解跨国经营业绩评价的特殊性。

能力目标：学会分析和思考跨国经营评价中如何考虑汇率变动对业绩的影响以及如何区分单位与单位经理的业绩。

19.1 跨国经营业绩评价概述

19.1.1 跨国经营业绩评价的主要目的

跨国公司的经营目标是实现全球利润最大化。在经营过程中，母（总）公司通过对其国外附属公司（包括子公司和分公司，下同）实施财务控制和财务监督，使附属公司的目标与跨国公司的整体目标相一致。为使这种财务控制和财务监督充分有效，就必须有一套有效衡量国外附属公司经营业绩的方法。在实践中，跨国公司通过建立某种形式的业绩评价系统，对附属公司的经营业绩进行考核和评价。国外附属公司的经理人员负责监控本企业的日常营业活动并向总部管理人员定期汇报，总部管理人员则负责对国外附属公司提供的财务报告和非财务报告进行比较、解析和评价，以便对各附属公司的获利能力是否充足、财务状况是否良好、经营管理是否健全、业务前景是否光明等作出有根有据的判断，并在此基础上对附属公司的经理人员采取相应的奖惩措施。

根据某些专家对跨国公司所做的实际调查，跨国经营业绩评价的主要目的有：（1）保证跨国公司具有充分的盈利能力；（2）及时发现当前经营活动中存在的问题；（3）使公司的有限资源在全球范围内得到合理配置；（4）评价和激励经理人员。[1]

19.1.2 跨国经营业绩评价的复杂性

与只从事国内经营的公司相比，跨国公司的业绩评价要复杂得多。这种复杂性主要表现在以下几个方面：

---

[1] EITEMAN, STONEHILL, MOFFETT. Multinational business finance [M]. 6th Edition. Reading, MA: Addision-Wesley Publishing Company, 1992: 594.

1）跨国经营的多目标性

跨国公司作为一种经济实体，其生产经营活动的终极目的仍然是实现利润最大化。不过，营利并不是它们从事海外经营的唯一目的。跨国公司进行对外直接投资，除了追求短期超额利润以外，还可能是为了维持现有市场、扩大现有市场或开辟新市场、保证原材料等重要市场要素的稳定供应，或者分散经营风险等。这些目标具有全局性和长期性，它们强调的是长期利润最大化，而不是短期或局部利润的最大化。由此可见，跨国投资及其引起的跨国经营活动，是以营利作为终极目的的多目标经济活动。这种多目标性决定了跨国公司在对其附属公司进行业绩评价时必须采用多重评价标准和评价形式，这就大大增加了业绩评价的复杂性。

2）经营环境的特殊性

跨国公司的附属公司遍布全球各地，各国不同的传统、商业惯例和政策法规将会对附属公司的经营业绩产生直接影响。例如，东道国政府对商品价格的最高限制和对工资水平的最低限制将会对附属公司的经营业绩产生不利影响。跨国公司在进行业绩评价时必须将这些因素考虑在内。

3）总部集中决策的影响

有时候，总部管理层为了实现跨国公司的全球战略目标或谋求整体效益最大化，往往对某些重大决策进行集中控制和实施，如跨国转让价格的制定、公司内部往来账款的提前或推迟结算等。这些基于公司整体利益的战略决策超出了各附属公司的控制权限，却对它们的经营业绩具有显著影响。若不消除这些战略决策的影响，则会使附属公司的业绩评价变得毫无价值。

4）通货膨胀的存在

目前，通货膨胀已成为国际商业舞台上必不可少的幕景。通货膨胀的存在会直接影响附属公司资产和负债的当地通货价值，影响成本、费用、收入和收益的计量，从而使企业的财务状况、经营成果和现金流动情况被歪曲了，这给跨国经营业绩的评价带来了很大的困难。

5）汇率的频繁变动

由于世界各国政治、经济条件的相对变化以及国际金融市场上各种错综复杂关系的存在，各国货币的相对价值总是在频繁变动着。汇率的波动可能会影响国外附属公司的资产和负债的价值，影响其当期利润和未来现金流量。以当地货币计量的经营成果，若改用母国货币来计量，其结果会因为折算汇率的不同而不同，有时甚至会导致完全相反的结论。因此，汇率的频繁变动使跨国经营业绩的评价难上加难。

19.2 跨国经营业绩评价的基本原理

19.2.1 跨国经营业绩评价的基本形式

在每个经营期终了，母（总）公司都要采用一定的形式对其附属公司的当期经营业绩进行考核和评价。一般来说，跨国经营业绩评价的基本形式有下列三种：

1）纵向比较

将海外附属公司的本期业绩同其历史业绩相比较。在附属公司前后各期的经营环境变化不大的情况下，纵向比较便于发现经营业绩变化的情况及原因。但纵向比较法是一种"向后看"的比较分析方法，它强调的是"本年的经营业绩不能比往年水平差"。如果附属公司前后各期的经营环境发生了较大变化，纵向比较就会得出使人误解的结论。

2）横向比较

横向比较可分为两种形式。第一种形式是将国外附属公司的本期业绩与东道国竞争对手的同期业绩进行对比，以确定国外附属公司与竞争对手的差距，并据以采取改进措施。但是，由于海外附属公司的经营活动在很大程度上由母（总）公司统一安排并受其支配，因而其经营成果与竞争对手在独立经营条件下的经营成果往往缺乏可比性。这种比较也可能难以进行，这是因为有关竞争对手经营业绩的详细资料属于商业秘密，从而很难通过正常渠道获得。

横向比较的第二种形式是将跨国公司分布在不同国家或地区的各附属公司的同期业绩进行对比。在大多数情况下，这种对比的意义不大，原因如下：第一，各附属公司分布在不同国家或地区，它们是在各不相同的政治、经济、社会和文化环境中从事经营活动的，因而其经营业绩往往缺少可比性；第二，各附属公司的战略目标可能互不相同，将服从于不同战略目标的附属公司的经营业绩进行对比，往往难以揭示问题。

3）同预算比较

将国外附属公司的本期实际业绩与同期预算（即预定的业绩标准）进行对比。这是一种"向前看"的对比分析方法。预算的指标通常是根据各附属公司的具体经营目标，以其历史业绩水平为基础，参照东道国同行业竞争对手的有关资料，在对经营环境的变化进行预测的基础上编制的。将预算指标同实际经营业绩相比较，即可揭示出二者的差异。根据这一差异，可以发现生产经营和管理方面存在的薄弱环节，及时采取有效措施加以纠正。这种比较方法集合了横向比较和纵向比较的优点，并在很大程度上克服了二者的缺点，可以有效地发挥事前预测、事中控制和事后反馈的管理控制功能。有资料表明，"同预算比较"是跨国公司最常用和最有效的业绩评价形式。

19.2.2 跨国经营业绩评价的多指标体系

跨国经营活动的多目标性和跨国经营条件的复杂性，决定了在对跨国公司的国外附属公司进行行业绩评价时，不能采用单一指标，而是必须采用多指标体系。多指标体系一般包括财务指标和非财务指标两大类。

1）跨国经营业绩评价的财务指标

财务指标是以附属公司提交的财务报告为基础进行加工、计算得出的评价指标。比较重要的财务指标有：

（1）经营利润（Opreating Income），即经营收入扣减经营成本和经营费用后的余额；

（2）投资收益率（Return on Investment），即经营利润与投入资本的比率；

（3）产权收益率（Return on Equity），即经营利润与股东权益的比率；

（4）资产收益率（Return on Asset），即经营利润与资产总额（或净额）的比率；

（5）销售利润率（Return on Sales），即经营利润与销售总额（或净额）的比率；

（6）每股平均收益（Contribution to Earnings Per Share），即对每股盈利额所作出的贡献；

（7）子公司的经营现金流量（Operating Cash Flow to Subsidiary），即子公司的本期经

营活动带来的现金流量;

(8) 母公司的经营现金流量(Operating Cash Flow to Parent),包括子公司向母公司支付的特许权使用费、专业服务费、管理费和实际汇回的股利等;

(9) 剩余收益(Residual Income),即经营利润减去经营资产按规定的最低报酬率计算的投资报酬后的余额。

2)跨国经营业绩评价的非财务指标

非财务指标是适应跨国经营活动的多目标性和跨国经营条件的复杂性而设置的指标,主要包括:(1)市场占有率的提高;(2)产品质量控制;(3)与母公司和其他子公司的协作情况;(4)同东道国政府的关系;(5)环境适应性;(6)人才开发情况;(7)劳动力流动状况;(8)研究与开发情况;(9)生产率的提高;(10)雇员安全情况;(11)社会服务;(12)顾客满意程度。

非财务指标的可度量性远不如财务指标,因而在采用时必须对它们进行严格定义和量化,不可含混不清。例如,市场占有率应该用销售额或订货额在市场总销售额中所占的比重来计量;人才开发情况可以用提升的人数占总人数的比重来计量;顾客满意程度可以用订货撤销、销货退回以及产品返销的次数或频率来衡量。

3)20世纪80年代以来的实况调查

20世纪80年代以来,许多专家对跨国公司的业绩评价标准进行了实证研究。这里,我们仅介绍乔伊(F.D.S.Choi)和奇克维奇(I.J.Czechowicz)的调查结果。两位专家曾对64家美国跨国公司和24家非美国跨国公司的业绩评价标准进行了实况调查,结果表明,跨国经营业绩的评价采用了多重标准,其中财务指标占主导地位。这次调查采用的是分级打分制。评分等级共有四个,分别用1、2、3、4来表示。每个数字表示的含义如下:"1"表示"最重要";"2"表示"重要";"3"表示"重要性不大","4"表示"不采用"。乔伊和奇克维奇通过这次调查对财务指标和非财务指标的评价结果分别见表19-1和表19-2。①

从表19-1可以看出,无论是美国跨国公司还是非美国跨国公司,都将实际利润(或销售额)同预算比较、投资收益率和资产收益率作为重要的财务评价指标。细心的读者可能还会发现,美国跨国公司认为"母公司的经营现金流量"比"子公司的经营现金流量"更为重要,非美国跨国公司则持相反的看法。

表19-2则告诉我们,对于美国跨国公司来说,"市场占有率的提高"是最为重要的非财务指标;而在非美国跨国公司看来,"生产率的提高"与"市场占有率的提高"同等重要。

表19-1和表19-2都将"对单位的业绩评价"与"对单位经理的业绩评价"区分开来。有关这一问题的论述详见下节。

20世纪80年代以来的许多实证研究表明,在跨国公司的业绩指标体系中,财务指标占主导地位,而非财务指标则受到了不同程度的忽视。这种做法是不够妥当的。这是因为,一般来说,各种财务指标均着眼于短期利润,而非财务指标则具有长期性和战略性。从表面上看,非财务指标中的许多指标似乎同企业的财务成果没有直接联系,但从更深的

---

① EITEMAN, STONEHILL, MOFFETT. Multinational business finance [M]. 6th Edition. Reading, MA: Addision-Wesley Publishing Company, 1992: 596-597.

表19-1 跨国经营业绩评价所用财务指标的重要性评级

财务指标	美国跨国公司（64家）		非美国跨国公司（24家）		合计（88家）	
	对单位的业绩评价	对单位经理的业绩评价	对单位的业绩评价	对单位经理的业绩评价	对单位的业绩评价	对单位经理的业绩评价
投资收益率（ROI）	1.8	2.2	2.1	2.2	1.9	2.2
产权收益率（ROE）	3.0	3.0	2.9	3.0	3.0	3.0
资产收益率（ROA）	2.3	2.3	2.2	2.4	2.3	2.3
销售利润率	2.2	2.1	1.9	2.1	2.1	2.1
每股平均收益	2.8	3.2	3.5	3.4	3.0	3.2
子公司的经营现金流量	2.5	2.7	2.2	2.5	2.4	2.7
母公司的经营现金流量	2.3	2.8	2.5	2.6	2.3	2.7
剩余收益	3.4	3.3	3.4	3.2	3.4	3.3
实际销售额同预算比较	2.0	1.6	1.9	1.8	1.9	1.7
实际利润同预算比较	1.5	1.4	1.4	1.3	1.5	1.3
实际ROI同预算比较	2.3	2.4	2.4	2.5	2.3	2.4
实际ROA同预算比较	2.6	2.7	2.7	2.2	2.7	2.5
实际ROE同预算比较	3.1	2.9	3.2	3.1	3.1	3.0

表19-2 跨国经营业绩评价所用非财务指标的重要性评级

非财务指标	美国跨国公司（64家）		非美国跨国公司（24家）		合计（88家）	
业绩评价	对单位的业绩评价	对单位经理的业绩评价	对单位的业绩评价	对单位经理的业绩评价	对单位的业绩评价	对单位经理的业绩评价
市场占有率的提高	1.8	1.5	1.7	1.6	1.8	1.5
产品质量控制	2.2	1.9	2.4	2.0	2.3	1.9
与母公司和其他子公司的协作情况	2.4	2.0	2.5	2.1	2.4	2.0
与东道国政府的关系	2.1	1.8	2.4	1.9	2.1	1.9
环境适应性	2.4	2.3	2.5	2.4	2.4	2.3
人才开发情况	2.4	2.0	2.4	2.2	2.4	2.0
劳动力流动状况	2.7	2.5	2.8	2.7	2.8	2.6
研究与开发情况	3.1	3.2	2.8	2.7	2.8	2.6
生产率的提高	2.2	2.1	1.7	1.6	2.0	2.0
雇员安全情况	2.4	2.2	2.2	2.3	2.4	2.2
社会服务	2.9	2.8	2.8	2.5	2.9	2.7

层次来看，它们完成得好坏对企业整体的盛衰、成败影响极大，因而要引起充分的重视。因为如果不扎扎实实在这些方面下功夫，企业就不可能在全球激烈的竞争中处于有利地位，就不可能较长时间地保持较高的盈利能力与适应能力。

19.3　跨国经营业绩评价中的要点与难点

由于跨国经营条件的多变性和复杂性，建立一个行之有效的业绩评价系统往往是一件较为困难的事。在本节，我们将就跨国经营业绩评价中的几个重要而又困难的方面展开讨论。

19.3.1　区分单位与单位经理的业绩

在进行跨国经营业绩评价时，是否应该将"附属公司的经营业绩"（以下简称"单位的业绩"）和"附属公司经理人员的经营业绩"（以下简称"单位经理的业绩"）区分开来呢？对此存在以下两种对立的观点：

一种观点认为，应该把单位的业绩与单位经理的业绩看作一回事，因为国外单位的经营活动采取的是经理负责制，经理人员的工作质量和工作成绩自然会体现在本经营单位的经营成果上，所以脱离单位成果来评价单位经理的业绩是不现实的。

另一种观点认为，应该把单位的业绩与单位经理的业绩明确区分开来，否则就无法有效地发挥业绩评价的激励和控制作用。理由是：国外附属公司作为一个经营实体，其实际经营成果可能受各种内部和外部因素的影响，这些因素不是附属公司的经理人员所能完全控制的。例如，东道国政府的外汇管制、不合理的工资和价格政策等，都可能有损附属公司的经营业绩，但这些因素却超出了附属公司经理人员的可控范围。因此，在评价单位经理的业绩时，应该消除这些不可控因素的影响。这种观点还认为，在衡量国外经营单位的经营业绩时，应着重看它对跨国公司整体所作贡献的大小，而在衡量单位经理的业绩时，则应着重分析其尽职尽责的程度以及工作质量的高低。在实践中，很多跨国公司根据投资报酬率的高低以及其他衡量指标的好坏来评价单位的业绩，而对单位经理的业绩评价，则主要看他预算执行得如何。

从理论上讲，如果单位经理能够对与本单位经营业绩有关的所有因素施加影响，那么将单位的业绩与单位经理的业绩视为一体是比较合适的，然而，在实践中这种情况是较为少见的。因此，在大多数情况下，还是需要将单位经理的业绩与单位的业绩区分开来。也就是说，对于单位经理人员，只能以他可以控制的资产、负债、收入和费用项目为基础来进行评价，剔除其无法控制的因素的影响。在实务中，可以通过把资产负债表和利润表上的项目分为单位经理可控的和不可控的两部分来达到上述目的，见表19-3。

19.3.2　公司内部资金移动对跨国经营业绩评价的影响

第17章已经讲到，从财务管理的角度来看，跨国公司的显著特征就在于通过各种内部转移机制和方法，使资金和利润在公司内部各部分之间流动。跨国公司的内部资金流动有多种表现形式，这里我们仅讨论跨国转让定价以及内部往来账款的提前或推迟结算对业绩评价的影响。

1）转让定价对业绩评价的影响

如第18章所述，由于专业分工与协作的需要，跨国公司集团内部各关联企业之间必

表19-3　　　　　　　区分可控和不可控项目的财务报表（当地货币）

	单位经理可控的	单位经理不可控的
资产负债表		
资产（详细项目）	××	××
负债（详细项目）	××	××
权益（详细项目）	××	××
利润表		
收入		××
经营费用	××	××
利息	××	××
其他	××	××
税款	××	××
净收益	××	××

然会发生大量的转让交易。由于这些关联企业有着共同的利益并处于同一控制之下，所以它们之间各种交易的计价往往不受市场机制或供求关系的影响，而是由总部管理层根据跨国公司的全球战略目标人为确定的。这种经过有意安排的、背离正常市场价格的内部转让价格往往会歪曲各关联企业的经营成果。如果附属公司被当成"利润中心"，那么转让定价将会对附属公司及其经理人员的业绩评价产生显著影响。在这种情况下，附属公司的经理人员可能会从本位利益出发，抵制或不愿执行母（总）公司基于全球战略而制定的转让定价策略。因此，跨国经营业绩的评价应尽可能排除转移定价的影响。例如，如果A子公司（卖方）对B子公司（买方）的转让价格低于正常交易价格，那么在测算这两个子公司的实际利润时，就应按市价（或总部认可的其他标准）对A子公司的销货收入和B子公司的购货或销货成本进行重新计量，以消除转移定价对交易双方经营利润的影响。

2）提前或推迟结算对业绩评价的影响

如第17章所述，跨国公司日趋庞大的内部交易，造成了数量可观的内部应收应付账款。有时候，内部往来账款结算的时间可以因整个公司的利益而提前或推迟。这一措施在内部融资、外汇风险和冻结资金管理等方面都是行之有效的。然而，提前或推迟结算可能会歪曲附属公司的经营利润和有关财务比率。例如，假设跨国公司的两个子公司之间因购销货物而发生应收应付款项，总部管理层基于全球利益而要求卖方子公司推迟向买方子公司收取货款。如果上述安排导致卖方子公司发生资金周转困难，那么它可能只好向银行借款，而这种做法则不可避免地导致其利息费用的增加和经营利润的减少。除此之外，提前结算还使卖方子公司的"应收账款占销货收入的比率"提高了。由于提前或推迟结算只是跨国公司的内部政策，所以在对以上两个子公司及其经理人员进行业绩评价时，也应尽可能排除这一策略的影响。方法是：将应收账款的持有成本从卖方子公司的营业费用中扣除，同时将这些成本加到买方子公司的营业费用中去。对交易双方的资产、负债也可作出类似的调整。如果不作出这些调整，卖方子公司可能会拒绝继续向买方子公司延长信用期限。

[例19-1] 设甲子公司每年要向乙子公司提供某种产品50 000单位，该产品的正常单位售价为$100，但总部基于全球考虑而确定的转让价格为$95。

另外，假定如果不改变信用期限，甲子公司内部应收账款的平均余额为$250 000，但如果总部要求甲子公司向乙子公司延长信用期限，那么甲子公司内部应收账款的平均余额将会提高到$750 000。

转移定价与推迟结算对甲子公司有关财务指标的联合影响见表19-4。

表19-4　　　　　　　　　　转移定价与推迟结算的联合影响　　　　　　　　　单位：美元

利润	A	B
单价	100	95
销量	50 000	50 000
总收入	5 000 000	4 750 000
经营成本	3 000 000	3 000 000
其他费用	1 500 000	1 500 000
总成本	4 500 000	4 500 000
税前利润	500 000	250 000
所得税（50%）	250 000	125 000
税后利润	250 000	125 000
销售利润率	5%	2.6%
资产	C	D
内部应收款	250 000	750 000
其他资产	1 000 000	1 000 000
总资产	1 250 000	1 750 000

资产收益率		
	利润A（250 000）	利润B（125 000）
资产C（1 250 000）	20%	10%
资产D（1 750 000）	14%	7%

19.3.3 通货膨胀对业绩评价的影响及消除影响的方法

1）通货膨胀对业绩评价的影响

在币值基本稳定的情况下，以历史成本为基础的财务报表基本上能够描绘出企业经营成果和财务状况的真实图景。但近几十年来，世界各国普遍出现了长期持续的通货膨胀或货币贬值。在这种情况下，跨国公司的国外附属公司按"币值稳定"观念提供的财务会计资料已经无法客观地反映其真实的财务状况和经营成果。具体来说，通货膨胀对国外附属公司的财务报表及其业绩评价的影响主要表现在：

（1）按历史成本表述的账面资产总值明显地低于其现行价值，使企业的实力被歪曲；

（2）销货成本明显地被低估；

（3）按现行价格（即销售时的币值或物价水平）计量的销货收入与按历史成本计量的销货成本相配比，导致利润虚增；

（4）由于以上因素，资产报酬率或投资报酬被"成倍"地高估；

（5）附属公司不同时期的经营业绩的对比失去了价值；

（6）各附属公司之间经营业绩的对比变得毫无意义。

2）消除通货膨胀影响的方法

在高通货膨胀率的条件下，如果不对通货膨胀的影响进行调整，就会使财务指标的计算严重失实，从而使跨国经营业绩的评价失去其固有的激励和控制作用。那么应该如何进行调整呢？目前，旨在消除通货膨胀影响的会计程序和方法主要有两种：

（1）按东道国的一般物价指数，将附属公司财务报表上各个项目的历史价格金额调整为不变价格金额。一般物价指数，就是按加权平均法计算的各不同时期的一般物价水平与基期物价水平的比率。这种调整会在一定程度上增强不同企业财务报表之间和同一企业不同期间的财务报表之间的可比性。

（2）资产的重置成本代替历史成本。按照这一方法，资产负债表上的各项资产均按结算日（编表日）的重置成本反映，而损益表内由已耗资产所构成的有关成本和费用则按其在耗用时的重置成本反映，并在这一基础上相应地调整企业的经营成果。这种方法也可以较好地增强财务报表的可比性。例如，两个使用相同的财产设备、经营业务完全相同的附属公司，尽管其财产设备的历史成本会有差别，但如果都按现行重置成本计价，那么所确定的经营收益以及据以计算得出的投资收益率就能建立在可比的基础之上。然而，这种方法在实践中的应用受到局限，因为重置成本的数据往往难以取得。

19.3.4 汇率变动对业绩评价的影响

由于这个问题所涉及的内容较多、难度较大，我们将在下一节做较为深入的探讨。

19.4 汇率变动对跨国经营业绩评价的影响

19.4.1 当地货币观点和母国货币观点

附属公司在国外开展经营活动，一般以其所在国的货币（以下简称"当地货币"）作为"功能货币"（即记账本位币）。由于汇率的频繁波动，按当地货币计量的经营利润，若改用母国货币来计量，其数额则会因折算汇率的不同而不同，甚至可能变成亏损。那么，附属公司及其经理人员的经营业绩应该用哪种货币来计量和评价呢？对此存在以下两种观点：

一是"当地货币观点"。持这种观点的人士认为，附属公司是在不同于本国的国外环境中相对独立地进行经营活动的，其经营业绩应该用当地货币来计量和评价；从长远看，按当地货币计量能取得好成绩的，按母国货币来表述也必将是好成绩。在按这种观点进行业绩评价时，对外币折算损益不予考虑。

二是"母国货币观点"。持这种观点的人士认为，附属公司的经营活动是母（总）公司经营活动在国外的扩展，母公司的股东关心的是母国货币收益而不是外国货币收益，所以附属公司及其经理人员的经营业绩应该用母国货币来计量和评价，将各个附属公司的经营成果换算成母国货币，也便于对它们进行横向比较。

20世纪80年代，国际经营研究小组（Business International Research Team，BIRT），曾对跨国经营业绩评价的货币选择问题进行了调查。调查结果如下：在美国的跨国公司中，用母国货币的占44%，用当地货币的占9%，同时用两种货币的占28%；与此不同，在欧洲的跨国公司中，用母国货币的占11%，用当地货币的占44%，同时用两种货币的占24%。[①]可见，多数美国跨国公司在跨国经营业绩评价中采用了"母国货币观点"，而多数欧洲跨国公司采用了"当地货币观点"。

19.4.2 经营预算的编制及实际经营业绩的追溯

如前所述，"同预算比较"是跨国公司最常用和最有效的业绩评价形式。由于附属公司一般以当地货币作为功能货币，所以其经营预算的编制以及预算执行的结果都首先是用当地货币计量的。如果跨国公司在业绩评价中采用了上文所述的"母国货币观点"，就需要按照某种汇率将附属公司编制的经营预算以及预算的实际执行结果换算成母国货币来表示。[②]汇率的变动以及折算汇率的选择可能会导致预算与实际之间的差异，这种差异与一般的价格差异显然不同。一个健全有效的业绩评价系统应该能够独立地计量汇率变动对国外附属公司及其经理人员经营业绩的影响。

在将附属公司以当地货币表述的经营预算及预算执行结果折算成母国货币时，一般有三种汇率可供选择：

（1）期初汇率，即预算期期初金融市场上的即期汇率；

（2）预期汇率，即编制预算时所预计的预算期终了时的通行汇率；

（3）期末汇率，即预算期终了时金融市场上的（实际）即期汇率。

以上三种汇率若分别用以确定经营预算和追溯实际经营业绩，则可得到9种组合，见表19-5[③]。

在以上9种组合中，P-1、E-1、A-2和E-2是不合理的或不合逻辑的，我们不予考虑；在其余5种组合中，A-1、P-2和E-3具有共同之处，即它们在确定经营预算和追溯实际经营业绩时均使用相同的汇率。在这三种组合下，经营业绩的计量与评价不受汇率变动的影响。而在组合A-3和P-3中，附属公司的经理人员要对汇率变动所导致的差异承担一定责任。下面，我们以一个具体的例子来说明。

［例19-2］[④]某国外子公司期初编制的用东道国货币（LC）表述的年度经营预算见表19-6。

① 白肇鲁，王德升，阎金锷. 国际会计［M］. 2版. 北京：中国审计出版社，1993：509.
② 就那些采用"当地货币观点"进行业绩评价的跨国公司来说，它们可能也需要将附属公司的经营预算以及预算执行结果换算成母国货币，但这种换算不是为了业绩评价，而是为了便于总部理解或编制合并报表。
③ EITEMAN, STONEHILL, MOFFETT. Multinational business finance［M］. 6th Edition. Reading, MA: Addision-Wesley Publishing Company，1992：598.
④ LESSARD, LORANGE. Currency changes and management control: resolving the centralization/decentralization dilemma［J］. Accounting Review.1977：630. 转引自：EITEMAN, STONEHILL, MOFFETT. Multinational business finance［M］. 6th Edition.Reading, MA: Addision-Wesley Publishing Company，1992：598.

表19-5　**业绩评价中的汇率组合**

编制预算所用汇率		追溯实际经营业绩所用汇率：期初汇率	追溯实际经营业绩所用汇率：预期汇率	追溯实际经营业绩所用汇率：期末汇率
编制预算所用汇率	期初汇率	A-1 编制预算用期初汇率 追溯实绩用期初汇率	A-2 编制预算用期初汇率 追溯实绩用预期汇率	A-3 编制预算用期初汇率 追溯实绩用期末汇率
	预期汇率	P-1 编制预算用预期汇率 追溯实绩用期初汇率	P-2 编制预算用预期汇率 追溯实绩用预期汇率	P-3 编制预算用预期汇率 追溯实绩用期末汇率
	期末汇率	E-1 编制预算用期末汇率 追溯实绩用期初汇率	E-2 编制预算用期末汇率 追溯实绩用预期汇率	E-3 编制预算用期末汇率 追溯实绩用期末汇率

表19-6　**年度经营预算**

项　目	金　额
销货收入	LC100 000
销货成本	LC75 000
经营费用	LC10 000
经营利润	LC15 000

其他条件如下：

（1）设该子公司的预算执行结果（若用当地货币LC表示）与经营预算完全相同，没有发生差异。

（2）该子公司经常保持的“受汇率变动影响的净资产”（即“暴露资产”）为LC50 000。

（3）当地货币LC与母公司所在国货币H之间的汇率变动情况如下：

①预算期期初金融市场上的即期汇率（即“期初汇率”）为L/H=1/20；

②预算期期初金融市场上为期一年的远期汇率（即“预期汇率”）为L/H=1/25；

③预算期终了时金融市场上的即期汇率（即“期末汇率”）为L/H=1/30。

（4）为了简便起见，我们不考虑所得税。

将该子公司的经营预算及预算执行结果转化为用母国货币（H）来表述。由于选用的折算汇率不同，因而实际经营成果与预算之间的差异（预算差异）也因之各异。根据上文给出的数据和条件，分别按A-1、A-3、P-2、P-3和E-3五种可行的汇率组合进行业绩评价，评价结果见表19-7。

表19-7 不同汇率组合方案下的预算差异

组合　项目	A-1				A-3	
	用期初汇率编制预算（L/H=1/20）	用期初汇率追溯实绩（L/H=1/20）			用期初汇率编制预算（L/H=1/20）	用期末汇率追溯实绩（L/H=1/30）
销货收入	5 000	5 000			5 000	3 333
销货成本	3 750	3 750			3 750	2 500
经营费用	500	500			500	333
暴露资产损失	0	0			0	833
经营损益	750	750			750	（333）
预算差异		0				-1 083

组合　项目	P-2		P-3	
	用预期汇率编制预算（L/H=1/25）	用预期汇率追溯实绩（L/H=1/25）	用预期汇率编制预算（L/H=1/25）	用期末汇率追溯实绩（L/H=1/30）
销货收入	4 000	4 000	4 000	3 333
销货成本	3 000	3 000	3 000	2 500
经营费用	400	400	400	333
暴露资产损失	500	500	500	833
经营损益	100	100	100	（333）
预算差异		0		-433

组合　项目	E-3	
	用期末汇率编制预算（L/H=1/30）	用期末汇率追溯实绩（L/H=1/30）
销货收入	3 333	3 333
销货成本	2 500	2 500
经营费用	333	333
暴露资产损失	833	833
经营损益	（333）	（333）
预算差异		0

下面将对上述五种组合分别进行说明：

（1）组合 A-1：编制预算和追溯实绩都用期初汇率。

这种组合假定预算期内汇率不会发生变化，因而不会发生"暴露资产损失"。由于预算和实绩是按同一汇率折算的，所以所得出的"预算差异"为0。汇率的实际变动对国外经理人员的业绩评价没有影响。这种方法不能鼓励国外经理在经营决策中对汇率变动作出预计。

（2）组合 P-2：编制预算和追溯实绩都用预期汇率。

这种组合需要对未来汇率的变动作出预测。在本例中，由于预期汇率与期初汇率不同，导致受汇率变动影响的净资产即"暴露资产"发生了 H500（LC50 000/20-LC50 000/25）的折算损失。在这种组合下，预算和实绩都是按同一汇率折算的，因而据以得出的预算差异为0。这种方法会鼓励国外经理在经营预算中考虑预期汇率变动的影响。

（3）组合 E-3：编制预算和追溯实绩都用期末汇率。

在这种组合下，经营预算一开始是用期初汇率编制的，但这一预算要随着经营期内汇率的变动不断进行修订。这样，到了期末，经营预算就是按期末汇率折算的，而实际经营业绩也是按期末汇率折算的。在本例中，由于期末汇率与期初汇率不同，导致"暴露资产"发生了 H833（LC50 000/20-LC50 000/30）的折算损失。但由于预算和实绩的折算用的是同一汇率，所以预算差异为0，即子公司经理人员对汇率变动不负任何责任。这种方法不能鼓励国外经理在经营决策中考虑汇率变动因素。

（4）组合 A-3：编制预算用期初汇率，追溯实绩用期末汇率。

在这种组合下，由于期末汇率与期初汇率不同，导致"暴露资产"发生了 H833 的折算损失。就经营利润来说，按期初汇率确定的预算利润为 H750，而按期末汇率折算的实际经营成果为-H333，预算差异为-H1 083（-H333-H750）。采用这种方法，国外经理需要对核算期内的汇率变动（包括预计的和未曾预计的汇率变动）负全面责任；然而，国外经理可能无法预测未来汇率的变动，也不能自主调整经营计划去规避可能发生的外汇风险。国外经理也可能被迫采取对整个跨国公司来说并非最优的套期保值行动。

（5）组合 P-3：编制预算用预期汇率，追溯实绩用期末汇率。

在这种组合下，因期末汇率与预期汇率不同而引起的预算差异（本例为-H433）由子公司经理来负担。换言之，这种方法使国外经理不对预期的汇率变动负责，但却要对未曾预计的汇率变动负责。这种方法也可能会鼓励国外经理进行套期保值。

上述五种汇率组合应该如何选择呢？这要根据国外经理的权限来决定。如果国外经理被授权对汇率变动进行决策，则应根据其责任大小，分别采用组合 A-3 和组合 P-3。这样的授权可以保障国外经营对母公司的经济价值，同时可以激励国外经理采取套期保值等积极措施来消除外汇风险。如果外汇风险是由总部集中管理的，则应采用组合 A-1、P-2 和 E-3 三者之一或者直接采用当地货币进行评价。

有关专家对 200 家跨国公司进行了实证调查。调查结果表明，在实践中被采用的汇率组合只有三种：50% 的跨国公司采用了组合 P-3；30% 的跨国公司采用了组合 P-2；20% 的跨国公司采用了组合 A-3。①

① SHAPIRO. Multinational financial management [M]. 2nd Edition.Boston, MA: Allyn and Bacon, 1994: 644-645.

▌本章小结▌

　　跨国公司的经营目标是实现全球利润最大化。在经营过程中，母（总）公司为了对其国外附属公司（包括子公司和分公司，下同）实施充分有效的财务控制和财务监督，往往通过建立某种形式的业绩评价系统，对附属公司的经营业绩进行考核和评价。跨国经营业绩评价的主要目的是保证跨国公司具有充分的盈利能力，及时发现当前经营活动中存在的问题，从而使公司的有限资源在全球范围内得到合理配置，同时有效地评价和激励经理人员。

　　跨国经营业绩评价的基本形式有纵向比较、横向比较、同预算比较三种。跨国经营活动的多目标性和跨国经营条件的复杂性，决定了对跨国公司的国外附属公司进行业绩评价一般采用财务指标和非财务指标相结合的多指标体系。跨国经营业绩评价的重要财务指标有经营利润、投资收益率、产权收益率、资产收益率、销售利润率、每股平均收益、子公司的经营现金流量、母公司的经营现金流量和剩余收益。跨国经营业绩评价的非财务指标主要包括市场占有率的提高、产品质量控制、与母公司和其他子公司的协作情况、同东道国政府的关系、环境适应性、人才开发情况、劳动力流动状况、研究与开发情况、生产率的提高、雇员安全情况、社会服务和顾客满意程度。

　　跨国经营业绩评价中应区分单位与单位经理的业绩，并充分注意公司内部资金移动对跨国经营业绩评价的影响、通货膨胀对业绩评价的影响、经营预算的编制及实际经营业绩的追溯等问题。

▌主要概念与观念▌

　　经营利润　投资收益率　产权收益率　资产收益率　销售利润率　子公司的经营现金流量　对母公司的经营现金流量　剩余收益

▌基本训练▌

□ 知识题

19.1　跨国经营业绩评价的目的是什么？其复杂性表现在何处？

19.2　跨国业绩评价指标主要包括哪几类？各自包括哪些指标？

19.3　跨国经营业绩评价的基本形式有哪些？

19.4　跨国经营业绩评价中应注意的要点与难点是什么？

□ 技能题

美国甲公司在巴西投资 US\$400 000 000 设立子公司乙公司，有关条件如下：

（1）设该子公司的预算执行结果（若用当地货币 LC 表示）与经营预算完全相同，没有发生差异。

（2）当地货币 Cr\$ 与母公司所在国货币 US\$ 之间的汇率变动情况如下：

①预算期期初金融市场上的即期汇率（即"期初汇率"）为 Cr\$100/US\$1；

②预算期期初金融市场上为期一年的远期汇率（即"预期汇率"）为 Cr\$200/US\$1；

③预算期终了时金融市场上的即期汇率（即"期末汇率"）为 Cr\$250/US\$1。

（3）为了简便起见，我们不考虑所得税。

（4）2023年度经营预算见表19-8。

表19-8   **2023年度经营预算**

项目	金额
销货收入	Cr\$120 000 000
经营费用	Cr\$80 000 000
经营利润（EBIT）	Cr\$40 000 000

要求：

（1）编制与表19-7一样的表，你认为哪种方案最优？为什么？

（2）如果巴西子公司经理仅对交易和换算的利得与损失负责，你将对巴西子公司的控制系统做何调整？为什么？

□ 能力题

设IBM公司在巴西和德国分别设立附属公司，你认为采用什么样的标准对每个附属公司的经营业绩进行评价比较合适？为使业绩评价做到公平合理，你认为应做哪些调整？

本篇案例分析

计算数据公司的圣彼得堡子公司

计算数据公司（CDC）是纽约一家从事计算服务的公司。该公司计划修正其国外子公司的业绩评价系统。当前，公司特别注意的是在俄罗斯圣彼得堡的全资子公司。1998年卢布崩溃以及紧随其后的经济衰退使得该子公司被要求修改公司内部的子公司业绩标准（APC）。

尽管子公司1997—1998年的销售有很大增长，但是由于卢布贬值和通货膨胀利息成本的急速上升，其毛利润率却在下降。CDC圣彼得堡子公司约有一半债务是地方货币，因此快速攀升的通货膨胀率导致利率上升，从而造成利息成本上升。由于担心卢布贬值，自1996年公司管理层就不再向该子公司追加资本投资（具体情况见表19-9）。

虽然卢布崩溃对子公司1998年末的财务状况产生了许多影响（包括折算），但是随后俄罗斯经济衰退对其1999年销售和业绩的打击却更大。

CDC的公司评价系统APC区分了子公司可控制部分（表19-9中上部分）和不可控制部分（表19-9中下部分），即融资和税负。融资由公司掌握，既有俄罗斯地方银行债务，也有从母公司筹借的内部贷款。税负也由公司通过对债务、公司服务及软件的内部转移价格做类似安排（见表19-10）。

由于对地方子公司业绩的衡量和评价标准都是以美元而非地方货币计量的，这就造成了母公司在管理子公司上的困难。地方管理层对由于汇率变化而遭受的惩罚感到不可理解，因为汇率完全不受他们控制。公司管理层尽管对此表示同情，但却争辩说股东可不这么想，他们只需要以母国货币——美元计价的经营业绩。

表19-9　　　　　　　　　　　CDC圣彼得堡子公司　　　　　　　　　　单位：千卢布

项目	1997年	1998年	1999年
销售额	680 245	750 250	635 280
减：销售成本	(450 266)	(501 220)	(448 000)
毛营业收入	229 979	249 030	187 280
毛利润率	34%	33%	29%
减：G & A 成本	(48 630)	(44 650)	(44 380)
EBITDA	181 349	204 380	142 900
减：折旧	(65 000)	(65 000)	(65 000)
EBIT	116 349	139 380	77 900
减：利息	(32 000)	(38 000)	(35 000)
EBT	84 349	101 380	42 900
减：俄罗斯税30%	(25 305)	(30 414)	(12 870)
净利润	59 044	70 966	30 030
汇率（Rb /US $）	6.30	22.0	26.0
净利润（US $）	9 372	3 226	1 155
总资产（卢布）	1 250 000	1 185 000	1 120 000
总资产（US $）	198 413	53 864	43 077
资产收益率（卢布（%））	4.7%	6%	2.7%
资产收益率（US $（%））	4.7%	6%	2.7%

表19-10　　　　　　　　　　子公司评价系统

子公司评价系统	权 重	级 别
毛利润率业绩增长率	1/3	1~5
EBITDA 业绩增长率	1/3	1~5
净利润业绩增长率	1/3	1~5

注：级别5为最高级别。

案例分析要求

假定CDC向你所在的管理咨询公司寻求解决现有评价系统存在的问题，你该给出怎样的解决方案？

附录　证券监管机构及证券交易所

中国证券监督管理委员会 （http://www.csrc.gov.cn）	香港交易所 （https://www.hkex.com.hk）
深圳证券交易所 （http://www.szse.cn）	纽约证券交易所 （https://www.nyse.com）
上海证券交易所 （http://www.sse.com.cn）	纳斯达克交易所 （https://www.nasdaq.com）

主要参考文献

［1］ SHAPIRO. Foundations of multinational financial management ［M］. 3rd Edition. Englewood Cliffs, NJ: Prentice-Hall, Inc., 1998.

［2］ SHAPIRO.Multinational financial management ［M］. 5th Edition.Boston, MA: Allyn and Bacon, 1996.

［3］ STEPHEN. An introduction to international economics ［M］. San Diego, CA: Harcourt Brace Jovanovich, 1990.

［4］ WILLIAM, MANDICH.The international banking handbook ［M］. New York, NY: Dow-Jones Iriw, 1983.

［5］ BOOTH, LAURENCE. Capital budgeting frameworks for the multinational corporation ［J］. Journal of International Business Studies, 1982.

［6］ RICHARD. The international monetary system: essays in world economics ［M］. Cambridge, MA: MIT Press, 1987.

［7］ LAURENCE .Exchange rates and international finance ［M］. 2nd Edition.Reading, MA: Addison-Wesley, 1994.

［8］ EUN C S, B G.International financial management ［M］. New York, NY: McGraw-Hill Companies, Inc., 1998.

［9］ LESSARD. International financial management: theory and application ［M］. 2nd Edition.New York, NY: Wiley, 1985.

［10］ EITEMAN, STONEHILL, MOFFETT. Multinational business finance ［M］. 8th Edition.Reading, MA: Addison-Wesley Publishing Company, 1998.

［11］ GRABBE, ORLIN. International finance markets ［M］. 3rd Edition. Englewood Cliffs, NJ: Prentice-Hall, 1996.

［12］ GORDON, SARA, FRANCIS, et al. Multinational capital budgeting: foreign investment under subsidy ［J］. California Management Review, 1982.

［13］ MADURA.International financial management ［M］. 5th Edition. Cincinnati, OH: South-Western College Publishing, 1998.

［14］ BAKER. International finance: management, markets and institutions ［M］. Englewood Cliffs, NJ: Prentice-Hall, Inc.1998.

［15］ LESSARD, DONALD .International financial management: theory and application ［M］. 2nd Edition.New York, NY: John Wiley & Sons, 1985.

［16］PORTER，MICHAEL .Competitive advantage ［M］. New York，NY：Free Press，1985.

［17］ PENELOPE. Transfer pricing and performance evaluation in multinational corporations：a survey study ［M］. New York，NY：Praeger，1982.

［18］陈彪如. 国际货币体系 ［M］. 上海：华东师范大学出版社，1990.

［19］陈彪如，马之騉. 国际金融学 ［M］. 3版. 成都：西南财经大学出版社，2000.

［20］林德特，金德尔伯格. 国际经济学 ［M］. 谢树森，等译.上海：上海译文出版社，1984.

［21］黄有土，朱梦楠. 国际金融新论 ［M］. 厦门：厦门大学出版社，1992.

［22］姜波克. 国际金融新编 ［M］. 上海：复旦大学出版社，1994.

［23］姜波克. 国际金融业务创新 ［M］. 上海：复旦大学出版社，1994.

［24］陈信华. 外汇经济学 ［M］. 上海：立信会计出版社，1994.

［25］刘亚秋. 国际财务管理 ［M］. 台北：三民书局，2000.

［26］王传伦. 国际税收 ［M］. 北京：中国人民大学出版社，1992.

［27］常勋. 高级财务会计 ［M］. 沈阳：辽宁人民出版社，2002.

［28］王铁军. 国际避税与反避税 ［M］. 北京：中国财政经济出版社，1994.

［29］段先胜，杨秋梅. 外国直接投资 ［M］. 上海：上海人民出版社，1993.

［30］段云程. 中国企业跨国经营与战略 ［M］. 北京：中国发展出版社，1995.

［31］程怀月，王昌栋. 国际金融 ［M］. 杭州：浙江大学出版社，1989.

［32］梁能. 跨国经营概论 ［M］. 上海：上海人民出版社，1995.

［33］王林生. 跨国经营理论与实务 ［M］. 北京：对外贸易教育出版社，1994.

［34］刘舒年. 国际金融 ［M］. 北京：对外经济贸易大学出版社，1991.

［35］钱荣堃. 国际金融 ［M］. 成都：四川人民出版社，1993.

［36］尤恩，雷斯尼克. 国际财务管理 ［M］. 赵银德，刘瑞文，赵叶灵，译. 8版. 北京：机械工业出版社，2018.

［37］夏皮罗，沙林. 跨国公司财务管理基础 ［M］. 蒋屏，译. 6版. 北京：中国人民大学出版社，2010.